내전 관념 속 역사

데이비드 아미티지 지음   김지훈 옮김

내전

관념 속 역사

데이비드 아미티지 지음　김지훈 옮김

글항아리

니컬러스 헨셀(1944~2015)과
크리스토퍼 베일리(1945~2015)를 기리며

내전? 그건 무엇을 뜻하는가?

외전外戰이라는 것은 있나?

모든 전쟁은 인간들끼리, 형제들끼리 벌이는 것 아닌가?

—빅토르 위고,『레미제라블』(1862)

인간이 맺을 수 있는 모든 형제애는

형제살해로부터 생겨날 수 있으며,

인간이 이뤄낼 수 있던 모든 정치 조직은 범죄에 그 기원을 둔다.

—한나 아렌트,『혁명론』(1963)

일러두기

· 이 책은 David Armitage, *Civil Wars*, 2017을 완역한 것이다.

· 본문 중 ( ) [ ]는 지은이, 〔 〕는 옮긴이의 것이다.

· 원서에서 저자가 이탤릭체로 강조한 곳은 고딕체로(단, 인용문에서는 볼드체로) 표시했다.

내전에 맞서기

1945년 이래로 유럽과 북아메리카, 호주나 일본처럼 상대적으로 부유한 지역권의 국가들은 '긴 평화Long Peace'라고 일컫는 시기를 누려왔다. 제2차 세계대전이 지나간 흔적 위로 찾아온, 국가 간 전쟁이 부재했던 이 시기는 이제 근현대사에서 가장 오래 평화가 지속된 시기로 여겨진다. 이전까지 적어도 유럽 내에서 가장 평온했던 시기로는, 우선 나폴레옹 전쟁Napoleonic Wars 종결부터 크림전쟁Crimean War 발발 전까지의 시기(1815~1853)를 들 수 있다. 그리고 1871년 프로이센-프랑스 전쟁普佛戰爭, Franco-Prussian War 이후부터 1914년 제1차 세계대전 발발 전까지 평화를 누리기도 했다. 반면 최근 북반구 선진국들 사이에서 형성된 국제 평화는 이미 20년 넘게 지속됐다. 비록 그 기간에 냉전Cold War이 지속되어 평화의 의미가 퇴색될 수는 있겠지만 평화는 계속 이어져왔다.[1] 전 지구적으로 나타나는 동향을 바라보면 더 고무적이다. (2017년 기준) 근래에 집계한 2016년 통계를 보면, 그해 국가 간 분쟁conflicts은 단 두 차례 벌어졌다. 인도와 파키스탄 분쟁, 그리고 에리트리아와 에티오피아 사이에 영토 분쟁이 있었고, 후자의 경우 단 이틀간만 지속되었다.[2] 비록 러시아가 우크라이나에 군사적으로 개입했고, 남중국해 도서 영유권을 두고 극렬한 분쟁이 있었지만, 긴 평화는 점차 외연을 넓혀 전 지구를 아우르는 것처럼 보인다.

그렇다고 하더라도 지금 우리 시대는 결코 한가로이 평화를 이야기할 시기는 아니다. 세계는 여전히 폭력이 난무하는 장소다.[3] 2016년에는 아프가니스탄에서부터 예멘에 이르기까지 49차례의 무력 분쟁이 진행되고 있었다. 이는 테러리즘이나 반란insurgency, 그리고 다른 '비대칭' 전투 유형처럼 비국가 세력이 국가나 주민을 공격한 경우는 포함하지 않은 수치다. 초창기에는 알카에다al-Qaeda, 오늘날에는 이슬람국가(다에시Daesh) 및 동조자들의 활동으로 인해 전쟁에서 사용되던 무기류는 맨해튼에서 뭄바이, 시드니에서 브뤼셀에 이르기까지 세계 도시의 거리 곳곳으로 옮겨졌다. 국가들끼

---

1 John Lewis Gaddis, "The Long Peace: Elements of Security in the Postwar International System", in *Long Peace*, pp.214-245; Mueller, *Retreat from Doomsday*; Mandelbaum, *Dawn of Peace in Europe*; Howard, *The Invention of Peace and the Reinvention of War*; Sheehan, *Where Have All the Soldiers Gone?*

2 Allanson, Melander, and Themnér, "Organized Violence, 1989-2016".

3 Braumoeller, "Is War Disappearing?"; Newman, "Conflict Research and the 'Decline' of Civil War"; Sarkees, "Patterns of Civil Wars in the Twentieth Century".

리는 사실상 서로 평화롭다고 할지 모르지만, 국민들은 멀리서 벌어지는 분쟁의 여파 속에서 안전을 느끼거나 안심하기가 어렵다. 그리고 상당수는 여전히 자신의 국경 내에서 전쟁을 직접 경험한다. 긴 평화에는 짙은 그림자, 곧 내전이라는 어둠이 드리워져 있다.

1990년대 초반 '역사의 종언'을 내세웠던 이론가들은 자본주의와 민주주의가 곧 지구 전체를 뒤덮을 것이라고 확언했다. 그렇게 되면 모든 인류는 번영하는 무역과 안전한 권리를 확고하게 누리면서 결속될 것이라고 확신했다. 이러한 생각에 지지를 표명한 이들은 이른바 민주적 평화 (이론)에 찬동했다. 이는 민주주의가 확산되면 (그들 주장으로는) 서로 전쟁을 일으키지 않기 때문에 전 세계에 평화가 도래할 것이라는 생각에서였다. 이들은 철학자 이마누엘 칸트(1724~1804)가 내세웠던 논변을 근거로 삼았는데, 칸트 역시 영속적인 평화 유지의 가능성을 논하는 유럽 계몽주의의 오랜 전통에 기댔다.[4] 칸트는 순진하진 않았다. 오히려 한 네덜란드 여관 주인이 "영원한 평화"라는 바로 그 단어를 여관 간판에 쓴 뒤, 이를 묘지 그림 옆에 나란히 둔 모습을 거론하며 비꼬듯 논평했다. 영속적이며 진정한 평화는 오직 죽음이라는 영원한 잠에 빠져들 때야 찾아온다고 암시한다는 것이다. 그러나 칸트는 국가들 사이의 평화가 "공

---

4 Ghervas, "La paix par le droit, ciment de la civilisation en Europe?"

허한 관념이 아니라", 오히려 "점진적으로 해결되어, 흔들
림 없이 계속해서 다가가야 할 과제"라고 믿었다.[5] 물론 그
의 생애 동안 영원한 평화가 더 가까이 오지는 않았다. 위
대한 장군이자 제국의 건설자인 나폴레옹이 황제에 등극
한 것은 1804년 2월 칸트가 사망한 지 고작 10개월이 지난
뒤였는데, 나폴레옹은 즉위한 이후 10년 동안 세계를 위협
했다. 그럼에도 불구하고 200년 남짓 세월이 지난 지금, 많
은 이는 인류가 마침내 국가 간 무력 충돌을 극복했다고
감히 믿게 되었다. 즉 "우리 본성의 선한 천사"를 따라 이
제는 칸트가 품었던 꿈을 잘 실현시키면서 결국에는 "전쟁
과 벌이는 전쟁에서 승리"할 수 있을 거라 여기게 된 것이
다.[6] 그러나 죽음과 파괴가 우리 주위에 머무는 한, 우리가
누리는 평화는 묘지 속 안식에 더 가깝게 느껴진다. 그리
고 최근 다른 어떤 형태의 분쟁보다 그 묘지를 더 많이 메
운 분쟁은 국가 간 전쟁도, 테러리즘도 아닌 바로 내전civil
war이다.

내전은 점차 인간이 행하는 조직화된 폭력 중 가장 광
범위한 장소에서 벌어지고, 가장 파괴적이며, 가장 특징적
인 형태가 되었다. 냉전 이후 수십 년 동안 내전 발생 빈도
는 심각할 정도로 급증했다. 1989년 이래 어느 시기를 보나

---

5   Immanuel Kant, "Toward Perpetual Peace"(1795), in *Practical Philosophy*, trans. Gregor, p.317, 351.

6   Goldstein, *Winning the War on War*; Pinker, *Better Angels of Our Nature*.

평균 20차례의 국가 내부 전쟁intrastate war이 진행 중이다. 이는 1816년부터 1989년 사이 전 세계 내전 발발 연평균 건수보다 약 10배나 많은 수치다. 1945년 이후 국가 내부 전쟁으로 발생한 "전체 전몰자"는 약 2500만 명인데, 이는 제2차 세계대전 당시 군인 사상자 수의 거의 절반에 맞먹는다. 심지어 이 계산에는 질병이나 영양실조에 시달렸던 이들과 부상자, 난민, 민간인 사망자는 포함되지 않았다. 물질적 비용이나 경제적 비용 또한 이에 못지않게 충격적이다. 현실적으로 냉철하게 세계 발전을 다루는 분석가들은 전쟁이 성장에 미치는 영향에 초점을 맞춰 인명 손실과 그에 따른 생산성 저하, 낭비된 자원의 가치, 군비 지출, 범죄와 질병의 확산, 인접국의 경제 붕괴 등을 고려해 계산했다. 계산 결과는 어땠을까? 내전에 매겨진 연간 지불 대가는 약 1230억 달러에 달했다. 이는 북반구 선진국이 남반구 개발도상국에 매년 경제적으로 지원하는 예산에 맞먹는 금액이다. 따라서 내전이 "역행하는 개발"이라고 냉담하게 그려지는 데에는 이유가 없지 않다.[7]

국가 내부에서 벌어지는 전쟁은 국가 간 전쟁보다 더 오랜 기간, 약 4배 이상 더 길게 지속되는 경향이 있다. 그리

---

7 Hironaka, *Neverending Wars*, pp.4-5; Paul Collier, Lisa Chauvet, and Håvard Hagre, "The Security Challenge in Conflict-Prone Countries", in *Global Crises, Global Solutions*, ed. Lomborg, p.72, 99에서 인용; Skaperdas et al., *Costs of Violence*; World Bank, *World Development Report 2011*; Dunne, "Armed Conflicts"; Hoeffler, "Alternative Perspective".

고 20세기 중후반에 들어서는 세기 전반보다 일반적으로 3배 정도 더 오래 지속되었다. 또 이러한 분쟁은 다른 분쟁 형태에 비해 훨씬 더 재발하기 쉽다. "가장 가능성 높은 내전의 유산은 직후에 추가적으로 벌어지는 내전"이라는 말도 있다. 그리고 실제로 최근 10년 동안 일어났던 거의 모든 내전은 이전 내진이 재개된 결과였다.[8] 내전은 개발경제학자 폴 콜리어 경Sir Paul Collier이 "극빈층 10억"이라 부른 세계 최빈국들, 특히 아프리카나 아시아 지역 국가들에 편중되어 들이닥치는 것처럼 보인다.[9] 선진국들이 1945년 이래 긴 평화를 누려왔다면, 세계 인구의 더 많은 부분은 그만큼 긴 정신적 외상을 겪어왔다. 오슬로에 위치한 내전연구센터는 이러한 모든 차이를 보여주는 자료를 웹사이트에 공개하면서 다음 설명을 덧붙였다. "그럼에도 내전은 국가 간 전쟁보다 연구되지 못했다."[10] 내전은 가난처럼 항상 우리 곁에 머무는 것처럼 보인다. 그리고 그 동행이 지속되는 한, 대개 세계의 빈곤층을 괴롭힐 것이다.

그러나 내전 연구가 결여된 영역으로 계속 남아 있어서

8 Collier, *Wars, Guns, and Votes*, p.139에서 인용; Collier, Hoeffler, and Söderbom, "On the Duration of Civil War"; Fearon, "Why Do Some Civil Wars Last So Much Longer Than Others?"; Walter, "Does Conflict Beget Conflict?"; Hironaka, *Neverending Wars*, p.1, 50; World Bank, *World Development Report 2011*, p.57.

9 Collier, *Bottom Billion*; Rice, Graff, and Lewis, *Poverty and Civil War*.

10 Mission statement, Centre for the Study of Civil War, Peace Research Institute Oslo, http://www.prio.org/Programmes/Extensions/Centre-for-the-Study-of-Civil-War/About/.

는 안 된다. 많은 이가 언급해왔듯이, 내전은 아직까지도 이론적 논의가 부족하고 일반화되기 어려운 상태로 남아 있다. 내전론이라는 제목을 붙인 그 어떤 저서도 카를 폰 클라우제비츠Carl von Clausewitz의『전쟁론On War』이나 한나 아렌트의『혁명론On Revolution』과 어깨를 나란히 할 만한 위대한 저서로 군림하지 못한다. 이후에 살펴보겠지만, 실제로 클라우제비츠가 내전을 거의 논하지 않았던 것처럼, 아렌트도 내전을 전쟁 자체와 더불어, 원시로 돌아가게 하는 반근대적인 일이라고 일축했다. 전후 독일 시인이자 정치 평론가였던 한스 마그누스 엔첸스베르거Hans Magnus Enzensberger(1929~2022)는 1993년에 "내전을 다루는 유용한 이론이 없다"고 논평했다.[11] 마찬가지로 이탈리아 정치 이론가인 조르조 아감벤Giorgio Agamben(1942~)도 "오늘날 '전쟁학polemology'이라 불리는 전쟁 이론과 '평화학irenology'이라 일컫는 평화 이론은 모두 존재하지만, '내전학stasiology'이라 칭할 수 있는 내전 이론은 부재하다"고 언급했다.[12] 이러한 한탄 역시 오랜 기간 지속되어왔다. 하지만 이 책에서 내전을 논하는 지배적인 이론을 제시하고자 하는 목적은 없다. 또한 비어 있는 학설을 제공할 수도 없을 것이다. 다만 역사학자로

---

11 Enzensberger, *Civil War*, p.12.

12 Agamben, *Statis*, trans. Heron, p.2. 다음 언급들과 비교해보라. Grangé, *Oublier la guerre civile?*, p.7, "내전 문제가 정치 논고 때문에 중요도에서 밀려난 건 사실이다"; Kissane, *Nations Torn Asunder*, p.3, "그동안 정치사상사에서는 내전을 다루는 어떠한 체계적인 논고도 나오지 않았다".

서 내가 할 수 있는 일은 우리가 현재 느끼는 불만이 무엇에서 기인하는지 밝히고, 왜 우리는 여전히 내전과 마주하며 혼란스러워하는지, 왜 이를 직시하기를 거부하는지 설명하는 일일 것이다.

우리가 사는 이 시기는 정면으로 내전과 마주하기를 요구한다. 1648년부터 1945년까지 약 300년간은 국가 간 전쟁 시대였다. 하지만 이후 지난 60년간은 국가 내 전쟁 시대처럼 보인다.[13] 실로 이는 수 세기 동안 인류가 행해온 분쟁 양상에서 나타난 가장 눈에 띄는 변화다. 널리 인용되는 한 추정치에 따르면, 1945년 이후 전쟁 수준으로 격상된 분쟁 건수는 전 세계적으로 259건이며, 이중 대다수는 내부 분쟁이었다. 1989년 이후로는 세계에서 일어난 전쟁 가운데 국가 간에 벌어진 전쟁은 5퍼센트 남짓이다. 예를 들어 1990년대의 발칸 전쟁Balkan wars이나 르완다, 부룬디, 모잠비크, 소말리아, 니카라과, 스리랑카의 전쟁만 돌이켜봐도, 최근 우리 기억에서 내부 투쟁이 얼마나 두드러지고 치명적이었는지 알 수 있다. 여전히 전쟁의 여파 속에 살며 계속해서 고통받고 있는 이들이 품고 있는 기억은 말할 것도 없다. 설상가상으로 내전은 대개 "내부civil" 전쟁으로만 장기간 머물러 있지 않는다. 2016년 아프가니스탄부터 예멘에 이르기까지 이 지역에서 벌어진 47차례의 내부 분쟁 가운

---

13 Mason, "Evolution of Theory on Civil War and Revolution", pp.63-66.

데 18차례는 인접 국가로부터 병력을 끌어오거나 외부 열강의 개입을 이끌어냈던, 소위 국제화된 내전이었다.[14] 이제 내전은 국경을 따지지 않는다. 실제로 내전은 종종 국가 안팎을 뒤집어놓는데, 분쟁이 사람들로 하여금 안전을 찾아 고국을 떠나게 만들기 때문이다. 내전 때문에 난민이 된 주민들(특히 2012년 이후 벌어진 분쟁 기간에 시리아에서 넘어온 500만 명에 가까운 난민)은 내전 과잉에 따른 희생자 가운데 가장 두드러진다. 이들이 처한 곤경은 수 세대에 걸쳐 중동, 북아프리카, 유럽의 모습을 바꿔놓을 난민 위기에 불을 지폈다. 이와 함께 안보와 안정을 위협하는 도전은 우리가 사는 세상이 서로 평화롭게 지내는 세상이 아님을 명백히 드러냈다. 이 세계는 내전 세계다.

전쟁은 지옥이라고 미국 내전U.S. Civil War에 참전했던 윌리엄 티컴서 셔먼William Tecumseh Sherman 장군이 말했다지만, 전쟁보다 더 나쁜 것이 하나 있다면 그건 분명 내전이다.[15] 이 사실에 대해서는 수 세기에 걸쳐 일반적인 합의에 이르렀다. 대내전internal war은 외부 적에 대항해 싸우는 전쟁보다 훨씬 더 파괴적이라 느껴졌다. 기원전 1세기, 로마 내전 여파

---

14 Allanson, Melander, and Themnér, "Organized Violence, 1989-2016", p. 576; Gleditsch, "Transnational Dimensions of Civil War"; Checkel, *Transnational Dynamics of Civil War*.

15 Mayer, *Furies*, p.323("만약 전쟁이 지옥이라면, 내전은 지옥에서도 가장 깊고, 가장 끔찍한 지역에 속한다."); Kalyvas, *Logic of Violence in Civil War*, pp.52-53.

속에서 저술 활동을 하던 시인 루카누스Lucan(Marcus Annaeus Lucanus)는 폐허가 된 도시, 버려진 들판, 모든 것을 박탈당한 무리를 보며 다음과 같이 결론 내렸다. "외세가 휘두른 그 어떤 검도 이렇게 관통한 적이 없었다/ 그렇기에, 깊게 파인 것은 바로 동료 시민이 손수 입힌 상처다." 내전은 정치체body politic가 질병에 걸린 것과 같다. 내부에서부터 몸을 파괴하는 질병 말이다. 마찬가지로 르네상스 시대 수필가였던 미셸 드 몽테뉴는 위그노 전쟁French Wars of Religion 시기 독자들에게 "사실 대외 전쟁은 내전이라는 병폐에 비하면 전혀 위험하지 않다"고 주의를 주었다. 내전은 위험하며 도덕적 타락을 가져오기도 한 전쟁이다. 1922년 아일랜드 내전Irish Civil War이 발발하기 직전에 고령의 한 사제는 "외국인과 벌이는 전쟁은 국가 내 가장 훌륭하고 고귀한 모든 것이 주목받도록 한다. 반면 내전은 비천하고 비열한 모든 것을 표면화한다"고 한탄했다.[16] 그리고 내전은 전투가 중단되더라도 치유되지 않는 상처를 남긴다. "나는 극심했던 모든 내전이 언젠가 정말로 끝날 수 있을지 의문스럽다"고 1947년 T. S. 엘리엇은 말했다.[17] 1970년 스페인을 방문했던 프랑스 전 대통령 샤를 드골도 같은 견해를 보였다. "모든 전쟁은 나

16 Lucan, *Bellum civile*(1.31-32), in Lucan, *Civil War*, trans. Braund, pp.3-4; Michel de Montaigne, "Of Bad Meanes Emploied to a Good End"(*Essais*, 2.23), in *Essays Written in French by Michael Lord of Montaigne*, trans. Florio, p.384; Frank Aiken, Aug. 3, 1922, 다음에서 인용. Hopkinson, *Green Against Green*, p.273.

17 Eliot, *Milton*, p.3.

쁘다. (…) 그러나 양측 참호에 형제들이 있는 내전은 용서조차 허용되지 않는다. 전쟁이 종결되더라도 평화가 찾아오지 않기 때문이다."[18]

내전은 의심의 여지없이 비인도적이었으나, 그동안 널리 확산되고 지속적으로 벌어져서 어떤 이들은 내전이 우리 인류에게 나타나는 본질적인 현상은 아닌지 의문을 제기하기도 했다. 한스 마그누스 엔첸스베르거는 "동물은 싸우지만 전쟁을 벌이지는 않는다. 오직 인간만 영장류 가운데 유일하게, 계획을 세워 대규모로 동료 인간을 파멸시키는 일에 열을 올린다"고 주장했다. 여타 동물이 지닌 습성과는 상당히 다르게, 가까운 이웃을 공격하는 이런 모습보다 더 수치스러운 인간의 특성을 보여주는 것이 있는가? 정규전, 즉 전문적인 군대professional armies에 의해 수행되며 전쟁법에 의해 제약받는 전투는 소위 근대 혹은 최근에 들어와서야 나타났다. 하지만 이렇게 표면상 드러나는 풍경 뒤에는 좀더 비열하고 오래 지속되어온 비인도적인 형태가 감춰져 있었다. 바로 내전이다. 엔첸스베르거는 "내전이 단지 오랜 관습만이 아니"며 "모든 집단적 분쟁의 초기 형태"라고 결론지었다.[19]

아프리카에서 있었던 민족 분쟁과 발칸 전쟁의 영향 아

---

18 드 골의 발언은 다음에서 인용됨. Marañon Moya, "El general De Gaulle, en Toledo"("Todas las guerras son malas… Pero las guerras civiles, en las que en ambas trincheras hay hermanos, son imperdonables, porque la paz no nace cuando la guerra termina").

19 Enzensberger, *Civil War*, trans. Spence and Chalmers, p.11.

래서, 그리고 1992년 4월과 5월 로스앤젤레스 폭동 사태가 벌어진 지 얼마 지나지 않았을 당시에 엔첸스베르거는 집필 중이었다. 로스앤젤레스 폭동 사태는 전해에 (백인) 경찰관들이 아프리카계 미국인 운전자를 집단 구타한 사건에 무죄 선고가 내려지고 나서 발발했다. 이는 인간이 인간에게 가하는 폭력 사태가 진 세계에 길쳐, 대륙을 가로질러, 마침내 도시 내에서 절정에 다다른 것처럼 보인 바로 그 순간이었다. 마치 인류에게 가장 최악의 일이 만연하게 되었음을 재천명하고 도시의 전사civic warriors로 태어난 우리의 숙명을 확인시켜주는 것처럼 보이던 때였다. 엔첸스베르거가 내전은 늘 우리와 함께해왔다고 추정한 것도 무리는 아니었다. 수많은 세계 기원 신화, 예컨대 크리슈나와 아르주나가 나오는 (인도 서사시) 마하바라타, 카인과 아벨이 나오는 히브리 성경, 에테오클레스와 폴리네이케스가 나오는 그리스 신화, 로물루스와 레무스의 로마 신화는 동일 조직 내에서 벌어지는 폭력, 구체적으로 형제 살해의 폭력과 관련된 내용인데 이는 어떤 면에서 향후 벌어질 폭력의 토대가 됨을 암시한다.[20] 이러한 신화는 분쟁에서 나타나는 감정적인 차원을 파악하는 데 도움을 주지만, 신화의 지속성을 내전의 불가피성으로 오해해서는 안 된다.

---

20 Girard, *Violence and the Sacred*; Giraldo Ramírez, *El rastro de Caín*; Jacoby, *Bloodlust*; Esposito, *Terms of the Political*, pp.123-134. 빌 키산Bill Kissane이 적어두길, 현대 히브리어에서 내전을 지시하는 용어는 "형제들 간 전쟁"에 가깝다. Kissane, *Nations Torn Asunder*, p.7.

오랫동안 지속되어왔다는 점 역시 내전이 인류가 벌이는 모든 종류의 분쟁 가운데 가장 파괴적이고 가장 파급력 있는 분쟁이라는 평판을 양산했다. 여기에는 타당한 이유가 있다. 기원전 1세기 로마 내전이 한창일 때, 17세에서 46세 사이의 남성 시민 중 약 25퍼센트가 무장을 한 것으로 추정된다.[21] 1700년 뒤인 1640년대에 벌어진 잉글랜드 내전의 인구 대비 사망자 비율은 이후 제1차 세계대전의 사망자 비율보다 더 높았을 것으로 보인다.[22] 그리고 미국 내전 당시 발생한 사망자 수는 인구수에 비례했을 때 제2차 세계대전 동안 발생한 미국인 사상자 비율보다 훨씬 높았다. 미국 남부와 북부의 사망자 수를 합친 추정치는 약 75만 명이었는데, 이는 오늘날 미국 인구 중 약 750만 명이 사망한 것과 맞먹는다.[23] 이 정도 규모로 벌어진 대량 학살은 가족을 갈라놓고, 공동체를 산산조각내며, 국가를 변형시킨다. 또한 이후 다가올 세기에 대한 상상력에 상흔을 남길 것이다.

하지만 내전의 특성이 소프트웨어 속 오류가 아니라 우

---

21 Osgood, *Caesar's Legacy*, p.3에서 다음을 인용. Brunt, *Italian Manpower, 225 B.C.-A.D. 14*, pp.509-512.

22 Braddick, *God's Fury, England's Fire*, xii.

23 Faust, "Numbers on Top of Numbers'", p.997; Faust, *This Republic of Suffering*, xi. 닐리Neely는 *Civil War and the Limits of Destruction*, pp.208-216에서 파우스트 연구에서 제시된 수치를 지적했는데, 해커Hacker는 그 후 "Census-Based Count of the Civil War Dead"에서 그 추정 수치를 사망자 62만 명에서 75만 명으로 설득력 있게 상향 조정했다.

리를 구성하는 불가피한 부분, 즉 인간이 되도록 해주는 구성 요소라고 가정할 때는 신중을 기해야 한다. 그렇게 가정하는 것은, 우리가 끝없이 내전을 겪으며 칸트가 약속한 영원한 평화에는 결코 도달할 수 없으리라는 비관적 운명을 스스로 부여하는 셈이기 때문이다. 영원한 평화라는 필연적 약속을 부여받기보나 끝없는 내선을 운명적으로 선고받았다는 생각을 불식시키기 위해 이 책에서는 내전의 도전에 맞설 수 있는 역사적 도구를 제시하고자 한다. 이 책 전반에 걸쳐 내전은 영원하지 않으며 설명 불가능한 것도 아님을 보여줄 것이다. 그리고 이 현상은 역사적 이해와 맥락과 밀접한 관련이 있다고 주장할 것이다. 공화정 로마의 혼란스러운 기원에서부터 논쟁의 여지가 있는 현재, 그리고 이러한 당혹과 논란이 줄지 않을 미래에 이르기까지 모두 역사적 개념과 닿아 있다는 것이다. 아직 내전의 끝은 알 수 없을지라도, 역사적으로 그 시작점을 식별하는 것은 가능하다. 역사적 고찰을 통해 내전의 우연성을 드러내고, 이 현상이 지속적이고 영속적이라는 주장에 반박할 것이다. 인간이 창안한 것은 언제든 해체될 수 있으며, 지적 의지로 전당에 올린 것은 창의적 결의를 발휘하는 동일한 노력으로 권좌에서 몰아낼 수 있음을 보여주는 것이 내 목표다.

이 책을 통해 이루려는 목적은 그저 내전의 역사를 파헤치는 일이 아닌, 우리의 세계관 형성에 기여한 내전의 중요성을 명확히 하는 데 있다. 그 파괴성에도 불구하고, 개념적 차원에서 내전은 역사 내내 끊임없이 무언가를 생성해왔다. 내전이 제기한 도전이 없었더라면, 우리가 이해하고 있는 민주주의, 정치, 권위, 혁명, 국제법, 세계시민주의, 인도주의, 지구화 등 단지 몇몇 개념만 보아도 그 의미가 상당히 달라졌거나 심지어 부실해졌을 것이다.[24] 또한 내전을 경험하고 또 한편으로는 이해하며, 내전 상황을 나아지게 하고, 나아가 내전을 예방하고자 했던 노력으로 인해 공동체, 권위, 주권 관념이 형성되었고 이는 지금까지도 우리 관념에 계속 영향을 미친다. 내전은 국가 내부의 골이 깊고 극심했던 분열로부터 발생하지만, 역으로 상호 유사성과 공통성을 드러내기도 한다. 어떤 전쟁을 '내전'이라 칭한다는 것은 상대하는 적이 같은 공동체를 이루는 구성원으로서 친근한 대상임을 인정하는 것이다. 외국인이 아닌 동료 시민임을 가리키는 것이다. "내전에는 그 자체로 몸서리쳐지게 하는 무언가가 있다"고 독일 법사상가인 카를 슈미트Carl Schmitt(1888~1985)는 논평했다. "내전은 형제간 전쟁이다. 그 전쟁이 공동의 정치 단위체 내에서 벌어지기 때문이다. (⋯) 그리고 전쟁 중인 양측이 이 공동 단위체를 전적으로 긍정하는 한편 동시에 극도로 부정하기 때문이다."[25] 바로 이 점이 우리가 내전을 마주할 때 느끼는 공포의 근원이다. 따라서 내전이 불러오는 영향을 간과해서는 안 된다. 대치하는

---

24 Kloppenberg, *Toward Democracy*, pp.21-60.
25 Clarendon, *The History of the Rebellion and Civil Wars in England, Begun in the Year 1641*.

서론: 내전에 맞서기 23

와중에도 공통점을 인지하도록 몰아붙이고, 적대감이라는 거울 속에서 우리 자신을 바라보게 만드는 그 참상과 경악을 직시해야 한다.

내전은 그동안 역설적이게도 (사유가 이어지도록 하는) 풍부한 토양을 제공했는데, 이는 바로 모두를 만족시킬 만한 내전의 정의가 확립되거나, 그 정의가 어떤 의문이나 논쟁 없이 사용되었던 때가 결코 단 한 번도 없었기 때문이다. 이는 부분적으로는 내전에 대한 관념이 그동안 매우 다양한 역사적 맥락 속에서 논박되고 논쟁되어왔기 때문에 그렇다. 그러나 이름을 붙인다는 것은 언제나 무언가를 특정한 방식으로 표현하는 일에 해당한다. 어떤 대상을 이해한다는 것은 이를 비슷하지만 다른 사물로부터 구별해내는 일을 뜻한다. 그리고 (보통 마구를 씌우듯) 말words을 엮어 통제함으로써 그 정체성을 확립시키는 일이 수반된다. 무엇으로 인해 그 대상이 특색을 갖는지 알고 나면, 이제 그 대상이 보이는 양식樣式은 물론이고 거기서 나타나는 연속성과 차이를 인지할 수 있게 되며, 그렇게 함으로써 이해를 증진시킬 수 있다.

이러한 명명의 문제는 정치적 관념이 쟁점이 되는 상황에서 특히 격심해진다. 이러한 용어들을 특정한 방식으로 표현하는 이유는 이 용어를 사용해 우군을 설득하거나 적에 맞서기 위함이다. 그리고 우리는 새로운 현상을 이해하기 위해, 즉 우리가 경험하고 있는 것이 무엇인지 이해하기 위해, 그리고 다른 사람들이 우리의 개념을 공유할 수 있도록 돕기 위해 새로운 용어를 창안해야 한다. 그러나 표현하려는 용어가 '내전'과 같은 것일 때는, 정의를 내리고자 하는 시도보다도 정치가 먼저 이뤄진다. 〔예를 들어〕 무엇이 전쟁을 '외전'이 아닌 '내전'으로 만드는가? 그 차이는 언제나 분노를 일으킬 것이다. 그리고 무엇이 폭력 사태를 '전쟁'으로 인식하도록 만드는가? 다시 강조하지만, 전쟁은 계속되는 소규모 교전들과는 다른 결과를 낳는다. 이런 질문을 제기할 때조차 적어도 몇 가지 점을 명확히 하는 것이 필요하다. 바로 '내전'이란 무엇인지(그리고 무엇이 아닌지)에 대한 개념은 물론, 무엇이 전쟁으로 간주되는지(그리고 간주되지 않는지)에 대한 정립이 요구된다. 무엇이 내전이고 무엇이 내전이 아닌지를 결정하는 일은 그동안 결코 쉽지 않았는데, 더구나 내전이라는 범주가 생겨나기 전에 그러한 차이는 그야말로 생각조차 할 수 없었다.

내전은 관찰자의 견지에서만 문제가 되는 것이 아니라, 그 용어를 사용하는 것 자체가 종종 전투원들 사이에서 분쟁을 일으키는 한 원인이 되기도 한다. 기존 정부는 늘 내전을 반란rebellions 또는 합법적 권위에 맞선 불법 봉기uprisings로 여긴다. 이렇게 대항하는 행위가 실패할 때면 더욱 그렇다. 클래런던 백작The Earl of Clarenden(1609~1674)은 17세기 중반 잉글랜드가 겪은 소요 사태troubles를 두고 왕당파 입장에서 서술한 저서의 제목을 『잉글랜드에서의 반란과 내전의 역사The History of the Rebellion and Civil Wars in England』(1702~1704년 〔사후〕 출간)라고 붙여 정확히 '반역자rebels'가

내세웠던 정당성을 박탈했다.[26] 동일한 이유로 1880년부터
1901년 사이에 나온 70권 분량의 미국 '내전' 정사正史에는
『반란 전쟁The War of the Rebellion』이라는 제목이 붙여졌는데,
명백하게도 이는 패배한 '반역자'에게 어떠한 지위도 부여
되지 않도록 하기 위함이었다.[27] 거꾸로 내전에서 승리한
이들은 흔히 자신들이 벌인 투쟁struggle을 혁명이라고 기념
하곤 하는데, 미국과 프랑스 '혁명' 때 승리한 이들이 취했
던 행동을 그 예로 들 수 있다. 양쪽 입장을 결합해보는 건
쉽다. 나는 혁명가다. 너는 반역자다. 그들은 내전을 벌인다
는 식으로 말이다.

운 좋게도 긴 평화의 치세를 누리며 살고 있는 우리에게
내전은 생생히 경험하는 일이라기보다는 기억으로 남아 있
거나 은유로 활용되는 사안에 가깝다. 이제 내전은 역사적
재현이나 공상과학 비디오 게임에서나 벌어지며, 이보다 좀
더 진지하게 다뤄질 때는 의회에서 토론이 이뤄지거나 정
당 간 권력 투쟁을 벌일 때 정도다. 1988년에 있었던 일을
예로 들면, 미국 연방 의원 뉴트 깅그리치Newt Gingrich는 미
국 정치가 마치 내전과도 같다고 묘사했다. "(민주당을 비롯
한) 좌파 핵심은 샤일로Shiloh 전투 후 그랜트Grant가 이해했

---

26 Schmitt, *Ex Captivitate Salus*, p.56("Der Bürgerkrieg hat etwas besonders Grausames.
Er ist ein Bruderkrieg, weil er innerhalb einer gemeinsamen… politischen Einheit…geführt
wird, und weil beide kämpfenden Seiten diese gemeinsame Einheit gleichzeitig absolut be-
haupten und absolut verneinen").

27 U.S. Department of War, *War of the Rebellion*.

던 방식대로 정치를 내전으로 이해하고 있다. 단지 한 측만 승리하고, 다른 측은 역사 속으로 사라진다." 그러고 나서 깅그리치는 이 정치 싸움이 벌어지는 조건을 간략히 설명했다. "이 전쟁은 내전에서나 볼 수 있는 규모와 기간, 그리고 야만성으로 이뤄져야 한다. 이 나라에서는 내전이 전장戰場이 아닌 투표장에서 벌어지기에 운이 좋다고 할 수 있지만, 그래도 이 전쟁은 내전이다."[28] 좀더 최근에는 2015년 11월 다에시가 벌인 파리 테러의 여파로, 프랑스 총리 마뉘엘 발스Manuel Valls가 우파 정당 국민전선National Front이 프랑스에서 내전을 일으키고 있다고 비난했다. 그는 "우리 나라가 택할 수 있는 두 가지 선택지가 있다"고 말하며, "하나는 극우파의 선택으로 기본적으로 분열을 조장하는 것이다. 이러한 분열은 내전guerre civile으로 이어질 수 있다. 다른 하나는 공화국에서 내세우는 공화주의적 가치가 담긴 전망으로, 여기에는 협력한다는 의미가 내포되어 있다"고 했다.[29] 이 책을 저술하는 동안 정당정치가 지닌 불안정성으로 인해 미국 공화당 내부, 영국 노동당 내, 그리고 통제하기 어려운 브라질 정치 엘리트 전체에 걸쳐 '내전'이 일어날 소지가 가

---

28 깅그리치의 설명은 다음에서 인용. Stauffer, "Civility, Civil Society, and Civil Wars", p.88.

29 "Pour Valls, le FN peut conduire à la 'guerre civile'", *Le Monde*, Dec. 11, 2015, "Il y a deux options pour notre pays. Il y a une option qui est celle de l'extrême droite qui, au fond, prône la division. Cette division peut conduire à la guerre civile et il y a une autre vision qui est celle de la République et des valeurs, qui est le rassemblement".

중되었다. 전 세계에서 민주 정치는 이제 다른 수단으로 벌이는 내전과 더없이 닮아 있다.

내전은 어디에나 있다. 주요 뉴스를 통해 접하거나 현실에서 마주하며, 심장과 뇌리에 남아 있다. 게다가 과거 내전 기념행사에서도 마주한다. 몇몇 나라는 자신들이 내전과는 동떨어져 있다고 생각해왔다. 반면 어떤 나라들은 내전을 떠올리지 않고는 스스로를 그려내기조차 어려울 수 있다. 그중 하나가 미국이다. 또한 국제 공동체는 아직까지도 이라크와 같은 여타 나라들을 내전이 끊이지 않는 항구적 전장으로 여긴다. 역사로부터 얻는 혜택, 아니 어쩌면 도리어 역사를 기억해냄으로써 받는 고통은 다음의 사실을 깨닫는 것이다. 내전은 일반적인 용법이 시사하는 바와는 달리 그동안 단 한 번도 하나의 범주로 확고히 자리를 잡았거나 명료하게 제시된 적이 없다는 사실이다.

그런데 다른 종류의 전쟁을 논외로 하고 어떻게 내전만 얘기할 수 있는가? 이렇게 수많은 내부 분쟁이 각자의 국경 밖으로 번져나가고 외부로부터 전투 부대를 끌어들이는 와중에 얘기될 수 있는가? 1990년대 라이베리아와 르완다에서 벌어진 전쟁은 물론, 좀더 최근에는 이라크, 아프가니스탄, 시리아 전쟁에서도 같은 현상이 벌어졌다. 이러한 전쟁들도 동일한 공동체를 이루는 동료 구성원들 사이에서 벌어진다는 측면에서 '내전'으로 간주될 수 있는가? 분란을 일으킨 무리가 알카에다와 같은 초국가적 부류들로 구성되어 있다거나, 국가들로 구성된 현존 세계 질서에 맞서겠다는 의도를 품고 스스로 이슬람 무장 단체IS/Daesh가 추구하는 (이슬람 왕국인) 칼리파국caliphate과 같이 초국가 공동체를 형성하겠다는 의지를 표명한 경우라면 어떠한가? 민족 갈등, 분리 독립 전쟁과 민족 해방 전쟁, 왕위 계승을 위한 전투 등 다양한 역학 관계가 역사적으로 전 세계에서 발견되고, 지역적 맥락으로 인해 특정 폭력 사건을 더 큰 집단행동 패턴의 일부로 분석하는 것이 불가능할 수 있는 상황에서, 모든 내전이 정말 같은 종의 표본이라고 말할 수 있을까?[30] 아니면 총체적으로 "새로운" 전쟁이라고 하는 더욱 광범위한 지구적 현상으로부터 특정 내전들을 구별해낼 수 있는가?[31] 간략히 말하자면, 대체 내전이란 무엇인가?

내전과 같이 복잡한 개념은 모두 다층적인 역사를 지닌다. 역사학자는 가보지 않은 경로가 무엇인지 제시해주고, 현재 우리가 품고 있는 이해에 도달하기까지 거쳐온 여러 굴곡진 길을 보여준다. 이런 연구 진행 절차를 가리킬 때 오늘날 자주 쓰이는 전문 용어는 바로 "지적 계보학intellectual genealogy"이다. 이 연구 방법은 가족사를 추적하는 방식과 다음의 (세 가지) 특징을 공유한다. 첫째, 과거를 철저히 파헤친다. 둘째, 기원을 찾는다. 셋째, 항시 뒤얽힌 역사 속 측면

---

30 Brass, *Theft of an Idol*, pp.3-20; Kalyvas, "Ontology of 'Political Violence'"; Kalyvas, "Promises and Pitfalls of an Emerging Research Program"; Kissane and Sitter, "Ideas in Conflict".

31 Kaldor, *New and Old Wars*; Kalyvas, "'New' and 'Old' Civil Wars"; Münkler, *New Wars*.

사側面史를 천천히 둘러볼 여지를 둔다. 그러나 두 방법 사이에는 중요한 차이 또한 있다.[32] 계보학적 연구는 연속성에 몰두한다. 가령, 누가 누구의 후손이고, 누가 누구를 낳았는지를 밝히는 데 매달린다. 그래서 족보학에서 추구하는 전반적인 목적이 자기 확증에 있다면, 지적 계보학에서는 회의懷疑와 겸허를 추구한다. 지적 계보학은 단절이나 중단을 추적한다. 그리고 현재 우리가 놓인 처지는 우연적일 뿐 필연적으로 나타나는 모습이 아니고, 선택의 결과이지 설계의 산물이 아니기에 우발적으로 이뤄지며, 따라서 일시적이고 언제든 바뀔 수 있음을 보여준다. 이러한 접근법을 주창했던 한 유명한 학자는 "어떤 개념의 계보를 추적할 때 우리는⋯⋯ 이전 시대에 그 개념이 어떻게 다르게 사용되었는지를 밝힌다. 그렇게 함으로써 우리는 스스로 현재 그 개념이 어떻게 이해되고 있는지를 비판적으로 고찰할 수단을 갖추게 된다"고 주장한다.[33]

이러한 개념의 계보학conceptual genealogy 형식을 처음 고안했던 사상가는 프리드리히 니체(1844~1900)였다. 『도덕의 계보학On the Genealogy of Morality』(1887)에서 니체가 지적하길, "현존하는 것은 무엇이든, 어떻게든 세상에 존재하게 되었다면, 그보다 우월한 힘에 의해 끊임없이 새롭게 해석되고, 새로 요구되며, 변형되어 새로운 목적으로 재지정된다". 니

---

32 Geuss, "Nietzsche and Genealogy"; Bevir, "What Is Genealogy?"
33 Skinner, "Genealogy of the Modern State", p.325.

체는 어떤 사상이 왜 생겨났고, 한때 어떤 목적으로 사용되었는지, 권력관계가 어떻게 그 사상을 지속시켰는지, 그 사상의 원래 의도가 사라진 후에도 여전히 어떤 시작의 흔적이 남아 있는지 설명하고자 했다.[34] 탁월한 고전주의자인 니체는 복잡한 단어에 담긴 의미의 지층을 연구하는 문헌학의 중요성을 알고 그 도구를 사상과 실천의 분석에 적용하고자 했다. 그의 처방은 엄격하면서도 간결했다. "전체 과정이 기호론적으로 압축되어 표현되는 모든 개념은 규정되기를 거부한다. 오직 어떤 역사도 없는 개념만이 정의될 수 있다."[35] 주어진 개념에 역사의 무게가 너무 조밀하게 응축되어 있으면, 어떤 정제 노력으로도 켜켜이 쌓인 복잡성을 모두 제거할 수 없다. 그리고 과거, 특히 오래되었거나 논란이 많은 과거는 그 의미를 완전히 합의할 수 있을 정도로 명확하게 규정할 수 없다.

내전은 니체가 제시한 사례에 속하진 않았지만, 분명 그 중 하나가 될 수도 있었다(어쨌든 니체는 『도덕의 계보학』에 '하나의 논박서Eine Streitschrift'라는 부제를 붙였다. 이는 논쟁이란 뜻으로 문자 그대로 번역하면, '분쟁 저술conflict writing'이다). 내전이 벌어졌던 다양한 역사를 간과해야만 내전은 비로소 정의될 수 있다. 왜냐하면 역사는 내전이 그간 어떤 안정된 정체성을 유지하거나 내전에 대한 합의된 정의가 부재했음을 증

34 Nietzsche, *On the Genealogy of Morality*, p.51.
35 같은 책, p.53(강조는 아미티지).

명해주기 때문이다. 근본적으로 정치적 개념인 내전은 수 세기에 걸쳐 다양한 목적을 위해 여러 맥락에서 재해석되고 재배치되어왔다. 내전은 서술적인 개념처럼 보이지만 그저 고정되어 있는 본질적 특성보다는 가치를 표현하고 해석을 내비친다는 점에서 확고한 규범성을 지니고 있다.

내전은 철학사들이 본질직으로 논쟁적인 개념이라 일컫는 것의 하나의 예다. 내전이 그렇게 불리는 이유는 철학자들이 어떤 목적을 위해 이 개념을 활용할 때 "그 개념을 사용하는 측에서 이를 적절히 쓰고 있는지를 둘러싼 끊임없는 논란이 필연적으로 수반되기" 때문이다. 논란이 일어나는 이유는 특정 사례에 맞춰 그 개념을 적용하는 데에서 취하는 이득(과 입을 수 있는 손실)이 너무 크기 때문이다. 그리고 다른 논쟁적인 개념, 예를 들어 예술, 민주주의, 정의와 같은 개념을 사용할 때처럼 가치 판단이 묻어나기 때문이다. 이 대상은 예술 작품인가? 이 정치 체제는 민주적인가? 당신이 따른 절차는 정당한가? 누구든 이러한 용어를 쓸 때는 그 용어가 지니는 위신을 두고 벌어질 수 있는 싸움에 자신도 참여하게 되리라는 느낌을 받을 것이다.[36] 동시에 그런 개념을 어떻게 사용하든, 그 개념을 활용한다는 건 "과거로부터 물려받은 끝없는 지적 과업 중 한 국면으로서, 역사적으로 이해될 수밖에 없다"는 충고를 들을 것이다. 또한 "그 개념을 두고 벌어지는 상충되는 해석"은 "과거로부터 물려받은 유산으로 인해 제한"받기는 하나 "향후 논쟁이 벌어질 가능성, 아니 실제 그 필요성을 결코 막지 못한다"는

점이 전해질 것이다.[37]

이러한 견지에서 볼 때, 내전을 두고 제시되는 여러 이해 방식을 비판적으로 고찰하기 위한 가장 유용한 방법은 연구의 지평을 1989년 혹은 1945년 너머의 세기들로 넓혀, 긴 시간에 걸쳐 형성된 내전의 역사를 추적하는 것일 테다. 그런데 이런 접근법은 현재 이뤄지고 있는 대다수 내전 연구 진행 방향과는 반대로 가는 것이다. 최근 연구는 전반적으로 보아 연대적으로 훨씬 한정된 시기에 집중하기를 요구하는 학문 분과에 의해 점유되어왔다. 냉전이 종결된 뒤, 전문 사회과학자들 사이에서 "내전 연구가 대유행"했다.[38] 저개발 지역, 특히 아프리카를 연구하는 경제학자들은 개발을 늦추게 한 주요 원인 중 하나로 내전을 꼽았다. 또한 내전이라는 현상은 국제관계 연구자들의 관심을 끌었는데, 당시 연구자들은 국가 간 전쟁이라는 전통적인 연구 주제가 바로 눈앞에서 사라지는 상황을 지켜보고 있었다. 그리고 1989년 이후 인종적 분쟁으로 보이는 마찰이 증가함에 따라 발칸부터 아프리카의 뿔〔로 불리는 동북부 아프리카 지역〕까지 전 세계 지역에서 시민 분쟁이 일어나는 다양한 요인

---

36 Gallie, "Essentially Contested Concepts"; Collier, Hidalgo, and Maciuceanu, "Essentially Contested Concepts".

37 Gallie, preface to *Philosophy and the Historical Understanding*, pp.8-9.

38 Kalyvas, "Civil Wars", p.417.

에 대한 관심이 높아졌다.[39] 사회과학자들은 보통 제2차 세계대전 이후에 일어난 시민 분쟁만 연구한다. 이 시기는 연구자들의 표준 데이터베이스 중 하나인 스웨덴 웁살라대학 분쟁 자료 프로그램Conflict Data Program이 출범한 때였다.[40] 몇몇 사회과학자는 전쟁 상관관계 프로젝트Correlates of War Project(미시간대학에서 시작되었고 현재는 펜실베이니아주립대학에서 운영되는 프로젝트)의 기반이 된 방대한 자료의 도움으로, 연구 지평을 좀더 넓혀 1816년까지 거슬러 올라간다.[41] 하지만 지난 200년을 훌쩍 넘어서는 장기적 관점에서 내전을 비교 연구한 이는 거의 없다.[42]

이와 관련해서, 역사학자는 별로 도움이 되지 못했다. 그들, 아니 우리라고 고쳐 말해야 할 역사학자들은 특정 분쟁만 연구하는 경향을 보인다. 이를테면 잉글랜드 내전English Civil War, 미국 남북전쟁American Civil War, 스페인 내전Spanish Civil War을 들 수 있다. 우리는 그동안 내전을 전 시기에 전 세계에서 나타나는 연속적인 현상으로 다루지 않았다. 이면에

---

39 도움이 될 개괄적 논의로는 다음을 보라. Sambanis, "Review of Recent Advances and Future Directions in the Literature on Civil War"; Collier and Sambanis, *Understanding Civil War*; Blattman and Miguel, "Civil War".

40 Uppsala Conflict Data Program(1948-present), http://www.pcr.uu.se/research/UCDP/.

41 The Correlates of War Project, http://www.correlatesofwar.org/; Small and Singer, *Resort to Arms*; Gleditsch, "Revised List of Wars Between and Within Independent States, 1816-2002"; Sarkees and Wayman, *Resort to War*; Reiter, Stam, and Horowitz, "Revised Look at Interstate Wars, 1816-2007".

42 Dixon, "What Causes Civil Wars?", p.730; Lounsberry and Pearson, *Civil Wars*, viii; Newman, *Understanding Civil War*.

감춰진 근원적 양식이나 유형을 드러냄으로써 명료함을 얻는 것보다 역사적 특수성을 풍부하게 복원하는 것을 선호해왔다.[43] 근래까지도 대다수 전문 역사가가 자연적 수명과 엇비슷한 기간을 대상으로 삼아 굉장히 고도로 집중된 연구를 수행하는 데 만족하는 것은 우연이 아니다. 100년이 넘어가는 경우는 드물었고, 주로 몇십 년 혹은 훨씬 더 좁게 몇 년의 기간에 집중했던 것이다. 그러나 최근 들어 많은 역사학자가 역사적으로 큰 그림을 그리는, 즉 유행에 동떨어져 있던 장기적 관점으로 돌아오고 있다. 게다가 이를 통해 우리 시대가 마주하는 가장 절박한 문제 가운데 몇몇인 기후변화, 불평등, 글로벌 거버넌스의 위기 등이 어떻게 나타나게 되었는지 근원을 밝히려는 시도도 드물지 않게 이뤄지고 있다. 그 기원이 몇십 혹은 몇백 년 전 과거에 놓여 있더라도 연구가 행해지고 있다.[44] 좀더 장기적인 관점, 즉 역사학에서 전통적으로 취하던 관점은 지난 2000년에 걸쳐 일어났던 내전에서 그동안 무엇이 문제가 되었고, 여전히 무엇이 쟁점으로 남아 있는지를 알고자 할 때 필수적이다.

이 책의 부제를 '관념 속 역사'로 붙인 이유는 '관념의 역사'라고 알려진, 지성사의 오랜 흐름과 구별하기 위해서였

---

43 하지만 예외적으로 고대 로마부터 아프가니스탄까지를 포괄하는 최근 논의로는 다음을 보라. Armitage et al., "*AHR Roundtable*: Ending Civil Wars".

44 Guldi and Armitage, *History Manifesto*; Armitage et al., "La Longue durée en débat".

다.[45] 후자를 통해 시대를 가로질러 온 큰 개념들, 이를테면 자연, 낭만주의, 존재의 대 사슬 등의 전기(傳記)가 재구성되었다. 마치 관념 자체가 다소 살아 있고, 그 개념을 사용한 이들과는 별개로 존재해왔던 것처럼 그려졌다. 그러나 나중에는 관념이 인간이 삶을 영위하는 세속적인 세계를 초월해 훨씬 높이 있는 어떤 플라톤직 공간에 머문다는 지각으로 인해 좀더 철저한 지성사가들 사이에서 '관념의 역사'는 권위를 잃어, 중요한 개념을 역사적으로 이해하려는 움직임조차 저하되는 지경에까지 이르렀다. 최근에 들어서야 그들, 다시 또 '우리'라고 해야 할 역사학자들은 용기를 되찾아 더 폭넓은 기간에 걸쳐 관념 속에 나타나는 좀더 미묘하고 복잡한 역사를 구성하기 시작했다. 그중에서도 특히 일상적인 행복과 천재성, 관용과 상식, 통치권과 민주주의 같은 관념이 이제 주요 연구 주제로 다시금 떠올랐다.[46] 이 책은 다양한 역사적 맥락 속에서 형성된 서구식 논변, 아니 전 세계적으로 이뤄졌던 논변에 담긴 주요 관념을 분석함으로써 이러한 새로운 역사서 부류에 합류한다. 이 책에서 제시하는 내전의 기원 시점은 상당히 구체적이게도 고대 로마다. 그리스처럼 로마보다 앞선 시점은 설정되지 않는다. 근대

---

45 Armitage, "What's the Big Idea?"; McMahon, "Return of the History of Ideas?"; McMahon, *Divine Fury*, xiii.

46 McMahon, *Happiness*; McMahon, *Divine Fury*; Forst, *Toleration in Conflict*; Rosenfeld, *Common Sense*; Fitzmaurice, *Sovereignty, Property, and Empire, 1500-2000*; Kloppenberg, *Toward Democracy*.

정치 용어의 발원지가 모두 로마인 것은 아니지만 상당히 많은 경우가 그렇다. 그중에는 현대 어휘에서 가장 오래 지속되어온 몇몇 관념도 속해 있다. 바로 자유, 제국, 재산, 권리 그리고 내전이다.[47]

이러한 부류의 역사에 구조를 부여한 '관념들'은 실체가 없는 독립체가 아니다. 즉 관념론에서 내세우는, 천상의 영역에서 나와 지상 세계로 내려올 때 간헐적으로 등장하는 항목이 아니라는 것이다. 오히려 이 관념들은 시기를 건너 이따금 형성되고 논의되었던 논변의 초점을 형성한다. 여기서 각각의 사례는 의식적으로, 그렇지 않다면 적어도 입증 가능하게 이전과 이후에 벌어진 사례와 연결된다. 그래서 근거를 구성하는 가정들이 변하는 와중에도 그러한 '관념들'은 시간을 거슬러 같은 명칭으로 서로 연결된다. 또한 그 관념들은 과거와의, 그리고 종종 미래와의 대화로부터 축적되어온 의미라는 화물freight을 통해 연결을 유지한다. 내전은 이와 같은 '관념 속 역사'에 가장 적합한 후보다.

지난 2000년간 내전을 두고 벌어진 논변의 역사를 보여주는 이 책은, 각 논변을 체계적으로 다루기보다 의도적으로 좀더 특징적인 면모를 드러내는 방식으로 구성되어 있다. 지나온 시간 동안 모든 장소에서 벌어진 내전 통사나, 이에

---

[47] Fitzmaurice, *Sovereignty, Property, and Empire, 1500-2000*, p.20: Dubos, *Le mal extrême*.

더해 전반적인 내전 지성사를 쓰려고 하지는 않았다. 물론 충실하게 모든 것을 아우르는 저작, 곧 많은 역사학자가 참여해 세계사에 등장하는 모든 분쟁 가운데 당대인이나 이후 관찰자들이 내전이라 여긴 분쟁 기록을 모아 여러 권으로 만든 저작을 떠올려볼 수도 있다. 하지만 그런 백과사전식 저서를 읽기 원하는 이를 상상하기란 쉽지 않다.[48] 독자의 지속적인 관심을 끌기 위해 이 책의 초점은 좀더 신중히 정제되었다. 여기서는 내전이 벌어진 장기 지속longue durée 기간의 주요 세 시기인 지중해, 유럽, 지구화 시기를 순차적으로 다루며, 내전의 기원과 변형, 현대적 적용을 분명히 보여주려 한다. 좀더 세부적으로 보자면, 처음에는 고대 로마를, 두 번째는 근대 초기 유럽을, 세 번째는 19세기 중반 이후를 다룰 것이다. 다른 방식의 내전사 역시 쓰일 수 있으며 또 쓰여야만 한다. 그럼에도 이 책은 지난 2000년간 내전이 어떻게 탈바꿈해왔는지를 그려보는 첫 번째 시도를 표방한다 할 수 있다.

이렇게 넓게 펼쳐진 시간 범위를 다루기에, 논의가 포괄하는 지리적 공간은 제한적일 수밖에 없었다. 세계 모든 주요 문화권에는 당연히 특정 공동체 내에서 벌어졌던 폭력 사태의 역사가 있다. 나는 이 가운데 적어도 네 개의 전통을 알고 있는데, 틀림없이 내가 인지하지 못하는 다른 전통

---

48 DeRouen and Heo, *Civil Wars of the World*는 해당 주제를 두고 비교적 좀 더 접근하기 용이하게 작성된 전서全書다.

도 있을 것이다. 첫 번째 전통은 스타시스stasis라는 그리스 전통이다. 문자 그대로 '입장' 혹은 '입장을 취한'이라는 의미를 담고 있는 이 단어는 '내분faction', 불화, 내부적 반목과 연관된다.[49] 이와 관련해서는 첫 장에서 다룰 텐데, 이는 내가 왜 두 번째 전통이자 로마가 공식화한 내전bellum civile에 좀더 많은 중요성을 부가하는지를 설명하기 위함이다. 영어, 프랑스어, 이탈리아어, 스페인어, 독일어, 아일랜드어, 러시아어를 비롯한 수많은 언어를 살펴보면, 이 책에서 주제로 삼고 있는 이 단어는 거의 모두 로마 단어에서 직간접적으로 차용되었다. 위에서 언급한 언어권에서 쓰이는 단어를 차례로 나열해보면 다음과 같다. 'civil war', guerre civile, guerra civile, guerra civil, Bürgerkrieg, Cogadh Cathartha, гражданская война(grazhdanskaya voyna). 러시아어 표현은 독일어로부터 왔고, 독일어는 로망스 언어나 영어에서 찾아볼 수 있는 용어를 문자 그대로 번역한 것이다. 이처럼 다양한 언어권에서 사용되는 단어에 공통된 두 요소가 모두 내재함을 보여주기 위해 이 단어들이 모두 정확히 동일한 개념을 나타낸다고 가정할 필요는 없다. 각 용어의 어근은 시민을 칭하는 단어다. 한 예로 영어 단어 '내'전civil war은 문자 그대로 보면 '시민들의 전쟁citizen's war', 즉 동료 시민들 간의 전쟁이다. 그리고 이 모든 단어 배후에 자리하는 시민을 지

---

[49] Manicas, "War, Stasis, and Greek Political Thought"; Berent, "Stasis, or the Greek Invention of Politics".

칭하는 본래 용어는 라틴어 명사 키비스civis다. 이로부터 형용사 '시민의civil', 라틴어로는 키빌리스civilis가 파생되었고, 이와 함께 무거운 주제의 단어들인 '시민의식civility'과 '문명civilization'이 나왔다.

세 번째는 아랍 전통이다. 이 전통에서 쓰이는 용어인 피트나fitna는 무정부 상태, 불화, 분열, 분립, 특히 이슬람 세계에서 벌어지는 수니파Sunnis와 시아파Shi'as 간 근본적 교파 분립 등 다양한 현상을 지시하며, 로마 전통에서의 등가 용어와 일부 동일한 의미를 함축한다.[50] 마지막으로 중국에서 '내부 전쟁'을 뜻하는 네이잔nei zhan, 內戰은 일본어에도 같은 형태(나이센naisen, 內戰)로 나타난다.[51] 아직까지 이 전통들을 장기간에 걸쳐 재구성하려는 시도는 이뤄지지 않은 것으로 알고 있다. 따라서 이 전통들 간 어떤 비교 연구도 한동안은 이뤄질 수 없을 것 같다. 반면 내전을 둘러싼 서구식 이해가 20세기와 21세기에 걸쳐 법률가, 학자, 운동가들로 구성된 지구적 차원의 공동체와 유엔 같은 국제기구에서 채택됨에 따라, 그 이해가 지구적 차원에서의 논의를 형성해 왔다는 점을 논하는 것이 이 책 주장의 일부를 이룰 것이다. 뒤따르는 세기에 걸쳐 내전과 관련된 로마식 이해가 남

---

50 Gardet, "Fitna"; As-Sirri, *Religiös-politische Argumentation im frühen Islam(610-685)*; Ayalon, "From Fitna to Thawra"; Martinez-Gross and Tixier du Mesnil, eds., "La *fitna*: Le désordre politique dans l'Islam médiéval".

51 '내부 전쟁'을 지시하는 비슷한 용어를 핀란드어, 페르시아어, 터키어에서도 찾아볼 수 있다. Kissane, *Nations Torn Asunder*, p.39.

긴 유산을 추적하며, 나는 내전이라는 용어에서 중요한 의미 변화가 일어난 전환점이 세 차례 있었음을 발견했다. 첫 번째는 18세기 후반으로, 당대인들이 내전을 다른 범주, 즉 폭력적이고 변혁적인 정변과 구별할 필요성을 감지했던 시기다. 그 범주는 바로 혁명이었다. 두 번째는 19세기 중반으로, 내전이 지닌 법적 의미를 분명히 정의하려는 첫 시도가 이뤄질 때였다. 그러한 노력은 우연찮게도, 적어도 미국 내에서는 잘 알려진 분쟁이자 1861년부터 1865년까지 벌어진 미국 남북전쟁 시기에 이뤄졌다. 그리고 세 번째는 냉전 마지막 국면에 찾아왔는데, 바로 당시 사회과학자들이 대리전과 탈식민지화가 이뤄지던 시기에, 전 세계에 걸쳐 벌어지던 분쟁을 분석하기 위해 내전 용어를 정의하고자 결정했던 때였다. 내전이 어떤 의미를 지니며, 이를 현재 분쟁에 어떻게 적용할지를 두고 느끼는 혼란은 이렇게 길고 켜켜이 쌓인 역사의 산물이다. 하지만 나는 오로지 역사에 의지했을 때에야 내전의 의미가 오늘날까지도 상당히 논쟁적인 바로 그 이유를 이해할 수 있다고 주장하려 한다.

적어도 19세기 이전이나 미국 내전으로 특징지어지는 역사적 대분수령이 나타나기 전까지 내전은 누적되는 현상으로 이해되었다. 연이은 내전은 비록 위안을 줄 수는 없었지만 그래도 과거에 어떤 틀을 부여했고, 내전을 피하는 것은 미래에 달성해야 할 가능성으로 남아 있었다. 내전 경험은 일반적으로 역사와 기억에 의해 굴절되었다. 먼 시대에 멀리 떨어진 곳에서 벌어졌던 과거 내전 기록이기에, 그리고 자국 역사에서 벌어졌던 내전이 그대로 반복되지는 않을까 하는 두려움에 의해 말이다. 하지만 역사를 통하지 않고서는 그러한 두려움에 다가설 도리가 없다. 우리가 내전의 희생자들이 반복해서 되돌아오리라 예상했던 일이 무엇이었는지를 이해하기를 원한다면 역사를 참고해야 한다. 그리고 그 역사를 풀어나갈 가장 좋은 방법은 언어를 통해서다. 이후 살펴보겠지만 내전은 꽤나 논쟁적인 현상인데, 내전이 과거로부터 전수된 상당한 역사적 무게를 수반하기 때문이며, 그 자체로도 끊임없이 논쟁의 여지가 있는 어휘를 통해서만 논의될 수 있기 때문이다. 내전이란 용어가 지닌 의미를 두고 벌어지는 갈등은 그 분쟁 자체가 지닌 의미만큼이나 장기간의 역사를 다룰 때 주요한 주제다.

이 이야기를 시작하면서 이 책을 세 부로 나누고, 각 부는 두 개의 장으로 구성했다.

제1부는 '로마로부터 이어져온 길'로, 여기서는 기원전 1세기부터 기원후 5세기까지 600여 년 동안 변화한 내전의 이해를 연대순으로 기술한다. 나는 이 기간에 로마인들이 벌였던 논쟁이 내전 인식이 형성되는 데 결정적인 영향을 미쳤다고 주장하고자 한다. 이 시기에 내전이 어떻게 처음 시작되었고, 어떻게 규범적으로 정의되었는지는 물론이고, 어떻게 외연으로 드러나는 징후를 인지할지, 그리고 재연再燃될 공산은 얼마나 되는지에 대한 이해를 형성했다는 것이다. 따라서 나는 모든 길이 로마로부터 시작되었고, 그 길은 그보다 더 멀리 아테네나 투키디데스가 그린 세계로

까지 거슬러 올라가지는 않는다고 주장한다. 그 이전 세계에서 벌어졌던 공동체 내 분쟁은 상당히 달리 이해되었기 때문이다. 로마가 남긴 유산 자체에는 내전을 설명하는 많은 방식이 포함되어 있고, 이를 통해 로마사에서 내전이 차지하는 위상을 두고 경쟁하는 다양한 서사가 전해졌다.

제2부 '근대 초기 교차로'에서는 16세기부터 18세기 사이 유럽을 다루며, 로마로부터 유래된 설명과 서사가 유럽 사상가들이 각자 내전에 대한 이해를 도출해내는 데 레퍼토리가 되어주었음을 보여준다. 그러나 계몽주의 이후에는 내전과 혁명을 두고 형성된 두 개념 군이 서로 멀어졌고, 의도적으로 대립하는 위치에까지 놓여, 서로 확연히 구별되는 도덕적·정치적 함의를 지니게 되었다. 내전은 회고적이고, 파괴적이며, 퇴보하는 의미로 여겨졌고, 혁명에는 미래지향적이고, 결실을 가져오는 진보적인 의미가 함축되었다. 따라서 성공을 거둔 내전은 혁명으로 "명칭이 바뀌"었고, 동시에 혁명가들은 자신들이 내전에 참여해왔음을 부정했다.[52] 하지만 사정은 결코 그렇게 간단하지 않다. 뒤에서 살펴보겠지만, 두 범주는 20세기까지 줄곧 서로 겹치며 각자의 영역에 침투하기를 지속했다.

이 책의 제3부인 '현재까지의 경로'에서는 미국 내전 시대부터 지금 우리가 살아가고 있는 시기까지 내전이 남긴

---

[52] Armitage, "Every Great Revolution Is a Civil War".

개념적 유산이 무엇인지를 추적한다. 이 역사 형성에 19세기가 가장 크게 이바지했던 것은 내전을 법이 미치는 영역 하에 위치시켜 내전에서 드러나는 격렬함을 누그러뜨리기 위해 시도했던 점이었다. 내전을 문명화시키는civilizing 일은 국제 법률공동체가 달성하고자 했던 목표였고 여전히 우리 시대까지 해결되지 않고 남아 있다. 국제 법률공동체가 우려하는 문제의 근원과 더불어 오늘날 국제 인도주의 법이라 불리는 영역 안에서 내전이 야기했던 긴장이 이 책의 마지막 장에서 다룰 주제다. 해당 장에서는 20세기를 지나오면서 내전이 전 세계 무대로 나서게 된 과정을 추적한다. 이 시기에 '내전'에 시달리는 공동체의 국경은 국가와 제국이란 물리적 경계 너머로 확장되어 전 세계를 아우르게 되었다. 그러한 확장을 가져온 원인으로 다양한 종류의 세계시민주의적 사고방식을 추적해볼 수 있다. 세계시민주의에서는 오래전부터 인간들 사이에서 벌어지는 모든 전쟁은 내전이라는 주장을 제기해왔기 때문이다.[53] 하지만 이러한 〔지적〕 충동은 20세기에 이뤄진 또 다른 노력과 대립한다. 바로 사회과학자들이 냉전 시기부터 시작해 내전 연구에서 개념적 명확성을 높이고자 들였던 노력인데, 이는 향후 살펴보겠지만 실패할 수밖에 없었던 기획이다.

결론 '말들의 내전'에서는 과거에 형성된 내전 정의와 이

---

53 Armitage, "Cosmopolitanism and Civil War".

해가 오늘날까지도 지속되어 국제기구, 언론, 학계 논의를 구성하는 지적 DNA에 남아 있다고 주장한다. 이런 이유로 무엇이 내전이고 무엇이 아닌지를 두고 우리가 느끼는 혼란도 상당 부분 이 과거에 기인함을 논한다. 로마 공화국 시기부터 누적되어온 개념사는 현대 법학과 사회과학 언어가 새롭게 쌓아 올린 층으로 인해 더 복잡해지고 더 많은 혼란만 초래하게 되었다. 결론에서는 내전을 두고 논쟁을 벌였던 과거로 인해 계속해서 복합적인 미래가 양산될 것임을 환기하려 한다. 그러한 미래를 마주하기 위해 우리가 얼마나 역사 지식을 갖추는지에 따라 전 세계 수만 명, 아니 심지어 수백만 명에게 미치는 결과가 달라질 수 있다. 여기에는 흔히 가장 취약한 이들과 가장 비참한 상황에 놓인 이들이 포함된다. 왜 그런지를 알기 위해서는 우선 2000년이 넘는 시간을 거슬러가서, 공화국 로마에서 내전이 어떻게 창안되었는지를 살펴봐야만 한다.

1부

로마로부터 이어져온 길

1장

내전 창안하기: 로마 전통

내전은 발견되기를 기다리는 자연(계)의 실재가 아니었다. 내전은 창안되어야 했던 인류 문화의 산물이었다. 2000년이 조금 더 된 이 유산이 창안된 시기는 기원전 1세기 무렵이라 할 수 있다. 내부 분쟁으로 인해 고통을 겪은 게 로마인이 처음은 아니었지만, 로마인은 이를 내전으로서 경험하는 첫 번째 사람들이었다. 아마도 '시민의civil'라는 단어를 '동료 시민 간'이라는 뜻으로 처음 정의했기에, 로마인은 자신에게 가장 큰 고통을 안겨주던 당시의 분쟁을 전쟁 수준에 오른, 동료 시민 간 충돌이라는 명백하게 정치적인 용어로 이해할 수밖에 없었을 것이다. 그리고 이러한 요소는 내전사 대부분에 걸쳐 내전 개념의 중추로 남게 되었다.

이렇게 '시민의'라는 단어를 파악하고(역설적임을 알았고 내키지 않았지만, 결국에는 되돌릴 수 없게) 이를 전쟁 개념에 합친 로마인은 불안정하고 분열적인 합성어를 만들었다. 바로 오늘날 우리에게도 여전히 불안감을 안겨주는 단어인 '내전'이다. 이 단어를 창안한 사람이 누군지는 알려져 있지 않다. 하지만 분명 로마 시민이었기에 남성이었을 그는 완전히 구별되는 두 개념을 합쳐 금방이라도 파열할 듯한 새 합성어를 만들어냈다. 이 무명의 로마인 이전에는 그 누구도 두 요소를 얽매려 하지 않았다.

그리스인은 그들이 '폴레모스polemos'라고 불렀던 전쟁이 무엇을 의미하는지 선명히 이해하고 있었다(현대 다수 언어권에서 '격론을 벌이는'이라는 호전적인 의미를 내포한 'polemical'은 이 단어로부터 유래했다). 그러나 그리스인은 자신의 공동체 내에서 벌어지던 '전쟁'을 로마인이 생각하던 전쟁과는 "완전히 다른 어떤 것"으로 여겼다.[1] 하지만 그렇다고 내부 분쟁을 바라보는 로마인과 그리스인이 개념적 차원에서 메워질 수 없는 큰 틈을 두고 있다는 말은 아니다. 실제로 로마 작가들은 로마가 겪던 정치 분열의 기원을 "민주주의"와 같은 위험한 그리스 개념의 유입으로부터 찾곤 했다.[2] 최초의 그리스 역사학자인 투키디데스는 자신을 계승한 로마 작가들, 특히 (다른 로마 사가로부터) "투키디데스의 지적 경쟁 상대"라고 불린 살루스티우스Sallust〔Gaius Sallustius Crispus〕

---

1 Loraux, *Divided City*, trans. Pache and Fort, p.108.

2 Nicolet, *Demokratia et aristokratia*; Wiedemann, "Reflections of Roman Political Thought in Latin Historical Writing", p.519.

에게 영향을 미쳤다.[3] 그리고 1세기에 그리스어로 글을 썼던 로마 역사가들은 자연스럽게 그리스 용어를 사용해 로마 내전을 묘사했다.[4] 하지만 이러한 연속성이 있었음에도, 로마인은 자신이 무언가 새로운 경험을 하고 있다고 확신했고, 이를 표현하기 위해 새로운 명칭을 필요로 했다. 바로 내전, 라틴어로 벨룸 키빌레bellum civile였다.

로마인에게 전쟁은 전통적으로 상당히 구체적인 상황을 지칭하는 단어였다. 전쟁은 정당한 사유로 인해 외부의 적과 싸우는 무력 분쟁armed conflict이었다. 단순 침략은 정당화되기 어려웠기에 전쟁에 포함되지 않았다. 개별 폭력 역시 로마인이 따르던 전쟁법에 구속될 수 없었기에 전쟁 수준에 이르지 않았다. 그리고 적敵, hostis은 정의상 낯선 대상으로, 로마 외부에 있거나 좀더 좁게는 자유로운 로마 시민 공동체 너머에 있는 사람을 뜻했다. 로마인은 노예 반란의 위대한 지도자였던 스파르타쿠스Spartacus와 같은 노예들과 전쟁을 벌였고, 지중해에서 활동하던 해적에 맞서 싸웠으며, 파르티아인들Parthians과 카르타고인들Carthaginians처럼 국경 지역에 있는 적과도 전쟁을 치렀다. 이러한 전쟁과 '내전'의 극명한 차이는 내전에서 마주하는 적은 너무나 친밀해서 흡사 가족처럼 여겨질 수 있는 사람들이었다는 데 있

3 "Aemulumque Thucydidis Sallusium": Velleius Paterculus, *Historia* 2.36.2; Scanlon, *Influence of Thucydides on Sallust*; Pelling, "'Learning from That Violent Schoolmaster'".

4 Botteri, "*Stásis*".

었다. 상대편 사람들이 곧 동료 시민들cives이었던 것이다. 따라서 그러한 전쟁은 로마인이 따르던 전통적 기준인 전쟁의 정의 자체를 허물어뜨렸다. 적은 외부인이 아니었다. 그들은 실제로 같은 로마 시민이었다. 이에 이들과의 투쟁이 정당하다고 보기는 어려웠다. 로마인들이 품고 있던 정당한 전쟁 개념에는 자기방어를 한다는 정당한 명분은 물론 합법적 적을 상대한다는 점이 내포되어 있어, 동료 시민들과의 전쟁은 명백히 이 개념에 배치되었기 때문이다.

이렇게 생겨난 내전 개념에는 어떤 역설이 의도적으로 담겨 있었다. 내전은 실제로 적이 아닌 적에 맞서 싸우는, 전쟁이 될 수 없는 전쟁이었던 것이다. 로마 내전 기간에 이뤄진 선전 대결에서, 양측 모두는 각자 자신이 내세운 명분이 옳음을 대대적으로 알리며 지지를 구함과 동시에 정당한 이유에 따라 싸운다는 전통적인 정전론적 이해에 이 내전이 부합함을 주장했다.[5] 이러한 종류의 전쟁에 '시민의'라는 단어를 붙인 방식은 싸우는 상대에 따라 전쟁을 명명했던 로마식 관행을 따른 것이었다.[6] 이 전통은 19세기까지 이어졌고, 유럽의 '나폴레옹 전쟁'과 영국의 '줄루 전쟁 Zulu War' '보어 전쟁Boer War' '마오리 전쟁Māori Wars'이 그 전통

5 Clavadetscher-Thürlemann, *Πόλεμος δίκαιος und bellum iustum*, pp.178-183; Wynn, *Augustine on War and Military Service*, pp.128-131.

6 Rosenberger, *Bella et expeditiones*.

을 따른 예다.[7] 하지만 이러한 명명법이 지금까지 이어져오고 있지는 않다. 미국에서조차 이제 미국 내전the U.S. Civil War을 '링컨 전쟁Mr. Lincoln's War'이라 칭하는 일이 드물고, 동일한 이유로 미국 내에서는 물론 다른 곳에서도 걸프 전쟁the Gulf Wars을 '사담Saddamic' 전쟁이라 부르지 않는다. 서구에서는 이제 일반적으로 전투가 이뤄지는 장소에 따라 전쟁 명칭을 붙여, 한국전쟁Korean War과 베트남 전쟁Vietnam Wars, 제1·2차 걸프 전쟁, 그리고 '세계' 대전이라는 명칭을 쓰게 되었다.

그렇다고 로마인이 자신들이 치르던 전쟁을 지리적인 관점에서 고려하지 않았다는 뜻은 아니다. 다만 로마인은 전쟁을 명명할 때 적국 지도자나 민족의 이름을 좀더 일반적으로 가져왔다. 이러한 방식에 따라 로마인은 기원전 3세기와 2세기에 카르타고와 치른 세 차례 전쟁을 '포에니Punic' 전쟁이라고 불렀다. 카르타고인은 페니키아인Phoenicians의 후손, 즉 포에니Poeni였기 때문이다. 이후 기원전 112년부터 기원전 105년까지 북아프리카계〔누미디아Numidia의〕왕 유구르타Jugurtha와 벌인 전쟁은 '유구르타' 전쟁이라고 불렸다. 기원전 91년부터 기원전 89년 사이에 로마인은 이탈리아 내의 다양한 동맹국Socii과 완전한 시민권을 전 이탈리아반도에 확대하는 문제를 두고 다투었는데, 당시 분쟁들은 통

---

[7] Keenan, *Wars Without End*, p.32.

칭해 동맹시同盟市 전쟁Social War으로 알려졌다. 비슷하게 노예 반란을 진압하기 위한 군사적 행위, 특히 기원전 71년 시칠리아Sicily에서 스파르타쿠스를 저지하고자 했던 시도는 노예 전쟁Servile Wars 혹은 노예들Servi에 맞선 전쟁으로 알려졌다.[8] 이 두 용어는 이후에도 간헐적으로 쓰였다. 예를 들어 미국혁명American Revolution 기간에 활동했던 저술가들은 영국계 미국인 식민지 개척자들이 일으킨 반란을 동맹시 전쟁과 비교했고, 19세기 초반 미국 남부 노예 소유자들은 '노예 전쟁'의 위협에 대해 말하곤 했다. 하지만 두 용어 모두 '내전'만큼 변함없이 확고하게 정착되지는 않았다.

로마인은 처음에 내전이라는 개념을 받아들이기 주저했다. 그리고 오랜 기간 이 개념을 쓸 때마다 모종의 두려움을 느꼈다. 내전은 어딘가 생소하고 불안감을 안겨주는 개념이었는데, 당초 내전이 왜 그토록 불안감을 안겨주고 두려움을 야기했는지 되짚어보기 위해서는 약간의 상상력이 필요하다. "영어에서 '내전'이라는 단어는 이제 로마 시기에 그 단어가 지녔던 역설적인 의미를 잃어버렸다"고 로마 전통을 연구하는 한 학자가 지적했다. 로마 전통에서 "시민cives과 비시민non-cives이라는 구분이 한 사람의 신분, 의무, 권리를 결정하는 주된 요인이었던" 점은 어떤 면에서는 이 로마의 창안물 이전에는 명확히 드러나지 않았었다. 이 창안

---

8 Jal, *La guerre civile à Rome*, pp.19-21; Urbainczyk, *Slave Revolts in Antiquity*, pp.100-115; Schiavone, *Spartacus*.

물은 단지 어원상의 희미한 흔적으로만 남아 이제는 식별하기 어려워졌다.[9]

　로마인에게 내전이란 도시 중심 문명city-dwelling civilization이 전복되는 일이었다. 그럼에도 내전civil war이 문명civilization과 밀접하게 결부되어 있음을 시사하는 불편한 역사가 지속되었다. 로마 내 분쟁은 공화정 시기부터 초기 제국 시대까지를 아우르는 로마 역사에서 대단히 빈번하게 나타나서, 마치 로마에서 이뤄지는 공적 삶의 일환처럼 보였다. 이 때문에 로마인은 자신이 겪고 있던 내전이 도대체 왜 일어나는지 알아내기 위해 애썼다. 그들은 곧 발생했던 내전 간 관련성을 찾아냈고, 이를 자연 현상에 비유해 설명했다. 내전은 화산활동처럼 분출 후 멈출 수도 있지만, 다시 폭발하지 않으리라 확신할 수는 없다는 것이었다. 이러한 관점에서 보면, 로마는 내전이 계속해서 일어나는 와중에 짧은 평온이 찾아오는 역사를 지닌 듯했다. 내전으로 이어지기 쉬운 문명, 심지어는 내전이라는 저주가 씌워진 문명이라는 서사, 좀더 정확히는 '일련의' 서사가 구성되었고, 이는 수 세기 동안 이어져 근대 초와 근대는 물론 그 이후의 시기에서 그리고 유럽은 물론 그 너머에서 내전을 이해하는 데에 영향을 미쳤다.

　이 시점에서 우리는 로마인이 내전 개념을 창안하기 전

9　Robert Brown, "The Terms *Bellum Sociale* and *Bellum Civile* in the Late Republic", p.103.

에는 어떻게 내부 분쟁을 이해했는지 되짚어 봐야 한다. 로마인 스스로는 이 질문에 대한 답을 찾기 위해 두 개의 역사를 참고했다. 하나는 고대 그리스의 도시 국가사였고, 다른 하나는 로마 건국 시기부터 기술된 초기 로마사였다. 로마인은 고대 그리스, 그중에서도 특히 아테네 역사에서 내전과 비슷해 보이는 사건을 발견하긴 했지만, 이를 자신이 겪고 있던 혼란과 동일하다고 여기지는 않았다. 마찬가지로 초기 로마 역사에서도 내전과 동일한 현상을 찾아내지 못했다. 다만 내전을 야기하는 몇몇 근원을 알아냈는데, 때로는 도덕적이고, 때로는 비도덕적이었던 이 원인들이 종국에는 로마를, 아마도 자신이 만들어낸 것 중 가장 파괴적인 창안물로 이끌었다. 로마인은 내전을 야기하는 장기적 원인을 분석해 현재를 설명하고 미래를 예측하는 일련의 역사 서사를 기술했다. 이 모든 이야기는 정치색이 짙었고, 따라서 상당히 논쟁적이었다. 그 이유를 알기 위해 우리는 먼저 그리스와 로마에서 내부 분쟁이 어떻게 진행되었는지, 그 역사를 차례로 살펴볼 것이다.

내전 관념은 문명과 전쟁 자체를 어떻게 이해하는지에 따라 변화해왔다. 그 역사를 살펴보면, 내전은 상당 기간 도시 개념과 밀접하게 연관되어왔음을 알 수 있다. 이러한 사실은 서구에서 문명과 정치라는 개념 모두를 지탱하는 바로 그 밑바탕이 어떤 경험으로부터 직접적으로 도출되었는지를 상기하면 전혀 놀라운 일이 아니다. 그 경험은 바로 인간들을 하나로 모아 복잡하면서도 상당히 질서정연하며 때로는 엄격하게 제한되는 경계를 지닌 공동체, 즉 우리가 도시라 부르는 공동체를 형성했던 일이다. 그리고 그리스인에게 도시는 폴리스polis였다. 폴리스는 아리스토텔레스를 비롯한 이들이 서술했듯 전형적으로 자급자족하는 공동체였고, 이 명칭으로부터 영어 단어 '정치politics'가 유래했다. 그리스를 계승한 로마인에게 도시는 키비타스civitas였다. 서구인들은 '시민의civil' '시민의식civility' '문명civilization'과 같은 단어를 쓸 때마다 이 도시에 거주했던 로마 시민들cives을 멀리서나마 기린다.[10] 지난 2000년 동안 내전, 즉 시민들이자 (그 명칭이 가리키듯) 도시 주민들인 이들이 일삼은 다툼의 무대가 주로 도시였음을 우연의 일치라고 보기 어렵다.[11] 내전은 시민들 간의 투쟁이었고, 이들은 주로 도시 내에서 싸움을 벌였다. 이때 도시는 실제 구획된 장소이기도 했지만, 동시에 상상된 공간이기도 했다.

고대 사상가들은 도시를 물리적 장소뿐만 아니라 추상적 차원에서의 공간으로도 생각했다. 도시 경계 내 아테네와 로마를 그 예로 들 수 있다. 이때 도시는 〔시민 사이에〕 협력이 이뤄지는 곳이자 평화가 깃든 곳이었고, 여기서 사람들은 법의 지배 아래 인격적 도야를 이뤄낼 수 있었다. 도시

---

10 키비타스를 로마인이 어떻게 이해했는지에 대해서는 Ando, *Roman Social Imaginaries*, pp.7-14를 보라.

11 Harvey, *Rebel Cities*; Hazan, *History of the Barricade*.

는 야성이 표출하는 유해함과 난폭함incivility과는 점점 더 멀어져갔는데, 이는 도시가 비합리성, 야만성, 동물성과 같이 그 경계 밖에 도사리는 위협을 막기 위해 세워졌고 또 그렇게 유지되었기 때문이다.[12] 그런데 그러한 악evils이 다시 찾아왔을 때, 이는 문명이라는 울타리 자체를 침범하는 폭력 형태로 나타났다. 바로 이러한 이유 때문에 고대에서부터 지금까지 내전을 그린 상당수의 형상에서 야만성, 짐승성, 비인간성 등 맹위를 떨치는 흉폭한 자연 그대로의 모습이 투영되었던 것이다.

그리스인은 정치 영역에서 다른 무엇보다 조화를 최고의 가치로 여겼다. 적어도 플라톤과 아리스토텔레스로부터 구할 수 있는 도시의 삶을 옹호하는, 넓은 의미에서의 귀족주의적 옹호를 통해 판단해본다면 그렇다. 플라톤 대화편 중 『국가 Republic』에서 소크라테스는 다음과 같이 묻는다. "나라를 분열시켜 하나 대신 여럿으로 만드는 것 이상으로 폴리스에 나쁜 것을 우리는 아는가? 또는 도시를 단결시켜 하나로 만드는 것 이상으로 더 좋은 것을 아는가?"[13] 이 질문은 플라톤이 이상적이라고 여긴 도시 국가를 구축하는 데 있어 핵심을 이룬다. 그 도시에서 개인 영혼의 조화는 폴리스 자체 내에서 구성원이 서로 맺고 있는 이상적인 균형 상태를 반영한다. 이처럼 만약 조화가 최고선이라면, 분열은 최고악이 된다.

---

12 Brett, *Changes of States*.

13 Plato, *Republic* 462a-b, in *Collected Dialogues*, p.701(번역은 맞춰 수정됨).

폴리스를 분열시키는 악惡을 그리스인은 스타시스stasis라 명명했다. 추후 로마인이 썼던 내전 관념처럼 스타시스라는 단어 역시 역설을 기반으로 형성되었다. 스타시스는 영어 단어 'static'의 어원으로, 단어가 지닌 기본적 의미 중 하나는 '움직임이 없는 상태'다. 다른 한편으로 이 단어는 '입장' 혹은 '태도'를 뜻하기도 해, 정치적 분쟁에서 '한 입장에 서 있는'이라는 뜻을 내포한다.[14] (또한 문자 그대로 참을성 있게 계속 서 있는 장소를 칭하기도 한다. 이에 현대 그리스어에서 스타시스는 여전히 버스 정류장을 칭하는 용어로 쓰인다.) 하지만 우리가 지금 염두에 두어야 할 의미는 자연 발생적이며 가장 기본적인 공동체가 형성되는 조건으로서의 폴리스라는 개념과 연관된 것이다. 폴리스의 통합을 방해하거나 공동의 목적을 거스르는, 적대적이며 분열을 초래하는 정치적 입장으로서의 스타시스는 내분 및 당파 갈등의 유사어이자, 추후 내전이라고 불릴 상황과 유사한 상황을 가리키는 단어로 여겨지게 되었다. 그러나 유사하다고 해서 실제로 동일한 상황을 지칭하지는 않는다. 아테네인에게는 정치가 통치술, 즉 시민에게 명예를 부여하고 관직을 수여하는 방법인 한편, 사적 이익이 상충하지 않도록 조정하여 유혈 사태 없이 서로가 공적 이익을 추구하도록 하는 수단이었는데, 이를 통해 사실상 스타시스를 해결하고 그 상황을 대체했다.

---

14 Gehrke, *Stasis*.

따라서 그리스인에게 스타시스는 실제 물리적 저항 행위가 아닌 당시의 어떤 심적 상태 정도의 의미로 남아 있었다. 스타시스가 전쟁으로 이어질 수도 있고 전쟁으로 인해 스타시스가 나타날 수도 있었지만, 그 자체가 실제 전투를 수반하지는 않았다. 이런 의미에서 스타시스는 실제 공격이나 전투가 이뤄지지 않고 있는, 우리가 대치 국면이나 교착 상태라고 말하는 것을 의미했다고 볼 수 있다.[15] 또한 그리스인은 스타시스라는 단어에 폴리스 내 분열된 양측을 정치적으로든 법률적으로든 정의할 때 사용할 법한 그 어떤 형용어구도 덧붙이지 않았다. 요컨대 〔그리스인에게〕 스타시스는 '시민 간civil'의 문제도 아니었고, 필연적으로 '전쟁' 발발로 이어지는 상황도 아니었다.

그러나 그리스인은 확실히 두 가지 특정한 싸움struggle을 구별했다. 하나는 폴리스 내 분열이었고, 다른 하나는 정치 공동체 간 전쟁이었다. 이 구분을 체계적으로 하지는 않았지만, 분명 이러한 구분은 그리스인에게 의미가 있었다. 예를 들어 플라톤 대화편 『국가』에서 소크라테스는 이 가상 속 대화 상대인 글라우콘에게 소크라테스 자신이 상정한 이상적인 도시를 지키는 수호자들은, 우호적이고 교화된 그리스인과 적대적이고 이질적인 야만인을 구분해야 한다고 말했다. 그리고 만약 동료 그리스인과 맞서 싸울 때는 야만

---

15 Price, *Thucydides and Internal War*, pp.30-32.

인을 상대할 때와는 달리 국토를 유린하거나 가택을 불사르지 않아야 한다고 덧붙였다. 따라서 그리스인과 야만인을 구분하는 기준은 분쟁을 두 종류로, 즉 그리스인끼리 다툰 분쟁과 그리스인이 이방인과 벌인 분쟁으로 구분 짓는 경계와 일치했다. 이에 플라톤은 '친족 및 동족' 간 분쟁은 내분, 그리스어로 스타시스라 하고, '외부인 및 이방인'과 벌인 분쟁은 전쟁, 그리스어로 폴레모스라고 달리 칭했다.[16]

비슷하게 플라톤의 마지막 저작인 『법률Laws』에 등장하는 아테네인 손님은 마치 플라톤 자신의 관점을 대변하는 듯한 등장인물인데, 그는 폴리스를 세우고자 하는 사람 중 다른 국가와의 전쟁 위협을 염두에 두고 폴리스를 조직하는 이가 설마 있겠느냐고 물었다. "그는 도시 내에서 때때로 벌어지는 내부적 전쟁, 즉 당신도 알 듯 사람들이 스타시스라고 부르며 모두가 제 도시에서는 결코 목격하지 않기를 바라는 것에 더욱 주목하지 않겠느냐"는 것이다. 이어 아테네인 손님은 스타시스는 "가장 위험한 전쟁 종류…… [그리고] 다른 하나는 훨씬 더 완화된 형태로…… 도시 외부에 있는 (시민권이 없는) 외국인과 관계가 틀어졌을 때 벌어지는 종류"라 구분했다.[17]

고대 그리스인들은 또한 스타시스 엠필로스stasis emphylos라는 용어를 썼는데, 이는 혈연과 친족으로 묶인 공동체 내에

---

16 Plato, *Republic* 470b-c, in *Collected Dialogues*, p.709.

17 Plato, *Laws* 628b, 629d, in *Collected Dialogues*, p.1229(번역은 맞춰 수정됨), 1231; Price, *Thucydides and Internal War*, pp.67-70.

서 나타난 내분과 분열을 의미했다. 이때 필로스phylos는 가족 혹은 씨족을 뜻한다. '전쟁'(즉 폴레모스polemos)이라는 단어는 공동체 내부에서 벌어지는 내분까지도 포함해 가장 위험한 불화를 가리킬 때에야 쓰였다. 물론 그 용법은 이후 로마인이 쓰던 방식과는 차이가 있었다. 그리스인은 공동체 내부에서 분쟁이 벌어졌을 때, 이를 대가족 내에서 벌어진 전쟁, 즉 엠필리오스 폴레모스emphylios polemos라 불렀다. 수 세기가 지나 비잔티움 제국 시기의 역사학자들도 이 용어로 제국 내에서 벌어진 무력 분쟁을 설명했지만, 이를 통해 동료 기독교인 사이에서 있었던 쟁론을 설명하는 경우는 드물었고, 13~14세기에 이르러서 이 용어는 전적으로 문화나 민족이란 의미를 더 이상 함축하지 않게 되었다.[18] 하지만 이 표현은 여전히 현대 그리스어 용법에 남아 있는데, 가령 1944년부터 1949년까지 벌어졌던 그리스 내 분열적 분쟁을 설명할 때 이 표현을 쓰고 있다.[19]

공동체라는 개념은 맥락에 따라 조금씩 달라졌다. 앞서 살펴봤듯이 플라톤은 그리스인 간 다툼과 그리스인이 이방인에 맞서 벌인 전쟁을 엄격히 구분했다. 그리스 공동체끼리 벌인 전쟁, 가령 역사학자 투키디데스가 연대순으로 기록한 아테네와 스파르타가 각자의 동맹국들을 이끌고 벌였

---

18 Stouratis, "Byzantine War Against Christians"; Kyriakidis, "Idea of Civil War in Thir-teenth- and Fourteenth-Century Byzantium".

19 Panourgiá, *Dangerous Citizens*, pp.81-86.

던 전쟁은 하나의 대가족 내에서 일어난 갈등이라는 성격을 띠었다.[20] 그런데 이러한 정의는 로마인이 내전이라고 칭했던 하나의 정치 공동체 내에서 벌어진 전쟁과 국가 혹은 도시 간의 전쟁을 구분하던 이후의 기준을 모호하게 만든다. 플라톤의 『국가』 속 소크라테스가 논했듯이, 당분간 고대 그리스인들은 "친족인 그리스인들과의 불화를 스타시스의 한 형태로 간주할 것이며, 이를 논할 때 전쟁이라 부르기조차 거부할" 것이었다.[21]

스타시스를 고대 그리스에서 어떻게 설명하고 있었는지는 투키디데스가 쓴 『펠로폰네소스 전쟁사History of the Peloponnesian War』 3권에서 찾을 수 있다. 3권은 기원전 427년 케르키라Corcyra(이오니아 제도the Ionian island로 오늘날의 코르푸Corfu)에서 벌어진 폭동 사건을 다루고 있다. 이 사건은 근대 논평가들이 내전 자체의 태곳적 모습을 그릴 때 자주 언급되었다. 투키디데스가 전하는 바에 따르면, 스파르타와 아테네가 전쟁을 벌이는 와중에 케르키라는 아테네 측을 지지하는 쪽으로 입장을 선회했다. 투쟁 4년 차에 접어들었을 때, 포로로 잡혀 있던 일군의 케르키라인이 풀려나 고향으로 돌려보내졌다. 이들은 돌아가 반란을 일으키는 한편 도시 사람들을 설득해 케르키라가 이전에 코린토스Corinth와 맺었던 동맹을 회복하도록 하겠다는 약속을 했다. 당시 케르

---

20 Loraux, "Oikeois polemos".

21 Plato, *Republic* 471e, in *Collected Dialogues*, p.710.

키라는 인민의 지배를 지지하던 친아테네 민중파와 코린토스와의 동맹을 지지하던 과두파로 나뉘어 있었으며, 아테네와 스파르타 간 외교적 갈등은 케르키라 내부에서 벌어진 정치적 분열로 악화되었다.

포로였다가 풀려난 케르키라인들로 구성된 〔내부 공작원〕 제5열the fifth column은 평화적인 방식으로 아테네와의 동맹을 다시 끊기 위해 노력했으나 케르키라 민회를 설득하는 데 실패했다. 그러자 이들은 민중파 지도자였던 페이티아스Peithias에게 케르키라를 아테네에 예속시키려 했다는 혐의를 씌워 기소하려고 시도했었다. 하지만 이러한 움직임 역시 실패했다. 〔그런데〕 페이티아스가 자신을 기소했던 이들에게 반격을 가했을 때, 이들은 페이티아스는 물론 그의 동료 60명을 죽였다. 이에 과두파는 잠시나마 민중파를 억누를 수 있었는데, 코린토스의 갤리선이 케르키라에 도착하자 아슬아슬했던 휴전은 깨졌고 전면적 파벌 싸움이 벌어지기 시작했다.

이로써 외부 도시들 간의 전쟁은 도시 내 두 집단 간 내분을 불러일으켰다. 두 집단은 각자가 점유하던 케르키라 내 다른 지역에서 소규모 접전을 벌였다. 양측 모두는 해방을 약속하며 도시 노예들의 지지를 확보하고자 했다. 노예들은 민중파를 선택했는데, 이들은 또한 아테네의 지원을 받아 우위를 차지하게 되었다. 코린토스와 아테네로부터 함대가 도착하자 긴장감은 고조되었고, 긴장 완화에 이르기 전까지 양 집단 간 갈등은 언제든 폭발할 수 있었다. 특히나 아테네로부터 훨씬 큰 함대가 도착한 이후 상황은 더욱 악화되었다. 함대 도착과 함께 민중파는 공포정치에 들어갔는데, 이는 정치적 전복과 확립된 질서의 뒤엎음을 가리키는 역사적 대명사가 되었다. 17세기 영국 철학자 토머스 홉스는 1629년 투키디데스 저술을 모범적으로 번역한 저작에 다음과 같이 적어두었다. "모든 죽음 방식이 목격되었다. (…) 아버지가 아들을 살해했다. 사람들은 신전에서 끌려나와 매정하게 살해되었다. 몇몇은 바쿠스 신전에 유폐되었고, 그 안에서 사망했다. 이 폭동은 너무나 잔혹했다."[22] 주목할 점은 홉스가 그가 내놓은 『펠로폰네소스 전쟁사 여덟 권Eight Bookes of the Peloponnesian Warre』 중 그 어디에도 '내전'이라는 번역어를 사용하지 않았다는 점이다. 실제로 19세기가 되어서야 이 단어는 이후 번역서에서 투키디데스의 용어에 견주는 가장 일반적인 번역어가 되었다.[23]

---

22 Thucydides, *Eight Bookes of the Peloponnesian Warre* 3.81-83, trans. Hobbes, pp.187-190. 스타시스를 묘사한 이 부분 직후에 나오는 절은 이후 세대가 써넣은 구절인 것으로 오늘날 일반적으로 받아들여진다. Fuks, "Thucydides and the Stasis in Corcyra".

23 홉스는 투키디데스 저술을 그리스어에서 영어로 번역한 첫 번째 역자였다. 홉스 번역서보다 이전에 나온 영문판은 니콜스Nicolls가 번역한 *The Hystory Writtone by Thucidides the Athenyan of the Warre, Which Was Betwene the Peloponnesians and the Athenyans*인데, 이는 클로드 드 세셀Claude de Seysell의 프랑스어본을 번역한 것이었다. 이 프랑스어판에서도 대개 '내전civil war'이라는 단어를 쓰지 않고 대신에, 예를 들어 '시민 간 불화civile dissention' '시민 폭동cyvill seditions' 아니면 '시민 전투cyvill battailles'와 같은 단어를 썼다. 홉스가 번역을 했던 1620년대 정치적 상황(그러니까 1640년대 내전이 벌어지던 때와 상당히 달랐던 상황)과 관련해서는 Hoekstra, "Hobbes's Thucydides", pp.551-557을 참조하라. 근대 시기 투키디데스가 어떻게 받아들여졌는지에 관한 좀더 일반적인 논의는 Harloe and Morley, eds., *Thucydides and the Modern World* 참조.

투키디데스는 스타시스를 그리스 도시 국가 전역에 퍼진 일종의 질병으로 묘사했다.[24] 이렇게 나뉘어져 있는 공동체들은 전시戰時에 평시平時보다 감염에 더 취약했다. "전쟁은 풍족했던 일상을 앗아간 가장 난폭한 교사教師이며, 대다수 인간의 정념이 현 상황에 부합하도록 만든다." 그 질병의 징후는 여러 차원에서 나타났다. 악행이 매도되기보다는 칭송받았다. 법은 무시되었고, 무법이 그 자리를 차지했다. 맹세는 지켜지지 않았다. 사기, 부정不正, 복수가 팽배해졌고, 온갖 종류의 범죄가 수치심이 아닌 자부심을 느낄 이유가 되었다. "사물이 지닌 의미에 부여되던 명칭을 두고 통상적으로 이해되던 가치가 자의적으로 해석되게 바뀌었다." 예를 들어 무모함은 용기로, 겸손함은 비겁함으로, 지혜는 게으름으로 바뀌었다. 진정으로 세계가 거꾸로 뒤집힌 것이었다. "이들이 일으킨 폭동 선동으로 인해 그리스 전역에 걸쳐 모든 종류의 악덕이 성행했다"고 홉스의 번역서에는 적혀 있다.[25]

스타시스를 다루면서 투키디데스는 지속적으로 스파르타와 아테네 간 전쟁을 케르키라에서 벌어졌던 분쟁과 구별했다. 그가 제시한 설명은 이후 내전 이론가들에게 어떤 면

---

24 투키디데스와 당시 의학과 관련해서는 Price, *Thucydides and Internal War*, pp.14-18을, 투키디데스의 '스타시스' 묘사와 그가 아테네에서 발병했던 전염병을 다뤘던 방식(2.47-58) 간의 유사함과 관련해서는 Orwin, "Stasis and Plague"를 보라.

25 Thucydides, *Eight Books of the Peloponnesian Warre*, trans. Hobbes, pp.198-199(i.e., pp.188-189). 스타시스가 미친 언어적 영향과 관련해서는 Loraux, "Thucydide et la sédition dans les mots" 참조.

에서 상당한 영향력을 미쳤는데, 어떻게 외부 전쟁 유형이 내부적 분열을 초래할 수 있는지를 투키디데스가 입증해주었기 때문이다. 하지만 투키디데스가 두 현상 간의 인과관계를 살폈다고 해서, 이 두 가지 유형의 폭력을 서로 같은 것으로 치부했던 건 결코 아니었다. 전쟁, 즉 폴레모스는 도시와 그 통치자가 벌이는 행위였고, 통치자는 적에 대항해 군대나 해상군을 이끌었다. 파벌, 즉 스타시스는 극명히 나뉜 집단이 폴리스 내에서 벌이는 싸움으로, 여기에는 어떤 정규적인 병력 배치도 없었고, 종종 손에 잡히는 물건과 별 차이 없는 무기를 휘둘렀다. 케르키라 폭동 선동 초기, 과두파에게 부녀자들이 던졌던 기왓장 같은 것 말이다.[26] 싸움의 당사자들은 도시를 누가 차지할지를 두고 다투었다. 마치 이후 로마에서 그랬듯 싸웠다. 하지만 그리스에서는 정당성 문제가 제기되지 않았었다.

투키디데스의 설명에 따르면, 문제가 되는 건 폴리스 자체가 더 넓은 차원에서 도덕적 붕괴에 놓였다는 점이다. 모든 정의正義가 산산조각 나 확고부동한 도덕적 기준이 더 이상 적용될 수 없게 되었을 때, 정당한 사유를 주장하는 문제제기는 불가능했다. 폭력이 벌어지는 규모 또한 이후 로마 내전 당시 결집된 군대가 보인 것에 비해 경미하지 않았다. 전체 군단이 배치되었고, 일개 도시만이 아닌 결부

---

26 Thucydides, *War of the Peloponnesians and the Athenians* 3.74, trans. Mynott, p.208.

된 전체 지방을 지배하기 위해 싸웠던 로마 내전과 비교해서도 크게 차이 나지 않았다. 물론 로마가 겪은 분쟁 규모나 싸움을 벌였던 지역은 그리스인들이 상상할 수 없을 만큼 막대하고 방대했다. 그리고 실제로 분쟁이 도시 경계를 넘어선 때부터 내전 상황이 되었다. 바로 시민들 간 전쟁이 도시 전체를 집어삼켜, 도시 내에서 억제될 수 없었던 때라고 할 수 있다. 이러한 수준, 아니 이와 유사한 종류의 전쟁이 투키디데스가 기록으로 남겨둔 시기에 살던 그리스인들을 괴롭히지는 않았다.[27]

게다가 그리스 환경에서는 분쟁 당사자들이 서로를 공식적인 적으로 여기지 않았다. 또한 서로를 시민권 범주 영역 내에서 바라보지도 않았다. 이는 이후 시민 간 폭력을 정의하던 로마식 관념에만 해당되었다. "많은 저술가가 펠로폰네소스 전쟁을 (…) 그리스가 겪은 일대 내전이라 칭한다"고 1844년 영국 비평가 토머스 드퀸시Thomas De Quincey는 적어두었는데, "'내전'!이라 불리기 위해서는 고대 그리스 도시 국가들에 공통의 복종을 요구하는 중앙 기관이 존재했어야 한다".[28] 그런 정치적 통일체가 없다면, 법률적 차원에서든 정치적 차원에서든 동일한 시민권은 있을 수 없었다.

---

27 스타시스와는 달리 내전이 지니는 공간적 차원이라는 중요한 부분을 짚어준 리처드 토머스Richard Thomas에게 진심으로 감사의 인사를 표한다.

28 Thomas De Quincey, "['Greece Under the Romans,' draft]"(Jan.-March 1844), in *Works of Thomas De Quincey*, 15:539(주석). 이 문단을 의식하게끔 해준 제니퍼 피츠Jennifer Pitts에게 감사를 표한다.

그리고 그와 같은 시민권 관념이 부재하다면, 시민들 간 '전쟁'은 있을 수 없었다. 즉 내전은 벌어질 수 없었다. 가장 최근에 투키디데스 저서를 영문으로 옮긴 가장 권위 있는 번역가는 "그동안 스타시스를 '내전'으로 옮겨온 관행은 시대를 고려하지 않은 번역이자 당시 분쟁 규모를 고려하지 않은 부적합한 번역"이라고 높은 식견에 맞춰 논평했다.[29] 이런 모든 이유로 인해, 아무리 어떤 추정된 유사점이 있다 해도, 그리스인이 겪었던 스타시스는 로마인이 경험했던 벨룸 키빌레와 전혀 동일하지 않았다.

모든 내전 개념은 각기 다른 방식으로 역설적이다. 그리스 개념에서 드러나는 역설은 로마인이 직시했던 것과는 달랐다. 민족적, 더 나아가 유전적으로 일치하는 민족이 나뉘게 되었다고 추정한 투키디데스는 스타시스를 모든 그리스인에게 공통되게 가해진 고통이며 이들이 속해 있는 모든 공동체를 분열시켜 "인간 본성이 변하지 않는 한 영구적으로 나타"나도록 할 원인으로 그렸다.[30] 내분을 이런 방식으로 이해했을 때는 적어도 이 도전적 상황에 대항할 만한, 충분히 제대로 통합된 공동체가 존재한다는, 분열을 상쇄하는 특징이 내분 개념 안에 내포된다. 그 공동체는 근본적으로 통합될 수 있으며, 정치체제 수립 이전에 법의 영역 밖에서 이뤄진 공동체로 이해되었는데, 이는 공동체를 이루는

---

29 Thucydides, *War of the Peloponnesians and the Athenians*, trans. Mynott, 212n1.

30 Thucydides, *Eight Books of the Peloponnesian Warre*, trans. Hobbes, p.198(i.e., p.188).

모든 구성원이 같은 조상의 후손이기에 가능한 것이었다. 따라서 도시에 속하게 된 상황은 세습된 사정이지 후천적으로 취득한 지위가 아니었고, 따라서 여기서 벌어진 분열은 로마의 경우와는 달리, 법률적으로나 정치적으로 정의될 필요가 없었다.[31] 이러한 방식으로 그리스인들은 가정 내에서 벌어지는 전쟁을 생각해볼 수 있었다. 아니면 가정들의 집합으로 이해되었을 때의 폴리스 내 전쟁을 그려볼 수 있었다. 이는 바로 그리스인이 국내 전쟁(오이케이오스 폴레모스 oikeios polemos)이라 칭했던 것이다.[32] 하지만 그리스인이 생각해낼 수도 없었던 일은 물리적 차원을 넘어 형이상학적으로 이해되는 폴리스 내에서 벌어지는 전쟁이었다. 이는 마치 자기 자신과 전쟁을 벌이는 것과 같았기 때문이다.

로마인은 자신들이 겪고 있던 내부적 불화가 그리스인이 고통을 겪었던 것과는 다른, 아니 소름 끼치도록 다른 것임을 너무나 잘 알고 있었다. 그리스인은 정치적 전쟁political war, 즉 폴리티코스 폴레모스politikos polemos란 용어를 한 번도 사용하지 않았는데, 이는 그리스어에서는 표현 자체도 떠올리기 어려운 용어였다. 결국 로마인 홀로 내전을 창안하는 죄책감을 떠안게 되었고, 내전 이야기를 어떻게 전할 수 있을지 알아내고 그렇게 전하는 역사가 무엇을 뜻하는지 밝

---

31 Loraux, *Divided City*, pp.107-108, 197-213; Ando, *Law, Language, and Empire in the Roman Tradition*, pp.3-4.

32 Thucidides, *War of the Peloponnesians and the Athenians* 4.64, trans. Mynott, p.273; Loraux, "*Oikeios polemos*".

힐 책임을 떠안게 되었다.

로마인들은 내부 갈등으로 인해 제기되는 문제에 대한 답을 구하기 위해 그리스에서 벌어진 분쟁을 되돌아보는 것 외에 자신들의 공화국commonwealth이 걸어온 초기 역사로도 눈을 돌릴 수 있었다. 모든 종류의 정치적 폭력이 그 역사를 수놓았다. 살해와 암살, 폭동과 선동, 음모와 반란이 벌어졌다. 하지만 이 모든 폭력 형태 가운데 내전은 없었다.[33] 선대 역사에서 전해지는 소동 대부분은 시민 공동체citizen body 내에서 일어났지만, 이중 어느 것도 전면적인 전쟁 수준에 이르기까지 악화되지 않았다.[34] 이러한 부재는 내전이 로마에서 나타난 특유한 무엇이었으며 역사에서 전적으로 새롭게 등장한 일이었다는 주장을 보충하는 근거가 된다.

로마 신화를 보면 로마 자체가 살해 행위로부터 태동했음을 알 수 있다. 실제로 형제살해fratericide는 내전의 핵심에 있는 비정상적인 불화를 묘사하는 주요 은유로 활용되었다. 로마의 전설은 로마의 건국자였던 로물루스와 레무스 형제가 어디에 새로운 도시를 세울지를 두고 어떻게 다퉜는지를 전한 뒤, 이 도시를 통치할 새로운 왕가가 어떻게 세워졌는지 알려준다. 쌍둥이였던 둘은 서로에게 왕위 우선권

---

33 Brunt, *Social Conflicts in the Roman Republic*; Lintott, *Violence in Republican Rome*.

34 폭동tumults과 내전이 어떻게 다른지와 관련해서는, Jal, "'Tumultus' et 'bellum ciuile' dans les Philippiques de Cicerón"; Grangé, "*Tumultus et tumulto*".

을 양보할 수 없었다. 고대 로마 역사가 리비우스Livy가 전한 가장 널리 알려진 설명에 따르면, 로물루스는 레무스가 자기 영역에 침범하며 자신을 모욕했다는 것을 이유로 그를 죽였다. 그러고 나서 그는 "유일한 군주가 되었고 그렇게 세운 도시에 자신의 이름을 부여했다". 즉, 로마 명칭은 로물루스의 이름에서 유래한 깃이었다.[35] "로마의 첫 성벽은 형제의 피로 물들었다"고 로마 시인 루카누스는 카이사르Caesar와 폼페이우스Pompey 사이에 벌어진 전쟁을 다룬 서사시『내전De bello civili』에 적어두었다.[36] 모든 신화가 그렇듯이 건국 이야기가 사실인지 아닌지는 알기 어렵지만, 내전을 다룬 이후 로마 서술에서 이 이야기가 재차 등장하는 점은 내전이라는 문제적 상황에 대한 "로마인의 많은 염려"와 그 참상이 숙고되던 태고의 용어를 "완전히 드러내 보여"준다.[37]

로마 역사가와 시인들 사이에서 로마의 마지막 왕인 타르퀴니우스 수페르부스Tarquinius Superbus가 기원전 5세기에 접어들면서 추방된 일은 로마 건국 과정에서 범해진 치욕스러운 일이 어느 정도 속죄되도록 한 것처럼 보였다. 어떠한 폭력도 없이 왕권 전복이 달성되면서 피로 물들었던 도시

---

35 Livy, *History of Rome* 1.7, in *Rise of Rome*, trans. Luce, pp.10-11; Wiseman, *Remus*.

36 Lucan, *Bellum civile* 1.95, in *Civil War*, trans. Braund, p.5; 또한 다음 저서에 인용되어 있다. *City of God Against the Pagans* 15.5, ed. and trans. Dyson, p.640.

37 Beard, SPQR, pp.73-74.

는 공화정res publica으로 새롭게 건설될 수 있었다. 공화정이란 문자 그대로는 인민의 일 또는 모든 시민에 의해 형성되며 함께 누리는 공동의 자산을 뜻한다.[38] 이제 로마는 리비우스가 말했던 "평시에나 전시에나 자유로운 나라", 즉 "인간의 명령이 아닌 법의 명령에 더 큰 복종"을 보이는 정치 공동체가 될 기회를 맞이했던 것이다. 시민은 자유로운 공화국에서만 진정으로 자유로워질 수 있었다. 시민이 누리는 자유는 공화정이 자유로운 정도에 따라 달라졌기 때문이다.[39]

그러나 자유가 보장되고 법의 테두리 안에 있는 로마 공화정이 이론적으로는 존재할 수 있었을지 몰라도, 그 현실은 평화롭거나 평온한 상황과는 상당한 거리가 있었다. 예를 들어 기원전 5세기부터 기원전 3세기까지의 역사를 살펴보면, 출신 신분이 미천했던 평민들plebeians은 정치적 지위를 확보하기 위해 유서 깊은 혈통 귀족들patricians과 맞서 싸웠고, 양 집단 간 일련의 투쟁은 이후 신분 투쟁Conflict of the Orders으로 알려졌다.[40] 근대 세계는 이 시기로부터 사회 및 계급 갈등을 지칭하는 핵심적인 표현 몇몇을 물려받았다. '계급class'(*classis*)이라는 단어 자체는 물론 '귀족적인patrician'

---

38 공화정의 의미와 관련해서는 Lind, "Idea of the Republic and the Foundations of Roman Political Liberty"를 보라.

39 Livy, *History of Rome* 2.1, in *Rise of Rome*, p.71; Arena, Libertas *and the Practice of Politics in the Late Roman Republic*.

40 Raaflaub, *Social Struggles in Archaic Rome*.

'평민의plebeian' 그리고 자식들, 즉 프롤레스proles를 낳아 공화
국에 이바지하는 노동계급 '프롤레타리아proletariat' 등을 예
로 들 수 있다. 이 모든 단어는 로마인의 삶 속에서 사용되
다가 한참이 지나서야 다른 언어권으로 유입되었다. 그중
에서도 특히 19세기에 시민 간 갈등 문제를 예리하게 분석
했던 카를 마르크스(1818~1883)의 저작을 통해 들어왔는데,
이는 마르크스가 고대 역사 일반은 물론 특히 로마가 겪은
정치적 혼란을 연구했기 때문이었다.[41]

로마 귀족들은 길거리 일당street gang을 장악했고, 부양가
족과 피보호자clients 가운데서 사병 집단private militias을 구성
할 수 있었다. 끔찍한 살인들이 공화정의 마지막 세기를 수
놓았는데, 평민을 보호했고 이들로부터 지지를 한껏 받았
던 호민관 티베리우스 그라쿠스Tiberius Gracchus를 죽인 것이
그 시작이었다. 기원전 133년 정치적인 이유로 격양된 폭도
는 그라쿠스 지지자 300명을 살해하고 그라쿠스의 시신을
[마치 일반 범죄자를 처리하듯] 불명예스럽게 테베레강에 던져
버렸다. "군주제에 맞선 혁명이 일어난 이후 로마에서 나타
난 시민 분쟁이 시민의 유혈과 살육으로 끝나게 된 것은 이
것이 처음이었다고 한다"며 기원후 2세기 초 역사가 플루
타르코스Plutarch는 한탄했다. 그런데 이러한 일이 처음이 될

---

41 예를 들어 다음 저작들을 보라. Draper, *Dictatorship of the Proletariat*, pp.11-27(on
"dictatorship"); Lekas, *Marx on Classical Antiquity*; Bonnell, "A Very Valuable Book':
Karl Marx and Appian". 마르크스가 어떻게 내부 갈등internal conflict을 묘사하는 로
마식 언어를 활용했는지는 훨씬 더 많은 연구가 필요한 주제다.

수 있었을지는 몰라도, 마지막이 되기는 어려웠다. 기원전 121년 티베리우스의 동생이자 호민관이었던 가이우스 그라쿠스Gaius Gracchus가 살해되어 목이 잘리고, 머리에서 골이 꺼내지고 그 자리에 녹인 납이 채워졌으며, 머리 없는 시체는 그의 형처럼 테베레강에 던져졌다.[42]

이 모든 살해는 시민체 내에서 벌어졌기에 '시민'이 행한 일이었지만, 이중 어느 것도 '전쟁'이라 할 수는 없었다. 나중이 되어서야 로마 역사가들은 이러한 사건들이 본격적인 내전에서 보이는 징후이자, 한 세기 이후인 기원전 44년에 벌어진 율리우스 카이사르Julius Caesar 암살이나, 그보다 한 해 뒤〔기원전 43년에 있었던〕 키케로 처형과 같이 널리 악명을 떨친 유혈 사태의 전조라 여겼다. 그리스어로 집필 활동을 했던 역사가 아피아노스Appian(약 95~약 165)는 기원후 2세기 이전 500여 년간의 로마 역사를 돌아보며 다음과 같이 썼다.

로마에서 인민과 원로원은 법안 통과나 부채 탕감, 토지 분배, 선거 기간을 두고 빈번하게 다투었지만, 이는 결코 시민 간 폭력 사태로 이어지지는 않았다. (…) 민회에 검을 들고 오는 일은 없었으며, 로마인에 의해 로마인이 살해당하는 일은 티베리우스 그라쿠스 사건이 있기 전까지는 벌어지지 않았다. 호민관의 자격으로 입법 제안을 하

---

42 Pluatarch, "Tiberius and Gaius Gracchus", in *Roman Lives*, trans. Waterfield, pp.98-99, 113-114.

던 그는 시민 소요 때 살해당한 첫 번째 인물이 되었다.

이는 분명 시민 소요였다. 아피아노스가 적어둔 그리스 단어는 물론 스타시스였고, 다시금 말하지만 이는 아직 내전이 아니었다.[43]

〔소요 이후〕 세월이 흐른 시점에서 〔라틴어가 아닌〕 그리스어로 저술 활동을 했기에 비판적인 거리에서 사건을 되돌아볼 수 있었던 아피아노스는 기원전 1세기 로마에서 벌어진 쟁론이 어떠한 점에서 그리스에서 있었던 불화와 구별되는지는 물론, 고대 로마 시절 벌어졌던 원초적 폭력 사태와는 어떻게 구분되는지 정확히 알아볼 수 있었다. 우선 공공장소에서 검을 뽑는 일이 벌어졌었다. 하나의 경계를 넘어서게 되는, 즉 시민 간 평화가 깨지는 상황을 보여주는 전조였던 것이다. 하지만 이는 여전히 개개인 사이에서 행해지던 협박, 즉 한 개인이 다른 개인을 위협하는 단계에 머물렀다. 어떠한 집단적 행동도 수반되지 않았고, 로마법에 의해 잘 유지되어오던 시민 생활 영역과 군사 훈련 공간 간 미묘한 균형도 깨뜨리지 않았다. 아피아노스는 훨씬 더 격한 갈등이 로마를 갈라놓기 전까지는, 내전은 공화정이 차츰 무너지도록 한 야심과 부정의로 인해 일어났다고 주장했다. "공화정에 맞서 공개적 반란이 일어났고 대규모 군

---

43 Appian, *Civil Wars* 1.1-2, trans. Carter. p.1; Price, "Thucydidean *Stasis* and the Roman Empire in Appian's Interpretation of History".

대가 모국에 대항해 폭력을 행사했다. (⋯) 만약 어느 한쪽이 먼저 로마를 차지했다면, 상대편은 명목상으로는 적에 대항하여 전쟁을 일으켰다고 했지만 실제로는 조국에 맞서 싸웠다. 게다가 그들은 마치 적국을 상대하듯 조국을 공격했다." 이러한 전쟁은 계속되어온 어떤 적대감이 되풀이되는 일이 아니었다. 두려움을 야기하는 새로운 상황이었으며 유례없이 불안감을 안겨주던 일이었다. 이 전쟁은 국민이 자국민에 맞선, (궁극적으로) 내전이었다.[44]

정의상 공화국 경계 내에서 일어나는 모든 일은 시민 간에 벌어지는 일이었기에 '시민의civil' 일이었다. 기원전 2세기에 처음 쓰인 것으로 보이는 라틴어 키빌리스civilis는 이후 로마 법률 및 정치 전문 용어 중에서 상당한 논의를 불러일으키는 용어가 되었다. 벨룸 키빌레라는 용어는 '민법civil law'을 뜻하는 유스 키빌레ius civile라는 용어의 본을 따라 만들어진 것으로도 보인다. 민법은 동일한 정치 공동체 또는 공화국 내 구성원들 간 관계를 규정하는 규범으로 외국인들 간 혹은 로마인과 국외자 간 관계를 정의하는 '만민법law of peoples'(ius gentium)과 구분되었다. 로마인은 이러한 사람들, 즉 로마 공화국 너머에 거주하는, 문자 그대로 적대시하는 적敵인 호스테스hostes를 상대로만 전쟁을 밀고 나갔다.[45] 또한 로마 내부에서 정무관이 지닌 권한과 로마 밖에서 장군

---

44 앞의 책, 1.1-2, trans. Carter, pp.1-2(번역 수정됨).

45 Jal, "'Hostis(Publicus)' dan la littérature latine de la fin de la République".

이 가진 권한은 이와 마찬가지로 완전히 다른 유형으로 간주되었다. 만약 도시 내에 군대를 들여 시민을 마치 적처럼 대함으로써 이러한 분리를 허무는 행위는 곧 엄중한 반역 행위이자 공화정을 모독하는 일이었다. 이러한 범행의 극악무도함을 고려해보면 왜 로마인이 내전이란 명칭을 붙이기 주저했는지, 그리고 그 명칭을 창안한 이후에도 한참 동안 왜 이를 사용하기 꺼려했는지 이해할 수 있다.[46]

내전은 친밀했던 이를 적으로 하여 벌이는 투쟁이었다. 사실 이전에는 결코 적으로 여길 수조차 없었던 상대와 맞서는 것이었다. 시민은 민법이 보장해주는 보호를 누리며, 공화국에서 부여하는 관직과 명예를 부여받을 수 있는 유일한 국민이었다. 신분 투쟁에서 드러났듯 모든 시민이 수여의 대상은 아니었다. 〔이러한 권리와 함께〕 시민은 로마 군단에 복무하며 공화국을 군사적으로 지켜내야 하는 의무 또한 지녔다.[47] 시민권, 즉 시민으로서 갖는 권리는 법률적·정치적 차원에서 정의되었고, 이에 수반되는 의무는 바로 로마를 적국으로부터 지켜내는 일이었던 것이다. 그런데 내전은 이렇게 확실하게 정의된 모든 것들을 뒤집었다. 그야말로 공화국을 우호의 지대에서 적대가 펼쳐지는 무대로 완전히 바꿔놓은 것이었다. 호의적으로 서로를 대하던 바로 그 공간에 적의敵意가 유입되었다. 무엇 때문에 내전이라는

---

46 Flower, "Rome's First Civil War and the Fragility of Republican Culture", pp.75-78.

47 Sherwin-White, *Roman Citizenship*, p.40, pp.264-267.

이토록 불안감을 조성하는 새로운 개념이 로마 정치 어휘 목록에 포함되게 되었는가? 이에 대한 답은, 간단히 말하자면, 로마 자체에 가해진 일련의 새로운 위협 때문이었다.

일반적인 견해에 따르면, 연이어 일어났던 로마 내전은 집정관이었던 루키우스 코르넬리우스 술라Lucius Cornelius Sulla가 기원전 88년 군대의 지휘관으로서 로마에 진격했던 때부터 시작되었다. 〔무장한 채로 도시에 입성하며〕 술라는 모든 로마 정무관과 군사령관에게 가장 큰 금기로 여겨지던 것을 깨 버렸다. 술라가 로마에서 가장 높은 공직인 집정관직에 오른 것은 어느 정도는 동맹시同盟市 전쟁에서 로마 동맹 도시들을 상대로 거둔 승리에 따른 보상이었다. 로마가 이끌던 이탈리아반도 연맹 소속 도시들은 동등한 권리, 특히 로마 시민이 누리던 권리와 동일한 권리를 부여해줄 것을 로마에 요구했다. 로마는 그러한 요청을 거부했다. 이에 기원전 90년, 불만을 품은 동맹 도시들은 독립을 쟁취하기 위해 반란의 불을 지폈으나, 2년간 지속되던 항쟁은 결국 진압되고 말았다. 그러나 그 시기가 되었을 때쯤 로마는 마지못해 시민권을 동맹 도시 대부분에 부여하게 되었다. 하지만 로마 의회 내에서 동맹 도시 시민들이 투표에 참여할 수 있는 비율은 상당히 낮았다. 기원전 88년 당시 호민관이었던 푸블리우스 술피키우스 루푸스Publius Sulpicius Rufus가 원로원에 선거구를 확대하는 법안을 제출했을 때, 동맹시 전쟁을 마무리 짓고 돌아와 새로운 집정관이 된 술라는 이 법안이 법에 어긋난다고 반대했다. 격분한 술피키우스는 또 다른 로마 야전 지휘관이자 술라의 경쟁 상대였던 가이우스 마리우스Gaius Marius를 찾았다. 이러한 술피키우스의 행동은 이후 연이어 터지는 사건들을 촉발했고, 이는 끝내 술라가 로마로 진격하는 사태로까지 이어졌다. 자신을 도와주는 대가로 술피키우스는 마리우스에게 주요 요직으로서 총사령관직을 약속했는데, 그 사령관은 페르시아계〔폰투스Pontus 왕국의〕 왕 미트리다테스Mithridates를 상대할 로마 군대를 이끌 수 있었다. 이 직책은 명성을 얻고 업적을 세우는 것뿐만 아니라 약탈품을 취할 엄청난 기회를 보장받는 자리였다. 그런데 이 총사령관직은 이미 이전에 술라에게 돌아가기로 되어 있었기에, 두 위대한 로마 장군 간 격돌은 피할 수 없는 일이 되었다.[48]

내전 역사의 시작을 알렸던 술라는 사실 군단을 로마 도시 자체로 돌리기 꺼려했고 마지막까지 주저했다. 술라와 동료 집정관이 술피키우스의 법안이 통과되지 못하도록 막고자 했을 때 시내 전역에는 폭력이 난무했다. 술피키우스가 휘하에 3000명의 검객을 거느린다는 소문도 돌고 있었다. 양측 간 대립이 과격해졌을 때, 술라는 도망쳤고, 마리우스 집에 잠시 동안 은둔했다. 그리고 거기서 술라는 자신의 안위를 위해 로마에서 쫓겨나기 전에 그의 적수敵手와 협

---

48 Keaveney, *Sulla*, pp.45-50; Seager, "Sulla".

상을 했을 것이다. 이렇게 술라가 떠나 있는 동안, 술피키우스는 자신이 제안한 법령을 아무런 반대 없이 통과시켰고, 이전에 은밀히 계획했던 바를 드러내며 미트리다테스 전쟁 지휘권을 마리우스에게 넘기려 했다.

이러한 조치들에 수긍한다면 개인적으로나 정치적으로 크게 위신을 잃을 상황에 놓였던 술라는 자신의 군단을 찾아가 자신이 어떠한 부정을 당했는지를 설명하며 도움을 구했다. 술라가 술피키우스나 마리우스에 맞서 진격하려 하지는 않았을지 모르지만, 그를 따르던 충성스런 병사들은 그렇게 하도록 촉구했다. 한편 장교들은 겁에 질려 술라를 저버리려 했다. 내장內臟을 살펴 점을 쳤던 점쟁이는 좋은 징조가 나타났다고 말했다. 그리고 술라가 꿈속에서 본 한 여신은 그에게 '벼락'을 건네주고 적에게 내리치라고 말했다. 이러한 길조와 정규 군인들의 호응에 자신감을 얻은 술라는 로마 역사상 처음으로 군대를 이끌고 로마로 진군하기 시작했다. 이후 이뤄질 많은 경우 중 첫 번째가 된 것이었다.

원로원은 대표단과 함께 진군해오는 술라를 만났다. 사실 이들은 술라의 군대를 상대할 조직화된 군대가 없었기에 달리 할 수 있는 일이 없었다. 원로원 측 사절로 이뤄진 세 무리가 나와 술라에게 지금 어떤 의도를 품고 진군하는지 묻자, 술라는 폭군으로부터 조국을 자유롭게 하기 위해 올 수밖에 없었다고 말하며, 자신은 나라를 지키는 업무를 수행하고 있기에 정당하게 간주될 군사 작전을 행하고 있음을 내비쳤다. 율리우스 카이사르는 40년 뒤 거의 동일한 주

장을 했는데, 바로 그가 군대를 로마로 돌려 루비콘강을 건널 때였다.[49]

술라 군대가 로마 국경 밖 약 10킬로미터 안에 들어왔을 때, 원로원은 진군을 막고자 마지막 노력을 기울였다. 술라는 늦추겠다고 약속했지만, 그럼에도 파견대를 앞서 보냈다. 술라의 부하들이 로마에 들어가려 했을 때, 돌과 기왓장이 마구 날아오는 맹렬한 저항에 직면했고, 이는 술라가 도착해서 상황을 정리하기 전까지 지속되었다. 술피키우스와 마리우스가 추종자들을 정렬시켜 술라를 막으려 했으나, 술라는 광장인 포룸Forum을 통과해 카피톨리누스Capitol 신전을 차지했다. 다음 날 해명을 요구받았을 때, 술라는 다시금 자신이 집정관의 권한으로 적으로부터 공화국을 지키고자 했다고 대답했다. 그리고 곧 술피키우스, (이미 아프리카로 도망간) 마리우스, 그리고 협력했던 측근 열 명을 공공의 적hostes publici이자 따라서 범법자라고 공표했다. 이중 술피키우스만 붙잡혀 사형을 선고받았다. 술라가 일으킨 역쿠데타는 그 이상의 유혈 참사 없이 끝났는데, 이는 양측 모두 도시 내에서 군인과 시민이 충돌하지 않도록 노력했기 때문이었다.

술라가 취한 조치가 잘 정리되었을지는 몰라도, 이는 확실히 로마의 성쇠에 전환점이 되었다. 즉시 나타난 영향이 재앙적이지는 않았다. 다만 술라가 (본래 한정된 기간에만 비

---

49 Raaflaub, "Caesar the Liberator?"

상 통치권을 행사할 수 있도록 부여받았지만, 그가 임의로 연장했던 직위인) 독재관으로서 향후 벌인 행위가 이뤄진 뒤에야, 그가 애초에 취했던 조치가 시민 간 폭력이 이뤄지는 순환 주기의 시작을 알린 일이었음이 명확해질 수 있었다. 그 주기는 제국을 이루며 아우구스투스Augustus가 황제에 오른 기원전 27년이 되어서야 끝을 맺을 수 있었다.

술라는 조금이라도 공화국을 무력으로 장악하는 것과 유사한 그 어떤 의도도 품고 있지 않았다. 물론 도시 내부로 군대를 들여오고 로마 경쟁자들을 공식적으로 외부 적처럼 대한 두 행동 모두는 로마사에서 최초로 벌어진 일들이었다. 그리고 군대는 도시 내에서 조용히 주둔하고 있었지만, 분명 위협적인 존재였다. 이들은 술라가 술피키우스의 입법 과정을 되돌리는 동안 남아 있었다. 하지만 일을 마무리 짓자마자 술라는 병력을 해산시켰고, 로마를 새롭게 선출된 집정관인 그나이우스 옥타비우스Gnaeus Octavius와 루키우스 코르넬리우스 킨나Lucius Cornelius Cinna에게 맡겼다. 하지만 곧 두 집정관은 최근에 선거권을 부여받은 이탈리아 신시민을 어떻게 대할지를 두고 격돌했다. 양측 지지자들은 난투극을 벌였고, 옥타비우스가 신시민 몇몇을 죽이고 킨나가 로마를 떠나 자신이 겪던 정치적 문제를 군사적으로 해결하기 위해 지지를 구하려고 하자 폭력 사태는 급속히 악화되었다.

로마 시민이 로마의 적으로 낙인찍히게 된 두 번째 경우는 원로원이 킨나를 적hostis으로 선언했을 때였다. 마리우스와 동맹을 맺는 책략을 써서 군대와 함께 돌아온 킨나는 로마를 포위했다. 처음 로마가 직접적인 군사 위협에 놓였을 때 그랬던 것처럼 사절이 파견되었다. 그리고 또다시 집정관이자 사령관은 군대를 배후에 두고 정권에 복귀했다. 그러나 이전과 달리 이번에는 술라가 공공의 적으로 공표되었고 이듬해 집정관에 올라 킨나와 함께 하게 되는 마리우스와 맞붙게 되었다.

그리하여 다음 대격돌이 벌어질 무대가 마련되었다. 두 번째 로마 내전으로도 볼 수 있는, 숙원관계에 있던 두 경쟁자가 벌이는 싸움이었다. 기원전 85년 후반 그리스에 있던 술라는 원로원에 편지를 써서, 그가 로마를 위해 거둔 승리를 상기시키며 그를 적으로 삼은 이들에게 복수를 맹세할 것을 요구했다. 이는 공허한 협박이 아니었다. 술라는 자신을 두고 공공의 적이라고 공표한 이전 일을 인정하지 않았고, 자신이 미트리다테스 왕을 상대로 이끌던 군대 지휘권을 합법적으로 지니고 있다고 믿었으며, 그의 반대파가 알고 있었듯 군대를 돌려 로마로 향할 계획을 세우고 있었다.

원로원과의 협상이 결렬되자, 기원전 83년 봄 술라는 진군을 개시했고 곧 크라수스와 폼페이우스가 대열에 합류했다(이 폼페이우스는 이후 시간이 흘러 24세라는 다소 어린 나이에 첫 승리를 거두게 되었는데, 이는 내전 기간에 아프리카에서 뛰어난 군사 작전을 벌인 결과였다). 이듬해 1년간 행군을 계속하며 술라와 그의 군대는 점차 로마에 다다랐는데, 로마에 도착할 때쯤 적군은 모두 로마를 떠나 있었다. 로마를 장악한 술라는 살생부를 작성해 주요 반대파는 숙청하거나 재산을 몰수했고, 그 후손은 공직에 나서지 못하도록 금지했다. 술라 자신은 독재관 자리에 다시 올랐다.

그 후로도 계속 로마에서는 물론 로마 계승자들 사이에서도 술라는 자신이 해야 한다고 설정한 일련의 일들을 추구하기 위해 비상 통치권을 요구하는 담대한 군 지도자의 전형을 보여줬다. 이러한 지도자상은 이후 율리우스 카이사르부터 1800년이 지난 뒤 나타난 올리버 크롬웰Oliver Cromwell까지 무력을 동원했던 지도자들에게 붙여졌다. 그런데 술라에게는 그가 내전에 〔인간이 일으키는 현상으로서〕 인간적 형태를 부여했고 로마 세대에게 그 특징들을 규정해줬다는 점이 인정되어야 한다. 아피아노스가 힘주며 언급했듯, 마리우스와 술피키우스가 함께 술라가 포럼으로 향하지 못하도록 막아섰을 때, "정적 간에 투쟁이 일어났고 이는 로마에서 처음 벌어진, 시민 간 불화 정도로 가장될 수 없는, 트럼펫이 울리고 군기가 휘날리는, 적나라하게 드러난 전쟁이었다. (…) 이런 점에서 시민 분쟁이 초래하는 사건은 점차 경쟁과 쟁론에서 살인 행위로, 살인 행위에서 전면적인 전쟁으로 확대되었다. 그리고 이는 로마 시민으로 구성된 군대가 마치 적대적 세력을 대하듯 모국을 처음으로 공격했던 전쟁이었다."[50] 이는 내전이 단지 하나의 머릿속 개념이 아닌 실제로 벌어지는 사건으로 도래했음을 보여주는

50 Appian, *Civil Wars* 1.59-60, trans. Carter, pp.32-33.

순간이었다.

아피아노스는 술라가 행한 조치가 왜 이토록 중대했는지를 깊이 생각했고, 이를 통해 그가 제시한 견해는 내전이 정확히 어떠한 전쟁인지를 이해하는 후대의 관점을 형성토록 했다. 아피아노스는 우선 전형적으로 그리스인적인 관점에서 법률, 채무, 토지 분배, 선거 수행 등과 같은 사안을 두고 평민과 귀족 두 집단으로 극명하게 나뉜 공화국을 이야기했다. 아피아노스가 설명하길, 양측은 서로 악감정을 갖고 있었지만 결코 난투극을 벌이지 않았고, 이들이 가장 격렬하게 충돌했을 때조차, 변절했던 코리올라누스Coriolanus 장군이 로마의 적군들과 연합하여 로마를 공격했던 기원전 491년 당시 상황과 비교될 수 없었다고 말했다.

아피아노스는 다른 대다수의 로마 논평가들처럼 내전 시 사람들이 무기를 소지했고 전쟁 규칙을 따랐다는 점을 두고 내전을 다른 내부 소요와 구별했다. 따라서 술라와 마리우스를 필두로 하여 "당파 지도자들이 조국을 차지하기 위해 군사적인 방식으로 대규모 군대를 동원하여 서로 대항해 싸웠을" 때가 되어서야 내전이 본격적으로 시작되었다고 말할 수 있었다.[51] 내전의 눈에 띄는 표식은 트럼펫과 군기였고, 내전의 수단은 재래전이었으며, 내전의 목적은 공화국의 정치적 지배권 확보였다. 이렇게 이야기했을 때, 이

---

51 앞의 책, 1.1, 1.55, trans. Carter, p.1, 30.

모든 것이 단순한 폭동, 불화, 선동과 대조되는 내전만의 고유한 특징이었다.

로마인은 내전을 구성하는 두 요소를 처음 제시했는데, 이 두 요소로 인해 이후 등장하는 내전 개념 간에 일종의 가족 유사성family resemblance이 형성되었다. 그중 하나는 내전이 단일 정치 공동체 경계 내에서 벌어진다는 개념이었다. 로마의 경우 이 공동체는 계속 확장해, 처음에는 로마 도시만을 포함하다가 점차 이탈리아반도, 반도를 넘어 지중해 분지까지 확대되었는데, 이는 로마 시민권 자체에 점차 더 많은 사람을 포함시켰기 때문이다. 이렇게 내전이 일어나는 범위에 따라 공동체 경계가 확장되는 일은 이후 세기에도 반복되었고, 우리 세대가 되어서는 그 정도가 정점에 다다라 이후에 살펴보게 될 '지구적 내전'이란 개념을 낳았다. 〔다른 한 요소는〕 바로 내전에서는 서로 대립하는 당사자가 적어도 둘은 있어야 하며, 이중 한쪽은 공동체를 관리할 정당한 권리를 지니고 있다는 개념이었다. 이 두 요소는 내전이라는 용어 자체를 통해서는 물론이고 라틴어나 그리스어를 썼던 로마 역사가들이 자신의 공화국에서 계속해서 일어난 참화를 이해하고 설명하기 위해 쓴 여러 내전 서사를 통해 전해졌다.

그렇게 내전은 로마 문명사를 장식하게 되었다. 공화국에 내려진 벗어날 수 없는 저주이든 공화국의 인민적 병폐를 깨끗이 비워내, 군주제로 되돌려줄 약으로서든 말이다. 그리고 서방 라틴 세계의 로마 계승자들은 내전을 다른 로마 저서 전집에서 찾은 전례와 은유 목록에 의지해 자신이 경험하던 내분의 성격을 파악할 수 있었다. 원주圓柱와 신전, 원형 경기장과 송수로, 법률과 라틴어만이 로마가 세계에 남긴 유산은 아닐 것이다. 오히려 이중 가장 오래 남아 있으며 우리를 가장 동요하게 만드는 유산은 내전이라고 하는 전쟁 범주 자체였다. 실제로 지난 1500년이 넘는 시간 동안 내전은 로마라는 색안경을 통해 바라봐졌다.

2장

내전 기억하기:
로마적 상상

"망각은 내전을 방비하는 가장 좋은 방법"이라고 로마 웅변가이자 역사가였던 티투스 라비에누스Titus Labienus는 생각했다.[1] 이 방법을 오늘날 대중 심리학 용어를 빌려온다면, 억압repression이라 부를 수 있다. 의도적으로 기억 상실 상태에 놓이도록 노력해 고통스러운 기억을 억누르려는 시도라 할 수 있다. 하지만 억압은 정신적 외상인 트라우마와 종종 연관되기에, 무의식 영역 깊숙이 고통스러운 기억을 밀어넣기 위해서는 상당한 힘과 노력이 필요하며, 이 또한 무한정 지

---

[1] 적어도 철학자였던 대大 세네카Seneca the Elder에 따르면 그랬는데, 그는 다음과 같은 말을 남겨두었다. "Optima civilis belli defensio oblivio est." Seneca, *Controversiae* 10.3.5, Gowing, *Empire and Memory*, p.82에서 인용. 역사학자 조사이어 오스굿Josiah Osgood은 로마인에게 "가장 좋은 방책은 거의 잊어버리는 것이었다"고 최근에 제시했다. Osgood, "Ending Civil War at Rome", 1689. 이에 관한 좀더 일반적인 논의는 Flower, *Art of Forgetting*을 보라.

속할 수 없다. 내전에 대해 언급하지 않으려 부단히 노력했던 로마인들조차 자신들이 쓴 저작이나 행했던 연설 속에서 내전을 되살리는 자신을 발견하곤 했다. 또한 동시대를 살았던 이들이나 후대 사람들도 로마인이 겪었던 경험 자체로부터 나온 용어를 쓰지 않고는 내전을 논하기 어려웠다.

많은 로마인에게 내진은 그 명칭을 언급하기조차 어려운 전쟁으로 남았다. 벨룸 키빌레bellum civile(내전)라는 말은 설령 사용한다 하더라도 신중히 생각하고 삼가서 말해야 하는 단어였다. 대규모 분쟁을 겪은 고통스러운 기억이 남아 있었기 때문이다. 이러한 주저함을 가장 잘 보여주는 인물은 도시의 전사이자 역사가였던 율리우스 카이사르였다. 카이사르는 폼페이우스와 벌인 권력 투쟁을 자신의 저서에 서술했는데, 이 저서는 오늘날 평이하게 『내전기The Civil War』로 알려져 있다. 이 저서는 부분적으로 군사작전사를 다루고, 일부 자서전 성격을 띠며, 약간의 자기정당화를 담고 있다. 그리고 유사한 목적하에 저술했으며 일반적으로 『갈리아 원정기The Gallic War』라고 알려진, 카이사르가 갈리아를 정복하며 세운 전공全功을 기념하기 위해 기술했던 일곱 권의 책과 직접적으로 연장전상에 있었다. 미완성된, 실은 집필 자체를 그만둔 『내전기』 첫 부분은 비록 유실됐지만, 한 가지는 확실해 보인다. 바로 카이사르 자신은 이 저작을 '내전기'라 부르지 않았다는 것이다. 이 제목은 이후 필사본에만 적혀 있는데, 아마도 원저자인 카이사르라면 이상하다고 여기거나 생각하지도 못했을 제목 선택이었다. 실제로 카이사르는 글에서 해당 구를 쓰지 않으려고 부단히 노력했다. 남아 있는 세 권에서 벨룸 키빌레라는 어구는 단 두 차례 등장한다. 한번은 다른 훼손된 구절에서 카이사르가 자군 내에서 약간은 불안해하며 망상에 사로잡힌 듯 보이는 병사들이 가장 두려워하는 일이 무엇인지를 설명하며 그들의 입을 통해 언급하는 부분이다. 다른 한 번은 카이사르 본인이 직접 언급했는데, 폼페이우스와 벌였던 투쟁을 별다른 생각 없이 회고하며 말할 때다.[2]

카이사르와 폼페이우스는 기원전 60년 원로원 내에서 두 사람 모두를 반대하던 이들을 상대하기 위해 임시방편으로 동맹을 맺었는데, 기원전 59년 폼페이우스가 카이사르의 딸인 율리아Julia와 결혼하면서 그 결속은 강화되었다. 그들이 정치적 연대를 이뤘을 때 세 번째 인물로 마르쿠스 크라수스Marcus Crassus가 합류했고, 그에 따라 이들이 맺은 제휴는 제1차 삼두정치(즉 세 남자viri에 의한 지배)로 알려지게 되었다. 카이사르와 폼페이우스가 결혼을 통해 결속되었던 해에 카이사르는 공화국 내 최고의 정치적 지위를 차지했는데, 국가 공동체를 총괄하고 군대를 이끌 수 있는, 매해 선출되는 두 집정관 중 한 명이 된 것이다. 집정관 재임 중 카이사르는 로마에 인접한 [속주] 갈리아 키살피나Cisalpine Gaul에서

---

2 Caesar, *Civil War* 2.29, 3.1, ed. and trans. Damon, p.166, 192; Francis W. Kelsey, "Title of Caesar's Work on the Gallic and Civil Wars", p.230; Batstone and Damon, *Caesar's "Civil War"*, pp.8-9, 31-32; Brown, "The Terms *Bellum Sociale* and *Bellum Civile* in the Late Republic", pp.113-118.

5년간 군단을 지휘할 수 있도록 일을 꾸몄는데, 이는 부분적으로는 자신이 집정관으로서 했던 행동을 두고 원로원이 제기할 기소로부터 면책받기 위함이었다. 기원전 56년 폼페이우스와 크라수스도 이와 유사하게 5년간 군단 지휘권을 확보했으며 카이사르의 임기를 기원전 50년까지 연장하는 법안을 통과시켰다.

〔그런데〕 그 시기가 도래했을 때 크라수스는 전사하고 율리아도 사망했다. 또한 카이사르 지지자들은 로마에서 카이사르를 위해 책략을 펴고 있었는데, 당시 폼페이우스 지지자들도 똑같이 준비하고 있었다. 위기가 정점에 다다랐던 순간은 원로원이 카이사르와 폼페이우스 모두 지휘권을 포기해야 한다고 결정을 내렸을 때였다. 양측 다 이를 받아들이지 않았다. 당시 집정관 렌툴루스Lentulus가 카이사르가 자리를 유지할 수 있도록 권력을 행사하던 민정 호민관 안토니우스Antony와 카시우스Cassius에게 반대 의견을 개진하자, 원로원은 '공화정이 해를 입지 않도록' 하기 위해 비상사태를 선언했다. 이런 결정은 로마로 향하는 카이사르의 행군을 재촉했다. 카이사르는 자신과 군대가 동료 로마 시민들에 맞서 공세적인 행동을 취하고 있지 않음을 보이려 모든 노력을 다했다. 다른 로마 지휘관들처럼 자신의 명분이 정당함을 내세웠으며, 전적으로 방어적 군사 행동이라고 설명했다. 카이사르는 실제 범법자는 원로원 내 소수 권력자들이며, 이들은 로마법을 어기면서 자신에게서 집정관 자리를 박탈하려 했다고 주장했다.

내가 관할하고 있던 속주를 떠날 때 나는 누군가를 해하겠다는 어떠한 의도도 없었다. 단지 정적들이 가하는 비방으로부터 내 위신을 지키고 싶었고, (내 일에 연관되었다는 이유로 로마에서 추방된) 호민관들의 지위를 회복시키는 한편 나 자신과 로마 인민이 소수 파벌의 압제로부터 벗어나기를 원했을 뿐이었다.[3]

여기서 카이사르가 지칭했던 "관할하고 있던 속주를 떠나는" 발걸음은 중요한 행위로 이후 내전 목록에 로마가 남긴 위대한 유산 가운데 하나가 되었다. 때는 기원전 49년 1월이었고, 카이사르는 군대를 이끌고 강을 건너려 했다. 그 강은 자신이 군사령관으로서 지휘권을 행사하던 갈리아 지역과 그러한 병권 사용이 철저히 금지된 로마 본국의 경계를 나타냈다. 이 좁은 강의 명칭은 역사에 길이 전해졌다. 바로 루비콘Rudicon강이다. 이렇게 해서 "루비콘강을 건너"라는 표현은, 두려움에도 불구하고 신속히 내린 되돌릴 수 없는 모든 정치적 결정을 지칭하게 되었다.[4]

군대 지휘권과 민간 통치권 사이의 엄격한 구분을 허물었던 이 행동은 로마 국경 밖에서만 이뤄지도록 철저히 통제되던 전쟁 영역을 국가 공동체 내 평온이 유지되던 공간으로 들여놓은 일이었다. 당시 로마에 대한 기억을 간직하

---

[3] Caesar, *Civil War* 1.22, ed. and trans. Damon, p.35; Raaflaub, *Dignitatis contentio*.

[4] 카이사르가 루비콘강을 건너는 모습이 이후에 어떻게 표현되고 있는지와 관련해서는 Wyke, *Caesar*, pp.66-89, 263-266을 보라.

던 로마 역사가들과 시인들은 다양한 관점에서 이 일을 전했다. 플루타르코스와 아피아노스가 전하길, 카이사르는 루비콘강 남쪽으로 약 20킬로미터 떨어진 아리미눔Ariminum(오늘날 휴양지로 유명한 이탈리아 북부 도시 리미니Rimini)으로 소규모 선발대를 보내 도시에 잠입하도록 했다. 그다음 카이사르 자신은 저녁 만찬장에서 양해를 구해 물러난 뒤, 눈에 띄지 않게 소수의 수행원과 함께 거기에 마련되어 있던 마차에 올라탔다. 상념에 휩싸였던 그는 해질녘 루비콘강에 이르러 강을 건너기 주저했고, 동행하던 이들에게 자신이 무엇을 두려워하는지 털어놓았다. "전우여, 내가 만약 이 강을 건너기를 꺼려한다면, 이는 내게 찾아오는 불행의 발단이 될 것이다." 아피아누스가 이어 전하길, 카이사르는 "그런데 내가 만약 이 강을 건넌다면, 인류 전체에게〔내려지는 불행의〕시작이 될 것이다"라고 말했다. 감정을 불현듯 쏟아내며 카이사르는 전속력으로 강을 건너면서 대담하면서도 치밀한 도박사에게서나 나올 만한 격언을 외쳤다. "주사위는 던져졌다!"[5]

역사가 수에토니우스는 이 장면을 묘사할 때, 카이사르 부대원 중 한 명에게서 트럼펫을 낚아채 연주하는 매혹적이며 수수께끼 같은 여성을 등장시켰는데, 이 여성은 강을

---

[5] Appian, *Civil War* 2.35, trans. Carter, p.88; Plutarch, *Caesar* 32, in *Roman Lives*, trans. Waterfield, pp.328-339. 이 대사는 보통 수에토니우스Suetonius가 쓴 다음 라틴어 구절로 인용된다. "Iacta alea est." Suetonius, *The Deified Julius* 32, in *Suetonius*, trans. Rolfe, 1:76.

뛰어 건너가 반대편 둑에서 부대를 향해 건너오라고 손짓했다. 시인 루카누스 역시 같은 장면에 여성을 등장시켰는데, 그녀는 당시 로마의 모습처럼 꼴이 엉망인 상태로 비탄에 빠져 있었고, 카이사르에게 경고의 말을 전하며 공포에 떨게 했다. "만약 합법적으로 당신들이 넘어올 수 있다면/ 〔로마의〕 시민들이라면, 여기까지만 허용될 것이다." 하지만 루카누스의 시 속에서 카이사르는 자신의 행동이 극악무도함을 뻔히 알면서도 그대로 감행한다. "지금 나는 평화를 포기하고 신법에 어긋난 법을 버릴 것이다/ 행운의 여신이여, 당신만이 내가 따를 사람이다. 이제부터 조약에는 작별을 구할 것이다/ 충분히 오랫동안 조약을 따랐다. 하지만 지금부터는 전쟁이 심판관이 될 것이다."[6] 이후 작가들은 이 장면을 묘사할 때 호기심을 자아내는 이 연주자나 로마를 상징하는 제정신이 아닌 여성을 넣어둘지 말지를 결정했어야 했다.[7] 하지만 카이사르 자신은 이중 어떤 내용도 저작에 담지 않았다.

사건을 제3자의 관점에서 논하던 카이사르는 장군과 그의 부대가, 마법이라도 부린 것처럼, 간단히 그냥 아리미눔에 나타났다고 서술했다. 어떻게 강을 건넜는지도, 고뇌하며 의논했던 일도 언급되지 않았고, 카이사르가 그 이동을

---

6 Suetonius, *Deified Julius* 31-32, in *Suetonius*, trans. Rolfe, 1:74-77; Lucan, *Bellum civile*(1.190-192, 225-227), in *Civil War*, trans. Braund, pp.8-9.

7 Heuzé, "Comment peindre le passage du Rubicon?"

로마나 자신의 운명을 결정짓는 중대한 일로 여겼다는 어떤 내용도 없었다. 불길한 얘기를 전하는 어떤 동행자도 없었을 뿐 아니라 실제로 카이사르 자신을 제외하고는 이 극적인 사건에 등장하는 다른 인물은 없었다. 카이사르가 당시 사건을 두고 기술한 내용은 다음이 전부다. "자신에게 호의를 표하며 지지하는 병사들의 마음을 확인하자 그는 제13군단과 함께 아리미눔을 향해 출발했다. 그리고 아리미눔에서 자신과 합류하기 위해 도망쳐 나온 호민관들을 만났다."[8] 원로원이 보기에 그리고 후대 많은 사람이 판단하기에, 카이사르는 "내전을 선언했고 무장을 하고 루비콘강을 건너려는 장군들에게 내려졌던 저주에 대항했다. 저주란 지옥의 신을 만난다는 벌이었다." 카이사르를 열렬히 숭배한 나폴레옹 보나파르트Napoleon Bonaparte 역시 동일하게 생각했다. 이를 그는 1819년 세인트 헬레나St. Helena섬에서 유배생활을 하며 카이사르 역사서에 구술로 주석을 달 때 밝혔다.[9]

내전이란 사안을 맞닥뜨렸을 때 카이사르는 내전 자체를 부정했던 선구적 교사였다. 이와 달리 카이사르에 강력히 반대했던, 법률가이자 정치가이며 철학자였던 마르쿠스 툴리우스 키케로Marcus Tullius Cicero는 내전에 대한 생각을 그다

---

8 Caesar, *Civil War* 1.8, ed. and trans. Damon, p.15.

9 Bonaparte, *Précis des guerres de Jules César*, pp.97-98("En passant le Rubicon, César aviait déclaré la guèrre civile et bravé les anathèmes prononcés contre les généraux qui passeraient en armes le Rubicon: ils étaient voués aux dieux infernaux"); Poignault, "Napoleon Ier et Napoleon Ⅲ lecteurs de Jules César", pp.329-336.

지 억누르지 않았다. 오히려 키케로는 우리 역사에서 자주 다뤄지게 될 세 논점을 제시했다. 첫째, 키케로는 저술가로서 내전이라는 용어를 가장 먼저 썼다고 알려져 있다. 하지만 그 역시 카이사르와 마찬가지로 한동안은 이 용어를 거의 언급하지 않았다. 기원전 66년부터 기원전 49년까지 쓴 방대한 저작과 연설문에서 해당 용어는 단 두 차례만 등장한다.[10] 둘째, 로마식 내전 개념과 조직적으로 행해지는 다른 무력 위협 형태를 이해하는 방식 간의 경계가 얼마나 유동적일 수 있는지 보여줬다. 셋째, 로마인이 자신이 겪고 있는 내부 투쟁을 자신들이 그렇게나 동경하던 그리스인이 벌였던 투쟁과는 완전히 다르게 여겼음을 보여주는 근거를 제시했다.

키케로는 기원전 66년에 행한 연설에서 '내전'이라는 말을 처음 내뱉었다. 연설했던 포룸 위 바로 그 자리는, 23년이 지나 그가 처형을 당해 머리와 두 손이 내걸렸던 연단이었다. 키케로는 로마에게 큰 위협을 가하는 소아시아에 있는 적인 폰투스 왕 미트리다테스를 제압하기 위한 원정 지휘권을 그나이우스 폼페이우스Gnaeus Pompeius(위대한 소小 폼페이우스, 이후 세대에게는 단순히 카이사르의 주적 폼페이우스로 더 잘 알려진) 장군에게 주어야 한다는 제안을 옹호했다. 키케로는 왜 이 정당한 전쟁에 무엇보다 로마가 누리고 있는

---

10 Brown, "Terms *Bellum Sociale* and *Bellum Civile* in the Late Republic", p.104.

영광과 영예는 물론 향후 로마 제국이 맞게 될 미래가 달려 있는지를 지적하며, 청중에게 어떤 위대한 지휘관이 로마를 승리로 이끌 수 있는지 생각해보라고 했다. 군사 경험, 능력, 권위는 물론 운을 갖춘 사람이 누구인지 말이다. 두각을 나타내던 젊은 장군으로 18세라는 어린 나이에 첫 대규모 군대를 이끌었던 폼페이우스보다 과연 어떤 누가 이러한 자질을 더 많이 지녔고 뛰어날 수 있었겠는가? 첫 전투 이후 20여 년간 폼페이우스는 떠올릴 수 있는 모든 전장에서 로마가 직면했던 모든 새로운 적을 상대했다.

> 국가의 명운이 달린 전쟁 중에서 그의 덕을 보지 않은 전쟁 종류가 있었는가? **내전**, 아프리카 전쟁, 트란살피나 전투, 스페인(에서 시민은 물론 상당히 호전적인 부족을 상대한) 전쟁, 노예 전쟁, 해상 전쟁 등 다양한 지역에서 서로 다른 성격의 적과 전쟁을 벌였는데, 바로 〔폼페이우스〕 이 한 남자가 비단 전쟁을 이끌었을 뿐만 아니라 이를 완벽하게 끝마쳤다. 이 모든 사실은 이 남자가 모르는 어떠한 군사 경험 분야는 존재하지 않음을 보여준다.[11]

북아프리카, 스페인, 갈리아에서 반란군을 진압한 것은 물론 다른 두 전투에서(이중 하나는 그가 불과 20대였을 때) 거둔 승리로 인해 폼페이우스는 그의 우상이었던 알렉산드로

---

11 Cicero, *De imperio Cn. Pompei* 28, in *Political Speeches*, trans. Berry, p.119.

스 대왕Alexander the Great을 따라 '위대한', 즉 마그누스Magnus 라는 존칭을 얻게 되었다. 또한 시칠리아에서 일어났던 스파르타쿠스 노예 반란군 잔당을 손쉽게 소탕했고, 불과 3개월여 만에 지중해 해적 모두를 소탕한 한편, 기원전 82년 시칠리아에서 그나이우스 파피리우스 카르보Gnaeus Papirius Carbo 군을, 기원전 77년에는 에트루리아Etruria에서 마르쿠스 아이밀리우스 레피두스Marcus Aemilius Lepidus 군을 성공적으로 진압했다.[12] 그런데 노예와 해적을 상대로 한 전쟁을 제외한 그 외 모든 공적은 부분적으로나 전적으로 모두 동료 시민을 대상으로 벌인 전투에 따른 결과였다. '내전'은 당대 로마 역사에서 한 부분을 차지했으며, 이미 외부 적과 벌이는 전쟁과 구별되기 어려웠다.

폼페이우스를 변호하며 키케로가 '내전'을 언급했던 점은 이미 그 용어가 일반적으로 통용되고 있었음을 보여준다. 그렇다면 키케로는 분명 처음으로 그 용어를 쓴 사람이 아니었을 것이다. 비록 남아 있는 기록 중 그가 쓴 내용이 가장 오래된 것이기는 해도 말이다. 폼페이우스가 치른 전쟁을 키케로가 나열했던 순서는 상대했던 적이나 저항에 어떤 수준 차이가 있었음을 시사한다. 이중 가장 불명예스러웠던 상대는 해적과 노예였지만, 이겨내기 가장 어려웠던 상대는 로마 시민이었다. 따라서 키케로는 기원전 80년 '내

---

12 Seager, *Pompey the Great*, pp.25-36, 43-48.

전'에서 거둔 승리가 의심할 여지 없이 단연코 폼페이우스가 거둔 최고의 업적임을 청중에게 각인시켰다. 비록 이 전쟁은 곧 입에 담을 수조차 없게 되었지만 말이다. 어쨌든 키케로는 폼페이우스를 지지하는 입장에서 연설하고 있었다. 이는 그의 연설을 듣고 있던 청중들이 분명 키케로가 편향적으로 언급하는 내전을 로마 외부의 적을 물리치는 것이나 내부의 위협을 없애버리는 것과 동등한 수준으로 받아들이게 되었다는 점에서 그러하다. 그리고 또 내전이라는 개념은 창안되자마자, 재창안되었다. 처음에는 거의 상상할 수 없는 공포를 뜻했지만, 곧 내전은 명확히 정의되기 어려운 개념으로 바뀌어 그 자체로 어떤 가치가 있거나 명예로운 일이 아니라면, 하다못해 용맹과 무용武勇을 보일 수 있는 어떤 사건을 칭하게 되었다.

이는 무언가 기만적인 정의였다. 이전까지 내전은 "개선식으로 이어질 수 없는 전쟁"이라고 루카누스가 언급했으며, 로마 논평자 대부분도 이에 동의했었다.[13] 로마에서 이뤄지던 개선식은 외적外敵에 맞선 정당한 전쟁에서 거둔 승리에 보답하는 의미로 진행되었고 그 관례는 계속되었다. 승리를 거둔 군대의 병사들은 자신들을 이끈 장군을 임페라토르imperator라 칭했다. 그 뒤 장군은 원로원에게 각종 감사제를 열 수 있도록 허락해줄 것을 요청했다. 그러면 보

---

13 Lucan, *Bellum civile* 1.12, in *Civil War*, trans. Braund, p.3; Schmitt, *Glossarium*, p.32("Im Bürgerkrieg gibt es keinen Triumph"); Beard, *Roman Triumph*, pp.123-124, 303-304.

통 적절한 때에 정식으로 개선식이 허가되었다. "어느 누구도"라며 운을 띄운 1세기〔로마〕역사가 발레리우스 막시무스Valerius Maximus는 다음과 같이 썼다. "내전에서 거둔 승리로 인해 국가 공동체에 상당히 유용한 성과를 가져왔다고 하더라도, 그 점 때문에 임페라토르 칭위가 부여되지는 않았다. 또한 어떤 감사제도 허가되지 않았으며, 군중으로부터 박수갈채를 받거나 전차 행진을 하는 개선식도 용인되지 않았다. 그러한 승리는 설령 필요했다 하더라도 통탄할 일로 그간 여겨졌기 때문인데, 바로 적국이 아닌 동족의 피를 희생시키며 얻은 승리였기 때문이다."[14] 그러나 폼페이우스는 아프리카와 스페인에서 있었던 "실제로는 내전이었던" 전쟁에서 거둔 승리를 기념하는 개선식을 올렸고, 이후에 카이사르는 갈리아, 이집트, 폰투스, 아프리카에서 (시민이든 외국인이든 관계없이) 적에게 거둔 승리는 물론 폼페이우스의 아들들과 싸워 거둔 승리를 기념하는 식을 올렸다. 이는 내전에서 거둔 승리를 기념하는 개선식을 금기하던 사항을 명백히 위반하는 일이었다.[15] 마지막으로 옥타비아누스Octavian도 기원전 31년 악티움 해전Battle of Actium에서 마르쿠스 안토니우스Mark Antony와 클레오파트라Cleopatra를 물리치고 난 뒤 황제 아우구스투스the emperor Augustus에 올라 정권

---

14 Valerius Maximus, *Memorabl Deeds and Sayings* 2.8.7, 다음에서 인용. Lange, "Triumph and Civil War in the Late Republic", pp.69-70.

15 Östenberg, *"Veni Vidi Vici* and Caesar's Triumph", p.823.

을 장악했을 때, 역시나 개선식을 올렸다. 자신이 거둔 승리가 외적과 시민 둘 다를 상대로 거둔 승리였음을 밝힌 이후였지만 그렇게 진행했다. 전쟁 유형을 구분 짓는 경계는 무너지기 쉬웠고 논란의 대상으로 남았다. 승리한 자가 내세우는 정의 논리에 따라 그 경계가 정해질 수 있었지만, 이는 후기 로마 공화정 당시 벌어졌던 수많은 전쟁에서 '시민적civil' 요소를 숨긴 다음에나 가능한 일이었다.[16]

로마인은 그리스 역사나 초기 로마 역사에 견줘봤을 때 자신들이 경험하는 내전은 이례적인 일이라고 믿었다. 거기에는 그리스에서 일어났던 소동은 조직적으로 이뤄지지도, 눈에 띄게 전쟁 분위기가 형성되지도 않았던 반면, 로마 공화국 내에서 벌어지던 폭력에는 무언가 획기적인 요소가 있다는 독특한 종류의 전도顚倒된 자부심이 있었다. 키케로는 그 자부심을 분명히 드러냈다. 기원전 44년 카이사르가 살해되기 직전, 원로원 의원이었던 키케로는 당시 로마를 떠나 아테네로 유학을 떠난, 외아들 마르쿠스Marcus에게 전하는 조언이 담긴 저작을 집필했다. 『의무론On Duties』(기원전 43)이라는 제목으로 더 잘 알려진 이 저작 일부분에는 잘 드러나지는 않지만 폭군 살해tyrannicide를 찬성하는 주장이 담겨 있었다. 또한 저작에서 키케로는 그리스인과 로마인이 내부 분열을 어떻게 다르게 이해하고 있었는지 지적

---

16 Lange, "Triumph and Civil War in the Late Republic", p.74, pp.76-78, 82-84. 좀더 개괄적인 논의는 다음을 참고. Lange, *Triumphes in the Age of Civil War*.

했다. 그는 플라톤 대화편 『국가』에서 소크라테스가 한 말을 인용하며 공공선을 따라야 할 필요성을 제기하는 한편 마르쿠스에게 로마 공화정이 민중파와 귀족파로 분열되는 상황을 경계하라고 조언했다. 그리고 그리스인은 실제로 극심한 불화가 무엇인지 알고 있었지만, 로마에서 나타난 분열은 그 정도나 형태에 있어 전혀 다른 차원에서 이뤄졌고, 그 명칭마저 달랐다고 적어두었다. 로마인은 그리스인이 스타시스라고 칭하는 단순한 어떤 소란을 겪고 있지 않았다. 그들이 경험한 건 훨씬 더 심각했고 완전히 새로웠던 "저주받은 내전pestifera bella civilia"이었다. 생각이 깊고 용감한 시민이라면 누구든 내전을 비난하며 막으려 했을 것이다.[17] 그럼에도 불구하고 로마는 이를 창안했다고 볼 수 있었다.

로마의 연설가와 시인, 역사가들은 왜 자신들의 국가 공동체가 공식적인 무력 분쟁 상태에 빠졌는지 이해하려 애썼다. 이들은 내전이 무엇 때문에 벌어졌는지 고심했고, 로마가 도덕적으로 퇴보했음을 보여주는 징후를 찾으려 했다. 이들은 내전이 평온해 보이는 일정 시기가 지나면 어김없이 되풀이된다는 발상에 특히 경악했다. 이윽고 이들은 이후 독자들에게 윤리적 문제를 야기하며 지독히도 되풀이되

---

17 Cicero, *De officiis* 1.85-86("아테네에서 극심한 불화가 일어났던 한편, 우리 공화국 내에서 는 폭동 선동과 더불어 저주받은 내전이 벌어졌다"), in *On Duties*, pp.86-87에서 플라톤을 인용, Plato, *Republic* 420b(번역은 맞춰 수정됨).

는 현상을 중점적으로 다룬 역사관을 남겨주었는데, 그 역사관에서 다루는 〔내전〕 현상은 바로 역설적이게도 시민의식civility, 나아가 (훨씬 뒤에 이를 가리키는 용어인) 문명 자체를 나타내는 것이었다. 이 모든 점에서 로마인은 동족은 물론 이후 세대들에게 내전의 기억을 간직한 자가 되었다.

내전을 기억한다는 건 티두스 라비에누스가 밍긱하라obliv-io 조언했을 때 암시했던 것처럼, 언제나 위험이 따르는 일이었다. 상기된 기억은 격정에 불을 지피고 내전을 재점화시키는 위험을 함께 불러왔기 때문이다. 이는 처음으로 로마에서 내전사를 기술하려 했던 이들 중 한 명을 통해 가장 선명하고 뼈아프게 드러났다. 바로 카이사르의 동료였던 가이우스 아시니우스 폴리오Gaius Asinius Pollio에 의해서였다. 연설가 퀸틸리아누스Quintilian가 평가하길, 폴리오는 본래 '다재다능한' 인물이었다. 작가이자 정치가였고, (호라티우스Horace와 베르길리우스Virgil 등) 시인들을 후원했던 그는 로마에 첫 공공 도서관을 세우기도 했다. 그가 내전에 대해 저술할 수 있었던 배경에는 기원전 49년 카이사르와 함께 전장에 나섰던 경험 때문이었다. 실제로 그는 카이사르가 루비콘 강둑에 서서 고뇌했을 때 바로 그 옆에 있었고, 함께 도강渡江을 감행했다. 기원전 44년 카이사르가 살해되고 나서 폴리오는 집정관직을 맡게 되었고, 기원전 39년 혹은 38년에는 개선식을 가졌다. 추후 정계에서 물러났을 때에는 곧바로 기존에 은퇴했던 많은 정치인처럼 문학으로 눈길을 돌려 다른 방식으로 정치에 참여했다. 폴리오가 남긴 대표작의 주제가 무엇인지는 피후견인이었던 호라티우스가 해당 주제에 대해 쓰고 그에게 헌정한 시를 보면 알 수 있다.

메텔루스Metellus 집정기 이래 시작된 시민 소요
내전의 원인, 그 병폐와 경과,
운명의 장난, 위대한 이의 죽음을 초래하는 교우관계, 그리고 갑옷

아직 속죄받지 못한 피로 더럽혀진—
주사위의 결정에 따랐던 주제들—
그대는 이 모든 걸 전하며, 불덩이를 디디누나
잿더미 아래 감춰져 타고 있던.[18]

카이사르의 지지자이자, 카이사르 살해라는 그늘 속에서 업무를 수행하던 폴리오는 의심의 여지 없이 카이사르의 죽음에 대해 아직 복수하지 못했다고 생각했을 것이다(그런 이유로 호라티우스는 "갑옷/ 아직 속죄되지 않은 피로 더럽혀진"이라 적어두었다). 따라서 그가 기술한 역사는 어떻게 보면 카이사르의 명성을 회복시키는 일의 일환이었다. 그러나 카이사르가 루비콘강을 건너려 했을 때 이미 알고 있었듯, 모든 일은 도박사가 던진 주사위 결과에 달려 있었다. 그가 말했

---

18 Horace, *Ode* 2.1, in *Complete Odes and Epodes*, trans. West, p.56; Mendell, "Epic of Asinius Pollio"; Henderson, *Fighting for Rome*, pp.108-159.

다고 널리 알려진 주사위는 던져졌다iacta alea est는 말처럼 말이다. 카이사르가 남긴 격언을 상기하며 호라티우스는 카이사르가 내린 결정과 폴리오가 위험을 무릅쓰고 처리했던 일을 교묘하게 같은 선상에 놓았다("주사위의 결정에 따르는 주제들"). 가장 큰 위험은 기억의 불꽃이 꺼지지 않게 하는 데 있었다. 설령 〔이렇게 불꽃을 살려두는 일이〕 단지 추모를 위한 제단을 세우는 것을 목적으로 했을지라도, 이는 훨씬 더 파괴적인 형태로 번질 수 있었다. 연기를 내뿜는 화산이 언제든 분출할 수 있는 것처럼 말이다. 시민 간 분쟁이 새롭게 폭발할 가능성은 항시 존재했다. 내전사를 다루는 일은 언제나 불 위를 걷는 것과 같았다.

내전은 기원전 80년대부터 기원후 60년대와 그 이후 시기까지 100년이 넘는 로마사에 걸쳐 거듭해서 분출되었다. 기원전 88년부터 기원전 87년까지 있었던 술라와 마리우스 간 첫 내전은 기원전 82년부터 기원전 81년 사이에 벌어진 두 번째 연이은 분쟁으로 이어졌다. 20년이 지난 기원전 63년에는 술라 휘하에서 내전을 치렀지만 당시 빈곤에 시달리던 병사들이 원로원이었던 카틸리나가 로마를 장악하려 했던 역모 사건을 도왔다. 이 역모 사건을 주도한 이들이 노린 대상 중 하나였던 키케로는 이 위협을 알아채, 공화정의 적이 된 이들을 물리치기 위해 기소하는 한편 연설을 통해 고발했다. 또다시 20년 정도가 지난 뒤에는 카이사르가 내전을 일으켰는데, 이는 간헐적 무장 폭력 주기의 시작을 알렸다. 폭력은 처음에는 로마에서 벌어졌지만, 조금 지나서는 이탈리아반도, 그리고 최종적으로는 이집트까지 번져 지중해 대부분 지역을 물들였다. 이러한 폭력의 순환 과정 속에서 카이사르와 폼페이우스를 따르던 사람들과 그 후계자들은 서로 간 불화가 수그러들 때까지 일련의 전쟁을 통해 계속해서 싸웠고, 결국 옥타비아누스가 기원전 31년 악티움 해전에서 마르쿠스 안토니우스와 클레오파트라를 물리쳐 승리를 거두고 난 뒤에야 전쟁은 막을 내릴 수 있었다. 기원전 27년 옥타비아누스가 아우구스투스 황제 자리에 오르고 나서야 일련의 내전이 종결되었다. 하지만 또 다른 내전을 불러올 씨앗은 제국 통치권 계승 과정에 놓여 있었다.

옥타비아누스가 황제에 오르며 〔로마는〕 분쟁에서 벗어나, 평화가 깃들고 안정이 찾아온 '아우구스투스' 시대라는 찬사를 듣는 일시적 휴지기에 들어섰다. 하지만 기원후 14년에 아우구스투스가 죽고 난 뒤 수십 년이 지나자 내전을 다루는 저작이 넘쳐났고, 이어 내전 자체도 되풀이되었다. 제국 군주제를 반대하던 이들은 향수에 젖어 과거를 회상하며, 부패가 엄습하기 전까지 공화정 시기를 공공선the res publica이 유지되던 시대였다고 여겼다. 하지만 다른 이들에게 율리우스 카이사르와 아우구스투스 황제 이전 세월은 시간이 지날수록 점차 퇴색되어갔다. "노년층 중 대부분은 내전 기간에 태어난 사람들이다. 공화정을 겪어본 사람 중 누가 남아 있는가?"라며 역사가 타키투스는 『연대기』에서 아우구스투스 통치 말기까지 살아 있던 사람들에 대해 기술하며 애통해했다. 여기서 타키투스의 설명에 따르면, 전제專制는 다른 방식으로 내전이 지속되는 것이었다.[19] 이어지는 몇십 년간, 황제 티베리우스Tiberius의 통치 기간을 살펴보면 내전 이야기가 로마사 다른 어떤 시기보다 많이 저술되었음을 알 수 있다. 타키투스 저작은 남아 있는 소수의 내전 관련 저작 가운데 하나다. 대부분의 저작은 폴리오의 저작처럼 유실되었다. 그중에는 대大 세네카Seneca the Elder가 쓴 저작은 물론 기원전 25년에 반역죄로 기소되었던 역사가 아울루스 크레무티우스 코르두스Aulus Cremutius Cordus의 저서도 있었다. 코르두스는 단지 이전에 벌어진 분쟁에 대해 저술해 내전을 조장했다는 혐의를 받았었다.[20]

네로Nero 통치기에 또 다른 회고의 불꽃이 타올랐는데, 당시 루카누스는 『내전』(기원후 60~65)이라는 서사시를 쓰며 카이사르와 폼페이우스의 투쟁을 다뤘다. 이 시는 양면성을 띠었는데, 황제의 후원 아래 쓰였으나 황제 시대 이전 세계, 즉 시민 간 다툼에 시달리면서도 활기가 넘치던 로마 공화국을 눈에 띄게 그리워하는 내용을 담고 있었다. 루카누스는 100년 전에 있었던 시민 간 분쟁을 되돌아보며, 인간세계에서 일어나는 정치적 알력과 군사적 불화에 조응하

---

19 Tacitus, *Annals* 1.3, 다음에서 인용, Harriet I. Flower, *Roman Republics*(Princeton, N.J.: Princeton University Press, 2010), p.154("etiam senes plerique inter belli civilia anti: quotus quisque reliquus quirem publicam vidisset"); Kietel, "Principate and Civil War in the *Annals* of Tacitus."

20 Gowing, "'Caesar Grabs My Pen'", p.250.

는 우주를, 지상에서 벌어지는 참사를 동정하며 몸서리치고 있는 하늘을 마음속에 그려보았다.[21]

시적 비유 능력과 공화주의적 성향을 갖추었으며, 또한 친밀한 이들끼리 벌이는 폭력을 생생하게 재현할 수 있었다는 점으로 인해 루카누스가 4세기부터 19세기 초반까지 거의 1500년이란 시간 동안, 모든 로마 시인 가운데 가장 널리 읽히며 칭송받는 시인에 머물도록 해줬다.[22] 루카누스가 쓴 『내전』은 12세기에 중세 아일랜드어로 번역되었다.[23] 13세기에 이르러서는 책의 사본이 아이슬란드까지 전해져 살루스티우스가 남긴 『유구르타 전쟁Jugurtha』 및 『카틸리나 전쟁Catiline』 발췌본과 함께 묶여 산문의 개요를 이뤘다. 이를 통해 나온 저작이 『로마인 이야기Rómverja Saga』였는데, 이는 로마에서 나타났던 혼란, 음모, 그리고 내전이 아이슬란드어로 기술된 로마 역사서였다.[24] 루카누스는 14세기 초 단테에게는 "위대한 시인 루카누스"로, 14세기 후반 제프리 초서Geoffrey Chaucer에게는 "위대한 시인, 훌륭한 루카누스"로 평가받았다.[25] 그리고 네덜란드 학자이자 법이론가

---

21 Masters, *Poetry and Civil War in Lucan's "Bellum Civile"*.

22 루카누스 수용사와 관련해서는 다음 저작에서 관련 장들을 보라. Asso, ed., *Brill's Companion to Lucan*.

23 Lucan, *In Cath Catharda*; Meyer, "Middle-Irish Version of the *Pharsalia* of Lucan".

24 *Rómverja Saga*, ed. Helgadóttir.

25 Dante, *Convivio* 4.28.13("quello grande poeta Lucano"); Geoffrey Chauver, *The House of Fame* 3.1499, 다음에서 인용; Susanna Braund, introduction to *Lucan*, ed. Tesoriero, Muecke, and Neal, pp.2-4.

이며 『내전』 학술 편집을 맡았던 휘호 흐로티위스Hugo Grotius(1583~1645)에게 루카누스는 다름 아닌 "자유를 사랑한 시인"이었다.[26] 유럽 내에서 이뤄진 시민 간 전투 빈도에 따라 루카누스의 명성에도 오르내림이 있었다. 살펴보겠지만 16세기와 17세기에 루카누스의 저작은 역사에서 벌어졌던 분쟁은 물론 당시 겪고 있던 분쟁을 이해할 때 상당히 중요한 지식의 원천이 되었다. 19세기 들어 그의 명성이 좀 떨어지긴 했지만, 20세기 후반에는 새로운 독자층을 찾을 수 있을 것이었다.

네로 황제 치하에서 활동했던 루카누스의 동료 작가들 중에는 정치가이자 시인으로 인생을 마음껏 즐기며 살았던 티투스 페트로니우스 아르비테르Titus Petronius Arbiter(약 기원후 25~66)가 있었고, 그는 『사티리콘The Satyricon』을 썼다. 이 악명 높은 운문소설에서는 가상의 저녁 만찬이 묘사되고 있는데, 여기서 마찬가지로 가상 시인인 에우몰푸스Eumolpus는 카이사르와 폼페이우스가 벌인 내전을 주제로 시를 낭송한다. 에우몰푸스는 내전이 진정 "엄청난 주제"이며 중요도에 있어 아마도 베르길리우스가 자신의 "더 위대한 작품"이라고 한 『아이네이스Aeneid』에 비견된다고 말했다.[27]

루카누스와 페트로니우스 모두 네로가 집권하고 있을

---

26 Lucan, M. *Annaei Lvcani Pharsalia*; Grotius("poeta phileleutheros"), 다음에서 인용, Conte, *Latin Literature*, trans. Solodow, p.451.

27 Petronius, *Satyricon* 118, in *Satyricon*, trans. Sullivan, p.109("ingenus opus"), pp.109-122(Eumolpus's poem); Virgil, *Aeneid* 7.45("maius opus").

때 자결했다. 황제 네로 역시 사망했던 69년, (갈바Galba, 오토Otho, 비텔리우스Vitellius, 베스파시아누스Vespasian 등) '네 황제의 해Year of the Four Emperors'에 내전의 불꽃은 되살아나기 시작했다. 이 제위 계승을 둘러싼 전쟁이 마지막 로마 내전은 아니었다. 일부 주장에 따르면, 로마 내전은 4세기까지도 이어졌다. 그럼에도 이 시기 내전으로 인해 로마가 비슷한 불화 상태에 유독 놓이기 쉬운 국가 공동체였다고 기술하는 역사 서사는 정점에 이르렀다. 회고를 통해 그 양식은 좀더 선명히 드러났다. 역사가 에드워드 기번Edward Gibbon(1737~1794)은 1780년대에 로마 제국 쇠망사를 다룬 유명한 저작을 탈고하고 난 뒤, "(로마) 제국이 쇠퇴하게 된 원인을 네로 황제가 쓰러진 이후 계속되었던 내전이나 그렇지 않으면 아우구스투스 통치를 이어받은 전제專制에서라도 찾았어야 하지 않나?"라는 물음을 스스로에게 던졌다. "아아! 그랬어야 했다."[28]

로마인과 그 후세들은 내전이 망각되도록 두기보다는 이를 계속해서 상기했다. 이제까지 말할 수 없었던 내전 이야기로부터 이제는 더 이상 도망칠 수 없었는데, 내전이 결코 사라지지 않았기에 수 세기 동안 이를 빼놓고는 할 얘기가

---

28 "그러나"라고 운을 뗀 기번은 이어 "뒤늦게 알게 된 일이 무슨 소용이 있는가? 실수를 돌이킬 수 없을 때 후회는 소용없다", 1790~1791년 겨울에 적어둔 기록, Gibbon, *History of the Decline and Fall of the Roman Empire*, British Library shelf mark C.60. m.1; Bowersock, "Gibbon on Civil War and Rebellion in the Decline of the Roman Empire".

없었던 것으로 보인다. "다시금 견뎌내야 할 고통이 남아 있었다"고 루카누스의 『내전』속 한 인물은 한탄했다. 그리고 이어 "이는 전투에 따른 수순이며, 시민 분쟁에 따른 필연적 결과다"라고 말했다.[29] 로마 내전을 논하는 책은 끊임없이 나왔다. 루카누스가 시를 쓴 지 40년 뒤에 타키투스는 『역사·Histories』(약 기원후 109)에서 네 황제의 해에 일어났던 이야기를 적었다. 그리스어를 했던 역사가 플루타르코스는 그리스 인물과 로마 인물들의 삶을 병렬적으로 배치한 열전列傳을 썼는데, 그가 제시한 로마인 사례에는 그라쿠스 형제는 물론 연이은 내전(약 기원전 100~기원후 25)에서 싸웠던 전사들로 마리우스, 술라, 카이사르, 폼페이우스, 안토니우스가 포함되어 있었다. 또한 동일한 시기에 그리스어로 저술활동을 했던 역사가 아피아노스도 로마사를 썼는데 이중 남아 있는 책은 『내전The Civil War』(약 기원전 145~기원후 65)이라고 제목이 붙여졌다. 이 저작을 통해 아피아노스는 술라 때부터 옥타비아누스 시기까지 있었던 모든 로마 내전을 망라하는 역사를 다루고자 했다.

이러한 저작들보다 구체적인 내용을 담고 있지는 않지만 더 폭넓은 시기를 다루는 책으로 플로루스의 유명한 저작 『로마사 개요Epitome of Roman History』(약 기원전 117~기원후 38, 혹은 기원전 161~기원후 69)가 있는데, 여기서 플로루스는 로

---

29 Lucan, *Bellum civile* 1.223-224, in *Civil War*, trans. Braund, p.27.

물루스 이후 700년간의 로마 역사를 대외 전쟁, 노예 전쟁, 동맹시 전쟁, 내전 등 다양한 전쟁이 끊임없이 벌어진 시기로 그렸다. 대외 전쟁만을 정당한 전쟁으로 여겼던 플로루스는 의도적으로 그 외의 전쟁들은 서로 구별될 수 없게 만들었다. 예를 들어 동맹시 전쟁은 사실상 내전이었다고 적어두었는데, 로마인과 연합했던 동맹시들이 "이탈리아 국경 내에서 반란을 일으킨 것은 한 도시 안에서 시민들이 반란을 일으킨 것과 다름없이 중대한 범죄를 저지른 것"이라는 이유를 들었다. 나아가 노예 전쟁을 가장 불명예스러운 전쟁으로 그린 뒤, 술라와 마리우스가 벌인 전쟁을 부도덕함 속에 벌어진 전쟁으로 연관 지었는데, 그에 따르면 이 전쟁은 마치 경기장에 선 "최하층 계급인" 검투사들처럼 시민들끼리 포룸에서 싸웠던 전쟁으로, 로마에 닥쳤던 최대의 불행을 보여준다는 것이었다. 그리고 이렇게 범주 구분이 불명확하다는 주장의 끝을 장식하기 위해, 플로루스는 카이사르와 폼페이우스 간 투쟁이 로마시를 넘어 이탈리아로, 그리고 로마 제국 전체로 확산되었던 양상을 기술했다.[30]

이후 이어진 약 500년간, 그러니까 대략 카이사르 때부터 아우구스티누스 시기까지 로마 역사가들은 로마 문명에 내려진 엄청난 저주를 이해하고자 호기롭게 달려들었다.[31] 이

---

30 Florus, *Epitome* 1.intro., 1.47.14, 2.3.18, 2.8.20, 2.13.4-5, in *Epitome of Roman History*, trans. Foster, pp.5-7, p.217, 233, 241, 267(번역은 맞춰 수정됨).

31 Henderson, *Fighting for Rome*, pts. p.1, 4; Breed, Damon, and Rossi, *Citizens of Discord*.

들은 도대체 왜 그런 일이 일어났는지를 두고 씨름했다. 무엇이 각각의 내전을 촉발했는가? 로마 공화정 자체 내에 내전을 야기하는 무언가 근본적인 결함이 있었는가? 역사가들은 그토록 많은 내전이 일어난 원인이 무엇인지 고뇌했다. 원인으로 기능하는 심층 논리가 존재하는가? 또한 그들은 자신이 겪은 고난이 어떤 의미를 지녔는지 알고자 했다. 내전에서 완전히 벗어난 이상적인 국가 공동체의 형태가 존재했던가? 그렇지 않으면, 로마 문명 자체를 이루는 어떤 근본적인 구조가 그 재앙이 계속해서 반복되도록 했던 것은 아니었나? 이러한 의문들이 결정적으로 영향을 미쳐, 북아프리카의 역사가이자 히포의 주교bishop of Hippo였던 아우구스티누스Augustine는 『신국론The City of God』(기원후 413~426)을 썼다. 그는 여전히 로마 내전사를 쓴 최고의 역사가 중 한 명으로 손꼽힌다. 하지만 우선 지금은 그보다 이전에 활동했던 몇몇 역사가의 논의를 살펴볼 것이다.

이러한 중요한 문제들을 두고 동시대 로마인들이 내렸던 답은 무언가 강렬하며 듣는 이를 불안하게 만드는 교훈으로 이어졌는데, 이는 향후 수세기 동안 되풀이되며 학습될 것이었다. 내전은 하나씩 찾아오지 않고 한꺼번에 왔다. 또한 내전은 치유되지 않는 상처를, 복수를 필요로 하는 계승자를, 그리고 처음에는 로마 도시만 해당되었지만 이후에는 지중해는 물론 그 너머 로마 제국 전체가 분열되는 결과를 남겼다. 타키투스는 1세기에 있었던 격렬한 분쟁에 관한 논의를 시작하며 다음과 같이 말한다. "내가 지금 진술하려고 하는 역사는 참사로 가득한, 싸움 때문에 진저리나는, 선동으로 인해 분열된, 평화로운 시기에도 야만성이 횡포하던 역사다. 네 황제가 무력으로 폐위되었다. 세 차례의 내전과 더 많은 대외 전쟁이 있었으며, 종종 내전과 대외 전쟁이 동시에 발발했다."[32] 이처럼 내전은 로마 도시 자체만을 차지하기 위한 싸움이었지만 대외 전쟁과 구별되기 어려웠고, 이에 그 여파는 로마 세계 도처로 퍼졌으며 이후에는 제국 전체의 행위자들을 끌어들이게 되었다.

로마 시민권이 부여되는 지역이 점차 넓어질수록, 내전이 이뤄지는 범위도 점차 확장되어갔다. 플로루스는 다음과 같이 주장했다. "카이사르와 폼페이우스가 일으킨 폭력 사태는 홍수나 화재가 일어났을 때처럼 로마시, 이탈리아, 부족들, 민족들, 그리고 마침내는 제국 전체를 집어삼켰다. 이제 이를 내전이라 칭하기는 적절하지 않았다. 동맹시 전쟁이나 대외 전쟁도 마찬가지다. 이 사태는 나열한 모든 전쟁을 포괄하는 전쟁이었다. 아니 전쟁보다 더 심각했다."[33] 여기서 플로루스는 루카누스의 『내전』 중 시작 부분의 몇 행을 따라하며 로마인이 그 주제에 대해 얼마나 걱정스럽게 여겼는지를 압축적으로 잘 보여줬다.

---

32 "Trina bella civilia, plura extera, ac plerumque permixta." Tacitus, *Histories* 1.2, in *Histories, Books* Ⅰ-Ⅲ, trans. Moore, p.5(번역은 맞춰 수정됨).

33 Florus, *Epitome* 2.13, in *Epitome of Roman History*, trans. Foster, p.267(번역은 맞춰 수정됨).

에마티아 평원Emathian plains에서 벌어진, 내전보다 더 참혹했던 전쟁에

대해,

범죄 행위에 부여되던 합법성에 대해 노래하노라, 강력했던 시민에

대해

자신의 복부를 승리를 거둔 검이 들린 손으로 공격하던,

친족을 상대하던 친족에 대해, 그리고, 참주정 협정이 깨지자마자,

뒤흔들린 세계의 모든 군대와 벌였던 분쟁에 대해

전 세계가 느끼는 죄책감으로, 군기軍旗에 맞서 적대감에 맹위를 떨치

던 군기에 대해,

대적하던 독수리상들과 투창들을 위협하던 투창들에 대해.

이 광기란 무엇이었던가, 오 시민들이여?[34]

만약 카이사르와 폼페이우스가 벌인 전쟁이 "내전보다
더 참혹"했다면, 이는 혼인서약으로 얽매여 있던 두 남자가
격전을 벌였기 때문이었다. 이러한 점을 고려한다면 그 전
쟁은 단순히 시민 간 전쟁이 아닌 친족 전쟁("친족을 상대하
던 친족")이었다.[35] 전쟁 결과는 이후 역사에서도 계속해서
되풀이되는 다음 한 구절로 요약된다. "적이 없는 전쟁"이
라고. 영국 의회파 장군이었던 윌리엄 월러 경Sir William Waller
은 1643년에 자신의 국가 공동체에서 벌어졌던 격변을 그

34 Lucan, *Bellum civile* 1.1-8, in *Civil War*, trans. Braund, p.3.

35 Núñez González, "On the Meaning of *Bella Plus Quam Ciuilia*(Lucan 1. p.1)".

렇게 불렀다. 친족과 동포 간에 벌어진 분쟁으로서 이러한 전쟁은 고통으로 점철되었는데, 이는 승패에 정치적 권위 뿐만 아니라 이 권위와 함께 오는, 해당 국가 공동체에 누가 포함되고 포함되지 않는지 정할 수 있는 권리가 걸려 있었기 때문이다.[36] 하지만 이런 관점에서, 즉 가치관의 시시비비를 따지는 문제로 내전을 바라본다면, 내전은 필수적이며 자연스럽게 벌어지는, 끔찍한 만큼 피할 수 없는 투쟁이었다.

내전은 휘장과 무기를 모두 갖추고 임하는 실제 전쟁이었다. 마치 첫 내전으로 여겨지는 술라의 전쟁에서 북과 트럼펫이 눈에 띄었던 것과 같았다. 그리고 이제 내전은 로마가 제패한 지중해 전역으로 번져나갔다. 이중 북부 그리스에 위치한 "에마티아 평원"은 〔카이사르 내전에서〕 결정적인 전투가 된 기원전 48년 파르살루스 전투Battle of Pharsalus가 벌어졌던 곳으로, 이로부터 루카누스는 이 전투를 가리키는 또 다른 명칭인 파르살리아Pharsalia를 자신의 시제詩題로 삼았다. 물리적 경계가 불변적이지 않다면, 개념적 경계는 더더욱 가변적이었다. 키케로를 비롯한 이들이 다양한 전쟁 종류를 구별하고자 세웠던 경계는 점차 흐릿해졌는데, 마치 바로 그러한 노력으로 인해 내전을 다른 갈등 형태로부터 떨

---

36 Lucan, *Bellum civile* 1.682, in *Civil War*, trans. Braund, p.21; Waller to Sir Ralph Hopton, June 16, 1643(O.S.), in Coate, *Cornwall in the Great Civil War and Interregnum, 1642-1660*, p.77.

어뜨려놓기가 더 어려워진 듯했다. 누그러뜨릴 수 없는 자연의 힘처럼 내전은 국가 공동체의 경계를 무의미하게 만들었고, 전 세계로 뻗쳐나갈 수 있는 잠재력이 드러나자 훨씬 더 파괴적인 폭력이 자행되었다. 바로 이러한 성질로 인해 내전이 무엇인지 반드시 이해되어야 했지만 또한 이로 인해 내전을 묘사하거나 징의 내리기 대단히 어려워졌다.

내전을 다루던 모든 로마 역사가는 바로 어디에서부터 이야기를 풀어나가야 할지 모르는 근본적인 문제에 직면했다. 카이사르조차 루비콘강을 건너는 이야기로 자신의 전력前歷을 시작하지 않았다. 다른 시인과 역사가들은 국가 공동체에서 벌어진 내분이 어디에서부터 기원했는지 찾기 위해 훨씬 더 이전 시대를 살펴보았다. 폴리오에게 바친 호라티우스의 시는 되풀이되던 이 사실을 설명하기가 어려웠음을 명확히 보여준다. 시에서는 "메텔루스 집정기"가 언급되었는데, 약 기원전 140년부터 기원전 60년까지 메텔루스라는 이름으로 집정관을 지냈던 사람은 11명이나 있었다. 호라티우스는 로마 역사가들 대부분이 카이사르, 폼페이우스, 크라수스가 처음으로 동맹을 맺었던 해라고 지목하는 기원전 60년에 재임했던 이를 지칭했을 수 있다. 아니면 그는 가이우스 그라쿠스가 민중을 대표하는 호민관직에 있다가 기원전 123년에 집정관을 맡았던 또 다른 메텔루스를 의미했을 수도 있다(그해는 그라쿠스가 성난 폭도에 의해 살해되고 참수되기 2년 전이었다). 만약 호라티우스가 전자를 의미했다면, 그는 폴리오가 쓴 역사서에는 카이사르가 루비콘강을 건너기 20년 전 얘기부터만 기록되었음을 시사했던 것이다. 하지만 만약 후자를 의미했다면, 폴리오는 로마를 분열시키고 시민들을 앙숙관계로 만든 내분을 훨씬 장기적인 관점에서 바라봤다고 할 수 있다.[37] 이러한 선택에 따라 도덕과 관계된 전체 로마 역사는 달라질 수 있었다.

단기적인 관점에서 바라본다면 내전은 돌발적으로 일어났고 다시 일어날 가능성이 낮았다는 설명을 제시할 수 있다. 하지만 좀더 장기적인 관점에서 바라본다면, 분쟁은 로마 역사를 이루는 기본 구조 속에 엮여 있으면서, 로마 역사가 파괴적인 폭력 사태로 추락하게끔 한 뿌리 깊은 원인이며 나아가 도덕적 과실일 수 있음을 시사한다. 몇몇 이가 보기에 그 문제는 로마 도시가 세워지던 순간, 즉 로물루스가 형제를 살해했던 바로 그 순간부터 자리하고 있었다. 아우구스티누스가 "도시 전체가 범죄를 저질렀는데, 이를 도시 전체는 묵과默過했다"고 주장하듯 말이다.[38] 기원전 39년 삼두 정치의 중재를 통해 찾아온, 비록 짧게 지속되었고 불안함이 상존했지만 그럼에도 평화로웠던 시기인 기원전 30년대 후반에 저술활동을 했을 호라티우스는 동료 로마인들에게 다음과 같이 물었다. 왜 방금 전 칼집에 넣은 대검

---

37 Woodman, "Poems to Historians".

38 Augustine, *City of God Against the Pagans* 3.6, 15.5, ed. trans. Dyson, p.99, pp.639-640.

을 다시 꺼내들 생각을 하고 있는지, 그리고 왜 카르타고인이나 브리튼인 같은 다른 민족을 정복하지 않고도 피를 흘릴 정도로 미쳐서, 그들 자신의 손으로 죽는 길을 선택해야 하는지를 말이다. 한 가지 이유를 댄다면, 형제살해fratricide라는 태고에 범해진 죄로 인해 그 후로 계속 도시에 저주가 내려졌다고 할 수 있었다.

> 무엇 때문에 이렇게 광적으로 악한 전쟁에 뛰어들었는가?
> 당신의 검은 칼집에 꽂혀 있었다. 그런데 왜 지금 검을 빼들었는가?

> (…) 그건 로마인을 몰아붙인 가혹한 운명이자 형제살해라는 죄
> 레무스가 죄 없이 흘린 생혈이 땅 위에 쏟아지고 난 이후에—
> 아직 태어나지 않은 후대에게 내려진 저주.[39]

호라티우스가 이 시를 지었던 무렵은 내전을 겪은 두 세대가 지난 이후로, 이제 로물루스가 형제를 살해했던 이야기는 평민과 귀족으로 나뉘어 "양자 간 분쟁이 일어날 가능성이 항시 현존하는", 정치적·사회적 분열을 보여주는 전형적인 우화로 전해졌다.[40] [호라티우스의] 시는 로마의 기원을 되짚어가며 로마에서 일어났던 골육상잔을 읊었다. 신분 투쟁, 그라쿠스 형제 아래 나타난 분열, 그리고 내전을 말했

---

39 Horace, *Epodes* 7, in *Complete Odes and Epodes*, trans. West, p.11.

40 Wiseman, *Remus*, p.143.

다. 피로 얼룩진 이 계보는 〔로마에게 찾아올〕 미래에도 그늘을 드리우게 했는데, 호라티우스는 폼페이우스의 아들 섹스투스 폼페이우스Sextus Pompey와 삼두정의 관계가 와해된 일을 일 년이 조금 지난 뒤에 다른 비가悲歌에 쓰며 스스로 그 그림자를 확인했다. "이 두 번째 세대는 내전으로 인해 무너진다/ 로마는 쇠퇴하고 있고, 로마가 지닌 권력으로 인해 폐허가 되어간다." 또다시 "우리, 불운하고 신을 저버린 세대가 사는 이 도시는 파괴될" 것만 같았다.[41] 로마에 내려진 원초적인 저주에서 벗어날 수 있는 유일한 방법으로 호라티우스가 제시했던 것은 로마 도시 자체를 떠나는 것이었다. 잊는 것이 아니라 도망가는 것이 사실상 내전이라는 저주로부터 구제될 수 있는 유일한 방안이었다.

그런데 로마 내 불화를 가져온 근원이 초기 로마 역사로까지 거슬러 올라갈 정도로 그렇게 깊은 것은 아니라고 볼 수도 있지 않을까? 살루스티우스는 기원전 63년부터 기원전 62년 사이에 벌어진 카탈리나 역모 사건을 논하면서, 로마의 운명에 대전환이 일어나게 만든 도덕적 결함을 지적했는데, 그 결함은 로마가 거둔 성과에 따른 예기치 않은 결과였다. 기원전 146년 로마의 적이었던 카르타고가 패배하면서 승리한 자의 옷 끝자락에 타락을 묻혔던 것이다. 살루스티우스는 그 이전에도 "시민과 시민이 싸웠"지만, 이는

41 Horace, *Epodes* 16, in *Complete Odes and Epodes*, trans. West, p.18.

오직 미덕에 따르는 명예를 구하기 위한 다툼이었다고 생각했다. 하지만 포에니 전쟁에서 승리를 거둔 이후, 탐욕과 야심이 커지며 "운명은 잔혹해지기 시작했고 모든 것을 파괴했다." 술라가 로마를 정복할 수 있었던 이유는 아시아에서 벌였던 군사 작전에서 취한 호화로운 전리품을 매개로 부대 병사들의 충성심을 배수했기 때문이었나. 이러한 해석에 따르면, 내전과 타락은 함께 진행되어 카틸리나가 술라의 뒤를 따라 "내전이 벌어지기를 열망하는" 타락한 병사들의 도움을 얻어 공화정을 전복시키고자 했던 때까지 로마의 도덕적 견고함을 차츰 약화시켰다.[42] 살루스티우스는 역사서 다른 곳에서도 재차 이러한 서사를 보여줬다. 로마에서 처음으로 불화가 나타난 이유는 인간 본성에 내재한 결함은 물론 자유, 영예, 권력을 얻고자 하는 인간의 욕구 때문이었고, 카르타고가 멸망한 이후에나 이와 같은 악덕이 성행해 평민과 귀족들이 공개적으로 분쟁을 벌이게 되었다는 것이다. "경쟁을 추구할 길은 열려 있었(고), 아주 많은 폭동과 반란이 벌어졌으며 결국에는 내전이 일어났다."[43]

〔그런데〕 로마 대다수 역사가는 사회적 분쟁을 가져온 근원지가 다른 곳에 있었다고 보았다. 바로 그라쿠스 형제, 즉

---

42 Sallust, *The War with Catiline* 16.4, in *Sallust*, trans. Rolfe, p.17, 19, pp.27-28("civile bellum expotabant")(번역은 맞춰 수정됨).

43 Sallust, 다음 저작 내 단편들, *Histories*, bk. p.1, frags. p.8, 10, 12, in *Fragments of the Histories*, trans. Ramsey, pp.8-13.

티베리우스와 가이우스가 기원전 1세기에 추진했던 개혁을
지목했던 것이다. 그라쿠스 형제는 분명 자신들의 가정교사
이자 스토아 철학자였던 쿠마이의 블로시우스Blossius of Cumae
로부터 그리스어적 용어를 배움으로써 로마 정치를 '귀족주
의자'와 '민주주의자' 부류로 구분했을 것인데, 그 결과 로
마를 연구하는 후세들은 로마 도시가 내전에 극도로 취약
하게 되었다고 보았다. 키케로, 벨레이우스 파테르쿨루스
Velleius Paterculus, 아피아노스, 플로루스 모두는 티베리우스 그
라쿠스가 살해되었던 기원전 133년을 로마가 돌이킬 수 없
게 갈라서게 된 첫 시기로 보았다. 이에 반해 바로Varro는 동
생 가이우스가 죽은 기원전 121년을 갈등이 최고조되었던
때라고 주장하며, 가이우스야말로 "시민체에 머리가 두 개
달리도록 만들어, 시민 간 불화의 근원"을 야기했다고 말했
다.[44] 타키투스는 『역사』에서 민중 호민관들 사이에서 벌어
진 이러한 내분은 "내전을 위한 시범 연습"과도 같았다고
적어두었다.[45] 또한 키케로는 귀족optimi을 지지하던 측과 인
민populares에 동조했던 측의 분열이 로마 공화국 내 배반과
불화의 씨를 심었다고 언급했다.[46] 물론 이러한 설명들이 서

44 Varro, *Di vita populi Romani*, frag. p.114, 다음 저작에서 인용, Wiseman, "Two-Headed State", p.26; 또한 다음 저작을 참고할 수 있다. Florus, *Epitome* 2.5.3, in *Epitome of Roman History*, trans. Foster, p.228("iudiciaria lege Gracchi diviserant populum Romanum et bicipitem ex una fecerant civitatem").

45 Tacitus, *Histories 2.38, in Tacitus*, Histories, Books Ⅰ-Ⅲ, trans. Moore, p.223("temptamenta civilium bellorum").

46 Cicero, *De officiis* 1.86, in Cicero, *On Duties*, pp.86-87.

로 양립할 수 없는 것은 아니다. 되려 함께 얽혀 설득력 있는 이야기를 전할 수 있었고, 이후 아우구스티누스와 같은 역사가로 하여금 로마에 어떠한 치명적인 결함이 있었는지 해석하는 데 도움을 줄 수도 있었다.

실제로 로마사 주요 문헌의 내전에 대한 다양한 분석은 서로 경쟁하기보다는 오히려 축적되었다. 로물루스와 레무스 건국 신화는 로마 도시가 왜 분쟁에 빠지기 쉬운지를 설명하는 가장 근본적인 원인을 보여준다. 살루스티우스가 카르타고 멸망 이후 찾아온 사치와 타락에 가했던 도덕적 비난은, 〔내전 발발의〕 전제 조건을 암시한다. 그라쿠스 형제들 아래 이뤄진 분열을 두고 키케로와 다른 역사가들이 남긴 회고는 분립을 예시豫示했는데, 이는 이후 정치체 내에서 벌어진 노골적인 파벌 싸움과 더욱 극심해진 분열을 낳았고, 결국에는 로마인들이 같은 동료 시민들을 향해 무기를 들게끔 했다.

이는 어떻게 시간 순서대로 배치되던 사건들이 이제는 순환하는 현상이 되었는지를 보여준다. 기존에는 어떤 사건을 설명하던 일이 이제는 이 사건이 벌어진 납득할 만한 이유를 제시해주는 것으로 바뀌었다. 그리고 사건들은 서사 속에 자리하게 되었는데, 이 서사는 과거 로마(건국 초기)까지 파고들었고 이후로는 로마가 맞이할 미래에 그늘을 드리워, 정치적 긴장 상태가 벌어지면 다시금 수면 위로 올라올 수 있었다. 이러한 입장을 취하며 타키투스는 '네 황제의 해' 기간에 갈바가 살해된 이후 인민이 느꼈던 두려움을 묘사했다. "사람들은 거듭된 내전의 기억을 떠올리는 동시에 몇 번이나 로마가 함락되었는지를 셈했다. 이탈리아가 황폐화되고 속주가 약탈당했던 사태, 그리고 공공의 재앙으로 그 이름이 유명한 파르살루스, 필리피Philippi, 페루시아Perusia, 무티나Mutina [전투]를 상기했다."[47] 내전 주기를 논하는 이러한 서사는 몇 번이고 반복되었다. 이는 스타티우스Statius가 쓴 시 『테바이드Thebaid』(기원후 92)에서처럼 좀더 에둘러서 표현되는 경우도 있었다. 이 시는 태고에 테베Thebes에서 벌어진 오이디푸스의 두 아들인 에테오클레스Eteocles와 폴리네이케스Polynices 형제살해로 이어진 경쟁 이야기를 전했는데, 이 이야기는 기원후 1세기에 있던 로마 내전을 배경으로 삼았다.[48] 이와 달리 타키투스와 플로루스처럼 직접적으로 로마 역사를 내전 경험에 맞춰 틀을 세우는 이들도 있었다. 시간을 가로질러 18세기까지는 물론이고 미국혁명과 프랑스혁명을 다루는 이후 내전 서사는 말할 것도 없다.

내전에 빠지기 쉬운 로마의 모습을 단연코 가장 포괄적으로 다뤘던 서사는 기독교적 설명 방식으로 이뤄졌는데, 바로 아우구스티누스가 『신국론』에서 권위 있는 어조로 전했던 이야기다. 아우구스티누스는 기원후 410년 야만인에

---

[47] Tacitus, *Histories* 1.50, in *Histories, Books* Ⅰ-Ⅲ, trans. Moore, p.85("repetita bellorum civilium memoria")(번역은 맞춰 수정됨).

[48] Braund, "Tale of Two Cities"; McNelis, *Statius' Thebaid and the Poetics of Civil War*.

의해 로마가 침략당한 뒤, 그 일로 인해 신학적·역사학적 대작을 쓰기 시작했고, 기원후 413년부터 426년까지 22권에 달하는 저서를 작성했다. 많은 저술 목적 중 하나는 도대체 왜 로마가 쇠퇴했는지를 설명하는 데 있었다. 기독교에 반대하던 이들은 새로운 종교가 그 원인이라고 주장했다. 그리고 만약 이교도 신들의 분노를 누그러뜨릴 수 있었다면, 로마는 침략자들과 싸워 그들을 물리칠 수 있었을 것이라고 말했다. 기독교 때문에 로마가 약해졌고 이에 고트족the Goths에게 당할 수밖에 없게 되었다는 혐의를 반박하기 위해 아우구스티누스는 예수가 태어나기 훨씬 이전부터 로마 제국은 도덕적으로 쇠락했고 분열로 이어지기 쉬운 상태에 있었다고 주장했다. 아우구스티누스는 그 혐의를 바로 내전을 다룬 이전 세대 로마 역사가들이 제시한 연속된 사건들로 돌렸다. 하지만 여기서 분명한 역설이 대두된다. 로마는 당시 알려진 세계 전체에 걸쳐, 즉 로마 제국 어디에서든 구원의 도구로서 복음을 전파하지 않았던가? 그렇다면 이전에 로마가 승승장구했던 때처럼 약탈당한 배후에는 신의 의도가 있지 않았을까? 아우구스티누스는 이전 역사가들을 따라 로마 건국에서부터 시작해, 끝없이 이어지던 격변의 사건들과 이후 스스로 멸망의 길로 들어선 로마 도덕성의 역사를 추적했다. 야만인들이 격노해서 일으킨 폭력 사태나 외국인들이 행하던 정복이 시민들끼리 서로 죽이던 참상과 어떻게 비교나 될 수 있었겠는가?

아우구스티누스는 로마 문헌을 세부적으로 배울 좋은 기

회가 있었고, 추후에는 그의 젊은 시절 제국의 문화 중심지였던 밀라노에서 일정 기간 수사학을 가르치는 시기를 보냈다. 키케로, 살루스티우스, 베르길리우스의 작품에 빠져 있었고, 지금은 유실되었지만 리비우스가 포괄적으로 다룬 로마사 저서 중 상당 부분을 읽었다.[49] 이렇게 박식했기에 그는 형제간 살인이 "지상의 도성이 얼마나 자체적으로 분열될 수 있는지"를 보여주는, 로물루스와 레무스 시기부터 당시까지 벌어진 방대한 로마 내란 역사를 편찬할 수 있었다. 만약 로마가 도덕적으로 타락하게 된 시기가 예수가 태어났을 때보다 한참 전이었음을 아우구스티누스가 보여줄 수 있다면, 기독교는 로마가 쇠퇴하고 몰락하도록 한 원인이 될 수 없었다. 살루스티우스는 정확히 아우구스티누스가 필요로 하는 증거를 제시해주었는데, "역사서에서 살루스티우스는 부도덕함은 (카르타고를 멸망시킨 뒤 찾아온) 번영으로부터 발생했고, 이는 결국에는 내전으로 이어졌다"는 것이다. 그라쿠스 형제 때부터 술라 시기까지 로마에서 있었던 폭동 선동은 "내전으로까지 이어졌는데", 그 도시의 신들은 이를 막고자 어떤 일도 하지 않았다. 오히려 그 신들은 종종 시민들끼리 서로 싸우도록 선동하고 그렇게 다툼을 벌여도 되는 구실을 주는 듯했다. 로마인들은 (조화를 상징하는) 콩코르디아Corcord 여신을 모시는 신전을 세웠는데,

---

49 Brown, *Augustine of Hippo*, pp.23-25.

아우구스티누스가 비꼬듯 적어두길, "콩코르디아 여신은 로마인들을 버리고 떠났으며, 대신에 (불화의 여신인) 디스코르디아Discord가 무자비하게 이들을 내전으로까지 이끌었다".[50]

아우구스티누스의 설명에 따르면, 이교異敎 시절 로마는 "공동체 내부에서 이루어졌기에 더 극악무도했던 악행"이 연이어 펼쳐진 시기였다. "도시의 불화, 아니 더 정확히 말하면 야만적인 다툼"이 계속되었다. "얼마나 많은 로마인이 피를 흘렸으며, 이탈리아 내 얼마나 많은 지역이 파괴되고 황폐화되었는가"라며 아우구스티누스는 한탄한다. "바로 동맹시 전쟁, 노예 전쟁, 내전 때문에!"라고 울부짖으며 그랬다. 여기서 아우구스티누스는 플로루스를 따라 로마 역사는 전쟁의 연속이라 전했다. 매 전쟁이 이전 전쟁으로 인해 불안정해진 도덕적 기반에 하중을 가해, 공동체의 토대를 다시금 흔들어놓게 되었다는 것이다. 실제 전투가 이뤄지지 않던 휴식기라고 하더라도 싸움이 벌어지는 시기에 비해 결코 유혈 사태가 줄지 않았는데, 이를 두고 아우구스티누스는 술라가 첫 승리를 거둔 이후 시기를 "평화가 전쟁과 시합을 벌여 어느 편이 더 잔인해질 수 있는가 겨룬 결과, 평화가 이긴 셈"이라 평했다. 첫 내전, 그러니까 마리우스와 술라가 벌였던 내전 여파로 인해 끊임없이 다른 로마

---

50 Augustine, *City of God Against the Pagans*, 15.5, 2.19, 2.22, 2.25, 3.25, ed. Dyson, p.640, 73, 81, 87, 134.

대내對內 전쟁이 일어났고, 이는 아우구스투스 등장 이전까지 이어졌다. (아우구스티누스가 칭하길) 이 도시의 전사가 집권하는 기간에 예수는 태어났다. 따라서 "그 전쟁들은 그리스도가 강생하기 훨씬 이전에 시작된 것으로, 일련의 원인으로 인해 죄악은 계속 이어져왔다".[51]

『신국론』을 한창 집필하고 있을 때 아우구스티누스는 북아프리카로 이주해 온 스페인 사제 파울루스 오로시우스Paulus Orosius를 독려해, 이방인이 로마를 약탈한 일에 대응해 "이교도에 반대하는" 역사서를 저술토록 했다. 오로시우스는 『이교도 대항사 일곱 권Seven Books of History Against the Pagans』(기원후 417~418)에서 상당히 긴 역사를 다뤘는데, 이는 세계 창조 때부터 저술 시점까지 5618년이 넘는 기간이었다. 이 스페인 사제는 로마에서 벌어진 내전 목록을 사료로 남아 있는 시초 때부터 인류가 겪어온 범행, 전쟁, 자연재해로 구성된 훨씬 긴 역사 서술에 포함시켰다.[52] 심지어 이전 고대 로마 역사가 중 같은 작업을 했던 이들이(그리고 그들이 남긴 자료에서) 다룬 만큼의 로마 내전을 차례로 기술하면서도 그렇게 했던 것이었다. 오로시우스는 직계 존속을 살해하는 "존속살인parricide"죄가 반복해서 나타나는 내전 증후

---

51 앞의 책, 3.23("illa mala······ quae quanto interiora, tanto miseriora······ discordiae civiles vel potius inciviles······; bella socialia, bella servilia, bella civilia quantum Romanum cruorem fuderunt, quantam Italiae vastationem desertionemque fecerunt!"), 3.28, 3.30, ed. Dyson, p.132, 137, 139.

52 Rohrbacher, *Historians of Late Antiquity*, pp.135-149.

라 여겼는데, 이는 적어도 페르시아 시기부터 관찰될 수 있는 것으로 보았다. 페르시아의 왕 다리우스 2세Darius II가 죽은 뒤에 이어진 아르타크세르크세스Artaxerxes와 키루스Cyrus 간 왕위 계승 분쟁 이후, 페르시아는 "내전, 아니 그보다 더한 전쟁"(이라는 루카누스의 시구가 다시금 등장하는!)을 벌였다. 또한 오로시우스는 로마 내전 연대기를 기록하던 전통에 따라 로마 내전이 술라 때 시작되었다고 기록했는데, 내전 주기가 계속되어 심지어 자신이 살던 시기까지 이어졌다고 본다. 이런 관점에서 오로시우스는 아우구스티누스와 의견을 달리했는데, 아우구스티누스는 이처럼 끔찍한 전쟁은 이교도들끼리나 벌였던 것이지, 이교도와 기독교인 사이에서는 그러한 전쟁이 일어나지 않았다는 의견을 고수하고 있었다. 이에 오로시우스가 당대에 그러한 "내전"은 일어나지 않는다고 말하는 이들에 맞서 주장하길, 당시 전쟁을 "동맹국에 맞선 전쟁이라 부르는 것이 실제로 좀더 정확할 수는 있으나, 우리에게 유리한 방향은", 즉 기독교인들에게 이득이 되는 쪽은 "지금 일어나는 전쟁을 내전이라 칭하는 것"이라 말했다. 왜 그러한가? 이 전쟁은 정당한 전쟁으로, 기독교의 승리라는 찬사받을 만한 이유를 위해 싸우며, 기독교적 관면寬免으로 인해 전쟁 상황조차 개선될 수 있기 때문이었다. 이에 오로시우스는 "오늘날 내전이라 불리는 전쟁에서는 전투를 벌이며 상대를 좀더 관대하게 대하고, 그들에게 좀더 많은 자비를 베풀고 있다고, 아니 싸우기보다는 오히려 싸움을 억제하고 있다고 누가 믿지 않을 수 있겠

는가?"라고 물었다.[53]

이에 반문했던 이들 중에는 아우구스티누스가 있었다. 비록 오로시우스라는 이름을 한 번도 거론하지 않았지만 그는 동료가 기술한 역사서를 보고 낙담했던 것 같다. 그 역사서는 어떤 낙관적인 견해에 따라 구성되었는데, 바로 로마 제국은 기독교를 전파하기 위해 신의 섭리가 택한 수단으로서 세워졌고 앞으로도 그 역할을 계속할 것이라는 내용이었다.[54] 아우구스티누스는 『신국론』을 완성하면서 이교도인과 그리스도교인, 다시 말해 (로마로 상징되는) 지상의 도성에 거주하는 자들과 천상의 도성을 기다리는 이들을 엄밀하게 구분했다. 아우구스티누스가 독자에게 상기시키길, 로마인들은 끊임없이 서로 싸울 이유를 찾았고, 이는 전체 로마 세계에 훨씬 더 파멸적인 결과를 가져왔다. "제국의 영토가 광대하기에 더욱 가혹한 전쟁이 일어났으니, 바로 동맹시 전쟁과 내전이다. 이 전쟁으로 인해 인류는 더더욱 비참한 상황에 놓여 괴로워한다. 궁극적으로 평화를 추구하겠다면서 전투가 벌어지고, 언제든 다시 분쟁이 벌어질 수 있다는 두려움을 느끼기 때문이다." 이와 다른 도시인 신의 도성과는 대조적으로 로마 시민들 간 전쟁이 끊이지

---

53 Orosius, *Seven Books of History Against the Pagans* 2.18.1, 5.22.6, 8, trans. Fear, p.105, 253.

54 같은 책, pp.23-24.

않았던 도시, 즉 키비타스는 더 이상 위대해질 수 없었다.[55]

카이사르부터 아우구스티누스까지 내전을 다룬 로마의 주요 문헌들로 인해 이후 오래도록 이어져 내려온 (그리고 지속적으로 영향력을 미치는) 세 가지의 서사가 형성되었다. 하나는 공화주의 서사라고 부를 수 있다. 여기서는 로마 공화정 당시 소위 이타적인 시민적 덕목을 호의적으로 평가하며, 끊임없이 반복되던 내전은 바로 로마의 기원 자체에서 비롯되었다고 묘사했다. 이렇게 로마 역사를 해석하면, 완전히 "문명화civilized"된다는 것은 곧 내전이 벌어지기 쉽다는 것을 뜻했다. 따라서 내전을 한 번만 겪는다는 것은 있을 수 없는 일이었는데, 로마 문명 자체가 지속되는 한 다른 내전이 필연적으로 뒤따라 일어날 것이었기 때문이다.

다른 하나는 제국주의적 서사인데, 이는 공화주의적 서사와 거의 동일한 서술 경로를 따랐지만 상당히 다른 결론에 도달했다. 내전은 정치체가 항시 앓고 있는 질병이었고, 이를 낫게 해줄 치료제는 하나뿐이었다. 바로 왕정을 복고하거나 황제를 옹립하는 것이었다. 이에 이 서사는 카이사르 아우구스투스 집권하에 로마 제국이 수립되는 것으로 막을 내린다. "이리하여"라고 운을 뗀 뒤, 그리스어를 썼던 역사가 아피아노스는 "로마 정치체는 갖가지 시민 소요를 이겨

---

55 Augustine, *City of God Against the Pagans* 19.7, ed. Dyson, p.929.

냈으며 통일체를 유지해 군주정에 이르렀다"고 적어두었으며, 이를 두고 16세기 후반 (아피아노스의 저작을) 영어로 옮겼던 이는 "인민의 지배는 자리를 내줘야만 했고, 군주의 권력이 우세해져야" 함을 (제국주의 서사가) "명백히 입증"한다는 점에 동의했다.[56]

그리고 마지막으로 기독교적 서사가 있는데, 여기서 내전은 신의 영광보다는 현세에 속한 일들에 전념하는 도시나 국가 공동체를 끈질기게 따라 다니는 죄였다. 이러한 세속성으로 인해 도시는 스스로 붕괴되었고, 궁극적으로 구원을 매개하는 적절한 도구가 될 수 없음을 확증해주었다. 살펴본 이 모든 서사는 훗날 18세기 무렵까지 유럽과 유럽 제국이 영위한 지역 전체에서 연이어 벌어졌던 후대의 정치적·군사적 소동을 설명하는 데 활용되었다.

후대 사람들은 내전이 어떤 것이었는지, 어떻게 진행되었는지, 그 결과는 어땠는지를 두고 로마의 연설가, 시인, 역사가가 이해했던 바를 통해 받아들여 이를 공식화했을 것이다. 이들이 남긴 고전을 읽었던 독자는 자국 내에서 벌어지던 권력 투쟁을 로마인에게서 물려받은 용어를 통해 이해했다. 내전이 어떤 의미를 지녔는지는 학교나 대학에서 읽었던 라틴 고전으로부터 배울 수 있었는데, 이를 통해 아주 어릴 적 우연한 기회를 통해 자신들의 사고思考를 형성시

---

56 Appain, *Civil Wars* 1.6, trans. Carter, 4; Appian, *Auncient Historie and Exquisite Chronicle of the Romane Warres*, 속표지.

켜준 전승된 관점을 재확인할 수 있었다. 또한 독자들은 루카누스로부터 영감을 받아 시를 짓곤 했으며, 살루스티우스와 타키투스를 비롯해 시민 분쟁을 다뤘던 로마 연대기 작가들에게 매혹되어 조국 내에서 벌어진 불화를 다루는 역사서를 편찬했다. 그리고 17세기 주요 정치 사상가들은(이 중에는 휘호 흐로디위스, 토마스 홉스와 존 로크가 있다) 로마의 언어를 사용하여 주권과 반역, 반란과 혁명을 논했다. 이러한 노력을 통해 종래의 내전 개념이 처음으로 시험대에 오르게 되었는데, 그 평가는 오직 고대 선조들과 대화를 이어나가는 선에서만 가능했다. 따라서 로마 시인과 역사가들이 기억되는 한, 망각은 내전을 방비할 수 있는 가능한 수단이 될 수 없었다.

2부
근대 초기 교차로

3장

야만적인 내전: 17세기

내전을 두고 로마인들이 논의하던 내용은 유럽과 미주 내 교육기관을 통해 전수된 고전주의 전통에서 중요한 위치를 차지했다. 후대인들이 겪고 있는 소요 사태에 적용해볼 수 있는 용어와 서술 체계를 갖추도록 해준 것이었다. 비록 이러한 비고備考가 항시 안도감을 주지는 못했더라도 말이다. 1642년 제1차 잉글랜드 내전이 발발한 직후 토머스 홉스는 "그리스인과 로마인의 유명한 연설과 잘 알려진 행위는 역사에 길이 남게 되었는데, 이를 이끌어낸 이성理性이 아닌, 그 행적과 언사에서 나타난 장엄함 때문이었으며, 또한 종종 인간이 서로에게서 발견할 때 개탄하게 되는 정말로 늑대와도 같은 요소 때문이었다. 다시 말해, 수세기에 걸쳐 역사가 흘러가는 가운데 인류의 공적은 물론 인간이 지닌 다양한 특질도 기억으로 전해지기 때문이다"라고 말한 바 있다.[1] 홉스는 1629년에 투키디데스 저작을 번역하면서 출간 활동을 시작했다. 1679년에 사망한 홉스는, 말년에 이르던 1670년에 잉글랜드 내전사를 집필했는데, 이때 로마 사례로부터 부분적으로 영감을 받았다. 홉스는 고전 교육이 미친 정치적 영향에 대해 상당히 부정적이었는데, 일례로 그리스와 로마에서 형성된 공화주의 관념을 잉글랜드 소요 사태를 불러온 근원 중 하나라고 생각했다. 그럼에도 홉스는, 이후 살펴보겠지만, 동시대 다른 이들처럼 내전을 다뤘던 주요 로마 문헌들에 많은 빚을 졌다.

그 문헌들은 잊히지, 아니 잊힐 수 없었다. 키케로와 카이사르에서부터 루카누스와 아우구스티누스에 이르기까지 로마 저술가들이 쓴 저서는 그것이 출판되고 교육되는 동안 계속해서 읽혔고 모방되었다. 15, 16세기에 르네상스라고 불리는 고전주의 문예 부흥이 일어난 뒤, (거의 예외 없이 소년들이었던) 어린 학생들은 라틴어로 쓰인 교과서로 시학과 수사학을 배웠다. 또한 카이사르, 살루스티우스, 타키투스, 키케로의 저작들을 읽어가며 역사와 철학을 배움으로써 학업을 완성했다. 동일한 교과서가 언제나 지속적으로 사용되었던 것은 아니었지만, 아우구스티누스가 4세기에 북아프리카에서 공부했던 다수의 저작은 약 1000년이란 시간이 흐른 뒤 [잉글랜드 북부의 소도시] 스트랫퍼드 어폰 에이번

---

1 Hobbes, *On the Citizen*, ed. Tuck and Silverthorne, p.4.

Stratford-upon-Avon에서 문법학교grammar school〔공립 중등교육학교〕에 다니고 있던 소년 윌리엄 셰익스피어(1564~1616)에게도 익숙한 것들이었다.[2] 내전을 다뤘던 로마 저술가들의 명성은 유럽 내에서 벌어지던 내부 분쟁이 성행할수록 더욱 퍼져나갔다. 1450년과 1700년 사이, 로마 역사가들의 저술 판본들은 그 이전 그리스인들의 책보다 훨씬 더 많이 팔려나갔고, 고대 역사가들 작품 중 가장 인기가 좋았던 10개 작품 중 절반은 내전의 역사를 다룬 것이었다. 살루스티우스가 쓴 두 역사서는 가장 자주 증쇄되었던 저작이었고, 카이사르, 타키투스, 플로루스의 저서도 그 인기에 뒤처지지 않았다.[3]

비록 지금은 잊힌 인물이 되었지만 플로루스는 당시 학교와 대학 교육과정에서 중추가 되는 작가였고, 젊은 학자들은 그를 통해 로마 역사를 바라보는 관점을 형성했다. 그들 중 일부는 로마가 경험했던 일들을 비판적으로 고찰하게 될 운명을 지니고 있었다.[4] 홉스는 플로루스가 쓴『로마(전쟁)사 개요Epitome』를 학창 시절에 읽고 이후 1608년 귀족 자제들인 윌리엄 캐번디시William Cavendish 2세와 1630년

---

2 셰익스피어가 인문주의 교육과정을 통해 받은 영향과 관련해서는 다음을 참고할 수 있다. Armitage, Condren, and Fitzmaurice, *Shakespeare and Early Modern Political Thought*; Skinner, *Forensic Shakespeare*.

3 Burke, "Survey of the Popularity of Ancient Historians, 1450-1700".

4 Jensen, "Reading Florus in Early Modern England"; Jensen, *Reading the Roman Republic in Early Modern England*, pp.56-73.

대 윌리엄 캐번디시 3세를 개인 교습할 때 해당 저작을 교과서로 사용했었을 것이다. 한 가지 더 눈길을 끄는 부분은 홉스가 『베헤모스Behemoth』라는 17세기 중반 잉글랜드에서 일어났던 격변을 다뤘던 자신의 역사서를 잉글랜드 내전사 '개요'라고 불렀다는 점이다.[5] 1622년 옥스퍼드대학에서 처음 역사 교수직이 마련되었을 때, 해당 교수가 맡았던 주요 업무는 플로루스에 대해 강의하는 것이었다(처음으로 학과장을 맡았던 드고리 위어는 상당히 열정적이었던 것 같다. 8년간 154번의 강의를 한 이후에도 그는 여전히 플로루스의 첫 번째 책 이상으로 진도를 나가지 못했다).[6] 1636년 옥스퍼드에서 새로 정한 학칙에서는 모든 학부생이 플로루스를 다루는 강의에 일주일에 두 번씩 출석하도록 정해두었다. 바로 이 교육과정을 존 로크가 1650년대에 옥스퍼드에서 이수했을 것이다.[7] 플로루스 저작 판본은 거의 매년 새로 나왔는데, 이는 플로루스의 주가가 떨어지게 된 18세기 말까지 지속되었다. 이와 마찬가지로 플로루스와 비슷한 요약 작업을 했던 4세기 역사가 에우트로피우스가 쓴 로마 역사서 역시

---

5 Schuhmann, "Hobbes's Concept of History", pp.3-4; Hobbes, *Behemoth; or, The Long Parliament*, p.52.

6 Grafton, *What Was History?*, pp.194-195; Wheare, *Method and Order of Reading Both Civil and Ecclesiastical Histories*, trans. Bohun, pp.77-78을 보면 "로마사 주요 부분이 (…) 묘사되어 있는데 우리의 안나이우스 플로루스가 가장 적절하게 발췌해 축약본 형태로 제시한 내용"이라 적혀 있다.

7 *Statutes of the University of Oxford Codified in the Year 1636 Under the Authority of Archbishop Laud*, p.37.

꾸준한 인기를 누렸는데, 일례로 애덤 스미스는 1730년대 스코틀랜드에서 학교를 다니고 있었을 때 그의 책으로 공부했다.[8]

내전을 다룬 로마 역사서들은 유럽을 훨씬 넘어선 지역에서 일어난 분쟁을 바라보는 관점을 형성하기도 했다. 예를 들어 미주에서는 에스파냐의 정복 이후 곧 알아차릴 수 있을 정도로 로마적 색채를 띤 일련의 내전이 벌어지고 있었음을 보여주는 숱한 증거가 남아 있다. 1530년대부터 1540년대 초반에 걸쳐 페루를 점령한 에스파냐 정복자 프란시스코 피사로와 디에고 데 알마그로는 친한 친구였으나 절연해 철천지원수가 되었고, 정복을 통해 획득한 전리품을 두고 일련의 전쟁을 벌였으며, 서로의 가족과 추종자를 볼모로 삼기도 했다. 이후 수십 년 동안 곤살로 페르난데스 데 오비에도, 아구스틴 데 사라테, 페드로 시에사 데 레온 등 스페인 역사가들은 피사로와 알마그로 간, 그리고 이들 스페인 군대와 토착 동맹국들 간 다툼을 서술할 때 살루스티우스, 플루타르코스, 리비우스, 루카누스 등 이전 역사가들로부터 차용한 용어를 썼다. 오비에도는 루카누스를 암시하듯 "이 전쟁은 내전보다 참혹했고 지옥과도 같았다"라고 묘사했고, 시에사 데 레온은 "다수가 두려워했고 가장 잔혹하게 다투었던 전쟁은 내전"이라고 신랄하게 적어두었

---

8 Eutropius, *Eutropii historie romane breviarum*; Phillipson, *Adam Smith*, p.18, plates 2-3.

다.[9] 이후 수십 년 뒤인 17세기 초반에 활동한 페루 출신 역사가 잉카 가르실라소 데 라 베가 또한 『페루 역사 연대기』 두 번째 권에서 "피사로와 알마그로 사이에 벌어진 내전"이라고 유사하게 묘사해두었다.[10] 분명 유럽인들은 내전을 더 넓은 세계에 전해 이를 유럽 문명권의 특징적인 표지標識로 삼았나. 비록 아메리카 대륙 원주민들 간 다툼을 묘사할 때는 대체로 내전이라는 용어를 사용하지 않았지만 말이다. 문명화된다는 것은 곧 내전을 치를 수 있게 됨을 뜻하는 한편, 돌이킬 수 없이 내전에 휘말리기 쉬워짐을 뜻하기도 했다.

로마의 연속된 내전은 중세 후기와 근대 초기 유럽 정치사상과 문학 영역에서 가장 독창적인 작품 중 일부가 나오는 데에 영감을 주었다. 니콜로 마키아벨리는 『로마사 논고Discourses on Livy』(약 1517)에서 로마 시기 일어났던 소동을 상세히 분석해 그가 살던 당대에 적용될 수 있는 가르침을 찾고자 했다. 미셸 드 몽테뉴는 16세기 후반에 벌어진 프랑스 내전을 두고 다소 변호하는 입장에서 바라보며, "내전은 다른 전쟁과 비교해보았을 때 한 가지 더 나쁜 점이 있는데, 바로 우리 모두로 하여금 자신의 집에 감시탑을 세

---

9 MacCormack, *On the Wings of Time*, p.15, 72, 76.

10 Garcilaso de la Vega, *Historia general del Peru trata el descubrimiento del; y como lo ganaron los Españoles*.

우도록 한다는 점이다"라고 말했다.[11] 프랑스가 겪은 혼란은 크리스토퍼 말로의 『파리의 대학살The Massacre at Paris』(약 1592)에도 화제를 제공했다. 그리고 내전은 셰익스피어 작품 전체에서 핵심 주제로 다뤄졌는데, 『줄리어스 시저Julius Caesar』(1599)에서부터 『안토니우스와 클레오파트라Antony and Cleopatra』(1606~1607)까지 로마극은 물론 『존 왕King John』과 더불어 특히 『헨리 6세Henry Ⅵ』 3부작과 『리처드 2세Richard Ⅱ』 등 사극을 그 예로 들 수 있다.[12] 그런데 17세기 당시 가장 인기 있었던 영국 비극은 셰익스피어의 작품 중 그 어느 것도 아니었다. 『햄릿』도 『리어왕』도 『맥베스』도 아닌, 벤 존슨의 『카틸리나Catiline』(1611)가 인기를 얻었는데, 이 극의 내용은 살루스티우스가 기술한 카탈리나의 음모陰謀에 근거했다.[13]

카이사르와 폼페이우스의 로마 내전을 주제로 루카누스가 적은 시는 특히나 이후에 벌어진 내전을 그려낼 때 변용 가능한 본보기를 제공해주었다. 예를 들어 1590년대에 영국 시인 새뮤얼 대니얼(1562~1619)은 장미전쟁이라고 알려진, 15세기 잉글랜드 왕위를 두고 두 가문이 벌인 전쟁을 운문의 형식을 빌려 하나의 역사로 써냈고, 여기에 『랭

---

[11] Montaigne, *Essays Written in French by Michael Lord of Montaigne*, trans, Florio, p.547.

[12] *Shakespeare and Republicanism*, pp.103-129에서 해드필드Hadfield는 이 4부작을 "셰익스피어의 파르살리아*Pharsalia*〔로마 내전 서사시〕"라고 불렀다.

[13] Bentley, *Shakespeare and Jonson*, 1:112; Donaldson, "Talking with Ghosts: Ben Jonson and the Enligsh Civil War".

커스터가와 요크가의 내전을 다룬 첫 4부작The First Fowre Books of the Civile Wars Between the Two Houses of Lancaster and Yorke』(1595)이라는 제목이 붙었다. 셰익스피어는 확실히 루카누스의 마력에 사로잡혀 있었는데, 이는 그가 『리처드 2세』를 쓰며 대니얼의 시를 참고했기 때문이다(역으로 대니얼은 그 후 1609년에 자신의 시를 고치며 셰익스피어의 극『헨리 5세』내용을 유용流用하게 된다).[14]

대니얼은 루카누스 시의 세부적인 부분까지 폭넓게 참고하여 자신만의 이야기를 구성했고, 이를 토대로 "우리의 마지막('가장 최근의'를 의미) 잉글랜드 내전"이라 칭하며 그 내용을 전했다. 시의 도입부는 고전 교육을 받은 그의 독자들에게 대니얼이 로마식 모델에 많은 빚을 지고 있다는 점을 분명히 전하는 신호였을 것이다.

나 내전을 노래하리, 난폭하고 떠들썩했던 싸움을,

위대한 땅 위 선혈이 낭자한 파벌 싸움을:

그 땅의 교만한 이들을, 이국에서 취한 약탈물을 자랑스러워하던,

그네들 스스로에게, 정복을 일삼았던 손을 되돌려 가했던;

친족은 그들의 친족을, 형제는 형제를 저지한,

비슷한 깃발에 너나없이 맞선 비슷한 깃발이 나뉘어:

활은 활에 맞서, 왕관은 왕관에 맞서,

---

14 *Shakespeare's Appian*; Logan, "Daniel's Civil Wars and Lucan's Pharsalis"; Logan, "Lucan-Daniel-Shakespeare".

모두가 권리를 주장했지만, 모두가 지닌 권리는 내던져진.[15]

루카누스 시에서 등장했던 투창*pila*은 잉글랜드에서 활로, 제국의 상징이었던 독수리는 이제 경쟁을 벌이던 '왕관'으로 바뀐다. 랭커스터가와 요크가의 군대는 다르게 본다면 루카누스에 의해 영원성이 부여된, 카이사르와 폼페이우스가 구현했던 확장적이지만 결국 자기파괴적이었던 정치 체제 내 병폐를 재현한다.

적어도 근대 초기 잉글랜드에서 루카누스는 "공화주의적 상상력을 이끈 주요 시인"으로서 군주제가 영연방에 있어서는 가장 좋은 통치 구조라는 입장에 회의적이었던 이들을 상당히 격려했고, 이후 17세기 중반 잉글랜드 내전에서 왕당파에 맞선 의회파에 힘을 안겨다주었을 것이다.[16] 내전이 발발하기 50년 전에 크리스토퍼 말로(1564~1593), 아서 고르지스(1625년 사망), 토머스 메이(약 1596~1650) 등의 시인은 모두 적어도 루카누스의 『내전』 일부분을 번역했다.[17] 메이는 루카누스가 남긴 열 권짜리 축약본에 율리우스 카이사르의 여생을 담은 이야기를 더해 자신만의 증보판을

---

15 Daniel, *The First Fowre Books of the Civile Wars Between the Two Houses of Lancaster and Yorke*, sig. B[1]r.

16 Norbrook, *Writing the English Republic*, p.24.

17 Shapiro, "Metre Meete to Furnish Lucans Style'"; Gibson, "Civil War in 1614"; Norbrook, "Lucan, Thomas May, and the Creation of a Republican Literary Culture"; Norbrook, *Writing the English Republic*, pp.43-50.

출판했다. 이때는 그가 루카누스의 말을 따라 "실제로……
내전보다 더한 전쟁"이라 일컫던 전쟁이 이뤄지던 와중에
초기 잉글랜드 내분 역사 서술을 막 시작하려던 때였다.[18]
또한 공화주의자였던 존 밀턴(1608~1674)이 처음에 『실낙원
Paradise Lost』을 구상했을 때, 베르길리우스의 『아이네이스』를
따른 열두 권이 아닌, 열 권으로 했던 이유 중 적어도 하나
는 루카누스에게 경의를 표하기 위해서였다는 그럴듯한 주
장도 제기되어왔다.[19] 이러한 저작 모두는 그동안 축적되던
"내전을 노래한 시…… 중 저마다의 특색을 띠고 있지만 되
풀이되는 주제와 동일한 연설과 은유가 담긴" 부류의 일부
로도 볼 수 있다.[20]

하지만 루카누스는 단순히 군주제라는 정치 형태에 대해
비판적이거나 심지어 적대적이기까지 했던 (이를테면 밀턴과
같은) 이들 사이에서만 전유專有되던 인물은 아니었다. 17세
기 영국의 왕정 지지자들 중 한 명이었던 로버트 필머 경
(1588~1653)은 『가부장제론Patriarcha』(1680) 속표지에 루카누
스의 시구를 적어두었는데, 그 내용은 무제한적인 자유가
지닌 위험성을 경고하는 것이었다. 그리고 2년 뒤 처음으로
출판이 허가된 홉스의 『베헤모스』 속표지에도 이 로마 시

---

18 May, *History of the Parliament of England Which Began November the Third, MDCXL*,
 sig. A3v; Pocock, "Thomas May and the Narraive of Civil War".

19 Milton, *Paradise Lost*; Hale, *"Paradise Lost"*; Norbrook, *Writing the English Republic*,
 pp.438-467, p.443.

20 McDowell, "Towards a Poetics of Civil War", p.344.

인의 도입 시구가 수정되어 실렸다.[21] 18세기에 루카누스는 공화주의를 상징하는 인물로 다시금 회자되었는데, 장 자크 루소는 『인간 불평등 기원론Discourse on the Origin of Inequality』(1755)과 『영구평화에 대한 소론』(1761) 속표지에 루카누스를 인용했다.[22] 루카누스는 프랑스혁명 기간에는 그 이상으로 유용流用되었는데, 당시 국민방위대Garde Nationale가 쓰던 검에는 루카누스의 시에서 딴 표어가 새겨져 있었다고 전해진다.[23] 낭만주의 시인 콜리지와 셸리는 19세기에 활동했던 루카누스의 마지막 주요 추종자였다고 할 수 있다. 이후에는 제2차 세계대전이 끝난 뒤에야 비로소 루카누스가 다시금 확연한 관심을 받기 시작했기 때문이다. 그렇다고 해도 루카누스에 대한 관심의 변전을 살펴보는 일은 지난 약 1800년 동안의 로마식 내전 개념이 어떻게 통용되어왔는지를 추적할 수 있게 해준다.

그동안 역사학자들은 과연 〔내전 관련〕 저작들이 17~18세

---

21 필머는 『가부장제론』 속표지에서 루카누스를 인용했다. Lucan, *Bellum civile* 3.145-146("자유…… 인민, 왕국이 지배하는/ 자유가 사라지는"); Hobbes, *Behemoth: The History of the Causes of the Civil-Wars of England*, 속표지에서 루카누스의 시, *Bellum civile* 1.1-2 부분을 수정하여 실어두었다("잉글랜드의 전쟁은 내전보다 더했다/여태 우리는 말해져야 하는 죄를 부여받았다"); Hobbes, *Behemoth; or, The Long Parliament*, p.90, 92.

22 Jean-Jacques Rousseau, *Extrait du projet de paix perpétuelle de monsieur l'abbé de Saint-Pierre*, 속표지(에서 루카누스를 인용. Lucan, *Bellum civile* 4.4-5); Rousseau, *Discourse on the Origin and Foundations of Inequality Among Men*, in *Discourses and Other Early Political Writings*, trans. Gourevitch, p.185에서 루카누스를 인용(Lucan, *Bellum civile* 1.376-378).

23 Lucan, *Pharsale de M. A. Lucain*, trans. Charles and Greslou, 1:xvii에서 루카누스를 인용(Lucan, *Bellum civile* 4.579).

기의 혁명들을 추동했는가를 두고 뜨거운 논쟁을 벌여왔지만, 내전이 저서를 양산했다는 것에서만큼은 조금의 이견도 없었다.[24] 루카누스와 근대 초기 그의 작품을 모방했던 이들에게서 발견되는 역사관에서는 현재를 과거 투쟁이 가져온 결과로 보고, 미래는 "피로 얼룩진 파벌 싸움"과 "격렬하고 무질서한 다툼" 같은 비슷한 일련의 과정으로 나타나기 쉽다고 바라본다.

> 내분, 무엇보다 두려운
>
> 이는, 아들로 하여금, 아버지의 목을 베게 하고,
>
> 이는, 친구 사이를 갈라놓고, 형제들끼리 싸우도록 하며,
>
> 이는 좋음을 앗아가고, 도둑들이 부상하도록 하며,
>
> 이는, 로마가 체감했고, 이는, 게르만족이 짧게 경험했으며,
>
> 그리고 자주, 이 숭고한 땅이 황폐화되었다.[25]

과거에 있었던 내전을 되돌아보고 그 결과를 토대로 미래를 예상해보려는 경향은 17세기에 걸쳐 영국에서 좀더 두드러졌다. 1630년대가 되자 전반적인 유럽 역사, 그중 특히 잉글랜드 역사는 태고에 로마인들이 벌였던 다툼을 토대로 쓰인 것처럼 보이며, 로마에 비해 일련의 내부 분쟁이 좀더 격렬해지고 복잡해졌다는 차이만 드러났다. 로마 역사

---

24 예를 들어 다음 저서를 보라. Mason, ed., *The Darton Debate*.

25 "Intestinae Simultates", in Whitney, *Choice of Emblemes and Other Devises*, p.7.

가들과 시인들은 술라와 마리우스 간 전쟁과 폼페이우스와 카이사르 간 전쟁의 기억을 생생하게 보존했는데, 좀더 이후에 쓰인, 특히 북유럽 전역에서 나온 역사서에서도 로마의 오래된 전쟁 기억은 유지되었다. 1640년대와 1650년대에는 로마는 물론 프랑스, 잉글랜드, 스페인에서 벌어졌던 역사적 내전을 다룬 저작들이 다수 번역되어 물밀듯 쏟아져 나왔고, 이러한 저작들을 통해 영국인들은 자신들이 겪고 있던 소요를 이해하는 데 도움을 받을 수 있었다.

근대 초기 유럽인들은 자신들이 겪고 있는 내부적 소요를 로마 제국 몰락 이후 유럽 전역에서 일어났던 동류同類 전쟁 주기가 절정에 다다라 일어난 것으로 보았다. 그리고 해당 전쟁은 로마 내전이 벌어졌던 양상을 따르고 있는 것처럼 보였다.[26] 잉글랜드에서만 13세기에 귀족 전쟁Barons' Wars, 15세기에는 장미전쟁Wars of the Roses, 그리고 17세기 중반에 내전이 일어났다. 15세기 이탈리아 내전 이후 프랑스의 위그노 전쟁French Wars of Religion, 16세기 후반 스페인 국왕에 반기를 들었던 네덜란드 독립전쟁the Dutch Revolt이 있었다. 네덜란드 독립전쟁을 두고 휘호 흐로티위스는 "동맹시Sociall 전쟁, 곧 동맹 전쟁이라고 부르는 것이 부적절하지는 않을 것이나…… 또한 왜 내전이라 칭하면 안 되는지를 설명할 이유도 없어 보인다"고 생각했음이 사후 1657년에 출

---

26 Seaward, "Clarendon, Tacitism, and the Civil Wars of Europe".

판된 저서에서 드러났다.[27]

1640년부터 2년 동안 지속되었던 영국 의회 위기가 잉글랜드 전역에 군대가 배치되는 결과를 낳자, 이 분쟁은 종종 네덜란드나 프랑스 내전과 비교되었고, 13세기와 14세기 잉글랜드에서 있었던 분쟁의 연속으로도 여겨졌다. 그중 하나 유명한 예를 들자면, 영국 글로스터셔주의 주도 글로스터 출신 역사가 존 코벳이 이전의 분쟁들보다 1645년의 내분에 훨씬 더 큰 의미를 부여했음을 알 수 있다.

> 요즘 벌어지는 행위는 귀족 전쟁이나 요크가와 랭커스터가 사이에 지루하게 이어진 불화의 수준을 넘어서는 것이다. 이전보다 더 상위 원칙을 기반으로 삼아 더 고귀한 목적 달성을 염두에 두고 있고, 좀 더 많은 곳에 영향을 주고 있으니까 말이다.[28]

내전을 다루는 역사서는 급증했다. 몬머스 백작은 이탈리아인인 조반니 프란체스코 비온디가 장미전쟁을 주제로 쓴 『잉글랜드 내전 역사History of the Civill Warres of England』(1641)를 번역했다. 엔리코 다빌라가 타키투스식으로 쓴 『프랑스 내전 역사Historie of the Civill Warres of France』는 (후일 18세기 미국 부통령직을 맡았던 존 애덤스가 익명으로 신랄하게 논평했던 저작이

---

27 Grotius, *De Rebus Belgicis*, p.1.

28 Corbet, *Historicall Relation of the Military Government of Gloucester*, sig. A2v.

었는데) 1647년에 처음으로 잉글랜드에서 발간되었다.[29] 왕
당파 시인 리처드 팬쇼는 과리니가 쓴『충실한 목자牧者 Il
Pastor fido』를 1648년에 번역하여 그가 웨일스 공 찰스에게 헌
정했던「로마 시기 긴 내전을 다룬 짧은 논고」와 함께 전했
다. 논고에서 팬쇼는 전쟁을 동맹시 전쟁, (그가 '반란'이라 칭
한) 노예 전쟁, 카틸리나의 음모와 같은 모역으로 나누는 로
마식 구분법을 수용했는데, 이는 "실제로 내전"이었던 분쟁
을 논하기 위해서였다.[30] 1650년에는 로버트 스타필턴 경이
파미아노 스트라다가 쓴『네덜란드 전쟁사De bello Belgico』를
번역 출판했다. 그리고 1652년에는 산도발이 쓴 16세기 초
스페인 내전사 영역본이 나왔다. 이 판본에는 "누구든 잉글
랜드 귀족 전쟁에 대해 읽어봤다면 프랑스 위그노 전쟁이
낯설게 다가오지 않을 것이며, 또한 이전 세기에 스페인에
서 일어났던 소요에 대해 알고 있다면 〔17세기〕 잉글랜드가
겪은 내분이 기이한 일이라 여기지 않을 것"이라는 추천의
말이 덧붙여 있었다.[31]

이와 같은 저작 모두는 잉글랜드에서 벌어진 "시민이 벌
이는 야만적인 전쟁"이 좀더 광범위한 차원에서 반복되는

---

29 Biondi, "Civill Warrs of England", trans. Henry, Earl of Monmouth; Biondi, *History of the Civill Warres of England, Betweene the Two Houses of Lancaster and Yorke*, trans. Henry, Earl of Monmouth; Davila, *Historie of the Civill Warres of France*, trans. Cotterell and Aylesbury; Adams, *Discourses on Davila*.

30 Guarini, *Il Pastor Fido*, trans. Fanshawe, pp.303-312.

31 Sandoval, *Civil Wars of Spain in the Beginning of the Reign of Charls the 5t, Emperor of Germanie and King*.

역사 속에 놓여 있음을 확인시켜주었다.[32] 찰스 1세는 다빌라의 역사서를 읽고 정적政敵에 대해 다음과 같이 언급했다고 전해진다. "진실은 그렇다. 정적들의 검으로 인해 이미 〔내용 자체가〕 영국인의 피로 물들어 있었다. (이 역자의) 펜으로 영국 잉크를 사용해 적어내려가기 전에 말이다."[33] 정말로 다양한 (시기적으로 고대나 근대, 지역적으로 영국과 유럽 대륙을 아우르는) 저작들이 나온 것은 사용 가능한 역사적 모델이 로마 공화정이나 중세 잉글랜드에서 벌어진 귀족 전쟁뿐만 아니라 훨씬 더 넓은 범위에 확대 적용되었음을 보여준다.[34]

초기 근대 유럽에서 이뤄질 내전 논의는 시와 역사로부터 시작될 수도 있었다. 적어도 인문주의 교육의 영향 아래에서 세기 중반의 위기를 겪고 있던 이들은 그렇게 예상했을 것이다. 하지만 17세기를 거치며 내전이라는 주제는 급격히 법학과 시민 과학 영역, 즉 오늘날 법철학과 정치철학이라 불리는 영역에서 다뤄지게 되었다. 그러자 로마식 개념이 논쟁에서 주로 다뤄지게 되었다. 예를 들어 1604년에 휘

---

32 Samuel Kem, *The Messengers Preparation for an Address to the King*(1644), Donagan, *War in England, 1642-1649*, p.132에서 인용됨. 이는 다음 문구와 비교해 볼 수 있다. "최근에 있었던 야만적인 내전", Robert Doughty, "Charge to the Tax Commissioners of South Erpingham, North Erpingham, North Greenhoe, and Hold Hundreds"(Feb. 1664)는 다음에서 인용됨. *Notebook of Robert Doughty, 1662-1665*, p.123.

33 Davila, *History of the Civil Wars of France*, trans. Cotterell and Aylesbury, sig. A2r.

34 Dugdale, *Short View of the Late Troubles in England*. 다음 저작을 또한 비교해볼 수 있다. 애덤슨Adamson은 "Baronial Context of the English Civil War" in Adamson, *Noble Revolt*에서 좀더 세부적이고 복합적인 설명을 제시하고 있다.

호 흐로티위스는 로마 법 사상을 기초로 하여 전쟁 자체는 정당하지도 부당하지도 않다고 주장했다. 그에 따르면 전쟁은 절대 규범적인 용어가 될 수 없고, 단지 "무장한 적에 맞서 무력을 행사"하는 것을 의미하는 기술적인 용어일 뿐이다. 〔따라서 전쟁 자체로서가 아니라〕 그 전쟁을 일으킨 원인이 어떤 속성을 띠는지에 따라 해당 전쟁이 정당한지 그렇지 않은지가 결정된다. 만약 단순히 위해를 가하기 위해 전쟁을 추진했다면, 이는 정의定義 상 부당한 전쟁, 즉 옳음에 반하는 것이다. 반대로 어떤 권리를 행사하기 위해 전쟁을 일으켰다면, 그 전쟁은 정당화될 수 있다. 정당한 전쟁이 무엇인지 정의한 뒤 흐로티위스는 전쟁을 다시 두 종류로, 즉 공적 전쟁과 사적 전쟁으로 나누었다. 공적 전쟁은 국가의 의지에 따라 전쟁을 벌이는 것이고, 사적 전쟁은 그 외에 해당한다.[35] 흐로티위스가 이렇게 공적 전쟁을 정의하는 방식은 그가 처음 공식화했던 표현과 크게 다르지 않았는데, 그럼에도 일정 부분에서는 추가 단서 조항이 더해졌다. "공적 전쟁은 (같은 국가 내 일부 구성원과 벌이는) '내전'과 (다른 국가에 맞서 싸우는) '외전'으로 나눌 수 있다. 세칭 '동맹국 간 전쟁'은 외전의 한 형태다."[36]

---

[35] Lerrère, "Grotius et la distinction entre guerre privé et guerre publique".

[36] Grotius, *Commentary on the Law of Prize and Booty*, p.50("aut civile in partem eiusdem reipublicae: aut externum, in alius, cuius species est quod sociali dicitur"). 흐로티위스가 로마법으로부터 받은 영향과 관련해서는 다음 저작을 보라. Straumann, *Roman Law in the State of Nature*.

사적 전쟁도 동일한 방식으로 내전과 외전으로 구분될 수 있다고 흐로티위스는 다른 저작 후기에 덧붙였다. 하지만 어느 한쪽도 공적 권위가 없는 당사자들이 벌인 내전이 무엇을 시사하는지와 관련해서는 더 이상 의견을 개진하지 않았다. 오히려 전리품 취득 가능 여부와 같은 당면한 문제에 좀더 명확한 입장을 제시했다. 그리고 이에 대해 흐로티위스는 다른 적법한 전쟁에서처럼 내전에서 취한 전리품은 정당하게 소유할 수 있다고 주장했다. 여기서 흐로티위스는 그와 반대 입장을 개진한 이들에게 대응했던 것이다. 특히 16세기 스페인 법률 저술가 페르난도 바스케스 데 멘차카(1512~1569)는 내전에서 전리품을 취하는 것은 온당하지 못하다고 주장해왔다. 이 주장에 따르면 기독교인들 사이에서 벌어지는 모든 전쟁에서 약탈이 금지되었는데, 이러한 전쟁은 모두 내전이기 때문이다. 흐로티위스는 납득할 수 없었다. "과연 누가 기독교인 간 전쟁이 내전이라는 [이러한] 추정에 동의할 수 있겠는가? 전 세계 기독교 국가들이 한 국가를 구성한다고 확고히 믿는 것인가?"[37] 동일한 주장으로, 어떤 전쟁이 벌어졌을 때 이를 '내전'이라 할 수 있는 연방 혹은 공동체의 범위가 기독교 공동체가 될지, 유럽 전역이 될지, 일부 지역이 될지, 아니면 지구 전체가 될지의 문제는

---

37 Grotius, *Commentary on the Law of Prize and Booty*, p.80("bella Christianorum esse civilia, quasi vero totius Christianus Orbis una sit republica")에서 다음을 지칭하고 있다. Vàzquez de Menchaca, *Controversiarum illustrium······ libri tres*.

이후 18세기와 19세기에 또다시 제시되었고, 이는 향후 살펴볼 것이다. 이와 같은 논쟁이 있었음에도 불구하고 흐로티위스는 전쟁이 내전인지 외전인지, 기독교인들 간 전쟁인지 비기독교인을 상대로 하는 전쟁인지 등의 여부는 전리품 취득이 합법적인가를 판단하는 기준과는 무관한 것이라 여겼다. 그 기준은 오롯이 전쟁 자체가 정당한지 부당한지에만 있다고 생각한 것이다.

흐로티위스가 관심을 돌려 그의 주저인 『전쟁과 평화의 법The Rights of War and Peace』(1625)에서 상기 제기된 문제에 대해 가장 광범위하면서도 영구히 남을 답을 내놓았을 때, 내전은 그가 다룬 주 범주에 속하지 않았다. 흐로티위스가 내놓은 결정적인 구분법은 다음 세 가지 전쟁 분류에 적용되었다.

가장 일반적이며 요긴한 전쟁 구분법은 다음과 같다. 어떤 전쟁은 사적 전쟁, 다른 어떤 전쟁은 공적 전쟁, 또 다른 어떤 전쟁은 혼합 전쟁이라 할 수 있다. 공적 전쟁이라 함은 양측 모두 시민적 권력의 권위 아래에서 이뤄지는 전쟁이다. 사적 전쟁은 어떤 공적 권위도 없이 사적 개인들 간 벌이는 전쟁을 말한다. 혼합 전쟁은 공적 권위에 따라 세워진 한 측과 사적 개인들로 구성된 다른 한 측이 벌이는 전쟁이다.[38]

---

38 Grotius, *Rights of War and Peace* 1.3.1, 1:240.

너무나도 확고하게 흐로티위스는 사적 전쟁을 벌이는 것에 반대했고 사적 전쟁을 치르며 "국가가 위험한 소요 사태나 혈전"에 휘말려 치르는 대가를 못마땅하게 여겼다. 이에 흐로티위스는 플루타르코스나 키케로가 남긴 지혜를 따를 것을 권했다. 심지어 찬탈자usurper를 경험하게 되더라도 말이다. 이에 흐로티위스는 "내전을 벌이는 것은 비합법적 정부를 불가피하게 따르는 것보다 더 나쁘다…… 어떠한 상태에 있더라도 평화는 내전보다 낫다"고 말했다.[39] 이러한 보수적 정서 때문에 흐로티위스는 추후 장 자크 루소로부터 경멸을 받았다. 루소는 흐로티위스를 독재와 노예제를 옹호했던 사람 이상으로 평가하지 않았다.[40]

흐로티위스는 〔『전쟁과 평화의 법』〕 책 전체를 통해 로마로부터 전수된 자기방어라는 정당한 사유로 전쟁을 정당화할 수 있다는 것을 보여주는 데에 전념했다. 하지만 흐로티위스는 이보다 더 복잡하게 얽히고설킨 문제에 대해서는 답을 내놓지 않았다. 바로 내전이, 그것이 사적 전쟁이든 혼합 전쟁이든, 양측 모두에게 동시에 정당한 전쟁이 될 수 있는가라는 문제가 남아 있었다. 어느 쪽이든 먼저 교전을 개시해야 하는 점을 고려해본다면, 어떻게 양측 모두가 자신은 자기방어를 할 뿐이라고 주장할 수 있는가? 흐로티위스 이

---

39 앞의 책, 1.4.19.1, 1:381에서 다음을 인용. Plutarch, *life of Brutus*와 Cicero, *Second Philippic*.

40 Rousseau, *The Social Contract*(1764), in *Social Contract and Other Later Political Writings*, pp.42-43, 44-45.

후 이 문제에 답을 구하는 방식은 전쟁 당사자가 공적 권위를 적법하게 소지하고 있었는지, 그래서 사적 반란에 맞설 법적 권한을 갖고 있었는지를 매듭짓는 쪽으로 기울어졌다.

이러한 사안들을 자연법적 언어로 사고했던 이는 흐로티위스를 가장 올곧이 따랐던 (그러나 동시에 비판했던) 잉글랜드 인문주의자이자 역사가였고 시민 과학을 공부했던 토머스 홉스였다. 홉스는 굉장히 직설적으로 시민 철학의 궁극적인 목적은 "혼란과 내전을 방지하는 것인데, 이를 막기 위해 모든 시민 정부가 세워졌다"고 밝혔다(『리바이어던Leviathan』(1651)).[41] 홉스는 흐로티위스가 단순히 추상적 차원에서 전쟁과 평화에 대한 법을 분류하여 분석했다고 생각했으며, 이러한 분석은 불충분하다고 여겼다. 왜 전쟁이 일어나는지 밝혀내는 것이 필수적이라 여겨졌기 때문이다. 홉스는 그 이유를 이해의 부족에서 찾았다. 『물체론De Corpore』(1655)에서 홉스가 언급하길, "인간이 노력하면 피할 수도 있었을 그러한 모든 참사는 전쟁, 그중에서도 주로 내전 때문에 발생한다. 왜냐하면 내전으로 인해 대량 학살, 사회로부터의 유리遊離, 물자 부족 등이 이어지기 때문이다…… 따라서 내전이 일어나는 원인은 사람들이 왜 전쟁이 일어나고 어떻게 평화를 이루는지 모르는 상황에서 찾을 수 있는데, 이 세상에는…… 시민사회에서 살아가기 위해 따라야 할 규칙을 충

---

41 Hobbes, *Leviathan*, 3:850.

분히 배운 사람이 거의 없기 때문이다."" "도덕학moral science
의 결여로부터 내전이 발생"하기에, 홉스는 자신이 동료 시
민들에게 그들을 최악의 참사로부터 모면하게 해줄 철학을
가르치겠다고 자청했다.[42]

홉스는 올바르고 정당한 방식으로 세워진 내부 권위자에
게 요구되는 과업은 모든 시민에게 평화를 보장해주는 것
이라 생각했다. 첫 번째 주요 정치 저작인 『시민론De Cive』
에서 홉스는 (무엇은 아니다라는) 부정否定의 형식에 맞춰 평
화를 전쟁의 부재로 정의하는 한편, 전쟁은 "힘으로 다투려
는 의지가 말과 행동을 통해 극명하게 드러나는 때"라고 정
의했다.[43] 홉스는 국가 간 전쟁 외 두 전쟁 형태를 구분했다.
하나는 내전이고 다른 하나는 자연상태에 있는 개인들 간
경쟁이다. 내전은 정의상 코먼웰스civitas(즉 국가)가 세워진
이후에나 벌어질 수 있었다. 그 이전에 존재했던, "시민사
회 밖 인간이 처한 조건(즉 누군가는 자연상태라고 칭할 조건)
은 만인에 대한 만인의 투쟁bellum omnium contra omnes 외에 그 무
엇도 아니다. 그리고 그러한 전쟁 상태에서 만인은 만물에
대한 권리를 지닌다."[44] 조직을 이루고 있지 않은 개인들이
동맹국들socii과 임시 협정을 맺을 수 있기에, 이들이 벌이는

---

42 Thomas Hobbes, *De Corpore* 1.7, in *Elements of Law, Natural and Politic*, p.190("causa
igitur belli civilis est, quod bellorum ac pacis causa ignoratur"), p.191.

43 Hobbes, *On the Citizen* 1.12, 29-30.

44 같은 책, pp.11-12.

투쟁이 동맹시social 전쟁일 수는 있지만, 분명 내전은 아니었다. 그러한 다툼이 벌어졌을 때는 드럼이나 트럼펫이 울리거나, 군기가 휘날리지 않았다. 군대는 물론 장군도 없었으며, 당연히 정식으로 무장한 시민들cives도 없었기 때문이다. 즉, 결정적이든 부차적이든 시민사회를 이루는 그 어떤 요소도 없었다. 홉스의 유명한 표현인 만인에 대한 만인의 투쟁 상태는 결코 내전이 아니었다.

홉스는 공적 권위 자체가 분리되면 내전이 발생한다고 주장했다. 홉스는 1645년 과거 그의 학생이었던 제3대 데번셔 백작3rd Earl of Devonshire인 윌리엄 캐번디시 3세에게 다음과 같이 설명했다. "경험이 말해주길…… 종교 권력과 시민 권력 [중 무엇이 우위를 차지해야 하는지]에 대한 논쟁은 최근 모든 기독교 국가들에서 이 세상 다른 어떤 요인보다 더욱 뚜렷이 내전을 야기하는 원인이었다."[45] 이러한 홉스의 분석은 당시에는 정확한 진단이었을 수 있으나 (그리고 이후 그의 저작인 『리바이어던』에서 단일 주권자를 세워야 한다는 주장을 제기하게 되는 주된 이유였으나), 그가 경험을 통해 기술한 바는 좀더 근원적인 현상 내에서 나타날 수 있는 하나의 우연적 결과에 불과했다. 『시민론』에서 홉스는 "한 코먼웰스 내 주권적 권력은…… 항상 존재했고 또한 행사되어왔다. 다만 반란과 내전 시에는 예외였다. 그때에는 단일한 주

---

45 Hobbes to Cavendish, July 1645, in Hobbes, *Correspondence*, 1:120.

권적 권력이 두 개로 나뉘어졌다"고 적어두었다. 아마도 홉스가 기억하고 있었을 플로루스가 그라쿠스 형제 치하에서 벌어졌던 일들을 공들여 기술하며 썼던 용어를 빌려오자면, 하나의 코먼웰스로부터 머리가 둘인 코먼웰스가 창출되었다고 말할 수 있다. 파벌은 그 종류가 무엇이든 필시 그런 분열을 일으키는 근원일 수 있었다. 특히나 "파벌을 형성한 사람들이 화술이나 모의를 통해 취할 수 없는 것을 무력으로 쟁취하고자 할 때 내전이 발생한다." 파벌은 곧 "코먼웰스 내 코먼웰스*civitas in civitate*"가 생긴 것과 같았다. 어떤 군주든 그가 통치하는 국가 내 파벌을 용인하는 것은 "성벽 안에 적을 들여놓는 것과 다름 없"었다.[46] 그에 따른 필연적인 결과는 전쟁이었는데 여기서 시민들은 서로가 서로의 적이 되었다. 즉 로마인이 관용적으로 쓰던 용어를 따르자면, 진정한 내전이 벌어졌던 것이다.

홉스가 당시 더 널리 배포된『시민론』재판을 출판했던 1647년 무렵 잉글랜드는 그가 칭한 바에 따르면 "내 조국이 겪고 있는 현재의 참사"에 오랜 기간 빠져 있었다.[47] 당대 위기 상황 중 가장 중차대했던 순간은 바로 국왕 찰스 1세 King Charles I가 의회 내 소추자들에 의해 기소되었던 1649년

---

46 Hobbes, *On the Citizen*, p.82, 124("et bellum civile nascitur"), 149.

47 같은 책, p.15.

1월이었다.[48] 그의 중죄는 반역죄였다. 하지만 한 역사학자가 최근 언급했듯 국왕 찰스와 의회가 각자 주권적 권위를 주장하고 있던 상황에서, "어떤 행위가 반역죄가 되고 따라서 처벌이 내려져야 하는지는 당파적 판단이 결부된 문제였다".[49] 실제로 임명된 군주를 심리審理에 붙이기 위해서는 통치권의 소재를 재정의해 반란에 직면한 쪽이 국왕이 아닌 의회임을 분명히 했어야 했다.[50] 이러한 역전된 관점에 따르면, 국왕이 잉글랜드 인민을 상대로 전쟁을 벌이고 있었다고 이해될 수 있다. 그리고 그 전쟁은 정의상 내전이었는데, 이는 코먼웰스 내부에서 시민에 맞선 전쟁이었기 때문이다.

의회는 1649년 1월 6일 "왕을 재판하기 위한 고등법원 설치법"을 통과시켰다. 두 주요 "중대 반역죄" 내용으로 찰스는 기소되었는데, 그중 하나는 그가 "악계惡計를 꾸며 고대법과 기본법 그리고 현 국가가 누리는 자유를 완전히 전복시키려 했고, 이어…… 전제적이고 압제적인 정부를 도입하려고 시도했던" 점이고, 다른 하나는 "이러한 계획을 관철시키려고 동원했던 모든 악증惡症과 악덕惡德 외에도, 이 모든 일을 불과 검을 이용해 행했으며, 의회와 왕국에 맞서

---

48 이 사건의 배후 사정과 관련해서는 특히 다음을 참고. Kelsey, "Ordinance for the Trial of Charles Ⅰ"; Kelsey, "Trail of Charles Ⅰ"; Holmes, "Trial and Execution of Charles Ⅰ".

49 Donagan, *War in England, 1642-1649*, p.130.

50 Orr, "Juristic Foundation of Regicide".

이 땅에서 잔인한 전쟁이 벌어지고 지속되도록 해, 나라가 계속 병들어가며, 국고가 고갈되고, 무역이 쇠퇴하는 한편, 국민 수천 명이 살해되고, 셀 수 없이 많은 범행이 속출하도록 했다"는 점에 있었다.[51] 전횡을 일삼는 전제 정부〔수립이〕 목적이었고, '잔혹한 전쟁'은 이를 위한 수단이었다. 그런데 이러한 범행은 어떠한 법에 비춰 재판, 나아가 집행이 이뤄질 수 있었는가?

1649년 1월 이전까지는 국왕이 자신의 신민들에게 전쟁을 선포하는 것은 있을 수 없는 일이었다. 반란 세력에 맞서 자신을 지키는 행위는 가능했지만, 자국민을 상대로 전쟁을 행한다는 건 법률적으로 상상도 못할 일이었다. 주권의 소재가 자신에게 있다고 스스로 선포하기 전에 당시 하원House of Commons은 반역죄 처벌법을 고쳐 써야 했다. 잔부의회殘部議會, Rump Parliament는 1649년 1월 4일 "나라에서 최고 권력"을 지님을 스스로 선포했는데, 이미 1월 1일에 "이

---

51 "An Act of the Commons of England Assembled in Parliament for Erecting a High Court of Justice, for the Trying and Judging of Charles Stuart King of England"(Jan. 6, 1649), in *Acts and Ordinances of the Interregnum 1642-1660*, ed. Firth and Rait, 1:1253-1254(강조는 아미티지). 다음 두 저술에서 히스Heath는 "잔혹한 전쟁" 대신 "내전"이라는 용어를 썼다. Heath, *Chronicle of the Late Intestine War in the Three Kingdomes of England, Scotland, and Ireland*, pp.194-195, and "The Act Erecting a High Court of Justice for the King's Trial"(Jan. 6, 1649), in Gardiner, *Constitutional Documents of the Puritan Revolution, 1625-1660*, p.357. 하지만 이 용법이 정례화되지는 않았다. 이와 관련 다음을 참고할 수 있다. "An Ordinance of the Commons in England in Parliament Assembled with a List of the Commissioners & Offices of the Said Court by Them Elected"(Jan. 3, 1649), British Library E.536(35), fol. 1r, or in [John Nalson], *A True Copy of the Journal of the High Court of Justice, for the Tryal of K. Charles I*, p.2.

왕국에서 지켜온 근본법에 따르면, 잉글랜드 국왕이 잉글랜드 의회와 왕국에 맞서 전쟁을 시작한 것은 현시점에서 보아 반역에 해당한다"고 주장했다.[52] 일을 진행하며 의회는 14세기부터 내려온 잉글랜드 법에 결정적인 수정을 가했는데, 이전까지 법에 명시되어 있던 위법행위 목록에는 국왕에 맞서 "전쟁을 선포한" 죄가 포함되어 있었기 때문이다. 그렇게 반역을 정의했던 방식은 로마로부터 기원된, 즉 로마법 학설휘찬學說彙纂, Digest에서 유래된 것으로, 여기서 반역은 황제의 명령 없이 전쟁을 벌이는 것으로 부분적으로 기술되어 있었다.[53] 따라서 어떠한 정부 형태에서든 전쟁을 개시할 수 있는 합법적 권위를 가졌다면 정의定義상 주권자였다.

이러한 논쟁의 여파로 토머스 홉스는 『리바이어던』에서 통치권을 두고 일반 이론을 상술하게 되었다. 홉스는 군주가 단일한 한 사람이어야 하는지 아니면 하나의 의회여도 되는지에 대해 답을 내릴 수 없다는 입장을 견지했지만, 일단 군주가 세워지면 그것이 어떻게 구성되었든 이 주권자에게 저항할 수 있는 여지를 남겨두지 않았다. 홉스에게 주권의 설립은 내전이 아니라 시민사회 밖에서 놓여 있던 전

---

52 *Journals of the House of Commons*, 6:107, 111. 이 내용은 다음에서 인용됨. Orr, *Treason and the State*, p.173.

53 Bauman, *Crimen Maiestatis in the Roman Republic and Augustan Principate*, pp.271-277; Orr, *Treason and the State*, p.12, pp.44-45(여기서는 에드워드 3세 즉위 25년을 가리킴, st.5, c.3); *Digest* 48.4.3.

쟁 상태로부터 벗어남을 뜻했다.

"인간은 그들 모두를 위압하는 공통 권력이 부재한 상황에서 살아가는 동안에는 전쟁이라 불리는 상황에 처해 있음이 명백하다. 이 전쟁은 바로 만인에 대한 만인의 전쟁이다. 전쟁에는 단지 전투나 싸우는 행위만이 속하지 않는다. 전투를 통해 다툴 의지가 긴 시간에 걸쳐 충분히 표현되는 경우도 전쟁에 속한다…… 따라서 전쟁의 본질은 실제 싸움에 있지 않고, 서로가 언제든 전투를 벌일 수 있다는 알려진 경향에 있다. 이러한 상황은 더 이상 싸움이 벌어지지 않을 것이라는 보장이 없는 한 계속해서 유지된다. 이 외의 기간이 바로 평화다."[54]

주권적 권력은 바로 평화를 유지하고 전쟁을 방지하기 위해 설립된다. 어떤 방식으로든 주권이 분할되고 나면 "공통 권력"을 두고 다투는 혼란과 분란이 나타나곤 했다. 따라서 "다른 민족이나 코먼웰스(즉 국가)와 전쟁을 벌이거나 강화講和할 권리"를 포함한 주권자가 지닌 권리가 분할되지 않도록 유지하는 일이 상당히 중요했다. "왜냐하면" 홉스가 주장하길, "주권이 분할되지 않는 한, 분열로 인해 서로 간 무장 대치로 이어지는 일은 벌어질 수 없기 때문이다. 잉글랜드 내 대부분의 지역에서, 이러한 권력이 국왕, 귀족원,

---

54 Hobbes, *Leviathan*, 2:192.

평민원으로 분할된다는 견해가 애초에 받아들여지지 않았다면, 인민은 결코 분열될 일이 없었을 것이며, 내전에 빠져들지 않았을 것이다." 홉스는 『리바이어던』 18장에서 인간이 독재나 민중 정치 체제 아래에서 고통을 겪을 수 있다는 무용한 반대 의견을 논박했다. "인간은 어떤 경우에도 불편이나 그 외 어려움이 전혀 없는 상태에 있을 수는 없다. 또한 어떤 정부 형대에서든 일반적으로 사람들이 겪을 수 있는 가장 큰 불편도 내전에 따르는 고통과 끔찍한 재앙에 비하면 아무것도 아니다."[55] 내전을 겪고 있는 상황은 주권이 해체되어 시민사회 이전 자연상태로 돌아가게 된 모습을 나타냈다. 그러한 자연상태에서 인간의 삶은 고독하고, 가난하고, 험악하고, 잔인하며, 그리고 짧을 수 있다. 이런 의미에서 홉스에게 내전은 엄밀히 말하면 모순어법oxymoron에 해당하는 용어였다. 하지만 그는 당대 어법에 얽매여 있어서 인민을 통솔하는 공통 권력을 이루는 주체가 누구인지 혹은 무엇이 이를 가능하게 하는지 합의가 부재했던 때를 지칭하는 용어로 내전을 쓰고 있었다.

홉스는 1588년, 에스파냐의 무적함대가 잉글랜드를 침공했던 해에 태어나 보기 드물게 긴 삶을 영위했다. 그의 생애는 17세기 잉글랜드에서 일어났던 대부분의 소요 사태에 걸쳐 있었는데, 1679년 사망 이전에 벌어졌던 가톨릭교

---

55 앞의 책, 2:256, 274, 278, 282.

도인 요크 공 제임스James, Duke of York를 잉글랜드 왕위 계승에서 배제하고자 했던 배척 논쟁Exclusion Controversy에 기여할 수 있었을 만큼 충분히 오랜 기간이었다.[56] 하지만 홉스는 100년을 살면서 1688년부터 1689년 사이에 벌어진 명예혁명Glorious Revolution을 지켜봐야 했고, 존 로크가 쓴 『통치론Two Treatises of Government』을 읽어봐야 했다. 『통치론』은 배척 논쟁 이후 부분적으로는 해당 논쟁의 결과로 작성되었으나 이후 수정되어 1689년이 되어서야 출판되었는데, 〔서론에서 저술 목적을〕 "우리에게 왕정복고를 안겨준 위대한 이이자 현재 우리 국왕 윌리엄의 왕위를 확립하고…… 세계에 잉글랜드 인민이 정당했음을 보여주기 위해서"라고 밝혀두었다.[57] 로크는 찰스 1세가 화이트홀에서 처형당했을 당시 그 근처에 위치한 웨스트민스터 학교 학생이었다.[58] 이후 로크는 내전 역사를 진지하게 공부했는데, 그의 학문적 관심은 긴 로마 내전 역사에서부터 자신의 아버지가 의회파로 참여했던 1640년대 잉글랜드 내전에 이르기까지 폭넓었다. 일생 동안 로크는 잉카 가르실라소Inca Garcilaso가 쓴 페루 내전사, 다빌라와 스트라다가 타키투스식으로 쓴 내전사, 네덜란드 독립전쟁을 다룬 이야기는 물론 내전을 다룬 여타

---

56 Hobbes, "Questions Relative to Hereditary Right"(1679), in *Writings on Common Law and Hereditary Right*, pp.177-178.

57 Locke, *Two Treatises of Government*, p.137("The Preface").

58 Woolhouse, *Locke*, p.11.

다른 작품 중에서도 플로루스, 루카누스, 카이사르가 쓴 해설서 여러 권을 갖고 있었던 것 같다.[59] 하지만 로크가 『통치론』에서 제시한 전제專制, tyranny에 관한 설명이나 전제에 맞설 수 있는 합법적 대응은 재판에 섰던 이른바 악독한 군주에게 제기되었던 기소 내용을 되풀이한 것이었다.

로크는 자연상태가 곧 전쟁 상태라는 주장을 거부했다. 로크는 전쟁 상태를 "흥분하고 성급한 마음에서가 아니라, 차분하고 안정된 상태에서 다른 사람의 생명에 위해를 가할 의도"가 존재하는 상태로 정의했다. 이렇게 로크가 정의한 전쟁 상태는 타자가 지닌 정념 속에서 항구적인 불안을 느끼는 상태로 정의했던 홉스식 전쟁 상태와는 상당히 달랐는데, 이는 그가 의식적으로 의도했으며 정확한 방향성을 제시해두었던 것이었다.[60] 로크가 유독 홉스에게만 응답하고 있었다고 볼 이유는 없다. 오히려 로크가 "내전들"을 단독으로 언급하고 있는 점은 그의 정치이론이 홉스나 흐로티위스가 제시했던 이론과 얼마나 동떨어져 있는지를 보여준다. 하지만 이전에 살펴봤던 흐로티위스가 쓴 구절에 답하듯, 로크는 "그러나 만약 [전제자專制者에게 저항할 권리가] 반란을 일으킬 토대를 제공해준다고 말하는 사람들은 인민들에게 복종의 의무로부터 벗어난다고 말해주는 것이 곧 내

---

59 이와 관련 다음을 참고해볼 수 있다. Harrison and Laslett, *Library of John Locke*, items 2, pp.561-562, 927, 1146-1148, 1818-1819, 2792b, 3060.

60 Locke, *Two Treatises of Government*, p.278(*2nd Treatise*, §16).

전이나 내분을 조장한다고 말한다…… 따라서 이러한 교의는 세계 평화를 파괴하기에 허용되어서는 안 된다는 것이다. 이런 사람들은 아마도 동일한 이유를 내세우며 정직한 사람은 강도나 해적에게도 대항하지 않을 것이라고 말할 것이다. 만약 대항한다면 무질서나 유혈 사태를 초래할 것이기 때문이다." 인간은 자연상태에서 벗어나기 위해 시민 사회에 들어간다. 일단 국가 공동체에 속하면 인간의 안전을 가장 위협하는 것은 각자가 지닌 정념이나 외부의 적이 아닌, 바로 통치자가 지니는 공권력의 불법적 사용이다. 이럴 경우 정당하게 저항할 수 있다. 왜냐하면 그러한 통치는 "인민이 세우고 그 외의 누구도 세울 수 없는 권위를 파괴하며, 인민이 권위를 부여하지 않은 권력을 도입하여 실제로 전쟁 상태를 야기하는 것이기 때문이다. 이는 권위 없는 무력만이 존재하는 상태다…… 그러한 통치자는 자신을 애초에 인민 평화의 보호자와 후견인으로 만들어준 바로 그 사람들을 전쟁 상태에 놓이도록 하기에 엄밀히 말해, 그리고 아주 악랄하다는 의미로 반란자Rebellantes가 된다."[61] 여기서 직접적으로 염두에 두었던 대상은 찰스 1세의 아들이자 요크 공인 제임스였다. 배척 위기 동안 로크는 다른 많은 당대인처럼 스튜어트 왕조의 절대주의로 회귀해 1641년부터 반복되었던 내전 상황으로 돌아가지 않을까 두려워했다.

---

61 앞의 책, pp.416-417(*2nd Treatise*, §§227, 228).

우리는 바로 이때 로크가 17세기 초에 흐로티위스와 홉스가 이끌렸던 것처럼 내전이 어떤 의미를 지니며 그 본질은 무엇인지를 두고 장기간 지속되어온 논의에 관여하게 되었음을 알 수 있다.

로크는 내전을 흐로티위스가 '혼합' 전쟁이라 칭했을 법한 전쟁으로 이해했는데, 다만 '공적 권위'를 지닌 측이 통치자가 아닌 인민이었다는 점에서 차이를 보였다. 내전은 양측 모두가 정당해질 수 없는 종류의 전쟁이었다. 이런 점에서 로크는 심지어 홉스보다 더 급진적이었으며, 도시civitas 내에서 무장한 동료 시민들끼리 벌이는 싸움을 내전으로 정의하던 로마식 전통마저 거부했다. 로크는 내전이 국가 공동체를 더 이상 존재하지 않도록 하며, 시민사회를 무너뜨리는 (그래서 시민의식civility 자체로부터 이탈한) 상황을 수반하는데, 이러한 상황은 정당한 권위가 다시 회복되기 전까지 지속된다고 보았다. 로크는 그러한 복고가 1688년에 이뤄졌다고 확신했는데, 이를 두고 "우리를 가톨릭과 노예 상태로부터 벗어나도록 인도해줄 오렌지 공公의 왕림"에 따른 결과라고 칭했다. 여기서 제임스 2세James II의 사촌 관계였던 오렌지 공 윌리엄William of Orange은 명예혁명이라고 하는, 피 한 방울 흘리지 않았다고 전해지는 정치적 조치를 통해, 아내 메리Mary와 함께 왕위에 오른 인물이었다.[62]

---

62 Locke, "On Allegiance and the Revolution"(약 1690년 4월), in *Political Essays*, p.307.

로크는 명예혁명을 17세기 영국에서 일어날 마지막 내전이라고 여겼을까? 아니 내전이라고는 생각했을까? 아마도 그러지 않았을 것이다. 명예혁명은 상대적으로 짧은 기간에 이뤄졌고, 신속히 종결되었으며, 이전 공화정 로마나 중세 및 근대 초기 유럽에서 벌어졌던 내전과는 달리 되풀이되지 않았다. 좀더 최근 역사가들은 명예혁명을 이전에는 없던 잉글랜드 혹은 영국 내전의 한 종류로 보고 있다. "1688년에 내전은 실제로 일어나지 않았다. 싸움이 벌어지지 않았고, 따라서 유혈 사태도 거의 없었다. 또한 1642년과 1646년 사이 잉글랜드에서 만연했던 것처럼 무장폭력이 급속하게 확산되는 상황으로 이어지는 일반적인 경향도 보이지 않았다." 만약 통상 받아들여지는 것처럼 1641년과 1649년 사이 세 번의 내전이 있었고 그 이후에 이 사건이 "네 번째" 내전으로 여겨져야 한다면, 이는 1688년 마지막 몇 달에 "시작하기도 전에 끝"났다.[63] 그렇다면 명예혁명은 모든 내전을 종결짓는 잉글랜드 혹은 영국 내전이었을 수 있다.

즉 명예혁명은 대립하는 양측 모두 군대를 보유하고 있었지만 영토를 차지하기 위해 다투거나 (적어도 잉글랜드 땅 위에서는) 군사적 분쟁을 벌이지 않았던 파벌 다툼이었다. 그렇게 하는 대신 명예혁명 당사자들은 유혈 사태 없이 한

---

63 Pocock, "Fourth English Civil War", p.153, 159.

파벌에서 다른 파벌로 권위가 이양될 수 있도록 조치를 취했다. 따라서 이는 '시민적' 절차였지 결코 전쟁이라 할 수 없었다.

내전으로부터 벗어나기 어려울 것이라는 좀더 암울한 전망을 내놓은 사람은 로크와 동시대를 살았던 귀족 출신이자 공화주의를 내세웠던 영국 사상가 앨저넌 시드니Algernon Sidney(1623~1683)였다. 홉스와 로크처럼 시드니는 배척 논쟁에 적극적으로 관여했다. 하지만 이후 시드니는 정치적 저항을 이론적으로만 주장하는 차원을 넘어 이를 직접 실행에 옮기려 했고 결국 국왕〔찰스 2세〕시해 계획에 가담한 죄목으로 1683년 처형되었다. 시드니는 시해 음모가 불가피한 일이며, 실제로 왕권 체제에서 그 체제의 본성상 일어나는 더 큰 분쟁의 결과와 비교해보았을 때 더 나은 선택이라 여겼을 수 있다.

"모든 군주국은 내전에 시달리기 쉽다"고 그는 사후 출판된 저서인 『통치론Discourses Concerning Government』(1698)에서 밝혔다. "하지만 공화국commonwealths은 그러한 정치적 혼란에 덜 빠져든다." 실제로 이러한 주제를 논하는 장章의 제목을 '민중 정부는 군주국에 비해 내정 혼란에 휘말릴 가능성이 적다. 그리고〔혹 내정 혼란이 일어난다고 하더라도〕그 문제를 좀더 능숙하게 해결할 수 있으며 좀더 수월하게 혼란에서 벗어날 수 있다'라고 달아두었다. 시드니는 그 주된 이유로 군주제가 아닌 국가 체제에서는 군주국에서 벌어지는 왕위 계승이나 상속과 같은 심각한 피해를 가져올 사태와 논란

들로부터 자유롭기 때문임을 내세웠다.[64]

시드니는 역사에서 나타난 모든 폭력 소동을 상세히 분석하여 자신이 내세운 체제 구분법을 입증했다. 분석 대상에는 왕권 아래 있던 이스라엘, 페르시아 왕조, 로마, 프랑스, 에스파냐, 영국이 포함되어 있었다. 그 예로, 프랑스에서 왕위 계승 문제는 "많은 혁명"을 일으켰고, 로마에서 "한 내전의 끝은 다른 내전의 시작을 알렸다"고 적어두었다. 지중해와 북유럽에서 찾은 역사적 근거 자료만으로는 독자들을 설득시키기 충분하지 않다고 여긴 듯 시드니는 노르만 정복Norman Conquest 이후 잉글랜드를 황폐하게 만들었던 내전들을 장황하게 설명하며 자신의 저서를 마무리했다. "비슷한 경우에서 잉글랜드가 겪은 비참함"에 대해 시드니는 "다른 모든 고통은 아무것도 아니게끔 했다"고 적어두었다. 정복왕 윌리엄William the Conqueror 사후 벌어진 왕위 계승 논쟁에서부터 튜더 왕조the Tudors 시기 벌어진 소요 사태까지 잉글랜드 역사는 약 500년 동안 내분이 거의 끊임없이 이어진 듯 보였다.[65]

시드니가 역사를 서술하는 방식은 로마 역사가들과 이후에 이들을 모방했던 작가들로부터 영향을 받았음이 분명했다. 시드니는 초기 저작 『궁정 격언Court Maxims』(1664~1665)에서 왕위 계승 때문에 벌어진 전쟁에서 나타난 잔혹함을

64 Sidney, *Discourses Concerning Government*, p.198, pp.187-189.

65 같은 책, p.193, pp.196-199.

언급하며 다음과 같이 적어두었다. "이 사실과 관련하여 잉글랜드, 프랑스, 플랑드르〔에서 일어난 사태〕는 명백한 증거가 된다. 각 나라에서는 마리우스와 술라, 카이사르와 폼페이우스 내전을 비롯해 왕을 추방하는 것에서부터 황제를 세울 때까지 로마에서 벌어졌던 다른 모든 잔혹한 전쟁에서 흘렸던 피보다 더 많은 희생이 따랐다." 고대는 물론 근대 세계에서 군주제가 전쟁을 낳고 공화제가 평화를 가져온다는 사실을 보여주는 데 이 모든 역사 외에 무엇이 더 필요한가? 아우구스투스의 주장에 따르면 공화국, 즉 "자유국가"는 "국내 불화에 지쳐 평안을 찾을 정박지로 군주제를 추구해왔다"고 하는데, 이는 터무니없고 위험한 발상이었다. "그렇다면 우리는 또한 죽는 것이 사는 것보다 낫다고 결론지을 수 있는데, 삶을 영위하기 위해 인간이 하는 모든 일이 사후에서도 끝나지 않기 때문이다. 자유로운 국가가 분열로 인해 종종 군주국으로 전락하는 상황은 죽음이 삶에 찾아왔듯 군주국이 국가가 됨을 보여줄 뿐이다."[66]

시드니는 로마인이 내전을 어떻게 이해했는지를 로마인이 겪었던 다른 전쟁 종류들과 구별하면서 분명히 밝혔다. 시드니가 생각하기에〔로마에서〕"내전"이란 명칭은 "노예전쟁과 검투사 전쟁에 가장 얼토당토않게 적용되었다. 검투사 역시 노예였고, 내전은 시민사회를 이루는 구성원만이

---

[66] Sidney, *Court Maxims*, p.20.

수행할 수 있는 전쟁이었는데, 노예는 그 구성원에 해당되지 않았다. 동맹시 전쟁Bellum Sociale을 벌인 사람들은 자유민이었지만 시민은 아니었다. 따라서 동맹시 전쟁 역시 내전이라 불릴 수 없다."[67] 시드니는 이전 세대 작가는 물론 동시대 작가들에게도 이의를 제기했는데, 그들이 로마 역사를 근거로 삼아 공화정 정부가 곧바로 무정부나 불안정한 상태로 이어진다고 주장했기 때문이다. 이에 맞서 시드니는 "모든 군주국은 내전에 휘말리기 쉽다…… 하지만 공화국은 그러한 정치적 혼란에 덜 빠져든다"고 역으로 주장했다.[68]

로마 공화정, 그러니까 왕이나 황제가 로마 인민을 통치하지 않았던 시대는 시드니가 주장했던 연관성을 보여주는 가장 좋은 예시였다. 특히 시드니는 확고한 군주제 지지자였던 로버트 필머 경이 1620년대 후반에 쓴 『가부장제론』에서 다룬 "민중 정부가 지닌 결함" 내용을 논박했다. 필머는 로마 "민주정"이 격동 속에서 단일 기간 지속된 정부 체제였다고 묘사했다. [군주제 치하] 로마의 마지막 왕 타르퀴니우스가 추방된 때부터 율리우스 카이사르가 부상할 때까지 겨우 480년간만 지속되었다는 것이다. 귀족과 인민 간 갈등은 소요로 이어졌고 이는 "내전"이라는 파괴적인 결과를 낳았다. "동맹시 전쟁은 명백히 내전이었다. 노예 전쟁

67 Sidney, *Discourses Concerning Government*, p.121.

68 같은 책, p.198.

과 검투사 전쟁도 있었다. 그리고 마리우스와 술라, 카탈리나, 삼두정치를 이뤘던 카이사르와 폼페이우스, 아우구스투스, 레피두스와 안토니우스 등이 벌였던 내전이 있었다. 이 모든 전쟁에서 흘린 피로 이탈리아는 물론 로마 거리는 피바다가 되었다." 플로루스처럼 로마가 달성한 가장 위대한 성과인 제국의 확장이 "민주 정부"가 가져온 산물이었다고 주장하는 사람들을 반박하며, 필머는 "국외에서 로마가 승리를 거두며 세계를 놀라게 했던 바로 그 순간에도 국내에서 벌어진 시민들 간 비극적인 대량 학살은 로마에게 정복된 적국으로부터 위로를 받을 만한 정도였다"고 주장했다. 그리고 이러한 내부 전쟁은 로마가 확장을 계속해나가는 동안에도 이어졌는데, 이는 당시 로마 시민들이 정복에 사용할 무기를 서로에게 휘둘렀기 때문이라고 말하며 필머는 "시민 간 투쟁으로 인해 결국 로마 정부가 군주정으로 되돌아간"다음에야 내부 전쟁이 마무리되었다고 적어두었다.[69]

군주정이 필요한 이유를 제시하고 공화정 정부에 내재한 불안정성을 보여주기 위해 필머는 내전을 다루는 공화주의적 서사를 뒤엎었고, 이를 통해 평화를 공고히 정착시키는 데 군주제가 지닌 장점을 보여주는 아우구스투스의 설명 방식을 내세웠다. 필머를 반박했던 시드니의 주장 역시 똑같이 논쟁적이었다. 살루스티우스가 그랬듯 시드니는 제국

69 Filmer, *Patriarcha*, p.54, pp.55-56, 57, 58.

을 이루며 얻은 전리품은 정치체를 피폐하게 만들었던 전염병과도 같았다고 주장했다. 시드니는 "가장 위대한 왕국이 취한 전리품으로 사인私人들이 사는 집을 꾸미려 할 때, 시민들 간 평등을 유지하는 일은 불가능하지는 않더라도 어려운 일이었다"고 말했다.[70] 공화정체를 유지하려 했던 노력으로 인해 로마에서 소요가 일어나고 결국 내전이 벌어진 것은 아니다. 오히려 공화정체에서 벗어나려는 움직임으로 인해 내전이 벌어졌다. 또한 군주 지배하에 있지 않은 시민들이 전쟁을 일으킨 것이 아니라, 다른 적국에 속한 적대적 무리가 전쟁을 일으켰다. 그럼에도 로마 사상가들은 (필머가 아닌) 시드니가 썼던 용어를 공화정이 치렀던 수많은 전쟁에서 로마인이 마주했던 적을 묘사하는 정확한 표현으로 간주했을 것이다. '내전은 시민사회를 이루는 구성원만이 수행할 수 있는 전쟁'이라는 시드니의 표현은 로마인이 이러한 분쟁 형태를 이해했던 바를 보여주는 관용적 표현이었던 것이다.

내전을 기술했던 로마 저술가들이 가르쳐준 점이 있다면, 일단 내전 주기가 한 번 시작되고 나면 좀처럼 중단되지 않고 지속된다는 것이었다. "어떤 면에서든 내전, 폭동, 소요가 일어날 가능성이 전혀 없는 정부를 찾는 것은 부질없는

---

70 Sidney, *Discourses Concerning Government*, p.120.

일이다"라고 시드니는 충고했다. 그리고 "그러한 정부는 현세에는 허락되지 않은 축복이며 내세에서 완수할 지복至福으로 남겨진 것이다"라고 덧붙였다.[71] 로마의 계승자로서 당시 서서히 형태를 갖추던 유럽 국가들은 조직적인 폭력을 행사하던 로마적 습성과 이를 받아들이던 로마식 이해방식으로부터 벗어날 수 없었던 것처럼 보인다. 내전은 문명화되었음을 보여주는 뚜렷한 특징 중 하나였다. 왜냐하면 키비타테스civitates 즉 도시 혹은 국가가 형성되지 않고 문명이 이뤄질 수 없으며, 이렇게 문명화된 도시 및 국가는 시민 분쟁으로 인해 분열되는 자연적 운명이 함께 했기 때문이다. 프랑스 법률가이자 정치사상가인 몽테스키외 남작baron de Montesquieu(1689~1755)은 1734년 로마 제국의 흥망성쇠에 대한 고찰에서 로마가 마주하던 진퇴양난의 상황을 정확히 포착해냈다. "로마가 세계를 정복해 나가는 동안, 도시 성벽 안에서는 보이지 않는 전쟁이 점차 진행되고 있었다. 이 전쟁 불씨는 화산의 화염과도 같았다. 불씨에 불을 붙일만한 연료가 제공되기만 하면 바로 폭발할 수 있었다."[72] 이는 18세기 후반은 물론 그 이후에까지 지속될 로마 내전사의 잊지 못할 교훈이었다.

18세기 후반을 기점으로 유럽 내에서 새로운 서사가 점

---

71 앞의 책, p.172.

72 Montesquieu, *Reflections on the Causes of the Rise and Fall of the Roman Empire*, p.61; Bates, *States of War*, pp.160-164.

차 나타나기 시작했다. 이 서사도 여전히 잇따라 벌어진 정변政變으로 구성되어 있고 이를 통해 마찬가지로 과거와 미래를 연결하고 있었지만, 이에 더해 이제는 그 미래가 어느 정도 이상향으로 나아갈 가능성이 충분히 제시되고 있었다. 이러한 역사관에서는 연속된 내전보다는 연이어 벌어진 혁명이 이야기의 중심을 이뤘는데, 이 이야기는 뿌리 깊은 갈등이 아닌 근대적 해방을 논했다. 이 서사는 미국혁명과 프랑스혁명에서부터 시작해서 역사를 통해 전개되었다. 이러한 서사가 형성되면서 과거를 잊어버리도록 하는 행위가 동반되었다. 혁명이 포함된 새로운 범주가 의도적으로 고안되었는데, 이는 어느 정도는 내전 기억을 잠재우고 조금 더 건설적이고, 희망적이며, 진보적인 자세를 갖도록 하는 무언가로 대체하기 위함이었다. 19세기 초 프랑스 철학자인 테오도르 주프루아Théodore Jouffroy(1796~1842)는 프랑스혁명 전쟁과 나폴레옹 전쟁이 있고 난 후, "유럽의 내전은 이제 끝났다"고 주장했다.[73] 이러한 획기적 기대는 내전과 혁명이 보여주는 유사함은 물론 내전과 혁명을 이해할 때 상당히 겹치던 개념 모두를 애써 외면해야만 유지될 수 있었다. 하지만 로마의 내전 개념은 조용히 떠나지 않을 것이었다. 혁명의 시대는 다시금 내전의 시대가 될 것이었다.

---

73 Jouffroy, *Mélanges philosophiques par Théodore Jouffroy*, p.140("Les guerres civiles de l'Europe sont finies").

4장

혁명 시대에 벌어진 내전: 18세기

내전과 혁명이 언제나 서로 구별되어야 한다는 것은 근대 정치학의 기본적인 가정이다. 혁명은 고귀한 이상과 변혁을 이루고자 하는 희망에 사로잡혀 일어나는 반면, 저열한 동기와 무의미한 폭력이 내전을 추동한다고 보는 일반적인 관점은 18세기 후반 미국혁명과 프랑스혁명 시대에서 그 연원을 찾을 수 있는데, 당시는 혁명이란 관념이 처음 등장하던 때였다. 그후 이 관점은 계속 유지되어 공산주의가 무너진 1989년 이후에도, 그리고 아랍의 봄Arab Spring 이후에도 지속되어 현 내전 시대까지 이어져오고 있다. 그 예로 2013년 11월 『가디언The Guardian』에 게재된 한 인터뷰를 들 수 있다. 얘기를 나눈 한 시리아인 사업가는 자신의 고국 땅에서 계속 벌어지던 위기로 인해 터키로 망명을 갈 수밖에 없었다. 그는 바샤르 알아사드Bashar al-Assad 시리아 대통령에 맞서 일어난 봉기에서 내세웠던 자유, 일종의 평등, 이슬람교 보호 등의 숭고한 이상理想들이 종파 간 폭력과 다양한 민병대, 〔성전주의 무장단체인〕 지하드 전사들jihadis, 외국인들 간 교전으로 변질된 상황을 두고 애통해했다. 그는 "이 시위는 더 이상 체제에 맞선 혁명이 아니라, 내전"이라고 말했다.[1]

표면적으로 드러난 부분을 보면 혁명과 내전을 개념적으로 구분해야 할 타당한 이유가 있어 보인다. 그동안 내전은 일반적으로 아무런 이득을 가져다주지 않지만, 아니 오히려 고통과 재앙만을 안겨주지만, 혁명은 흔히 혁신과 개선을 이룰 수 있도록 적절한 기반을 제공해준다고 인식되어왔다. 내전은 오래된 불만과 뿌리 깊은 분열을 상기시키지만, 혁명은 어디로든 열려 있고 넓게 펼쳐진 미래로 가는 길을 제시한다. 마찬가지로 내전은 국지적이고 한정된 시간 동안 이뤄지는, 다시 말하면 일반적으로 국가처럼 특정 공동체 내에서 특정한 순간에 벌어지는 일이다.[2]

반면에 혁명은 마치 전염되듯 전 세계에 걸쳐, 적어도 혁명이 정의하는 근대 세계에서는 인류 해방이 펼쳐지는 진보로 일어난다. 그러나 적어도 공산주의 붕괴 이후부터는 혁명 역시 이에 수반되는 폭력과 인류 파괴 현상을 예리

---

1 Abdul-Ahad, "'Syria Is Not a Revolution Any More'".
2 "혁명이 어느 정도는 내전을 유발한다"는 비올라Viola의 주장과 비교해 볼 수 있다. "Rivoluzione e guerra civile", p.24.

하게 인식하지 않고는 조망하기 더욱 어려워졌다. 그 결과 1989년 이후, 그 숭고한 산물인 혁명을 다루는 비교 연구가 급감했다. 그 난폭한 야수인 내전에 대한 연구가 급증했던 바로 그 순간에조차 그랬다. 이렇게 해서 그간 억눌려 있던 진실이 재확인되었다. 대부분의 위대했던 근대 혁명 중심에는 내전이 자리하고 있었다는 사실이다.

이러한 사실은 삼켜야만 했던 쓰디쓴 알약이 되었다. 기존의 이해 방식에서 내전은 인간 정신을 엉망으로 만들고 무너뜨리는 전조가 되는 반면, 혁명은 오히려 인간 정신을 확고히 하고 실제화하는 것이었다. 그렇다면, 너무나도 명확히 근대적이고 획기적이며 진보적인 그 힘이 사실은 상당히 고대적이고 전통적이며 퇴보하는 힘에 상당 부분 의지하고 있음을 깨달았을 때 오는 충격과 불안은 얼마나 클 것인가. 물론 혁명에 새로운 요소가 전혀 없는 것은 아니었다. 정치 이론가인 한나 아렌트(1906~1975)는 1963년에, "혁명은 엄밀히 말해 근대 이전에는 존재하지 않았다. 혁명은 모든 주요 정치 자료 중 가장 최근 목록에 포함된다"고 적어두었다. 아렌트는 혁명을 (내전을 비롯한) 오랜 전쟁 범주와 대비했는데, 아렌트가 보기에 내전은 "기록된 역사에서 보이는 가장 오래된 현상에 속"했다.[3]

혁명과 내전이 서로 반대된다고 보는 관점은 역사적으로

---

3 Arendt, *On Revolution*, p.12.

뿌리가 깊다. 독일의 위대한 정치 개념사가 라인하르트 코 젤레크Reinhart Koselleck(1923~2006)에 따르면, 혁명은 18세기 를 거치며 "내전과는 대조되는 개념으로" 나타났다. 하지만 18세기 초만 하더라도 두 표현은 "서로 교차하여 사용할 수 는 없었지만, 동시에 완전히 배타적이지도 않았다." 16세기 와 17세기 동안 유럽 전역에 걸쳐 나타난 파괴적인 종교 분 쟁과 연관되어 있던 내전은 계몽을 지지하던 이들이 앞으 로 더 이상 벌어지지 않도록 기도하던, 바로 그 재앙의 부 류였다. 그에 반해 혁명은 인간이 활동하는 모든 영역에서 나타나던 유용한 변화를 이끄는 힘과 동일하게 받아들여 졌다. 그 영역에는 교육, 도덕, 법, 정치, 과학과 더불어 가 장 중요하게도 종교가 포함되어 있었다. 비합리적이고, 과 거 회귀적이며, 파괴적인 내전이라는 잡초는 시들어, 다시 자라날 토양을 결코 찾지 못하도록 해야 했다. 이는 계몽주 의 시대에 강력히 제기되었던 목표 중 하나였다. 계몽된 지 식의 총체라 할 수 있는 디드로Diderot와 달랑베르d'Alembert가 편집한 『백과사전Encyclopédie』(1751~1765) 그 어디에도 내전 guerre civile이라는 항목이 수록되지 않았던 점 자체가, 바로 당 시 철학자들이 자신들이 살고 있는 시대가 내전 문제를 근 절하는 데 성공해왔다고 여겼음을 보여주는 사소하지만 중 요한 지표였다.[4] 동시에 내전을 폐하려는 실제적 바람은 혁 명을 촉진하기 위한 전망을 제시하는 계획으로 대체되었다. 그 결과 18세기 말에, 우리에게는 이미 익숙한, 비교적 명 확한 이원성duality이 나타났다. 코젤레크는 "여러 면에서 보아, 그때"가 되어서야 "'내전'은 스스로 무의미한 순환을 반복한다는 의미를 얻게 되었고, 혁명은 이러한 순환에 새로운 국면을 열어주는 시도"가 되었다고 판단했다.[5]

하지만 그러기에는 시간이 필요했다. 그사이에 이뤄진 일은 이제야 명확해졌는데, 바로 근대 혁명가라는 자의식을 지녔던 사람들이 고쳐 쓴 정변政變 각본은 사실 [고대 원문 위에 고쳐 쓴 사본인] 팔림프세스트palimpsest였다는 점이다. 새롭게 쓴 각본 밑에는 로마 내전 역사가들로부터 전해온 이야기가 여전히 무척 두드러지게 자리하고 있었다. 이 새 각본은 이전 원고 못지않게 의지가 담긴 행위로 나타난 결과물이었다. 새 각본 역시 주권 다툼을 다루는 내용이 주를 이뤘으며, 마찬가지로 순환이란 망령이 드리워져 있었다. 여전히 로마 분쟁을 정리한 통사는 17세기와 18세기에 나온 새로운 유형의 유럽 역사서에도 영감을 주었다. 이 새 유형에서는 특정 국가나 민족의 역사를 그들 자신의 "혁명" 서사로 제시했는데, 이때 혁명이란 침략 경험, 그리고 군주국

---

4 또한 내전은 『백과사전』에서 전쟁을 다룬 주요 글인 르 블롱Le Blond의 「전쟁 Guerre」에서도 언급되지 않았다. 동시대에 나온 『아카데미 프랑세즈 사전Dictionnaire de l'Académie Française 4판』(1762)에는 "내전, 그리고 대내 전쟁"이 "같은 국가 내에 거주하는 사람들 사이에서 벌어진 전쟁"이라고 정의되어 있다. 이 내용은 ARTFL Project 사이트 내 "고어 사전Dictionnaires d'autrefois" 항목에서 찾아볼 수 있다. http:// artfl-project.uchicago.edu/content/dictionnaires-dautrefois.

5 Koselleck, "Historical Criteria of the Modern Concept of Revolution", trans. Tribe, pp.47-49. '혁명'과 '내전'의 개념적 연속성과 관련해서는, 다음을 보라. Koselleck, *Critique and Crisis*, pp.160-161; Bulst et al., "Revolution, Rebellion, Aufruhr, Bürger-krieg", esp. pp.712-714, 726-727, 778-780.

에서 벌어진 왕위 계승 논쟁과 함께 내전을 의미했다.[6]

로마인과 그 후손들은 특정한 내적 다툼을 좀더 광범위한 서사와 결부시켰었는데, 이 서사는 대체로 내전이 파괴적인 결과를 가져오는 연속된 사건을 구성한다는 전제에 기초했다. 군주제 지지자들과 제국을 옹호하는 작가들은 이렇게 점증하던 공포를 병폐로, 그리고 이를 해소할 수 있는 치료제는 전제정이라고 설명했다. 하지만 연속해서 일어난 폭력적 격변으로 인해 지휘권과 통치권에 근본적인 변화가 나타난다는 이야기는 결코 유럽 역사가들에게 간과되지 않았고, 단지 변모되었을 뿐이었다. 이 이야기는 혁명의 역사로 남아 수세기에 걸쳐 이어졌고, 내전이라고 하는 어두운 그림자를 점차 지워갔다. 결국 혁명을 다룬 근대의 계보는 재창출되었고, 그 계보 안에서 내전은 숨겨놓아야만 하는 불편한 선조先祖였지만 결코 사라질 수는 없어 보였다.

17세기 후반 역사가들은 로마가 초기 왕정에서 공화정 시기를 거쳐 제국에 이르기까지 수 세기에 걸쳐 일어난 일련의 파괴적인 "혁명들"을 재구성했다.[7] 예를 들어 잉글랜드 성직자였던 로런스 에처드Laurence Echard(1672~1730)는 이런 흐름에 맞춰 『로마의 역사: 도시 건국부터 아우구스투스 카이사르가 세운 제국의 완성까지The Roman History from the Building

---

6 Momigliano, "Ancient History and the Antiquarian," p.294; Goulemot, *Le règne de l'histoire*, pp.127-156.

7 Echard, *The Roman History from the Building of the City to the Perfect Settlement of the Empire by Augustus Cæsar*.

of the City to the Perfect Settlement of the Empire by Augustus Caesar』(1695년 판과 이후 판본들)을 썼고, 뒤이어 프랑스 학자 피에르 조제프 도를레앙Pierre Joseph d'Orléans의 저서를 『1603년부터 1690년까지 스튜어트 가문 아래 잉글랜드에서 벌어졌던 혁명사 The History of the Revolutions in England Under the Family of the Stuarts, from the Year 1603, to 1690』(1722)로 번역했다. 이 시기 〔프랑스 성직자〕 르네 오베르 베르토René-Aubert de Vertot는 자신의 저서 『로마 공화국 통치 시절 일어났던 혁명사Histoire des révolutions arrivées dans le gouvernement de la république romaine』(1719년 판과 이후 판본들)로 거둔 성공에 힘입어, 포르투갈과 스웨덴에서 좀더 최근에 벌어졌던 "혁명들"을 다룰 수 있었다.[8] 이러한 형식을 따른 이후 작가들은 유럽사에서는 물론 유럽과 아시아를 포함한 좀더 넓은 세계에서 일어났던 혁명들을 분석하곤 했다. 해당 유형의 작품들이 출간되는 동안, 내전은 혁명 명단에 이름을 올렸고, 내전과 혁명은 개념적으로 구별되기 어려웠다. 또한 '혁명'은 유럽인들이 아시아에서 일어났던 폭력적 격변을 설명하는 표준 용어가 되었는데, 여기에는 1644년 중국 명나라의 멸망이 속해 있었다. 18세기 말이 되어서야 유럽인들은 아시아에서 벌어진 투쟁을 두고 '혁명'이라 부르기를 중단했는데, 이는 유럽인들이 혁명이란 용어를 자신들이 겪은 정치적 변혁만을 지칭하기 위해 몹시도 애쓰며

---

8 Vertot, *Histoire de la conjuration de Portugal*; Vertot, *Histoire des révolutions de Suède où l'on voit les changemens qui sont arrivez*; Vertot, *Histoire des révolutions de Portugal*.

따로 남겨두었기 때문이었다.[9]

그때까지 당대 유럽 사상가들은 내전을 적어도 세 유형으로 구분했다. 각 유형을 '왕위 계승successionist' '정권 교체 supersessionist' '분리 독립secessionist' 내전이라 칭할 수 있다. 왕위 계승 내전은 군주제의 고질적인 죄악이었다. 이 내전은 중세 이후 왕징 체제를 괴롭혀 온, 유럽 내에서 빌어진 왕위 계승 논쟁으로부터 일어났다. 이에 대해서는 앨저넌 시드니가 어느 누구보다도 가차 없이 지적했다. 1680년대는 브리튼 섬의 세 왕국과 아일랜드 왕위를 두고 스튜어트 가문 내 두 분파가 투쟁을 벌였던 때인데, 시드니는 이러한 왕위 계승 다툼이 로마 내전과 유사하다고 적어두었다. 투쟁은 반복하여 일어났고 어쩌면 끝나지 않을 수도 있었는데, 바로 그 투쟁이 군주제 자체에 내재된 본질로부터 비롯되었기 때문이었다. "왕관을 차지한 자가 행하는 폭력과 그 왕관을 차지하고자 하는 야망"이 있음은 언제나 "한 내전의 종료는 또 다른 내전의 시작"을 의미했다.[10] 이 말은 로마 이후 세계의 군주국과 공화국 모두에게 이식된, 순환으로서의 로마식 내전 유형을 뜻했다.

정권 교체 내전은 맞선 양 당사자들이 단일 영토 내 지휘권을 차지하기 위한 다툼을 벌이는 전쟁이었다. 이러한 경우, 국가는 로마 은유에서 묘사된 것처럼 머리가 두 개 있

---

9 Trakulhun, "Das Ende der Ming-Dynastie in China", 1644.

10 Sidney, *Discourses Concerning Government*, pp.195-196.

는 것이 아니라 사실상 두 개의 몸이 되어 양쪽이 서로를 밀어내려 애쓰는 형국이었다. 분열만이 이런 종류의 내전을 특징짓는 요소는 아니었다. 로마인과 그 후계자들은 이를 잘 알고 있었다. 바로 내전에서 대치하고 있는 양측 (예를 들어 한쪽은 군주든 공화국 의회든 현 주권자이고 다른 한쪽은 저항 세력) 모두 "적어도 일시적으로나마 별개의 두 신체이자 뚜렷이 구별되는 두 사회를 구성하는" 격상된 신분에 놓여 있었고, 바로 이러한 상황이 이 내전을 새롭고 독특한 유형으로 각인시켰다.[11] 그런데 이러한 이해 규정은 법적 문제였지 사실 문제를 다루는 것은 아니었다. 실제로 18세기 중반에 유래된 내전을 두고 이뤄진 법적 해석으로 인해 미국과 프랑스에서 혁명이 진행된 시기 동안 결정적인 영향을 미쳤던 논거들이 형성되었다. 또한 이 해석은 줄곧 19세기까지 국제법 맥락에서도 영향을 미쳤다. 하지만 이러한 규정은 이제는 사태에 앞서고 있다.

반면에 분리독립 내전은 18세기 후반에 나타난 상대적으로 새로운 실제 현상이었다. 본래 분리 독립은 로마 범주에 속했던 사태였는데, 당시에는 이후 이 용어가 지니게 될 의미보다 훨씬 더 구체적인 의미를 담고 있었다. 각각 기원전 494년, 449년, 287년에 벌어진 세 사건에서 로마 하위 계층이었던 평민들plebs은 일을 관두며 투쟁을 벌였고 도시 밖

---

11 Vattel, *Law of Nations*, 1758, 3.18.293, ed. Kapossy and Whatmore, p.645.

공간으로 물러났는데, 이들의 행동은 '(로마) 평민의 철수 투쟁secessions of the plebs'으로 알려져 있다. 이러한 투쟁이 내전으로 이어지지는 않았고 실제로 로마인이 시민들 사이에서 벌어진 전쟁이라고 여기는 분쟁들보다 훨씬 이전에 일어났다. 근대적 어법에서 '분리독립secession'은 좀더 일반적으로 한 정치 공동체의 일부 구성원이 현 정치 권위에서 벗어나 독립을 주장하는 시도를 지칭했다. 이를 1776년 미국 독립선언서에서 쓰인 말로 보자면, "한 민족이…… 다른 민족과 맺어온 정치적 결합을 해체"하고자 할 때, "이는 지구상 존재하는 여러 세력 사이에서 자연법과 신법이 부여한 별개의 평등한 지위를 차지하고자 하는 것이다."[12] 18세기 후반 이전만 하더라도 이러한 선례를 찾아보기 어려웠는데, 1580년대 에스파냐 왕가에 맞선 네덜란드 독립전쟁을 제외하고는 눈에 띄는 선례가 없었다. 북아메리카 내 존재하던 영국 식민지가 영제국으로부터 독립을 얻어냈던 1776년 이후가 되어서야 이 내전 유형은 급증하기 시작했고 법적 인정을 받을 수 있었다. 이처럼 미국인들은 진정으로 혁명적인 내전 관념을 제공했고, 이는 이후 200년 동안 전 세계에 걸쳐 모방될 것이었다.

근대 내전 관념에 일대 변화를 가져왔던 이는 스위스 저술

---

12 "A Declaration by the Representatives of the United States of America, in General Congress Assembled"(July 4, 1776), in Armitage, *Declaration of Independence*, p.165.

가 에메르 드 바텔Emer de Vattel(1714~1767)이었다. 학자들 외에는 오늘날에는 거의 아는 이가 없는 바텔은 당대에는 대략 한 세기 동안 아마 세계에서 가장 영향력 있는 법학자였을 것이다. 바텔은 스위스 뇌샤텔Neuchâtel 주에서 태어났고 외교관직에 오르기를 꿈꾸었다. 바텔은 동시대인들에게 자연법과 만민법이라 알려진 교육을 철저하게 받았다. 이 교육은 본래 로마법과 로마 철학에 기원을 둔 지적 전통으로, 여기서는 개인이나 국가를 통제하는 규범이 인간 자체가 지닌 이성적 본성에 내재한다고 간주된다. 바텔은 그의 대표 저작에서 국가나 민족nations이 벌이는 행동에 적용되는 자연법을 집대성했고, 이렇게 간추린 저작에 『만민법The Law of Nations』(1758)이라는 제목을 붙였다. 이 저작 덕분에 바텔은 독일 드레스덴의 작센 선제후elector of Saxony in Dresden로부터 정무 공직을 수여받을 수 있었다. 또한 이 저작으로 인해 바텔은 위대한 법률 권위자로서 이름을 올리게 되었는데, 특히 토머스 제퍼슨Thomas Jefferson을 비롯한 위원들은 1776년 독립선언서를 작성하며 바텔의 저작을 참고했다.

바텔이 『만민법』에서 다뤘던 주제는 우리가 오늘날 국제법이라고 부르는 영역에 속하는데, 여기서 바텔은 단순히 국가 행위만을 다루지 않고 자연법이라고 하는 좀더 넓은 차원을 고려했다. 미국 건국자들에게 『만민법』은 미국혁명 시대에 이뤄질 국제적 행위를 다루는 경전과도 같은 역할을 했다. 『만민법』은 원어인 프랑스어에서 다양한 언어로 번역되어, 수십 년 뒤 라틴아메리카와 남부 유럽에서 등장할 새로운 혁명 세대에게 영감을 안겨주었다. 또한 이 책은 도서관 서가에는 물론 전 세계 법률가, 정치가, 행정가들의 책장에서도 찾아볼 수 있었다. 적어도 1830년대까지는 그랬다. 바텔이 이토록 많은 이의 이목을 끌었던 이유는 그가 현실주의와 도덕을 통합적으로 다뤘기 때문이었다. 바텔은 자연법에 따른 엄격한 도덕 체계 내에서 저술했지만, 국제 정치를 실천적 차원에서 이해하고 사고했던 모습 또한 분명히 보여주었다. 게다가 『만민법』에서 다루는 내용이 넓고 포괄적이어서, 어떤 입장을 견지하든 거의 모든 이에게 논변의 기반을 제공해주었다. 예를 들어 항복하는 경우든 저항하는 경우든, 식민지 개척을 지지하는 입장이든 반대하는 입장이든 관계없이 적용되었다. 바텔은 당시 이뤄지고 있던 논변과 기존 전통을 능수능란하게 결합시키는 한편 국제적 행동 수칙rules of international conduct에서 불명확했던 부분은 명확히 하고 결여되어 있던 부분은 채우고자 했다. 내전은 바텔이 불어넣은 혁신이 심대한 영향을 미쳤던 바로 그 주제였는데, 이는 바텔이 내전을 처음으로 만민법 논의 틀 안에 위치시키려 했기 때문이었다.

바텔은 의식적으로 우리가 이미 살펴본 17세기 사상가들이 〔논의해온 지적〕 전통 안에서 저술하고자 했다. 그는 특히 휘호 흐로티위스, 토머스 홉스, 존 로크를 참조했다. 로크로부터는 부당한 통치자에 저항하는 조심스러운 이론을 가져왔다. 그런데 "네로와 같은 잔악무도한 인간은 거의 볼 수 없다"고 바텔은 적어두었다. 홉스로부터는 국제 영역에서 독립적이고 자유로운 국가를 이루는 주권 이론을 전수받았다. 그리고 흐로티위스에 관해 상당 부분 관심을 갖게 되었는데, 전쟁을 어떻게 정의하고 이를 통제하기 위해 고안된 법은 무엇인지에 관한 것이었다. 그 법에는 개전開戰을 어떻게 정당화할 수 있는지 (전문적으로는 전쟁을 일으킬 수 있는 권리인 전쟁권jus ad bellum) 그리고 전쟁 수행 과정을 통제하는 규칙(이른바 교전 규칙jus in bello, 즉 전쟁 중 따를 법)이 속했다. 바텔은 전쟁을 "무력으로 우리의 권리를 청구하는 상태"라고 스스로 정의했다. 그럼에도 흐로티위스와는 입장을 달리하여 사적 전쟁이라는 일은 있을 수 없으며, 전쟁 수행의 주체는 오로지 국가에만 국한된다고 주장했다. 이러한 관점은 4년 전 장 자크 루소가 그의 『두 번째 논고Second Discourse』에서 개진한 주장과 일치한다. 바텔이 정의한 바, "공적 전쟁은…… 국가 혹은 군주 간에 벌어지며 공권력의 이름으로, 그 명령에 따라 수행된다."[13] 언뜻 보기에 바텔이 내세운 정의는 군주 혹은 "공권력"에 맞서는 저항 세력이 적법한 교전 집단으로 인정받을 가능성을 배제한 것처럼 보일 수 있다. 하지만 바텔이 제시했던 중대하고 획기적인 내용은 저항 세력이 오히려 적법한 교전 집단으로 인정받을 수 있다는 것이었다. 그렇게 함으로써 전쟁법이 시민 간 분쟁에 적용되며, 외부 세력이 타 주권 국가 내에서 벌어진 사

13 Vattel, *Law of Nations* 1.4.51, 3.1.1-2, ed. Kapossy and Whatmore, p.105, 469.

안에 개입할 수 있도록 하는 잠재적으로 급진적인 학설이 제기될 수 있는 길을 열어주었던 것이다.

바텔은 "상당히 많이 토의되었던 문제"인 주권자는 저항하는 신민을 전쟁법에 따라 다뤄야 하는지에 답하며 논의를 시작했다. 바텔이 고려했던 점은 경험에 근거한 것이었다. 국가에 피해를 입힐 수 있는 소요에는 다양한 형태가 있었고, 여기에는 무질서한 "소동", 좀더 과격한 "폭동", 아니면 전체 도시나 지방을 아우르는 "반란"으로 주권 자체를 위협하는 경우가 속했다. 그런데 이중 어떤 경우도 적법하다고 여겨질 수 없다고 바텔은 생각했다. "모든 시민은……견딜 수 없는 폐해가 아니라면 참을성 있게 인내해야 한다." 정의正義가 침해되지 않는 한 그래야만 한다. 하지만 만약 정의가 부정된다면, 그리고 "그 폐해가 견딜 수 없고 압제가 명백하고 과도한 경우" 저항은 정당화될 수 있다.[14] 이 내용은 로크가 『통치론』에서 펼친 주장이었고, 미국 독립선언서의 골자를 이뤘다. 선언서를 작성하며 토머스 제퍼슨은 1649년 찰스 1세 기소문에 쓰인 표현까지 거슬러 올라갔는데, 해당 글에서 찰스 1세는 "잔혹하고 비정상적인 전쟁"을 개시한 혐의를 받았다. 선언서 최종 교정 과정에서 제외시킨 한 문단에서 제퍼슨은 조지 3세George III가 사적인 이유로 인해 대서양을 횡단하는 노예무역을 추진했던 점을 지적하

---

14 앞의 책, 3.18.287, 290, ed. Kappossy and Whatmore, p.641, 642.

며 비난했는데, 이는 조지 3세가 자신의 선조가 범했다고 제기되던 동일한 죄를 저질렀다고 비난받는 근거가 되었다. 바로 조지 3세가 아프리카 사람들의 자유를 박탈하고 이들을 머나먼 대서양 건너편으로 끌고 가는 "인간 본성 자체에 반하는 잔혹한 전쟁을 수행"했다는 것이었다. 조지 3세가 이처럼 "잔혹한 전쟁"을 "그에게 아무런 해를 가하지 않았던 멀리 떨어져 있던 사람들", 즉 이 경우 아프리카인들에 맞서 개시했던 일은 식민지인들이 본국 국왕의 통치권으로부터 벗어나고자 하는 것에 정당성을 부여했다.[15]

그렇다면 주권자가 요구하는 사항이 더 이상 견디기 어려워져 자국민이 그 요구에 맞서 무장봉기하는 경우는 어떻게 되는가? 이 경우를 두고 바텔은 기존의 관념을 뒤엎는 획기적인 정의를 내리며 말했다. 바로 우리에게는 내전이라는 사례가 있는데, "한 국가 내에서 더 이상 주권자를 따르지 않고 주권자에 맞설 충분한 힘을 갖춘 한 당파가 생겼을 때나 한 공화국 내에서 민족이 양 파벌로 나뉘어 양측이 서로 무장하여 싸울 준비가 되었을 때, 이러한 상황을 내전이라 부른다." 내전은 단순한 반란과는 구별되었는데, 바로 내전의 경우 반란을 일으킨 쪽에서 행위의 정당성을 지닌다는 사실 때문이었다. 만약 저항하는 이유가 정당할 경우, 주권자(혹은 공화국 내에서 분열된 상태에 있는 권위자)는 반란 세

---

15 "Thomas Jefferson's 'Original Rough Draft' of the Declaration of Independence", in Armitage, *Declaration of Independence*, p.161.

력에 맞서 공식적인 전쟁을 벌여야 한다. 하지만 "관습적으로 '내전'이라는 용어는 단일하고 동일한 정치 사회를 구성하는 이들이 서로 벌이는 모든 전쟁을 나타내는 데 사용되어져왔다"고 지적했다.[16]

그리고 나서 바텔은 내전에서 가장 두드러지게 나타나는 역설 중 하나로 돌아온다. 바로 파편화에 대한 우려가 친연성親緣性을 더욱 선명히 인식하게 한다는 역설로 되돌아가는 것이다. 내전에서 맞선 양측은 적대적인, 서로 다른 파벌로 나뉘려는 순간 서로를 "동일한 정치 사회"의 일부로 인식할 수 있는데, 이는 "내전으로 인해 국가 내에서 형성된 두 독립 당파는 서로를 적으로 여기면서 그 누구도 공동의 재판관으로 인정하지 않기"에 "별개의 두 신체이자 뚜렷이 구별되는 두 사회"를 이루기 때문이다(저작 어디에서도 바텔은 동일한 사회 내에서 두 정당 이상이 내전을 벌일 가능성은 고려하지 않는다). 바텔이 제기한 주장에서 독창적이었던 부분은 그가 이렇게 극명하게 분열된 현실로부터 추론했던 내용으로 다음과 같다. "그렇게 해서 내전 당사자들은 결국 대결 관계에 놓여 있는 두 국가와 정확히 동일한 곤경에 처하는데, 이들은 합의를 보지 못하고 무기에 의존하게 된다." 따라서 만약 두 독립된 신체가 이제 사실상 두 국가라면, 만민법에

---

16 Vattel, *Law of Nations* 3.18.292, ed. Kapossy and Whatmore, pp.644-645. 내전을 두고 바텔이 어떤 원칙을 제시했는지는 다음을 보라. Rech, *Enemies of Mankind*, pp.209-213, 216-220.

따라 이들이 벌이는 다툼을 조정해야 한다는 결론이 도출되었다. 그렇게 함으로써 "내전"은 국가 간 전쟁이 되었던 것이다. 그리고 만약 저항하는 신민이 정당한 사유로 인해 무기를 들었다면, 주권자는 그들을 전쟁법에 따라 대우해야 하는데, 이 시점에 이르면 단일 민족 혹은 국가는 이미 존재하지 않기 때문이다. 그 분쟁은 이제 "두 국가 간 공적 전쟁"이 되었다. 따라서 더 이상 국내법 영향하에 놓이지 않게 된다.[17]

그런데 누가 내전 조건이 성립되었다고 결정 내릴 수 있었는가? 바텔이 제시했던 사법권 조정과 관점 전환은 외부 세력들에게 놀랄만한 영향을 끼쳤다. 평시에 주권 국가의 보위保衛, integrity는 신성불가침이었다. 어떠한 외부적 권한으로도 국사에 개입할 수 없었다. 하지만 국가가 두 "국가"로 나뉜 경우, 여타 세력이 개입하여 평화를 되찾도록 노력을 기울일 수 있었다. 예를 들면, 분쟁을 조정하는 식으로 개입할 수 있었다. 하지만 조정이 실패하는 경우에, 바텔은 여타 세력이 "판단하기에 옳은 쪽에 서 있는 해당 정당이 원조를 요청하거나 선先 제안을 받아들이는 경우에 도와"줄 수 있다고 말한다. 마치 두 국가 간 전쟁이 벌어졌을 때 지원하는 경우처럼 말이다.[18] 이러한 바텔의 논의는 개입의 가능성을 열어주었다. 그 사유가 인도주의적 차원이든 다른 어

---

17 Vattel, *Law of Nations* 3.18.293, ed. Kapossy and Whatmore, p.645.
18 같은 책, 3.18.295, ed. Kapossy and Whatmore, pp.648-649.

떤 이유에서든, 외부의 제삼자가 다른 국가 내부 문제를 두고 재량껏 개입 여부를 결정할 수 있었다.[19] 이에 걸맞은 중요한 예시로 바텔이 당대 유럽 역사에서 찾은 내전 사례는 명예혁명이었다. 1688년 당시 "잉글랜드인은 국왕 제임스 2세에 온당히 항의했다"고 주장한 바텔은 잉글랜드인이 그러고 나서 네덜란드에 도움을 요청해, 오라녜 공 빌렘William of Orange이 영국왕 윌리엄King William으로 왕위에 오르기 전 적절한 도움을 주게 되었다고 서술했다. 당시 저항이 정당했고 그리하여 잉글랜드 인민과 제임스 2세 왕가가 "뚜렷이 구별되는 세력"이 되었기에, 윌리엄의 개입은 적법했다. "따라서 언제든 내전이 벌어질 만큼 사태가 심각해졌을 때, 외국 열강은 정의의 기치 아래 있는 것처럼 보이는 당파를 도울 수 있다."[20] 1758년만 하더라도 이 주장은 세상을 떠들썩하게 할 내전에 대한 견해였다. 이 주장에 내재되어 있던 모든 함의는 1767년 바텔 사후 혁명을 겪으면서야 비로소 온전히 드러날 수 있었다.

1775년 4월 렉싱턴·콩코드 전투Battles of Lexionton and Concord와 6월 벙커 힐 전투Battle of Bunker Hill 직후, 네덜란드 출신 측량사이자 지도 제작자였던 베르나르트 로만스Bernard Romans(약

---

19 Zurbuchen, "Vattel's 'Law of Nations' and the Principle of Non-intervention"; Pitts, "Intervention and Sovereign Equality".

20 Vattel, *Law of Nations* 2.4.56, ed. Kapossy and Whatmore, pp.290-291.

1720~1784)는 매사추세츠 지도를 발행하며 풍자 섞인 제목을 붙였다. 그 제목은 "아메리카에서 벌어진 내전 중심지 지도"였다.[21] 발행 몇 주 전 로만스는 "북아메리카에서 현재 벌어지고 있는 불행한 내전 중심지를 보여주는" 발행 예정인 출판물을 구매하도록 기부자들에게 보여줄 기획안을 먼저 내놓았다. 그 지도 자체에는 보스턴은 물론 "정무군 Ministerial Army"이 도시를 가로질러 구축해둔 전선戰線을 상세히 보여주는 삽화가 포함되어 있었다.[22] 로만스는 식민지 개척자들이 내세웠던 대의명분에 공감했고, 점령된 보스턴 모습이 담긴 속성 사진집을 발간하기 전까지는 수년간 공병 engineer과 소대장troop commander으로서 전투에 임했었다. 그런데도 마치 자신의 정치적 충절이 충분히 드러나지 않았기라도 한 듯, 로만스는 1775년 지도를 당시 대륙회의 의장을 맡고 있던 존 핸콕John Hancock에게 헌정했는데, 영국군이 차지했던 핸콕의 가옥도 보스턴 삽화에 담겨 있었다. 로만스는 『동·서 플로리다 자연사 개요Concise Natural History of East and West Florida』(1775)라는 저작으로 가장 잘 알려져 있다고 볼 수 있다. 하지만 분쟁이 더 진행되었을 때 로만스는 다른 종류의 역사서를 출판했는데, 이는 16세기 네덜란드 독립전쟁을 기술한 것이었다. [로만스는 이 사례가] 1778년부터 1782년 "당시 아메리카인들에게 시의적절하고 적합한 역사

---

21 Braund, "Bernard Romans".

22 Romans, *To the Hone. Jno. Hancock Esqre.*; Romans, *Philadelphia, July 12. 1775.*

의 거울"이라고 밝혀두었다.[23]

'내전 중심지 지도'라는 제목에 담긴 의미가 지금에 와서는 명확히 다가오지 않을 수 있다. 정말로 내전이 아니라 혁명이었는가? 그렇지 않다면, 어떤 전쟁 관념이 동원돼 1775년까지 이어졌던 사건들을 서술할 수 있는가? 미국"혁명"을 다루는 기존 역사서에서는 이를 내전이라 칭하지 않으려 했다.[24] 후대 미국 역사가들은 물론 미국의 더 광범위한 대중 내에서도 이러한 경향이 나타났던 데에는 분명 많은 이유가 있었다. 그중 가장 명백한 이유는 이 사건을 이후 1861년과 1865년 사이 벌어졌던 훨씬 더 극심한 분열을 초래했던 미국 남북전쟁American civil war과 혼동하거나 혼용해서 쓰지 않고자 했기 때문이었다. 19세기 중반에 이르면 '내전'이라는 명칭은 특히 현대식 군대가 대규모 총격전을 벌이면서 나타나는, 아주 큰 규모로 행해지는 학살을 시사했다. 덧붙여 전 사회가 전쟁에 발을 담고 있는, 사실상 총력전total war을 뜻했다. 반면 미국혁명 당시 군사적 충돌은 상대적으로 소규모로 일어났다. 물론 사상자가 발생했지만 그 피해가 사회 전반으로 번지지는 않았다. 예를 들면 민간인에게 폭력이 찾아오는, 말하자면 프랑스혁명 때와 같은 일은 벌어지지 않았다. 또한 미국혁명은 다시금 대중이 믿고 있는 바에 따르면, 분열을 초래했다기보다는 오히려 화

---

23 Romans, *Annals of the Troubles in the Netherlands*.

24 Belcher, *First American Civil War*는 그 통칙을 보여주는 예외다.

합시키는 역할을 했다고 여겨졌다. 배후에 독립이라는 대의명분을 두고 한 국민이 대체로 연합되어 있었다는 것이다. 이런 관점에서 볼 때, 미국혁명은 스스로 정체성을 인식했던 아메리카인들이 일으킨 해방 운동이었다. 영국과의 거리를 체감했던 아메리카인들은 정당한 불만에 대한 보상으로서 자결권을 요구했다. "법적이든 자연적이든 이 모든 일로 인해 분리가 요청된다"고 1776년 1월 토머스 페인Thomas Paine(1737~1809)은 주장했다. "살해된 자가 흘린 피, 자연의 외침 속 흐느끼는 목소리, 이제는 갈라져야 할 때다."[25]

혁명을 다뤘던 미국 애국주의 역사서에서 미국혁명을 분열로 인해 맞이한 위기로 그렸다면, 근래 역사학자들은 혁명을 통합에 따른 위기로 보고 있다. 이러한 관점의 전환은 대서양 양측에 거주하던 영국 신민들이 서로 달랐다기보다는 오히려 유사했다는 점이 부각되면서 일어났다. 프랑스와 전쟁을 치르면서 압력을 느끼고, 좀더 통합된 통신망에 의해 관계망이 형성되고, 대서양에 걸쳐 형성된 급성장하던 소비 경제 내에 영국 신민들이 자리함에 따라, 아메리카 식민지 개척자들은 18세기 동안 본국 영국인들과 가까워졌다. 7년 전쟁이라 불리는 북아메리카와 남아시아에서 영국과 프랑스가 제국적 우위를 서로 차지하고자 벌인 엄청난 다툼 이후, 영국 의회는 식민지 개척자들이 그들의 방위

---

25 Paine, *Common Sense*, in *Collected Writings*, p.25.

를 위해 쓴 비용과 전시 적자를 충당해주기를 바랐다. 이러한 바람은 세입 증대를 위한 일련의 조치들로 이어졌고, 이를 두고 북아메리카에서 항의가 제기되었다. 그 결과 나타난 논쟁으로 제국은 분열되었는데, 이 분열은 단지 식민지 개척자들과 본국 주민들 사이에서만 일어난 것이 아니라, 식민지 내에서도 발생했다. 식민지 저항에 참여했던 대부분 북아메리카 동부 연안에 위치한 13개 영국 식민지와 이에 동참하지 않았던 식민지인, 예를 들어 노바스코샤, 퀘벡, 영국령 카리브해는 서로 입장을 달리했다. 분열된 제국은 동료 시민들 간 전쟁이 벌어지는, 내전 전쟁터였다.[26]

미국이 지닌 운명을 내세우는 경건한pious 서사에 비교적 덜 매료된 최근의 역사학자들은, 미국혁명을 내전으로 여겨야 할지 또한 재고해왔다. 영국 병력 상당수가 북아메리카에 도착한 이후, 혁명은 (아마도 로마인이라면 알아차렸을) 전면전full-scale war 양태를 띠었는데, 장군들이 모습을 보이고, 트럼펫이 울렸으며, 군기軍旗가 휘날렸다. 혁명은 유례없이 쓰라리고 고통스러운 일이었는데, 바로 외국인으로 확인되는 적이 아닌 국내 동족에 맞서 싸웠기에 그러했다. 특히 뉴욕과 사우스캐롤라이나처럼 첨예하게 분열된 식민지에서 벌어지던 지역 분쟁에서는 더욱 그러했다. 더구나 그 분쟁은 일족은 물론 더 폭넓은 주민층을 분열시켜, 이른바 (영

---

26 O'Shaughnessy, *Empire Divided*; 좀더 일반적인 논의를 참고하려면, 다음을 보라. Armitage, "First Atlantic Crisis".

제국에 맞선 저항을 지지하는 이들인) 애국파Patriots와 비록 다른 측면에서는 정치적 입장이 다르고 인종적으로 다양할지라도 적어도 본국 국왕에 충성을 지키는 충성파Loyalists로 나뉘게 했다. 충성파 중에는 영국 식민지 개척자, 체로키족 the Cherokee이나 모호크족the Mohawk과 같은 아메리카 원주민 집단은 물론 전쟁 기간 영국 전선을 넘어 주인에게서 도망쳐 스스로 자유를 찾은 약 2만 명 정도의 노예 신분인 사람들도 있었다. 가장 근접하게 백인 충성파 총수를 집계한 추정에 따르면, 1783년 전쟁 막바지에 이르렀을 때는 전체 인구의 20퍼센트 정도인 약 5000만 명의 식민지인들이 여전히 국왕에게 충성을 표했다. 그중 6만 명 정도는 1만 5000명의 노예와 함께 미합중국을 떠나 지구적 집단 이주의 일환으로 캐나다, 동·서 플로리다, 바하마, 시에라리온, 영국령 인도, 오스트레일리아 등지에 정착했던 이들이었다. 실제로 영국령 북아메리카에서 무장했던 인구 규모는 미국 내전U.S. Civil War 기간 전투에 참여했던 사람들 수와 비슷했다.[27] 대서양 세계를 연구하는 한 주요 역사학자가 미국혁명을 두고 결론짓길, "그렇다면 이 일은 혁명인 동시에 내전이었다".[28]

---

[27] Lawson, "Anatomy of a Civil War"; Shy, *People Numerous and Armed*, pp.183-192; Wahrman, *Making of the Modern Self*, pp.223-237, 239-244; Simms, *Three Victories and a Defeat*, pp.593-600; Klooster, *Revolutions in the Atlantic World*, pp.11-44; Jasanoff, *Liberty's Exiles*, pp.21-53.

[28] Elliott, *Empires of the Atlantic World*, p.352.

내전은 영제국이 위기를 겪던 1760년대와 1770년대 기간에 처음 사용된 로마식 전형典型은 아니었다. 초기에는 다른 유형의 전형이 먼저 쓰였다. 바로 동맹시 전쟁으로, 본국들 간 관계나 완전한 시민으로 인정받는 동맹국이 지닌 권리를 언급할 때 동원되었다. 예를 들어 1766년에 매사추세츠만灣 식민지 대리인으로 런던에서 활동했던 윌리엄 볼런William Bollan(1776 사망)은 영국 각료들이 "피를 즐기는 듯하며…… 동맹시 전쟁을 시작하기를 열망하고 있다. 이에 따라 가까스로 적이 휘두르는 검을 피했던 우리는 스스로를 파멸시키고자 자신의 검을 쓰게 될 것"이라 비난했다. 이러한 고발과 함께 볼런은 로마 역사에서 얻은 경고를 전했다. "로마는 한창 번창해 나가던 양상일 때, 동맹시 전쟁으로 몰락하기 직전까지 갔다. 그 전쟁은 로마가 누리던 권리를 나누기 거부하며 발발했다." 만약 영국도 유사하게 제국 내 "동맹국들"에게 자신이 누리는 모든 권리를 확대 적용하지 못한다면, 동일한 운명을 맞게 될 것인가?[29] 10년 뒤 영국 비국교도 목사이자 소책자 집필자였던 리처드 프라이스Richard Price(1723~1791)가 쓴 글은 영국령 대서양에서 이뤄진 정치 논쟁을 다뤘던, 가장 널리 증쇄된 논쟁서polemics 중 하나였는데, 여기서 프라이스 역시 로마 동맹국들이 로마가 전쟁

---

29 Bollan, *The Freedom of Speech and Writing upon Public Affairs, Considered; with an Historical View of the Roman Imperial Laws Against Libels*, pp.158-159. 볼런이 로마 역사를 어떻게 활용했는지와 관련해서는 다음을 보라. York, "Defining and Defending Colonial American Rights", p.213.

에서 승리할 때 기여한 바와 이들이 동등한 권리를 요청했던 일, 그리고 로마가 이를 묵살하면서 벌어졌던 참사를 되짚었다. "전쟁이 이어졌고, 인류 역사상 가장 끔찍했던 이 전쟁은 로마 공화국이 몰락하며 끝을 맺었다." 프라이스 역시 영국이 제국 내 "동맹국들"에게 권리를 부여하기를 거부한다면, 동일한 참사를 겪게 되지 않을지 염려했다.[30]

대서양에 걸쳐 벌어졌던 분쟁을 동맹시 전쟁 차원에서 다룬 가장 뛰어난 분석은 혁명 논쟁을 다룬 제일 긴 소논문에서 나왔다. 바로 애덤 스미스가 쓴 『국부론Wealth of Nations』 (1776)이었다. 스미스는 볼런이나 프라이스처럼 기우杞憂를 늘어놓기보다는, 오히려 동맹시 전쟁을 뒤늦게 처리했던 로마식 대응을 예로 들며 현 분쟁에서 벗어날 가능한 해결책을 제시했다.

로마 공화국이 쇠퇴하던 무렵, 국가를 방위하고 제국을 확대하는 중요한 임무를 떠안고 있던 로마의 동맹국들은 로마 시민이 누리고 있는 모든 특권을 자신들에게도 부여해달라고 요구했다. 그 요구가 거부당하자, 동맹시 전쟁이 벌어졌다. 전쟁이 벌어지는 동안 로마는 제기되었던 특권을 상당수 동맹국들에게 차례로 인정했다. 동맹국이 총연합에서 이탈해 나가는 정도가 클수록 인정되는 범위는 늘어났다…… 만약 총연합에서 탈퇴하려는 각 식민지에 대해, 각 식민지가 동일한 조세 부담을 안고 있고 자국 내 동료 신민들과 거래할 수 있

30 Price, *Observations on the Nature of Civil Liberty*, p.91.

는 동등한 자유를 허용해준 것에 대한 보상으로, 각 식민지가 제국의 공공세입에 이바지하는 정도에 맞춰 영제국이 대표자 수를 배정한다면…… 각 식민지 지도자 앞에 영향력을 획득할 새로운 방법이자, 새롭고도 더 눈부신 야망의 대상이 펼쳐질 것이다.[31]

하지만 1776년 가을 『국부론』이 출간되었을 때는 이미 7월에 미국 독립이 선언된 후였다. 아메리카 식민지 대표들과 함께 제국 의회를 구성하자는 스미스의 제안은 이미 때를 놓친 뒤였다. 연방 정부 수립을 해결책으로 내세웠던 그 어떠한 제안도 양측으로부터 받아들여지기 어려웠다. 동시에 아메리카 전쟁American war을 동맹시 전쟁으로 여기는 관념도 대서양 양측에 사는 영국인들에게 동등한 권리나 대표성을 인정해야 한다는 개념과 함께 사라졌다.

대서양에 걸쳐 일어났던 분쟁을 "동맹시 전쟁"으로 보는 개념에는 대서양 서쪽에 거주하는 영국인들이 영국 본토에 있는 이들과 다른 신분에 놓여 있고 다른 권리를 누리고 있다는 의미가 내포되어 있었다. 그들은 로마인들이 socii라 칭했을 "동맹국들"이었지, 동등한 시민, 즉 동료 시민 civies이 아니었다.[32] 내전이라는 표현 속에는 모든 전쟁 당사자가 상당히 가까운 친족 관계에 놓여 있다는 뜻과 함께 이

---

31 Smith, *An Inquiry into the Nature and Cuases of the Wealth of Nations* 4.7.c, ed. Campbell and Skinner, 2:622.

32 Pocock, "Political Thought in the English-Speaking Atlantic, 1760-1790", pp.256-257.

들 모두가 서로 동료 구성원으로 있는 공통된 정치체가 존재한다는 뜻이 담겨 있었다. 그 정치체는 바로 영국 대서양 제국British Atlantic Empire이었고, 로마 지중해 제국이 정점에 이르렀을 때보다 그 규모가 훨씬 더 컸다. 이를 다른 관점에서 생각해보면 영국 본토에 있는 주전론主戰論자들이 품고 있던 의혹이 가중될 수 있었는데, 바로 식민지 개척자들이 1776년 7월 4일 이전에, 수년까지는 아니더라도 수개월 동안 분리와 독립을 결심해왔다는 의구심이 들었기 때문이다. 로마의 경우에서처럼 내부적으로 분열과 붕괴가 일어났을 때 공동체의 경계들과 경쟁하는 우애 집단들이 아주 통절히 드러날 수 있었다.

영국 병력이 1775년 4월 렉싱턴과 콩코드에서 식민지 민병대원들에게 발포하자 당시 논객들은 마음 놓고 내전이라는 표현을 쓰기 시작했다. 1775년 4월 24일, 로드아일랜드주에서 발간되던 『뉴포트 머큐리The Newport Mercury』에서는 무력 사용으로 인해 나타났던 분쟁 상황 속 변화를 기사화했다. "사악한 각료 그룹이 제시한 유혈 조치와 함께 명령을 실행에 옮기고자 하는 상비군의 적극성으로 인해 아메리카 내전American Civil War이 시작되었고, 이는 이후 역사에서 중요한 면을 장식하게 되었다."[33] 1775년부터 1776년 사이 활동했던 다른 작가들 역시 당시 분쟁을 "내전" "아메리카와

---

33 *Newport Mercury*, April 24, 1775는 다음에서 인용됨. Breen, *American Insurgents, American Patriots*, pp.281-282.

싸운 내전" 혹은 "아메리카 내전"이라고 불렀다.[34] 1780년에는 아메리카에서 "최근 벌어진 몇몇 상황"이 계기가 되어 한 역사소설이 출판되었다. 『에마 코빗: 내전이 안겨준 고통 Emma Corbett; or, The Miseries of Civil War』이라는 제목의 이 소설은 가족 간 분열을 그리며 성적 혼동과 위장을 묘사하여 아메리카 내전이 안겨준 정신적인 외상을 표현했다.[35] 50년이 지난 뒤에도 예를 들어 미국 소설가 제임스 페니모어 쿠퍼 James Fenimore Cooper는 미국혁명을 내전이라고 칭하며 그 영향을 반추했는데, 여기에는 내전이 마무리된 다음에 그것을 바라볼 때의 이점과 당시의 분쟁을 아메리카인들이 자결권을 획득하고자 벌인 운동으로 여기는 애국주의적 서사 이후 시점이라는 편의가 이미 한데 겹쳐 있었다.

영국과 미합중국 사이 벌어진 분쟁은, 비록 엄밀히 보자면 한 가문 내 다툼은 아니었지만, 내전에서 나타나는 많은 특징을 보였다. 비록 미합중국에 속한 사람들은 결코 당위적으로나 헌법상으로 영국에 있는 사람들에게 예속되어 있지 않았으나, 양 국가 거주민들은 모두 공동의 국왕에게 충성을 다할 의무가 있었다. 아메리카인들이 하나의 나라로서 이러한 충성을 거부하고, 영국인들은 자신의 주권자가 권력을 다시 회복하려는 시도를 지지하기로 결정하자, 내부 투쟁에서

---

34 *Civil War; a Poem*; Hartley, *Substance of a Speech in Parliament, upon the State of the Nation and the Present Civil War with America*, p.19; Roebuck, *Enquiry, Whether the Guilt of the Present Civil War in America, Ought to Be Imputed to Great Britain or America*.

35 [Jackson], *Emma Corbett*; Wahrman, *Making of the Modern Self*, pp.243-244.

느끼는 감정 대부분이 그 분쟁에 수반되었다.[36]

  적어도 아메리카든 혹은 다른 명칭으로든 이 분쟁을 '내전'이라고 칭하는 행위는 제국이 겪은 위기를 연속된 영국 내전 목록, 즉 (최소한 몇몇 정의에 따르면) 명예혁명을 거쳐 1642~1645년, 1648~1649년, 그리고 1649~1651년 등 세 번의 영국 내전을 거쳐 중세 시기까지 거슬러 올라가는 역사적 흐름 속에 자리매김시키는 것이었다. 페인이 그랬듯 말이다. 이후 역사가들은 또한 이렇게 대서양에 걸쳐 일어났던 내전을 17세기와 18세기에 벌어진 일련의 '영국혁명'을 이루는 부분으로도 보았다.[37]

  1775년 7월 베르나르트 로만스의 '아메리카 내전 중심지 지도'가 나왔던 달에 대륙 의회는 첫 번째 선언서를 발표했다. 이보다 한층 더 유명한 독립 선언서가 나오기 정확히 1년 전이었다. 역시나 토머스 제퍼슨이 작성했던 이 "선언서……무기를 들고 싸우러 나설 필요와 명분을 제시하여" 영국군에 맞서 무력 저항으로 이어졌던 조치를 정당화했다. 의회 구성원들은 "제국 어디에 있든 우리 동지와 동포의 마음속에…… 우리는 영구한 시간 동안 그토록 만족스럽게 존속되어 온 서로 간의 연합을 해체하려고 하는 것이 아니라, 오히려 진정으로 다시 회복되기를 염원한다"는

---

36 Cooper, introduction(1831) to *Spy*, p.13; Larkin, "What Is a Loyalist?"

37 Pocock, *Three British Revolutions, 1641, 1688, 1776*.

점을 재확인시켜주고자 노력했다. 이들이 내세웠던 목표는 "온당한 조건에 맞춰 화해를 이뤄내⋯⋯ 제국을 내전이 불러올 참사로부터 보호"하는 데 있었다.[38] 1775년 7월 선언서에는 조지 3세에게 식민지 개척자들과 우호 관계를 맺도록 요청하는 화해 청원서Olive Branch Petition도 동봉되어 있었으나, 두 문서 모두 영국 각료 집단이 이미 해당 분쟁 성격에 본질적인 변화가 나타났다고 인식한 뒤에야 영국에 도착했다. 〔선언서 도착 이전인〕 1775년 7월 26일, 노스 경Lord North은 국왕 조지 3세에게 "현재 전쟁이 절정에 달하여, 이제는 국외 전쟁이라 여겨져야 한다"고 전했다.[39] 이에 1775년 8월 국왕은 적절한 절차에 따라 아메리카 본토 식민지는 공공연한 반란 상태에 있으며 더 이상 자신의 보호 아래 있지 않다고 선언했다. 의회는 1775년 12월 이를 입법화함으로써 국왕의 성명을 확정했다. 영국계 아메리카 저항 세력은 처음으로 제국 내에서 벌였던 투쟁을 제국 바깥에서 벌어지는 분쟁으로 전환해야 하는 난제에 직면하게 되었다.

1776년 1월 필라델피아에서 글을 쓰던 토머스 페인은 선동적인 소논문 『상식Common Sense』을 마무리 지으며 당시 "국가들이 따르던 관습"에 맞춰 미국 독립을 주장했다. 페인은 독립을 이루고 난 뒤에야 중재자가 미합중국과 대영

---

38 "A Declaration⋯ Seting Forth the Causes and Necessity of Taking Up Arms"(July 6, 1775), in Hutson, *Decent Respect to the Opinions of Mankind*, p.96, 97(강조는 아미티지).

39 Lord North to George III, July 26, 1775. 다음에서 인용. Marshall, *Making and Unmaking of Empires*, p.338.

제국 간 평화를 조정할 수 있게 된다고 주장했다. 외부 동맹 역시 독립을 이루지 않은 상황에서는 발효될 수 없었다. 또한 반란죄는 독립이 선언되지 않는 한 계속해서 유효할 것이었다. 게다가 "성명서가 발행되어 외국 왕실에 전달되는" 절차가 필수적이었다. 그렇게 되기 전까지는, "모든 왕실의 법도가 우리에게 불리하며, 우리가 독립을 이뤄 다른 국가들과 어깨를 나란히 하기 전까지 계속해서 그럴 것이다."[40] 제국 내 저항 세력이 아니라 영제국 밖의 합법적 교전 집단이 되기 위해서는, 식민지 개척자들 스스로가 변모해 국제 영역에서 통용되는 규범 안에 놓일 수 있는 공식적으로 인정받는 조직이 되어야 했다. 그러고 난 뒤에야 전쟁을 선포하고 독립적인 타 주권 국가들과 협정을 맺을 수 있었다. 첫 번째 아메리카 내전은 종결될 것이었다. 하지만 이로써 첫 번째 영-미 전쟁이 시작될 수 있었다.

페인은 영제국으로부터의 독립을 지지하는 좀 더 광범위한 주장을 내전을 두고 이뤄진 역사적 설명으로 보강했다. 페인은 연속되었던 내전을 설명했던 로마식 서사를 되짚었는데, 이전에 앨저넌 시드니는 이 서사를 되살려 비非세습 정부가 평화를 더 잘 수호하기에 이러한 정부 형태를 지지한다는 논거를 개진했었다. 페인은 자신이 공화주의에 가졌던 애착을 그가 칭한 "세습적 계승을 지지하기 위해 그동안

---

40 Paine, *Common Sense*, in *Collected Writings*, pp.45-46.

계속해서 제시되어온 논의 중 가장 타당한 항변"과 대조했다. 이러한 작업은 거의 100년 전에 시드니가 펼친 논변을 면밀히 따랐던 문단에서 이뤄졌다. 전통적으로 군주제를 정당화했던 방식은 그가 되짚길, 아마도

군주제가 국가를 내전에 휘말리지 않도록 보호해준다는 것이었다. 만약 이러한 주장이 사실이라면, 이는 중대히 받아들여졌을 것이다. 그렇지만 이것이야말로 그동안 인류를 속여온 거짓 중에서도 가장 뻔뻔한 말이다. 잉글랜드 역사 전체를 통해 이 점이 부정된다. 서른 명의 왕과 두 명의 소왕小王, two minors이 (노르만) 정복 이후 이 뒤숭숭한 왕국을 통치해왔다. 이 시기에 ([명예]혁명을 포함하여) 적어도 여덟 차례의 내전과 열아홉 차례의 반란이 있었다. 이런 일들로 보아 군주제는 평화에 공헌하기보다는 평화가 이뤄지기 어렵게 하며, 평화가 의거하는 듯한 토대 자체를 파괴한다…… 요컨대 군주제와 왕위 계승은 (이 왕국 혹은 저 왕국뿐만이 아니라) 전 세계를 피로 물들이고 재로 덮었다.[41]

페인이 군주제를 반대하며 내세웠던 계산법은 잠시 고찰해볼 필요가 있다. 우선 페인이 장미전쟁이 진행되는 동안, 아니 심지어 17세기 중반에 벌어졌던 소요 사태 속에서 내전이 몇 번 일어났었다고 파악했는지 명확하지 않다. 또한

---

41 앞의 책, pp.18-19. 다음과 비교해보라. Howell, *Twelve Several Treatises, of the Late Revolutions in These Three Kingdomes*, p.118. 여기에서는 1066년 이후 벌어진 총 "반란" 횟수가 "100번에 근접"한다고 제시되어 있다.

페인은 '반란'과 '내전'을 어떻게 구별했는지 제시하지도 않았다. 그러나 눈에 띄는 부분은 페인이 명예혁명을 잉글랜드 내전 목록에 포함시켜둔 듯 보인다는 점이다. 1688년부터 1689년까지 1년간은 제임스 2세와 윌리엄(과 그의 배우자 메리) 두 군주가 군림했던 시기였고, 그럼으로써 의심의 여지 없이 타키투스가 『역사』에서 기록해둔 네 황제의 해에 비해 딱 절반만큼 안 좋은 시기였다. 페인에게 명예혁명은 단지 왕위 계승 경쟁이 어떻게 국가 불안정으로 이어지는지 보여주는 추가 사례에 불과했다. 즉 시민들 각자 자신이 섬기는 국왕의 신하임을 확인하는 규명 과정에서 서로 맞서게 되는 예시였다. 내전을 해결할 수 있는 방법은 아우구스투스에 동조했던 저자들이나 이들을 따랐던 후계자들이 주장했던 대로 군주제를 도입하는 방식이 아니라, 오히려 국왕이 자리하지 않는 정부를 세우는 것이었다.[42] 바로 이 해법이 아메리카 식민지는 이제 '합중국'이라 선언하며, 영국계 아메리카 식민지 개척자들과 영국 국왕 간 유대를 끊어놓았던 독립선언서에 내포되어 있었다.

1776년 7월 독립선언서는 공식적으로 실제 벌어진 일들을 "진실된 세계"에 전하며 "이 연합 식민지는 자유롭고도 독립된 국가이며, 또한 권리에 의거하여 그렇게 되어야 한다…… 그리고 영제국과 맺은 모든 정치적 관계는 전면적

---

42 페인과 1766년에 있었던 '공화주의적 전환'과 관련해서는 다음을 보라. Nelson, *Royalist Revolution*, pp.108-145.

으로 단절되었고, 또 마땅히 단절되어야만 함"을 입증해 보
였다.[43] 선언서를 지지하는 사람들이 바라보길, 영국은 이제
국제적 분쟁 한 측에 서 있던 당사자였고, 아메리카는 (두말
할 나위 없이 복수 연합인) 미합중국으로 상대측에 놓여 있었
다. 양자는 더 이상 동일한 정치 공동체를 구성하는 부분으
로 여겨지지 않았고, 이로부터 양 지역에 거주하는 사람들
은 동료 시민 혹은 앨저넌 시드니가 동일한 '시민 사회'라
칭한 사회 구성원도 아니었다. 아메리카 전쟁은 더는 페인
이 1066년 이후부터 추정해서 매긴 아홉 번째 영국 내전이
아니었다.

독립선언서는 유럽 열강들에게 미합중국은 (실제로는 복수
의 연합으로) 이제 상업을 개방하고 동맹을 맺을 수 있음을
알렸다. 이 선언은 당대 법 규범에서 쓰이던 용어로 제시되
었는데, 그 규범은 바로 바텔의 저작 『만민법』에서 직접 가
져온 것이었다. 바텔은 유럽 내에서 처음으로 자연법 전통
내에서 독립과 대외주권, 즉 국제 영역에서 국가 지위 보장
을 동일시했던 주요 제창자였다.[44] 이런 이유로 벤저민 프랭
클린은 1775년 바텔 저작 최신판을 대륙회의에 보냈다. "신
생 국가가 처한 상황은 만민법을 수시로 참고하도록 하기"

---

43 "Declaration by the Representatives of the United States of America, in General
Congress Assembled"(July 4, 1776), in Armitage, *Declaration of Independence*, p.165,
170.

44 Beaulac, "Emer de Vattel and the Externalization of Sovereignty."

때문이었다.[45] 바텔이 반복적으로 언급한 "자유롭고 독립적인"이란 국가를 설명하는 특유의 묘사는 선언문에서도 뚜렷하게 드러났는데, 이러한 특징은 "세계 열강들"로부터 아메리카인들이 영제국에 맞서 투쟁을 벌이고 있음을 인정받기 위한 하나의 방법이었다. (로크로부터 나온) "긴 시간 동안 행해진 학대와 강탈"로 인해 낙타의 등이 부러졌다는 바텔의 주장을 통해 단순히 영제국에 맞선 반란뿐만이 아닌 분리 독립을 정당화했던 것처럼 할 수 있었다.[46] 이러한 선언으로 인해, 처음에는 전형적인 근대 초 지방세 반란으로 시작되었던 사건은 점차 영국 내전으로 변모했고, 결국 '아메리카 전쟁'이 되었다.

제국 내에서 벌어지던 저항 투쟁을 제국 밖에서 이뤄지는 합법적 분쟁으로 탈바꿈시키는 일은 제국적 혁명의 시대이자 곧 내전 시대에 아메리카 전역에서 반란을 주도하던 이들이 마주했던 문제였다.[47] 국내 분쟁이 국외 분쟁으로 전환됨에 따라 관련 규범과 제재를 가져올 원천이 국내법에서 전쟁법, 나아가 만민법으로 바뀌었다. 예를 들어 1812년 〔지금의 멕시코 지역인〕 뉴 스페인에서 총독이 기소한 반란죄에 직면했던 호세 마리아 코스José María Cos는 "형제들

---

45 Franklin to C. G. F. Dumas, Dec. 9, 1775, in *Papers of Benjamin Franklin*, 22:287.

46 Armitage, *Declaration of Independence*, p.165, 166.

47 Lempérière, "Revolución, guerra civil, guerra de independencia en el mundo hispánico, 1808-1825"; Adelman, "Age of Imperial Revolutions"; Pani, "Ties Unbound"; Lucena Giraldo, *Naciones de rebeldes*; Pérez Vejo, *Elegía criolla*.

과 시민들 간 전쟁"을 독립전쟁으로 탈바꿈시키고자 했다. 이를 위해 뉴 스페인이 스페인과 법적으로 동등한 위치에 있다고 주장하며 자신들이 벌이던 투쟁이 "만민법과 전쟁법"의 지배를 받도록 했다. 이후 1816년에 아르헨티나의 호세 데 산 마르틴José de San Martín도 비슷한 방식으로 항변했는데, 그는 "우리의 적이 나름 그럴만한 이유를 내세우며 우리를 반란군처럼 대하고 있다. 우리가 스스로를 속국이라고 언명하고 있는 와중에도 그렇게 한다. 이러한 상황에서는 그 누구도 우리를 도와주지 않으리란 걸 모두가 확신할 수 있다"고 말했다. 이는 40년 전 토머스 페인의 주장을 거의 정확히 반복했던 것이었다.[48]

이러한 모든 투쟁 속에서 독립이란 바텔에 의해 널리 알려진 의미에 따르면 외부 세력이 행사하는 간섭에서 벗어나 자주권을 획득한다는 뜻을 지녔는데, 이는 제국의 위기를 해결하기 위해 제안된 많은 방법 중 유일한 해결책이었다. 그런데 대부분의 경우 독립은 남북 아메리카인들이 주권을 쟁취하기 위한 투쟁에서 수용한 첫 번째가 아닌, 사실 최후의 선택지였다. 서반구에서 펼쳐진 제국에서 국가로의 다양한 이행 과정(과 몇몇 경우 멕시코와 브라질처럼 한 제국에서 다른 제국으로의 교체)은 결코 매끄러웠거나 반대가 없지

---

48 José María Cos, "Plan de Cuerra"(June 10, 1812), in Guedea, *Textos insurgentes(1808-1832)*, pp.52-55; San Martín to Tomás Godoy Cruz, April 12, 1816. 다음에서 인용. John Lynch, *San Martín*, trans. Chaparro, p.131.

않았는데, 어느 정도는 주권을 보장하는 법률적·정치적 원천이 다층적이고 다원적으로 존재했기 때문이었다. 주권은 사법권을 명확히 규정해주던 원천이라기보다는 격렬한 논쟁이 벌어지던 현장이었다. 왜냐하면 '혁명'의 시대라 일컫는 시기에 내전이 벌어지던 아메리카 내 공동체 형태는 국가가 아니라 제국이었기 때문이다. 로마 경우처럼 내부적 분열과 붕괴가 일어나는 순간이 되어서야 공동체의 경계, 그리고 경쟁 관계에 놓인 형제적 유대가 아주 통절히 드러날 수 있었다.

혁명과 내전이 어떠한 상호 영향을 미치는지 확인해볼 중요한 시험대는 프랑스혁명이다. 그동안 역사가들은 혁명을 바라보는 근대적 시각이 형성된 근원지를 정확히 1789년, 프랑스로 파악해왔다. 전해 듣기로 이 시기는 개념적 차원에서 "혁명에 일대 변혁이 나타나던" 때였다. 당시가 이전과 달랐던 이유는 바로 그해에 "프랑스인들이 인간 행위자들이 자각하여 보인 의지로 이뤄낸 과거와의 철저한 단절을 떠올렸고, 미래로 무한정 뻗어 나갈 극적 변화나 변환이 개시된 시기를 상상했기" 때문이었다.[49] 1789년 이전까지 혁명은 종종 피할 수 없는 자연의 섭리이자, 이미 정해져 있는 천체의 순환, 아니면 인간사에서 영구적으로 되풀이되

---

49 Baker, "Revolution 1.0", p.189; Baker, "Inventing the French Revolution", p.203, 223.

는 일로 여겨졌었다.[50] 잉글랜드 내전을 다룬 홉스가 쓴 대화편『베헤모스』에 등장하는 한 인물은 1649년부터 1660년까지 영국에서 벌어진 사건들을 설명하며 이 관점을 전형적으로 내비쳤다. 그가 말하길, "나는 이 혁명에서 순환하는 움직임을 지켜봐왔는데, 바로 주권이 두 왕위 찬탈자인 아버지와 아들[올리버 크롬웰과 리저드 크롬웰Richard Cromwell]을 거쳐 작고한 왕[찰스 1세]으로부터 다시 그의 아들[찰스 2세]에게로 돌아갔기 때문이다". 결국 되돌아간다는 의미에서 혁명이었지, 사태를 전복시키는 의미에서의 혁명은 아니었다.[51]

1789년 이후부터 복수로 제시되던 혁명들은 이제 단수로 혁명이 되었다. 이전까지 자연 발생적이고, 피할 수 없고, 인간의 통제 밖에 있는 사건이라 여겨지던 혁명이 이제는 도리어 자발적으로 계획하에, 반복적으로 행할 수 있는 일이 되었다. 〔자연〕 발생하는 현상으로서의 혁명이 행동을 통해 나타나는 혁명에 자리를 내어준 것이다. 집단적 상상이 가져온 이와 같은 대담한 위업으로 인해 혁명은 다시는 되돌릴 수 없게 정치적인 문제가 되었고, 권력과 주권을 어떻게 분배할지를 두고 주로 (전적으로는 아니더라도) 근본적

---

50 Snow, "Concept of Revolution in Seventeenth-Century England"; Rachum, "Meaning of 'Revolution' in the English Revolution(London, 1648-1660)." 대안적 관점으로는 다음을 보라. Harris, "Did the English Have a Script for Revolution in the Seventeenth Century?"

51 Hobbes, *Behemoth; or The Long Parliament*, p.389.

인 변화를 초래했다. 1789년 이후 수년 내 혁명은 더 나아
가 그 자체만으로도 권위를 갖추게 되어, 혁명이란 명칭하
에 벌어지는 정치적 폭력은 합법화될 수 있었다. 종합적으
로 보아, 혁명에서 나타난 이러한 특성들로 "1789년 고안된
근대 정치의 각본"이 쓰였고, 이 각본에는 부분적으로는 내
전을 역사 무대의 가장자리로 내보내고 그 자리에 새로운
출연진을 등장시키고자 했던 의도가 담겨 있었다.[52]

　이러한 요소들로 구성되어 하나의 과정이라는 독창적인
혁명 관념이 나왔는데, 이 혁명 과정을 통해 세계는 재정립
될 수 있었다. 이러한 발상은 로마 서사에서 찾아볼 수 있
는, 내전이 강제적으로 반복된다는 견해와는 상당히 달랐
고, 18세기 후반의 역사적 시기에 형성된 새로운 발상들로
이어지는 좀더 큰 동향을 반영했다. 이러한 움직임은 고대
로부터 물려받은, 내전이 계속해서 재발한다는 가정으로부
터 벗어나는 흐름이었다.[53] 프랑스 역사학자 프랑수아 퓌레
François Furet는 "모든 혁명은 (…) 그리고 그중 특히 프랑스혁
명 그 자체는, 스스로를 완전히 새로운 출발점으로, 말하자
면 역사의 시초로 인지하려는 경향이 있다"고 적어두었다.
하지만 이러한 논리에 따르면 잇따라 일어난 매 혁명이 고
유하다는 주장은 곧 이러한 혁명 방식이 보편적이라는 역

---

52 Edelstein, "Do We Wan a Revolution Without Revolution?"; 다음과 비교해보라.
　Rey, "*Révolution*"; William H. Sewell Jr., "Historical Events as Transformations of
　Structures: Inventing Revolution at the Bastille", in *Logics of History*, pp.225-270.

53 Vlassopoulos, "Acquiring (a) Historicity", p.166.

설을 노정했다.[54]

혁명 상연을 위한 근대 각본이 1789년에 작성된 이후, 이 극은 전 세계에 걸친 무대에서 자주 재연되어왔다. 이후에 일어난 혁명들에서 초기 각본은 혁명이 내세우는 목적에 맞게 각색되었고, 매 상연마다 새로운 특성이 추가되었다. 이후에 열리는 극은 대사와 몸짓, 상징과 복장을 이선 극으로부터 빌려왔다. 그러한 차용은 행위자들을 제약하기도 했는데, 이를 두고 카를 마르크스는 『루이 보나파르트의 브뤼메르 18일The Eighteenth Brumaire of Louis Bonaparte』에서 관행에 따라 다음과 같이 적어두었다. "그렇게 루터Luther는 사도 바울Apostle Paul로 가장했다. 1789년부터 1814년까지 이어졌던 혁명은 로마 공화정과 로마 제국의 기치를 번갈아가며 내보였다. 그리고 1848년 혁명은 어떨 때는 1789년 혁명 전통을, 또 어떨 때는 1793년부터 1795년까지 벌어졌던 혁명 전통을 모방하는 것 이상으로 더 좋은 방책을 떠올리지 못했다."[55] 하지만 행위자들은 변함없이 이러한 노력에 정당성을 부여했는데, 전통을 전복시키려는 매 시도를 통해야만 새로운 전통이 수립되었기 때문이었다. 이런 식으로 1789년 이후부터 의식적으로 축적한 혁명 상연 목록repertoire은 [정결 의식처럼] 근대성의 붉은 실scarlet thread of modernity을

---

54 Furet, "The Revolutionary Catechism", in *Interpreting the French Revolution*, trans. Forster, p.83.

55 Marx, *The Eighteenth Brumaire of Louis Bonaparte*(1851), in *Selected Writings*, p.300.

형성했다.

　이처럼 영향력 있는 평가를 받는 상황에서, 어떤 혁명이든 그 중심에는 내전이 자리한다고 찾아 나서는 행동은 노골적으로 반혁명적이라 비칠 수 있었다. 혁명에 반대하던 이들은 보통 혁명이 내세우는 정당성을 부정하고자 시도해왔는데, 이를 위해 기존 사회 및 경제 질서를 전복시키고자 하는 어떤 시도에든 수반되는 폭력과 파괴를 강조했다. 어떠한 변환이 이뤄진다 하더라고 결코 그 희생을 정당화할 수는 없다는 것이다. 또한 내전에 그와 같은 역행을 가져온다는 함축이 이제 부여된 상황에서, 혁명에 내전이라는 꼬리표를 붙이는 일은 자유를 안겨주고 새로운 미래를 열어줄 것이라는 혁명에 내재한 잠재성을 약화시키는 행위로 보일 수 있었다. 물론 전통 없는 쇄신이란 있을 수 없었다. 마르크스가 지적했던 것처럼, 1789년 초기 혁명가들조차 로마인에게 눈을 돌렸었고, 그들의 계승자들 역시 자신의 차례가 도래했을 때 영감을 얻기 위해 1789년 혁명을 되돌아봤을 것이다.

　프랑스혁명은 미국혁명이 진행되었던 방식처럼 분리 독립으로 이어지는 어떤 과정이 아니었다. 또한 왕위 계승 과정도 아니었는데, 부르봉가家가 내세우는 프랑스 왕권 주장을 두고 정당성 논란이 제기되지 않았기 때문이었다. 단지 주권을 국민이 아닌 단일 군주로 대표되는 인물에게 부여하는 일이 정당한지를 두고서만 논쟁이 있었다. 그렇다면 프랑스혁명은 바텔이 정의했던 의미에서 정권 교체를 요구하는 내전이었던가? 바스티유 습격 이후 어느 시점에 이르러 프랑스는 두 부분, 아니 심지어 두 민족으로 와해되어, 권위와 우위를 차지하기 위해 서로 싸움을 벌이지 않았던가? 당대에 이러한 생각을 했던 인물로는 에드먼드 버크 Edmund Burke(1729~1797)가 있었다. 아일랜드 출신 정치가이자 사상가였던 버크는 정치 저작과 영국 의회에서 행한 언설로 명성을 얻었다. 비록 상당히 다른 이유에 근거했지만 토머스 페인과 마찬가지로, 버크는 미국이 독립을 주장하며 내세웠던 대의명분을 지지해왔다. 마찬가지로 버크는 아일랜드와 인도 등지에서 탄압받던 민족들이 내세웠던 동기에도 찬동했다. 하지만 이후 버크는 프랑스혁명 과정과 결과를 두고 영국 내에서 벌어진 논쟁에서 향후 나타날 일들에 회의적인 시각을 내세우는 논평가가 되었고, 점차 공세적인 반혁명파가 되었다.

버크는 단지 미국혁명에서 내세웠던 핵심적 정의正義에 한해서만 페인에게 동의했던 건 아니었다. 둘은 명예혁명이 내전이었다는 주장에도 의견을 같이했다. 『상식』에서 페인은 영국 군주제에 안주하던 식민지 독자들을 흔들어 깨우고자 했다. 독자로 하여금 군주제 자체에 전쟁을 선호하는 경향이 중심에 자리하고 있음을 상기시켰는데, 특히나 1066년 이후부터 이어져온 반복된 긴 내전 역사에 명예혁명을 포함시켜두었던 점에서 그랬다. 그에 반해 버크가 1688년과 1689년에 있었던 사건을 내전으로 묘사했던 이유는 혁명 초기에 왕가의 정통성legitimacy을 박탈하고, 심지어 이들의 목숨까지 앗아가려 했던 움직임에 맞서 군주제를 보호하기 위해서였다. 『프랑스혁명에 관한 성찰Reflections on the Revolution in France』(1790)에서 버크는 "왕을 불명예스럽게 퇴위시키는 의식儀式"을 두고 신랄하게 논평했는데, 이 의식이

> 만일 시행된다고 해도 무력 없이는 거의 이뤄지기 어렵다. 그렇게 되면 전쟁 사례이지, 헌법적 사건은 아니다. 법은 무기 가운데서는 침묵하도록 명령받으며, 법정은 자신들이 더 이상 유지할 수 없는 평화와 함께 무너지고 만다. 1688년 혁명은 정의로운 전쟁에 의해 달성되었다. 어떤 전쟁이든 **내전이라면 더더욱** 정당화될 수 있는 유일한 경우였다. **전쟁이 필요한 이들에게 전쟁은 정당하다.**[56]

왜 버크는 명예혁명을 '내'전이라 칭했을까? 버크는 잉글랜드 정치인이 아닌 한 명의 아일랜드인 입장에서 이 저작을 집필했을 수 있으며, 글을 쓸 당시 모국에서 제임스 2세와 윌리엄 3세가 벌였던 무력 분쟁을 상기하며 그 분쟁이 향후 오랜 기간 고국에 미친 영향을 떠올렸을 수 있다('빌리왕King Billy'이 승리를 거둔, 1690년에 벌어진 보인 전투The Battle of the Boyne를 지금까지도 여전히 북아일랜드에 사는 신교도들은 해마다 기념하고 있다). 이 경험에 비추어 2년 뒤 버크는 명예혁명은 "혁명이 아니라, 정복이었다. 이렇게 재정립하는 데 큰 의미

---

56 Burke, *Reflections on the Revolution in France*, pp.26-27에서 다음을 인용. Livy, *Histories* 9.1.10(강조는 아미티지).

가 있다는 말은 아니지만 말이다"라고 주장했을 수 있다.[57] 만약 그렇지 않았다면, 버크는 혁명에서 잉글랜드 입장에 유념하며, 혁명을 하나의 침략으로, 즉 세 왕국을 통치할 왕권이 자신에게 있음을 주장하는 인물이 상대에 맞서 잉글랜드 지지자들의 후원을 등에 업고 무력을 사용했던 일로 여겼을 수 있다. 물론 버크는 바텔의 주장에는 동의했던 것처럼 보인다. 윌리엄이 정당하게 잉글랜드 문제에 개입했고, 이는 부당한 취급을 받으며 윌리엄 자신에게 도움을 청한 잉글랜드 사람들을 도우려는 목적하에 진행되었다는 것이다. 잉글랜드, 그리고 아마도 연관되어 있을 다른 영국 왕국들은 내부적으로 분열되어 내전 상태에 놓이는 수준까지 이르렀었다. 하지만 오로지 폭군에게 억압받고 있던 인민만이 정의가 자기편에 있다고 주장할 수 있었다. 따라서 그들을 위한 정당한 전쟁에 윌리엄이 개입했던 것이다. 어느 입장을 견지했든지 버크는 1688년에 벌어졌던 일은 예외적인 일이었고, 반복되어서는 안 된다는 주장을 하고 있었다. 군주를 권좌에서 몰아내는 일은 법의 규제를 받거나 어떤 권리에 따라 결정될 수 없었다. 그 일은 무력 사용이 불가피한 문제였고 따라서 전쟁 문제였다. 거기에 더해 동일한 정치 공동체 구성원들끼리 싸웠기에, 이는 정의상 내전이었다.

---

57 Burke, *Letter from the Right Hon. Edmund Burke*, p.41.

버크가 1789년 혁명에 비춰 1688년 혁명을 다뤘던 논변의 바탕에는 바텔 저작을 통해 살펴본 고대 로마 시기까지 거슬러 올라간 역사가 자리했다. 앞서 살펴봤던 문단을 끝마치며 버크가 인용한 문장은 ("*justa bella quibus necessaria*", 즉 "전쟁이 필요한 이들에게 전쟁은 정당하다") 리비우스의 저서 『로마사History of Rome』에 담긴 유명한 연설로부터 왔다. 여기에서 로마의 적국 중 하나는 로마가 평화의 서곡序曲을 거부했다는 이유를 들며 공세적 전쟁을 정당화했다. 버크는 리비우스가 썼던 행을 잘 기억하고 있었을 테지만, 또한 분명 바텔이 이를 『만민법』에 인용했었던 점도 인지하고 있었다. 인용한 부분에서 바텔은 한 민족이 정당한 이유를 내세우며 전쟁을 일으킨 침략자에 맞서 싸우는 상황을 그렸다. 그런데 만약 그 침략자가 항복 조건을 받아들이지 않는 경우, 정의의 균형은 피침된 민족에게 기울며, "이에 침략자의 적대 행위는 이제 부정당한 일이 되어…… 똑같이 정당하게 맞설 수 있다". 바텔은 리비우스가 든 사건을 가져와 해당 구절을 좀더 길게 인용하며 이 문단을 마쳤다.[58] 바텔이 다룬 사건이 펼쳐진 구체적인 맥락은 민족 혹은 국가 간 전쟁이었지만, 버크는 저자인 바텔의 그러한 정당화가 한 국가가 내전으로 인해 두 '민족'으로 분열된 경우에도 똑같이 적

---

58 Vattel, *Law of Nations* 3.3.36, ed. Kapossy and Whatmore, p.488. 좀더 긴 인용문은 다음처럼 적혀 있다. "필요로 하는 이에게 정의는 곧 전쟁이다. 또한 무력 외에는 희망이 없을 때 하늘이 축복을 내릴 것이다."

용된다는 걸 의미했음을 충분히 인식하고 있었다.

혁명이란 개념 자체를 거부했던 버크는 1789년 이후 프랑스인들이 오히려 역으로 전쟁 중인 두 민족으로 갈라서게 되어 각자가 따로 주권을 주장했는데, 한 측은 왕이라는 미명하에 다른 한 측은 인민을 대표하는 주권을 내세웠다고 보았다. 이러한 분석은 "[만민법 해서 중] 가장 최근에 이뤄졌고 가장 훌륭했던 내용이자 이를 저술했던 이가 쓰기 좋아했던 증거"로부터 이뤄졌다. 여기서 그 저술가는 바텔이었는데, 그는 자신이 내세운 논변을 활용해 이전까지는 주권 국가가 관장하던 정사政事에 타국이 개입하는 행위를 합법화했다.[59] 선례를 따라, 일찍이 1791년에 버크는 영국과 동맹국은 프랑스에 개입해 국왕과 그 지지자들 편을 들 수 있으며, 실은 그래야만 한다고 주장했다. 여기서 명시적으로 바텔을 내세우며 "이 형국(즉 분열된 왕국의 경우)에는 만민법에 따라 영제국은 다른 모든 열강처럼, 어떤 일원이든 원하는 쪽을 편들 자유가 있음"을 입증해 보였다.[60] '혁명' 프랑스는 실질적으로 내전 상황 속에서 분열된 민족이었다. 실제로 사실상 두 민족이었고, 영국은 갈라진 두 민족 중 어느 측에 정의가 자리하는지를 판단할 자유가 있었다. 바텔이 끊임없이 강조했던 유의 사항caveats에 따르면, 어

---

59 Burke, "Speech on the Seizure and Confiscation of Private Property in St. Eustatius"(May 14, 1781), in *Parliamentary History of England from the Earliest Period to 1803*, vol. 22, col. p.231.

60 Burke, *Thoughts on French Affairs*, in *Further Reflections on the Revolution in France*, p.207.

떠한 외부 법정이 부재한 경우, 어느 측이 내세우는 명분이 정당한지 판단하는 일은 재량권에 속하는 사항으로 남아 있었다.

내전에 외부적 개입이 가능한지를 두고 벌어진 논쟁을 바텔이 요약했고 이를 버크가 이어받았는데, 이 논쟁은 국경 안에서 벌어진 분쟁은 국제적 분쟁과 완전히 구별될 수는 없다는 점을 상기시킨다. 한 파벌이 분쟁에서 승리하느냐 그렇지 못하느냐는 대외 원조를 받는지 혹은 외부로부터 인정받는지 여부에 따라 결정될 수 있다. 그리고 그와 같은 개입은 손쉽게 적대 행위를 대외 전쟁으로 전환시켜, 처음 분쟁이 일어났던 공동체 경계를 훨씬 넘어서까지 지정학적 영향을 미칠 수 있다. 분명 바텔은 자신이 제시한 "격언"이 오용되어, "국가 내부에서 유지되는 평온한 상태를 깨는 끔찍한 술책을 인가하는 데 쓰이는 수단"이 되는 걸 보고 싶지 않았을 것이다. 하지만 그러한 상황에서 제기되는 완고한 주장은, 혁명이 내전이라고 공들여 재정의되는 한에서, 분명 어떠한 개입 행위도 수월하게 지지할 수 있었다.[61]

이러한 국가 이성reasons of state은 이미 확고히 국가를 수립한 통치자들에게 안도감을 주었는데, 이마누엘 칸트는 『영구평화론Perpetual Peace』에서 바텔을 "남을 위하려다 오히려 괴로움을 준 사람들"의 목록에, 즉 자연법 지지자들 중 임시

---

61 Vattel, *Law of Nations* 2.4.56, ed. Kapossy and Whatmore, p.291. 이를 다음 부분과 비교해보라. 같은 책, 3.16.253, ed. Kapossy and Whatmore, p.627.

방편적 윤리로 인해 도덕적 고려 없이 이뤄지는 정치적 조치를 부추기는 일군에 포함시켰다. 그럼에도 불구하고 칸트 스스로가 내세웠던, 개입을 뒷받침하는 다소 좀더 제한적인 논거 역시 바텔의 주장으로부터 직접 도출될 수 있었다.

한 국가가 내부 불화로 인해 두 부분으로 나뉘어, 각각이 별개의 국가라 표명하며 국가 전체에 대한 권리 주장을 하는 경우를 보자. 이경우 외국 정부는 어느 한쪽을 지원한다고 해서, 타국 헌정 체제에 간섭한다는 혐의를 지지 않는다(그때 해당 국가는 무정부 상태에 처해 있기 때문이다). 그러나 내부 갈등이 아직 위태로운 수준에 이르지 않는한, 외세가 행하는 이러한 간섭은 다른 누구에게도 의존하지 않고 오직 스스로 내부적 병폐와 싸워나가는 국민이 지닌 권리를 침해하는 일이다. 따라서 외부의 간섭 자체가 분개와 불명예를 안겨주는 위반행위이며 모든 국가가 지닌 자율성을 불안정하게 하는 일이겠다.[62]

그러나 프랑스혁명 전쟁이란 전후 사정 속에서 이러한 원칙은 영구평화보다는 영구전쟁을 허가하는 인가認可가 될 수 있었다. 칸트가 저술한 후 일 년 뒤에 버크는 「국왕 시해弑害를 대가로 얻은 평화에 관한 두 번째 편지Second Letter on a Regicide Peace」(1796)에서 인민 주권을 지지했던 프랑스인들은 자신들의 "무장 원칙"의 방향성을 대외로 돌려 나머

---

62 Kant, "Toward Perpetual Peace", in *Pracical Philosophy*, trans. Gregor, pp.319-320; Hurrell, "Revisiting Kant and Intervetion", p.198.

지 유럽 국가들에 맞서 적용했다고 주장했다. 또한 이 자코뱅Jacobins에게 뒤이어 일어난 분쟁은 "그 정신과 목표로 보아…… 내전이었다. 그렇게 그들은 내전을 계속해서 이어나갔는데…… 이는 유럽이 유지해온 고대적 도덕 및 정치 질서를 신봉했던 이들이 그 모든 것을 바꿀 의도를 가진 광적이며 대망을 품은 무신론자 분파에 맞선 당파들 간의 전쟁"이었다고 말했다.[63] 당시 모든 국가는 의심할 여지 없이 불안정한 상태에 놓여 있었다고 버크는 믿었는데, 혁명으로 시작된 일이 처음에는 프랑스에 국한된 내전으로 변형되었지만, 그다음에는 유럽에 거주하는 모든 사람을 그 안에 몰아넣은 내전으로 이어졌기 때문이었다.

버크는 프랑스혁명 진행 과정에 동조하지 않았던 관찰자였다. 그가 혁명과 내전을 하나로 보았던 이유는 혁명가들이 내세웠던 정당성을 약화하기 위해서였지, 두 범주 간 혼선이 일어났던 어떤 미묘한 역사적 시점을 표현하고자 했던 것은 아니었다. 남들과는 다른 방식으로 버크는 프랑스혁명을 다루는 몇몇 최근 역사가들보다 분명히 앞서 생각했다. 이들은 다양한 관점에서 프랑스혁명을 내전이라 여겼는데, 예를 들어 공포정치하에 벌어진 처형이나 1793년

---

63 Burke, "First Letter on a Regicide Peace"(Oct. 20, 1796)와 Burke, "Second Letter on a Regicide Peace"(1796), in *Revolutionary War, 1794-1797*, p.187, 267; Armitage, *Foundations of Modern International Thought*, pp.163-169.

부터 1795년 사이 프랑스 서부 방데Vendée에서 벌어졌던 반혁명 운동을 군사 진압하는 과정에서 15만 명이 넘는 이들의 목숨을 앗아갔던 일을 지적했다.[64] 버크가 최근 역사가들보다 더욱 앞서 생각했던 것은, 이러한 정치적·사회적 대변동으로 인해 향후 벌어진 혁명 각본이 대부분 정해지게 된다는 애석함이있다. 동시에 내전은 "집단 폭력 중 흔히 나타나는 유형으로서 혁명에서 등장하는 복수의 여신들Furies of revolution의 열의를 불태우게 하는데, 만약 종교전쟁 색채를 띠는 대외 전쟁과 맞물려 벌어지는 경우에는 더욱 강력히 그러하다"는 시사示唆를 아마도 가장 충분히 확인시켜주는 예견이기도 했다.[65] 프랑스혁명을 연구하는 한 주요 역사학자의 주장과는 달리, 모든 혁명은 "독립전쟁"이 아니었다. 오히려 각 혁명은 내전으로 여겨질 수 있다.[66]

혁명가들은 다른 정황에서, 혹은 다른 프랑스 공론가들ideologues에 의해 반란, 폭동 혹은 내전이라고 이름 붙여졌던 사건을 재포장했다. 실제로 혁명이 거둔 성공을 확실히 보여주는 표시는 바로 회고를 통해 사건이 공식적으로 새로운 방식으로 언급되는 일이다. 이는 상대적으로 빨리 이뤄질 수 있다. 예를 들어 1770년대 대서양에 걸쳐 벌어졌

---

64 예를 들어 다음을 보라. Martin, "Rivoluzione francese e guerra civile"; Martin, "La guerre civile"; Andress, *Terror*; Martin, *La Vendée et la Révolution*.

65 Mayer, *Furies*, pp.4-5.

66 Serna, "Toute révolution est guerre d'indépendance".

던 분쟁을 많은 동시대인은 영국 "내전"이나 "아메리카 내전"으로 보았는데, 처음으로 "미국혁명"이라 불리게 된 때는 일찍이 1776년 10월 사우스캐롤라이나주 대법관이 행했던 연설에서였다. 하지만 이 용어는 1779년 대륙회의에서 아메리카 혁명에 관한 논평Observations on the American Revolution을 발표하기 전까지는 공식적으로 언급되지 않았다.[67] 이 변경 작업은 또한 조금 더 천천히 일어날 수도 있는데, 프랑스 역사가 프랑수아 기조François Guizot는 1826년이 되어서야 17세기 중반 영제국에서 나타났던 위기를 "영국혁명"이라고 처음 칭했던 인물이 되었다. 그는 "두 혁명이 유사점을 보이는 건 [영국혁명]은 [프랑스혁명]이 벌어지지 않았다면 [혁명으로] 결코 이해되지 않았을 것이기 때문"이라고 설명했다.[68]

이렇게 신비화된 해석 속에서 혁명을 기술했던 근대 각본을 찾아내기 위해서는 혁명가들이 모방한 뒤에 없애거나 부정하려 했던 내전 각본에 주의를 기울일 필요가 있다. 『공산당 선언The Communist Manifesto』에서 마르크스와 엥겔스는 다음과 같이 기록했다. "무산(프롤레타리아) 계급이 가장 일반적으로 어떻게 발전을 거듭해왔는지 그 전환 단계를 묘사하면서, 우리는 다소 가려져 있던 내전 과정을 추적했

---

67 Drayton, *Charge, on the Rise of the American Empire*, p.2, 8, 15.

68 Guizot, *Histoire de la révolution d'Angleterre, depuis l'avènement de Charles 1 er jusqu'a la restuaration*, 1:xvii: "Telle est enfin l'analogie des deux révolutions que la première n'eût jamais été bien comprise si la seconde n'eût éclaté".

다. 기존 사회 내에서 급속히 번져나가 내전이 공개적인 혁명으로 전화轉化했던 순간까지 살펴봤다."[69] 정확히 20년 뒤 『프랑스에서 있었던 내전The Civil War in France』(1871)에서 마르크스는 어떻게 프랑스 보수 정부가 바로 이전에 프랑스를 패배시킨 프로이센 사람들과 연합해, 1871년 파리코뮌을 진압하려 했는지를 논했다. "구체제 사회가 여전히 행할 수 있는 가장 영웅적인 활동은 국가 전쟁이다. 그런데 이는 지금 계급투쟁이 내전으로 분출되자마자 내쳐지게 될, 계급 간 투쟁을 늦추기 위해 정부가 고안한 의도적 눈속임에 불과함이 드러났다."[70] 제1차 세계대전이 한창 벌어지고 있던 1916년에 레닌은 클라우제비츠가 쓴 『전쟁론』을 꼼꼼히 독해하고 난 뒤 얼마 지나지 않은 시점에서, 무산계급 혁명이 승리한 후 적어도 세 종류의 전쟁이 남게 될 것이라고 주장했다. 바로 민족 자결을 위한 전쟁, 자산계급층인 부르주아가 신흥 사회주의 국가들에 맞서 벌였던 전쟁 그리고 내전이다.[71]

"지구적 내전의 전문 혁명가" 역할을 맡았던 레닌은 억압

---

69 Marx and Engels, *The Communist Manifesto*(1848), in Marx, *Selected Writings*, p.230("den mehr oder minder versteckten Bürgerkrieg innerhalb der bestehenden Gesellschaft bis zu dem Punkt, wo er in eine offene Revolution ausbricht"); Balibar, "On the Aporias of Marxian Politics".

70 Marx, *The Civil War in France*, in Marx and Engels, *Karl Marx, Friedrich Engels Gesamtausgabe(MEGA)*, 22:158("und der bei Seite fleigt, sobald der Klassenkampf Bürgerkrieg auflodert").

71 Lenin, *Clausewitz' Werk "Vom Kriege"*; Hahlweg, "Lenin und Clausewitz".

당하는 이들은 폭력적 수단을 통해서만 스스로 자유로워질 수 있다는 주장을 이어나갔다.[72] 유럽 밖에 거주하는 민족들에게 전쟁은 제국주의에 맞서 민족 해방을 가져오는 도구였다. 이와 다르게 주장한다는 건 단지 유럽식 국수주의European chauvinism에 불과했다. 사회주의는 전쟁을 없애지 않는다. 사회주의가 가져올 승리는 즉각적으로 이뤄지거나 보편적으로 적용될 수 없었다. 자본주의에서 탄생한 천자만태千姿萬態의 악惡을 완파하기 위해서는 많은 타격이 가해져야 했다. 또한 사회주의 혁명 자체가 전쟁과 결별할 수 없는 한, 혁명은 내전과 밀접한 관계에 놓여 있게 되었다. "계급투쟁을 받아들이는 이는 내전을 받아들이지 않을 수 없다. 내전은 모든 계급 사회에서 나타나는 자연적 현상이며, 어떤 조건하에서 불가피한 상황으로, 계급투쟁이 계속되고, 발전하며, 격화되면서 나타나는 일이다. 이는 벌어졌던 모든 위대한 혁명에서 그동안 확인된 바다."[73] 러시아혁명을 되돌아보며 이오시프 스탈린은 레닌이 했던 분석에 동의했다. "1917년에 무산계급이 권력을 장악했던 사건은 내전 유형이었다."[74] 혁명에 동참했던 이들은 그 당시에 내전을 근대

---

72 이 묘사는 카를 슈미트Carl Schmitt가 했다. Schmitt, *Theory of the Partisan*, trans. Ulmen, p.93.

73 Lenin[과 Grigorii Zinoviev], *The Military Programme of the Proletarian Revolution*(Sept. 1916), in *Collected Works*, 23:78. 레닌과 지노비예프Zinoviev가 소논문을 썼던 당시 전후 맥락과 관련해서는 다음을 보라. Nation, *War on War*, pp.80-83.

74 Stalin(1928). 다음에서 인용. Rieber, "Civil Wars in the Soviet Union", p.140.

'혁명'이 내세웠던 대의명분과 전개 과정, 그 결과를 평가할 때 필수적 요소로 보았다. 이 점에 비춰 근대 혁명의 계보를 추적하고자 할 때 내전이 속屬, genus에 해당한다면 혁명은 단지 그 종種, species을 이루었다고 보는 가설을 진지하게 고민해야만 한다.[75]

75 다음 논의와 비교해보라. Eckstein, "On the Etiology of Internal Wars", p.133; Carnal, "Guerra civil y contrarrevolución en la Europa del sur en el siglo XIX", p.46.

3부

현재까지의 경로

5장

내전 문명화하기: 19세기

1863년 11월 19일 전몰자 국립묘지 봉헌식에서 에이브러햄 링컨(1809~1865)이 한 연설은 아마도 미국사에서 가장 잘 알려진 연설일 것이다. 링컨은 연설을 위한 최적의 장소와 시기를 선택했다. 그해는 미국 독립 선언 80주년이었고, 링컨은 '혈전지'였던 펜실베이니아주 게티즈버그에서 연설문을 낭독했다. 이후 이 연설은 줄곧 게티즈버그 연설로 불리고 있다.

지금으로부터 팔십 하고도 칠 년 전 우리의 선조들은 이 대륙 위에 자유 속에 잉태되고 만인은 모두 평등하게 창조되었다는 전제에 바쳐진 새로운 나라를 탄생시켰습니다. 지금 우리는 우리 나라뿐만이 아니라, 그렇게 잉태되고 그렇게 바쳐진 어떤 나라가 오랫동안 존속할 수 있을지를 시험하는 중대한 내전a great civil war에 휘말려 있습

니다.[1]

　당일 링컨의 애조를 띤 웅변과 절절하고도 간결한 문장은, 독립선언서 원문과 미국 헌법을 제외하고는 미국사에 기록된 그 어떤 글보다 이 연설문에 더 많은 논평이 이뤄지도록 했다. 연설문의 272개 단어가 거의 모두 하나하나 자세하게 분석되어왔다. 다만 연설문에서 가장 섬뜩한 부분인, 사망자가 게티즈버그에 안치되던 당시 진행되던 분쟁을 링컨이 '중대한 내전'이라 묘사한 부분은 제외하고 이뤄졌다.[2] 링컨의 연설은 익숙한 내용일 수도, 아니 가장 많이 들어본 내용일 수도 있다. 하지만 연설문의 모든 단어가 어떤 의미를 지니는지는 처음 접했을 때 느껴졌던 것만큼 그리 분명하지 않다.

　링컨은 자신이 연설하고 있던 순간이, 북아메리카 땅에서 가장 많은 희생을 초래했던 군사적 분쟁이 이제 막 절반을 지나고 있는 때였음을 알지 못했을 것이다. 그 분쟁은 연설이 있기 약 2년 반 전인 1861년 4월에 남부 연합Confederate이 사우스캐롤라이나주 섬터 요새Port Sumter를 포격하며 시작되었다. 분쟁은 1865년 4월 남부 연합군 사령관인 로버트 리

---

1 Lincoln, "Address Delivered at the Dedication of the Cemetery at Gettysburg"(Nov. 19, 1863), in *Collected Works of Abraham Lincoln*, 7:23.

2 특히 다음 저작들에서는 '중대한 내전'이라는 구절을 어디에도 찾아볼 수 없다. Wills, *Lincoln at Gettysburg*; Boritt, *Gettysburg Gospel*; Johnson, *Writing the Gettysburg Address*.

Robert E. Lee가 애퍼매톡스 코트 하우스Appomattox Court House에서 항복하며 공식적으로 종결될 때까지 지지부진하게 지속되었다. 하지만 항복 선언으로 적대 행위가 종결되기는 어려웠다.[3] 해당 전쟁은 사상자 수나 감내해야 했던 전쟁 비용은 물론 맞선 양측과 진퇴양난에 빠져 있던 아프리카계 미국인들, 그리고 좀더 넓은 세계에 끼친 위험성 측면에서 보았을 때, 분명 '중대한' 전쟁이었다. 이는 노예든 자유민이든, 전쟁 참여자든 관찰자든, 북부 사람이든 남부 사람이든, 연방주의자든 연합주의자든 누구도 부정할 수 없었다. 하지만 링컨이 게티즈버그에서 연설할 때는, 이렇게 거대한 투쟁이 '내전'이었는지 여부가 현재에 비해, 즉 북부 연방이 승리를 거둔 지 한참이 지난 지금에 비해 명확하지 않았다.

게티즈버그 연설이 있기 반년 전에 연방군은 일반 명령 100호General Order No. 100 사본을 전해 받았다. 이는 프로이센 태생의 미국 법률가 프랜시스 리버Francis Lieber(1798~1872)가 작성한 전시戰時 법 규정legal code이었다. 이 법률 문서가 국가들 사이에서 벌어지는 종래의 전쟁 맥락에서 작성되지는 않았지만, 여전히 전통적으로 전쟁과 내전을 이해해왔던 흔적이 남아 있었다. 특히 리버가 규정Code에서 정의한 내전 개념에서는 정확히 그랬다. 그는 바텔이 100년도 더 전에 내전을 어떻게든 법적 차원에서 기술하고자 분투했다는 점

---

3 Cimbala and Miller, *Great Task Remaining Before Us*; Varon, *Appomattox*; Downs, *After Appomattox*.

과 그의 상급자이자 북부 연방 장군(이자 국제 변호사였던) 헨리 웨이저 할렉Henry Wager Halleck(1815~1872)이 이후에 다시금 〔법적 기술의 문제를〕꺼내들어 바텔 논의를 반박하고자 했던 사실에 유념했다. 그런데 리버가 내전 문제와 관련하여 어떤 업적을 남겼는지는 여전히 모호한 부분이 있다. 리버가 작성한 규정은 미국 군대 사회와 20세기 국제인도법의 토대 속에서 확고한 위치를 차지했다. 그러나 동시에 리버가 제시한 내전 관념은 내적으로 모순이 있었고, 당시 분쟁에 곧바로 적용되기 어려웠다. 또한 그 관념은 링컨이 '중대한 내전'에 대해 암묵적으로 이해하고 있던 바와도 양립할 수 없었는데, 투쟁이 진행되던 도중에 표명된 그의 해석은 분리독립과 내전 간 관계를 보여주는 인식의 틀이 되어 있었다.

지금쯤이면 '내전'이란 단어가 어떤 정치적 의도나 이념적 앙금 없이 사용될 수나 있었는지 의문이 들 수 있다. 혁명 시대 이후 내전은 비합법적 투쟁 형태가 되었다고 여겨졌다. 국왕의 폭정이나 로마 공화정에서 되풀이되던 불안정한 상태로 되돌아가게 하는, 계몽된 근대 세계에 이르러서야 걷힌 아주 오래된 저주로 인식된 것이다. 〔하지만〕몇몇은 그렇게 생각하지 않았다. 예를 들어 18세기 중반 프랑스 공화주의자였던 마블리 신부Abbé de Mably〔가브리엘 보노 드 마블리Gabriel Bonnot de Mably〕(1709~1785)는 대화편 『시민의 권리와 의무The Rights and Duties of the Citizen』(1758)에서 등장시킨 영국 신사 '밀로드Milord'를 통해 놀라운 말을 전했다. 바로 "내전은 종종 아주 좋은 일"이라는 주장이었는데, 내전이 정치체를 죽음으로도 이끌 수 있는, 괴저에 걸린 팔다리를 제거하는 수술과도 같은 역할을 할 수 있기 때문이라는 것이었다.[4] 스페인 초기 자유주의 정치가였던 후안 로메로 알푸엔테Juan Romero Alpuente(1762~1835)도 1821년 연설에서 "내전은 하늘이 주신 선물"로서 국가를 재건할 수 있는 기회를 준다는 비슷한 주장을 했다. 이 구절은 스페인 역사에서 지속적으로 공명하여 20세기 스페인 내전에서까지 회자되었다.[5] 그리고 1830년에 프랑스 정치가이자 전기 작가였던 샤토브리앙 남작the baron de Chateaubriand(1768~1848)은 "인류를 사랑했던 이들로 무장 다툼 속에서 종種을 구분하고 내전이라는 이름만으로도 기절하던 사람들"을 조롱했다. 그리고 덧붙여 "'서로를 살해하는 동포들! 서로 맞선 형제들, 아버지들, 아들들!' 이 모든 상황은 의심의 여지 없이 매우 통탄할 일들이다. 그러나 민족은 종종 내부 불화를 통해 강력해지고 회생한다"고 말했다.[6] 내전은 그것이 필요하다고 여기는 사람들의 견지에서는 여전히 정당한 것일 수 있었다. 하지만 계속해서 남은 문제는 누가 전쟁이 필요하다고 결정할지, 또 언제 그 전쟁을 내전이라 부를지에 있었다.

내전이 아직 지나간 과거의 일은 아니라고 해도 어느 정

---

4 Mably, *Des droits et des devoirs du citoyen*(1758), pp.62-63("la guerre civile est quelque foix un grand bien").

5 "La guerra civil es un don de cielo", 다음 저작에서 인용함. Fuentes, "Guerra civil", p.609; Fuentes, *"Belle époque"*, pp.84-93.

6 Chateaubriand, *Mémoires d'outre-tombe*, p.1358; Caron, *Frères de sang*, pp.153-157.

도는 시대착오적이기에, 여전히 규정되지 않은 상태로 남아 있었다. 내전을 두고 사고하는 일은 해당 시기에 이뤄진 수많은 다른 현상에 체계적으로 접근해나갔던 속도를 따라가지 못했다. 18세기 중반부터 19세기 중반 사이에는 혁명적 성격의 내전으로 인해 도덕적·정치적 문제가 불거졌고, 이 문제는 내전을 억제하고 궁극적으로는 문명화시키도록 도와줄 이론적 틀, 특히나 법적 틀이 없는 현실을 더욱 냉엄하게 드러냈다. 이러한 부재의 주된 이유는 상당 부분 오랜 시간 동안 철학자나 사회이론가가 아닌 역사가와 시인이 내전을 두고 글을 써왔기 때문이었다.[7] 내전은 전쟁을 규정하는 아주 기본적인 몇몇 정의에 의문이 제기되도록 했는데, 근대적 정의에 따르면 전쟁은 수립된 주권적 독립체인 국가 간 분쟁을 가리키지, 국가 내부에서 벌어지는 분쟁을 뜻하지는 않았기 때문이다. 루소는 『사회계약론Social Contract』(1762)에서 이와 같은 전형적인 전쟁 개념을 제시했다. "전쟁은…… 한 사람과 다른 사람 간 관계가 아니라, 한 국가와 다른 국가 간 관계다…… 어느 국가든 다른 국가만을 적으로 삼지, 사람을 적으로 삼지 않는다." 바꿔 말하면, 개인은 국가가 상대하는 적이 될 수 없다. 개인은 "오로지 우발적으로만 적이 되는데, 이때는 사람, 더 정확히 말해 시민

---

7   다음 논의와 비교해볼 수 있다. Ranzato, "Evidence et invisibilité des guerres civiles"; Grangé, *De la guerre civile*; Grangé, *Oublier la guerre civile?*. 좀더 일반적으로 사회 이론에서 전쟁을 다루지 않아온 경향을 다음을 참고해 볼 수 있다. Joas and Köbl, *War in Social Thought*, p.2.

으로서가 아니라 군인으로서이기"때문이다. 따라서 만약 개인이 서로 적대한다면, 이들은 전쟁에 참전할 수 없다.[8] 이러한 견지에서 볼 때, 내전은 단연코 '전쟁'이 아니었다. 내전 당사자들이 국가에 국한되어 있지 않았고, 또한 전투원들이 전부 군인, 즉 주권자가 승인한 전투를 벌일 수 있는 합법적 교전자가 될 수 없었기 때문이다.

전투를 다룬 모든 근대 저작 중 가장 위대한 저술인, 카를 폰 클라우제비츠의 『전쟁론』(1832)에서는 내전이 단 한 번도 거론되지 않는다.[9] 이전에 언급했듯, 내전론이라는 제목이 붙은 그 어떤 위대한 전략서도 존재하지 않는다. 심지어 마오쩌둥이나 체 게바라가 게릴라 전투를 다룬 저작과 비견할 만한 것도 없다.[10] 전쟁 이론을 다뤘던 클라우제비츠에 견줄만한 당대 인물로는 앙투안 앙리 조미니Antoine Henri Jomini(1779~1869)가 있었다. 스위스 태생 장군이자 프랑스군에서 복무했던 조미니는 내전과 종교전쟁이 있었음을 마지못해 인정했다. 하지만 그는 "이러한 전쟁 부류에 격언maxims을 부여하기를 원한다는 건 부조리하다"고 말하는 정도였다. 그랬던 이유는 이러한 전쟁들을 "사상" 전쟁wars of

---

8 Rousseau, *Social Contract*, in *Social Contract and Other Later Political Writings* 1.4.9, ed. Gourevitch, pp.46-47. 루소의 주장은 부분적으로는 휘호 흐로티위스가 내세웠던 '사적' 전쟁 개념을 맹비난했던 것이었다. 이와 관련해서는 이전 3장을 보라.

9 Clausewitz, *On War*. 또한 내전은 클라우제비츠가 '소규모 전쟁kleiner Krieg'을 주제로 썼던 덜 알려진 저술들에서도 짧게만 언급되었다. Clausewitz, *Clausewitz on Small War*, trans. Daase and Davis, p.121, 131, 163.

10 Mao and Guevara, *Guerrilla Warfare*.

"opinion", 즉 지금 우리가 지칭하는 이념 전쟁으로 여겼기 때문이며, 그런 전쟁은 좀더 비이성적으로 진행되기에, 정책 전쟁보다 더 파괴적이며 더 잔혹한 결과를 초래한다고 보았기 때문이었다.[11] 이러한 사고방식으로 인해 최초 제네바 협약Geneva Convention(1864)은 내전에 확대 적용되지 못했다. "국제법이 내전에 적용되지 않는다는 것은 말할 필요가 없다"고 1870년 제네바협약 초안자 중 한 명인 구스타브 모니에Gustave Moynier는 주장했다.[12] 링컨과 리버가 직면했던 도전 과제는 모니에나 조미니가 애초에 불가능하다고 여겼던 일을 해내는 것이었다. 바로 국제법을 적용해 내전 수행 시 부여할 '격언'을 규정하여, 내전을 문명성civility의 범위 안으로 들여놓는 일이었다.

에이브러햄 링컨이 미국 내에서 벌어졌던 분쟁을 '중대한 내전'이라 표명하기로 했던 결정은, 앞서 제시했듯 1863년 당시에도 논쟁의 여지가 있었다. 그렇게 선언한다는 것은 곧 남부 연합이 벌였던 행동을 두고 북부 연방이 취했던 해석을 사실상 받아들이는 것이었다. 이는 곧 남북 양측 전투

---

11 "Vouloir Donner des maximes pour ces sortes de guerres serait absurde": Jomini, *Précis de l'art de la guerre*, 1:85. 규범 이론이 다루는 영역에 내전을 포함시키려 했던 좀더 최근에 이뤄진 설명은 다음을 보라. Francon Restrepo, *Guerras civile*; Fabre, *Cosmopolitan War*, pp.130-165.

12 Moynier, *Étude sur la Convention de Genève pour l'amélioration du sort des militaires blessés dans les armées en campagne(1864 et 1868)*, p.304("Nous ne parlons pas, cela va sans dire, des guerres civiles; les lois internationales ne leur sont pas applicables").

원들이 동일한 정치 공동체를 이뤘던 구성원이었고, 여전히 그러하다는 점을 확증하는 일이었다. 그리고 그 정치 공동체는 바로 미합중국이었다. 또한 〔중대한 내전이라는〕 이름표는 당시 분쟁에서 무엇이 논쟁점이었는지 확연히 드러내주었다. 국민이 통합을 이루고 있는지, 헌법은 신성불가침한지는 물론 일방적인 분리 독립이 비합법적인지 등이 논쟁 대상이었다. 1865년 이후 어느 시기든 당시 분쟁을 '내전'이라 칭하게 된 것은 그러한 해석과 북부 연방이 지켜내고 옹호하고자 했던 원칙이 승리했음을 의미하는 결과였다. 이러한 결론을 어렵게 얻어내긴 했지만, 해당 용어는 20세기가 되어서도 불화를 일으키는 근원으로 남았다. 미국사의 동란動亂을 정의할 때 일반적으로 받아들여지는 명칭을 변경하려는 시도는 별다른 소득이 없을 것이다. 또한 '내전'이라는 용어에 논리적 비약이 있는지를 묻는 것 역시 도덕적 차원에서 받아들여지기 어려워졌다. 내전이라는 용어에는 분열 못지않게 통합이라는 의미가 담겨 있고, 내전 개념사에서 몇 번이고 제시되듯, 불화 속에서 공통분모를 인식한다는 함축이 있었기 때문이다. 이 역설은 북아메리카 사례에서 특히 첨예하게 드러났는데, 당시 벌어졌던 분쟁은 곧 도처에서 일어나던 분리 독립 내전이 적법한지 여부를 판별해줄 시험 사례가 되었기 때문이었다.

남부 연합 지지자들에게 이 분쟁은 동료 시민들 간 혹은 앨저넌 시드니가 말했던 동일한 '시민 사회'를 구성하는 사람들 간에 벌어진 전쟁이 아니었다. 이는 분리 독립 내전으로, 다른 어떤 것보다 분리 독립을 내세울 수 있는 권리를 세우기 위한 투쟁이었고, 북부 연방으로부터 분리 독립하려는 일련의 움직임에 의해 촉발되었던 일이었다. 남부 연합 측 입장에서는 이러한 움직임과 목적으로 보아, 이 분쟁은 국내 분쟁이 아닌 국제 분쟁이었고, 정치체들 간 전쟁이시 한 단일 공동체 경계 내에서 일어나는 전쟁이 아니었다. 남부 연합은 연방으로부터 분리 독립할 수 있는 헌법상 권리를 그간 자신들이 행사해왔다고 주장했고, 이제 스스로 새로운 연합인 아메리카 연합Confederate States of America을 구성하게 되었다고 여겼다. 이 새로운 연합은 하나의 독립체로서 군사방위를 포함하여 연합 내 정무를 집행할 권리를 지니게 되었다는 것이다. 반면 북부 연방과 링컨이 내세운 논리에 따르면, 연합이 내세운 분리 독립은 '반란' 행위이며, 이를 진압하고자 벌였던 분쟁은 '내전'이었다. 그렇지만 링컨 자신은 분쟁 기간에 '내전'보다 '반란'이라는 용어를 거의 여섯 배나 많이 사용했다.[13] 좀더 넓은 역사적 맥락을 살펴보면 그 이유를 알 수 있을 것이다.

'내전'이라는 용어는 19세기 중반에 나타난 특별한 상황적 압력 아래 차용되었다. 당시는 전 지구적 연결망이 점차 강화되던 시기로, '내'전이라는 말에 담긴 고대적 경계성이

---

13 1861년부터 1865년까지를 다루는 *Collected Works of Abraham Lincoln* 4-8권에서, '반란'이라는 단어는 340회, '내전'이라는 단어는 64회 등장한다. http://quod.lib.umich.edu/l/lincoln/.

그 실질적 의미를 잃어가던 때였다. 게티즈버그 연설이 있기 1년 반 전에, 프랑스 소설가 빅토르 위고(1802~1885)는 그의 걸작인 『레미제라블Les Misérables』(1862)에서 범세계화된 세상에서 내전이 어떠한 변화된 영향력을 미칠지 고뇌하는 주인공을 등장시켰다(위고는 링컨의 결정을 높이 찬미했다. 1865년 링컨이 암살된 이후 이 프랑스 작가는 기념 훈장 제작을 위한 모금 활동을 도왔다. 이 훈장은 중대한 내전에서 가장 큰 희생을 치른 자에게 경의를 표하는 뜻으로, 〔영부인〕 메리 토드 링컨Mary Todd Lincoln에게 전해질 것이었다).[14] 『레미제라블』 영문판은 1862년 뉴욕과 이듬해 버지니아주 리치먼드에서 순식간에 사람들에게 알려졌는데, 이를 두고 로드아일랜드주 신문에서는 경멸적인 논조로 "노예 소유자들이 벌인 반란에 참여했던 이들이 향유하는 거의 유일하게 새로운 문학이자 마음의 양식"이라 평했다.[15]

위고의 걸작 수백 장을 독파하며, 링컨의 동시대인들은 워털루Waterloo 전투에서 공을 세웠던 참전 용사의 아들인 마리우스 퐁메르시Marius Pontmercy가 내전에 직면해 고민했던 내용을 살펴볼 수 있었을 것이다(마리우스라는 이름으로 인해

---

14 Gastineau, *Histoire de la souscription populaire à la médaille Lincoln*; Boritt, Neely, and Holzer, "European Image of Abraham Lincoln", p.161; Doyle, *Cause of All Nations*, pp.295-297.

15 Hugo, *Les Miserables(The Wretched): A Novel; Providence Evening Bulletin*, May 25, 1885. 다음에서 인용함. Lebreton-Savigny, *Victor Hugo et les Américains*(1825-1885), p.31(번역은 교정됨). 『레미제라블』은 프랑스어로 1862년 3월 말 브뤼셀에서, 그리고 1862년 4월 초 파리에서 출판되었다.

로마 첫 내전에서 술라가 상대했던 적수敵手가 떠오르는 건 우연이라 보기 어렵다). 마리우스가 복권된 부르봉 왕조Bourgon monarchy와 맞서 싸우기 위해 파리에 설치된 [방어벽인] 바리케이드로 향하고 있었을 때, 그는 "이제 자신의 차례가 다가와 곧 전쟁을 시작하려 하고 전장에 들어가고 있음을, 그리고 사신이 들어서고 있는 전장은 길거리임을, 그리고 그 자신이 개시하려고 하는 전쟁은 내전!"임을 알았다. 이 생각에 그는 몸서리를 치며, 영웅적이었던 자신의 아버지였다면 어떻게 행동했을지 궁금해했다. 내전이라는 범주 자체를 두고 몇몇 철학적 의심을 제기하면서도 그랬다.

> 내전? 그건 무엇을 뜻하는가? 외전外戰이라는 것은 있나? 모든 전쟁은 사람들끼리, 형제들끼리 벌이는 것 아닌가? 전쟁은 단지 그 목적으로만 한정限定된다. 어떠한 외전도, 내전도 없다. 단지 부당한 전쟁과 정당한 전쟁만이 있다…… 전쟁이 수치스러운 일로, 대검이 단도로 바뀔 때는 오직 권리, 진보, 이성, 문명, 진실이 훼손될 때다. 그때에는 내전이든 외전이든, 그 전쟁은 대단히 나쁘며 부당하다. 이에 그 명명은 범죄crime가 된다.[16]

소설 속 행위가 벌어지던 당시는 1832년으로 설정되어 있지만, 퐁메르시의 사색은 위고 자신이 내전과 다른 분쟁

---

16 Hugo, *Les Misérables: A Novel*, trans. Wilbour, 4:164-165.

사이 모호해진 경계를 지켜보며 불길함을 느끼고 있었음을 보여준다. (링컨으로부터 빌려온 핵심적 구절인) "인류로 구성된 전체를 포괄하는 대가족"이라는 폭넓어진 무대에서, 내전과 외전을 나누는 그 어떤 구분도 급격히 그 의미를 잃게 되었다.[17]

미국 내전U.S. Civil War은 면직물과 노예 노동 위에 세워진 전 지구적 자본주의 경제의 중심부에서 일어났다. 그 파장은 카리브해, 유럽, 이집트, 남아시아에까지 미쳤다.[18] 미국 내전은 또한 19세기 중반 지구적 차원에서 폭력이 폭발적으로 증가하던 가운데 일어났다. (참여) 인구에 준하여 보았을 때, 이 폭력의 시기는 19세기에 발발한 두 혈전血戰인 중국 태평천국의 난太平天國之亂, Taiping Rebellion(1850~1864)과 페루와 볼리비아가 칠레에 맞서 벌인 태평양 전쟁War of the Pacific(1879~1884)으로부터 시작되었다. 물론 여기에는 크림전쟁(1853~1856), 세포이 항쟁 혹은 '반란'Indian Rebellion or 'Mutiny'(1857), 멕시코 개혁 전쟁Mexico's Reform War(1858~1861), 일본 보신전쟁戊辰戰爭, Boshin War(1868~1869), 프로이센-프랑스 전쟁(1870~1871), 스페인 제3차 카를로스파 왕위 계승 전쟁Third Carlist War(1872~1876) 등도 포함된다.[19] 미국인들에게 이 사이

---

17 Laurent, "La guerre civile?'"; Caron, *Frères de sang*, pp.157-162.

18 Beckert, *Empire of Cotton*, pp.242-273.

19 Geyer and Bright, "Global Violence and Nationalizing Wars in Eurasia and America"; Bayly, *Birth of the Modern World, 1780-1914*, pp.148-165; Platt, *Autumn in the Heavenly Kingdom*.

기간은 18세기 중반 이후 대대적으로 이어져온 격변이 마지막에 다다랐음을 보여주는 시기였다. 이 기간에 제국을 재건하려던 노력은 오히려 독립 운동, 혁명, 내전으로 이어졌고, 비록 항시 본래 목적과 일치했던 건 아니지만, 거대한 국가나 제국으로부터 분리되어 작은 국가들이 형성되기도 하는 결과를 낳았다.[20]

미국 내전에서 행해진 폭력 역시 당시 상황에서 이례적으로 취해진 대응은 아니었다. 1580년대 네덜란드 독립 전쟁에서부터 미국혁명에 이르기까지, 그리고 1861년 미국에서부터 1991년 유고슬로비아까지 그동안 일어났던 분리 독립 운동은 판에 박힌 듯 내전으로 이어졌다. 국가 내의 한 집단이 자신의 자결권이 억눌렸다고 느끼고, 이에 분개하여 독자적인 국가 지위를 요구할 권리가 있음을 주장한다. 이에 대응해 현 국가는 국토 보존 권리와 함께 영토 내에 거주하는 이들을 다스릴 권한이 있다고 주장하며, 강압적 폭력을 가해 반대 집단의 요구를 거부한다. 분리 독립, 즉 새로운 국가를 세우려는 시도는 그렇게 내전으로 이어진다. 건립된 국가 내에서 무력 분쟁이 일어나는 것이다. 분명 평화롭게 분리 독립을 이뤄낸 몇몇 경우도 있었다. 1905년 스웨덴으로부터 독립한 노르웨이, 1944년 덴마크로부터 독립한 아이슬란드, 1965년 말레이시아 연방으로부터 독립한

---

20 Armitage et al., "Interchange".

싱가포르, 세르비아로부터 2006년에 독립한 몬테네그로와 2008년에 독립한 코소보 등을 예로 들 수 있다. 하지만 이는 예외적인 경우였다.[21]

역사에 내재한 논리는 확고한 만큼 흠잡을 데 없는 것처럼 보였다. 그 논리란 바로 분리 독립은 내전을 일으킨다는 것이다. 바로 최근까지 내전이 분리 독립을 시도할 때 가장 자주 나타났던 결과였던 것처럼 말이다. 전 세계에서 벌어진 전투를 가장 포괄적으로 집계한 최근 기록을 보면, 1816년부터 2001년 사이 484건의 개별 전쟁이 있었다. 이 중 296건은 '내전'으로 기록되어 있고, 내전 중에서 109건은 기존 국가를 장악하려던 것이 아니라 새로운 국가를 세우고자 전쟁을 벌였던 것으로 나와 있다. 따라서 분리 독립 분쟁은 지난 200년 동안 벌어진 모든 전쟁 중 20퍼센트를 넘는 비중을 차지하며, 이 수치는 곧 해당 시기에 벌어진 내전 중 상당 부분을 설명해준다. 분리 독립 분쟁 대부분은 "근대 세계의 지형이 형성되도록 한 두 차례의 제도적 변화가 이뤄지던 시기"에 일어나는 경향을 보였다. 그 변화란 바로 제국 팽창과 국가 설립 과정이었는데, 이 시기는 특히 탈식민화 과정 이후로 볼 수 있다. 그리고 이러한 전쟁이 발발하는 시기는 "국민국가nation-state 형성 직전에 가히 최고조에 달함을 보여"주었고, "내전 개시 비율은 독립 이후 첫

---

21 Pavković, *Creating New States*, pp.65-94.

2년 동안이 그보다 이후 시기에 비해 5배 이상 높았다."[22] 이처럼 장기 지속longue durée적 관점에서 보았을 때, 미국혁명은 전형적인 일로, 미국 내전은 예외적인 일로 보인다. 다시금 짚어보자면, 그 폭력 정도를 차치하더라도, 단지 내전이 독립 이후 뒤늦게 일어난 점만 봐도 그렇게 여겨진다.

미국 내전 시대에 전 지구적으로 발생했던 폭력은 19세기와 20세기 내내 지속되었고, 그 결과 오늘날까지도 이어지는 문제를 낳았다. 바로 내전을 문명화civilize시킬 수 있느냐는 것이었다. 물론 그 어떤 것도 내전을 통해 받은 정신적 충격을 완화시킬 수는 없었다. 정치 공동체는 찢어져 나갔고, 가족 내에서 반목이 벌어졌고, 친족 관계는 파괴되었고, 내전이 재발하지 않을까 하는 두려움에 휩싸였으며, 승리한 쪽과 패배한 쪽 모두 수치심을 느꼈다. 하지만 영구 평화가 한없이 희미해지는 희망이었던 반면, 전쟁을 완전히 사라지게 할 순 없더라도 그 정도를 가라앉힐 수는 있다는 몇몇 증거가 있었다. 17세기 이후 유럽 열강과 아메리카에 거주하는 유럽의 후손들은 분쟁 중 벌어지는 행위를 통제하여, 분쟁이 법에 의한 지배 아래 놓일 수 있도록 노력해왔다. 하지만 애석하게도 비유럽인을 대하는 방식은 상당히 다른 사안이 되었다. 즉, 내전의 법제화를 위한 노력이 가져온 유

22 Wimmer and Min, "From Empire to Nation-State", p.881에서 인용됨; Wimmer, Cederman, and Min, "Ethnic Politics and Armed Conflict"; Wimmer, *Waves of War*.

해한 부작용으로 인도적으로 다뤄질 사람과 그렇지 않을 이들 간 격차가 생긴 것이다. 심지어 후자의 경우 인간으로 조차 여겨지지 않았다. 이러한 차이는 시민성civility과 비시민성incivility, 즉 문명 영역과 그 영역 밖에 있는 야만을 구분 짓는 경계에 부합했다.

법적인 측면을 고려했을 때 내전과 국가 간 전쟁은 전혀 다른 일이었다. 국경선 내에서 이뤄지는 치안 활동이 국가에 일임되어 있는 한, 저항 세력을 교전 집단이 아니라 범죄 집단으로 치부할지 여부는 국가 재량권에 해당하는 일이었다. 19세기 중반 유럽 전장에서 벌어진 참사로 인해, 전쟁에서 행해지는 비인도적 행위에 대응하는 인도주의적 방침 중 가장 유명한 적십자the Red Cross 설립이 1863년에 이뤄졌다. 하지만 이 기관에서조차도 처음에는 내전 문제를 자신의 소관 밖에 두었다. 부상자에게 도움을 줄 단체 조직 설립을 논의하고자 했던 두 번째 회의가 되어서야 적십자 설립위원회는 "내전이 벌어지는 동안에는 어떠한 조치도 고려되어서는 안 된다"는 의견을 공식적으로 제시했다. 다만 향후에 적십자 활동을 확대시킬 수 있는 권한은 남겨두었다.[23] 유사한 방식으로, 1864년 초기 이뤄진 제네바협약에서는 협약을 통해 정한 보호 제도를 내전 전투원에게까

---

23 "Meeting of the Sub-committee [of the Société Publique for the Relief of Wounded Combatants], held on March 17, 1863," in International Committee of the Red Cross, "The Foundation of the Red Cross":67.

지 명시적으로 확대 적용하지 않았다. 하지만 10년이 지나지 않은 시점에서 적십자 설립자들과 제네바협약 입안자들은 이 사안을 재고하게 되었다.[24]

그러한 의중 변화가 있기 전까지 남아 있던 문제는 어떻게 내전을 당시 구축되던 지구적 차원의 법적 체계 속으로 들여놓을 수 있을지였다. 한 가지 가능한 해결책이 미국 내전 직전 영국 자유주의 철학자인 존 스튜어트 밀(1806~1873)로부터 나왔다. 밀은 내전 개입 사례를 통해, 문명과 야만으로 이뤄진 새로운 지형을 분명히 보여줬다. 이후 분쟁이 벌어지는 동안 밀은 남부 연합을 포함시키며 야만을 구분 짓던 경계를 수정했다. 「불개입에 관한 단상A Few Words on Non-intervention」(1859)에서 밀은 영제국이 불안정한 세계 내에서 지닌 윤리적 책무를 보여줬다. 당시 세계는 자급자족하는 주권 국가, 즉 "기독교 유럽처럼 국가들이 동등한 입장에서 형성한 공동체의 구성원"과 "사회 진보 차원에서 아주 낮은 위치를 점하는…… 일군一群", 즉 잠재적으로 제국 지배하에 놓일 수 있는 민족으로 구분되어 있었다. 유럽 제국이 전 지구로 뻗어나가며 〔해결책 마련은〕 좀더 시급해져만 갔다. 이미 100년 전에 바텔이 고심했던 "논란의 대상이 되었던 질문인…… 한 국가가 다른 국가에서 발생한 내

---

24 Boissier, *Histoire du Comité international de la Croix-Rouge*, pp.391-394; Siordet, "The Geneva Conventions and Civil War"; Sivakumaran, *The Law of Non-international Armed Conflict*, pp.31-37(본 문단의 내용은 해당 논의에 빚졌다).

전 혹은 정쟁政爭에 어느 한쪽을 두둔하려는 행위가 정당화 될 수 있는지, 그리고 무엇보다 자유를 위해 투쟁하는 타국 인민을 정당하게 도울 수 있는지"라는 문제가 제기된 이래 로 그랬다. 밀은 두 가지 기본적 조건하에서 외부 열강 개 입이 합법적일 수 있다고 주장했다. 하나는 원주민 정부가 아닌 외세의 지배를 받고 있는 인민을 그 지배로부터 벗어 나도록 도와주는 데 목적이 있는 경우다. 다른 하나는 "오 래 끌어온 내전에서 맞붙은 양 당사자가 우열을 가리기 어 려울 만큼 세력이 비등하여, 조속히 해결될 가능성이 보이 지 않아" 그 분쟁을 종결시키기 위해서는 외부 힘이 필요한 경우다.[25]

밀이 제시한 이러한 조건들로 인해 바텔이 상정했던 개 입 가능성은 대대적으로 제한되었지만, 밀은 이 조건들이 당대 관행은 물론 국제 도덕률에 부합한다고 생각했다. 이 를 근거 삼아 밀은 미국 남북전쟁에서 영국이 중립을 유지 해야 한다는 의견을 열렬히 지지하는 한편 마찬가지로 남 부 연합에 어떠한 양보도 불가함을 강력히 내세웠다. 남부 연합은 "〔훈족의 왕〕 아틸라나 칭기즈칸이 내세운 원칙이 헌 법의 기초라 언명한 세력"이기 때문이었다. 그렇다면 평화 는 해결책이 아니었다. 오히려 "압제로 인해 나타나는 불 의不義에 맞서 다른 인류를 지켜내기 위한 전쟁으로, 자신이

---

25 Mill, "A Few Words on Non-intervention," in *Collected Works of John Stuart Mill*, 21:120, 118, 121; Varouxakis, *Liberty Abroad*, pp.77-89.

내세우는 옳음과 좋음이란 신념에 승리를 안겨다주는 전쟁이자 스스로 자유롭게 선택한 진정한 목적을 달성하기 위해 수행하는 자신만의 전쟁, [그래서] 종종 갱생更生을 이뤄내는 수단이 되는 전쟁"이 그 해결책이었다. 밀이 사고했던 바를 통해 개입을 정당화할 수는 없었지만, 밀은 여전히 전쟁을 노예 상태에 있는 400만 명의 사람을 구해낼 수 있는 구원적 운동이라 여겼다. 그들이 분리 독립에 동의하지는 않았지만, 여전히 그들은 "인간이며, 인권을 누릴 자격"을 지녔다.[26]

밀이 잘 인지하고 있었듯, 근대 국제 질서는 서로 양립하기 어려운 근본적인 두 원리에 기초한다. 첫 번째 원리는 주권 불가침성 또는 독립성이다. 모든 국가는 자신의 국경 내에서 일차적 권위와 사법권을 지니며, 이에 대해 어떠한 외부 세력도 간섭하지 않는다. 두 번째 원리는 인권은 준수되어야 하며 국제사회는 자신의 권리를 행사하고자 하는 이들이나 권리가 침해받고 있다고 여기는 사람들을 돕기 위해 개입할 권력을 지닌다는 관념이다. 이 두 원리는 1945년 유엔 헌장에 언명되어 있으나, 두 원리 모두 훨씬 더 깊은 기원이 있다. 사실상 바텔이 처음으로 이 두 원리를 연계해서 언급했던 사상가라 할 수 있다. 이는 그가 반복적으로 제시했던 공리인 국가states는 (비록 그가 사용했던

---

26 Mill, "The Contest in America"(1862), in *Collected Works of John Stuart Mill*, 21:140, 142, 138; Varouxakis, "'Negrophilist' Crusader".

용어는 프랑스어로 '민족nations'이었지만) '자유롭고 독립적이다' 는 문장에서 찾아볼 수 있다.[27] 이 단어들은 별다른 출처 표시 없이 미국 독립선언서에 쓰였는데, 이 선언서를 통해 과거 식민지가 이제는 '자유롭고 독립적인 국가'임이 선포되는 한편 인간은 자연적으로 평등하며 저항권을 가짐이 확증되었다. 북아메리카에서 일어난 분쟁 초기 단계를 살펴보면, 이 두 기본 원리가 서로로부터 분리될 수 있고, 이렇게 나뉜 각 원칙은 단독으로 내전을 일으키는 불씨가 될 수 있었음을 알 수 있다.

1776년 이후 세계사에서 관철되는 규칙이자 반복되는 일 가운데 하나는 독립을 선언한 어떤 국가든 일부 자국민 혹은 자국 영토 내 일부 지역이 그 이후에 독립하려는 시도를 막는다는 것이다. 이러한 조치는 어떻게든 이뤄졌다. 분리 독립을 이뤄내고자 하는 이들이 독립선언서 원문에 생기를 불어넣었던 동일한 원칙을, 심지어 동일한 언어로 내세웠음에도 불구하고 말이다. 예를 들어 1860년 12월 사우스캐롤라이나주 분리 독립을 논하는 협의회에서 채택된 선언서에는 다음과 같은 내용이 적혀 있었다.

사우스캐롤라이나주는 전 세계 국가들nations 가운데에서 제 자리를 **되찾았다**. 독자적이고 독립적인 국가state로서 말이다. 이로써 전쟁을 개시하고, 평화를 체결하며, 동맹을 맺고, 무역을 확고히 하는 것은 물

---

27 Pitts, "Intervention and Sovereign Equality".

론 독립 국가가 응당 지니는 권리로서 여타 모든 행동 및 업무를 행할 수 있는 전권全權을 갖게 되었다.[28]

(사우스캐롤라이나주 선언서는 여타 남부 연합 주에서 나온 선언서에서처럼 인간이면 누구든 누리는 인권 및 평등과 연관된 어떠한 언급도 애써 피하며 국기가 지니는 권리만을 주 논조로 삼았다.)

이렇게 자신만의 독립선언서를 선포하며 입지를 세우던 주nation가 제기한 저항에 응대할 수 있는 유일한 방법은 군사적 행동을 취하는 것이었다. 바로 전쟁이었다. 1861년 7월 4일 의회에서 한 연설에서 링컨은 3개월 전 남부 연합이 섬터 요새를 공격한 일은 미국뿐만 아니라 "인류로 구성된 전체를 포괄하는 거대한 가족에게 다음의 물음"을 냉혹하고 직설적으로 제기했다고 주장했다. 바로 "입헌 공화국 혹은 민주 국가, 즉 국민의, 같은 국민에 의한 정부가 자국 내부 적에 맞서 국토를 온전히 보존할 수 있는지 혹은 그렇지 못한지"를 물었다는 것이다. 선제공격을 통해 남부 연합은 "즉각적인 해체 혹은 유혈(사태)"이라는 선택지 중 하나를 스스로 선택했다. 하지만 링컨은 적군이 자신들이 벌이는 행동을 두고 분리 독립이란 표현을 쓰는 상황을

---

28 "Declaration of the Immediate Causes Which Induce and Justify the Secession of South Carolina from the Federal Union"(Dec. 20, 1860), in *Journal of the Convention of the People of South Carolina, Held in 1860, 1861 and 1862*, pp.461-466(강조는 아미티지).

못마땅해했다. 링컨은 "이른바 분리된 국가들"이라는 말에 조소하며, "분리 독립은 헌법과 일치하며 따라서 합법적이고 평화적이라는 입장"을 〔상대의 주장이 옳다고 가정한 상황에서 그 가정 자체가 불합리함을 보여 역으로 자신의 주장이 옳음을 보이는〕 귀류법歸謬法, reductio ad absurdum을 통해 묵살했다. 분리 독립이 합헌적이라고 받아들여지는 경우를 두고 링컨이 논한 바에 따르면, 남부 연합은 논리상 자신이 세운 연합 헌법에 따라 분리 독립이 제기될 권리를 유지해야만 한다. 비록 이를 통해 자멸을 초래하는 대가를 치르더라도 그렇게 해야 한다. 따라서 "(분리 독립) 원리 자체가 하나의 붕괴 원칙이며, 이에 기초하는 어떠한 정부도 유지될 수 없을 것이다."[29]

링컨은 미국의 경우 분리 독립과 내전이 순차적이고 인과적인 관계로 연결되어 있음을 시사했다. 순차적으로 일어났다는 것은 사우스캐롤라이나주와 여타 다른 남부 연합 주들이 '이른바' 분리 독립함으로써 북부 연방으로 하여금 통합을 온전히 지켜내도록 힘써야 하는 유인을 제공했다는 뜻이었다. 이에 따라 미국 국경 내에서 군사적 대응이 일어났기에, 국내 전쟁, 즉 내전이 벌어졌다. 그리고 두 상황이 인과적으로 엮여 있던 이유는 분리 독립권이 제기되지 않았다면, 공식적인 교전이 벌어질 필요가 없었기 때문이었

---

29 Lincoln, "Message to Congress in Special Session"(July 4, 1861), in *Collected Works of Abraham Lincoln*, 4:426, 435, 436(강조는 링컨).

다. 분리 독립이 없었다면, 내전은 없었을 것이다. 링컨은 이러한 관련성이 우연적이지 않으며, 또한 미국인에게만 특징적으로 나타나는 일은 아니라고 여겼다. 링컨이 생각하기에 이러한 필연성은 '어느 국가든', 즉 '인류로 구성된 전체를 포괄하는 대가족'의 어떤 구성원이든 그 국가로서의 지위가 영토적 통일성에 기반을 두고 있는 한 체감될 수 있었다. 이후 150여 년간, 국가라는 단위체가 전 지구적으로 확산되어가는 경험을 얻고 난 뒤에야 우리는 위대한 해방자이자 민중 정치의 투사일 뿐만 아니라 불가분의 주권 국가의 지위 자체를 옹호한 자로서 링컨의 얘기가 들린다.

링컨은 '분리 독립'이라는 용어 자체가 헌정 질서 및 헌정법 자체와 사실상 양립할 수 없다고 받아들였다. 1861년 링컨은 남부 연합 주들이 북부 연방에서 탈퇴한 일은 사실상 분리 독립이 아니라 반역이라는 의견을 의회에 전달했다. 이는 링컨이 유지하던 관점이었지만, 링컨 자신만 그렇게 구분 짓는 것은 아님을 내세웠다. "언뜻 처음에 생각하기에는 남부에서 현재 이뤄지는 움직임을 '분리 독립'이라 부르든 '반역'이라 부르든 별다른 차이가 없어 보일 수 있다. 하지만 이를 주도한 사람들은 그 차이를 잘 이해하고 있었다. 처음부터 그들은 자신들이 벌이는 반역이 격렬해져, 그 행위가 법 위반을 시사하는 어떤 명칭으로도 불릴 수 없음을 알고 있었다." 링컨이 계속해서 말하길, 따라서 남부 연합은 분리 독립이 헌법에 부합한다는 주장을 내세우며 반역을 "미화했고", 그렇게 함으로써 "30년도 넘게 연합 내 대중의

마음을 현혹시키는 데에"성공했다.[30]

링컨은 분리 독립이 합법적일 수도 있음을 인정했다. 다만 관련 당사자들이 암묵적으로 합의한 경우에만 그렇다고 한정했다. 그 외에는 "어느 주도 단지 그 주 자체에서 내건 발의에 의거하여 연방으로부터 합법적으로 탈퇴할 수 없다…… 그러한 시행을 가져온 의결이나 조례는 법적 효력이 없다. 그리고…… 어떤 주나 연합 내에서 미합중국이 지닌 권위에 맞서 벌이는 폭력 행위는 경우에 따라 반란적이거나 혁명적이다."[31] 링컨은 표면적으로는 분리 독립을 둘러싼 현대의 법적 논의에서 가장 쟁점이 되는 문제, 즉 국제법이 분리독립을 지지하는 규범을 인정할지 여부에 대해선 개의치 않는 것처럼 보였다.[32] 링컨은 암묵적으로 인정되지 않는다고 여겼지만 이를 직접적으로 표현하는 대신, 그러한 방식의 인정이 현행 미국 입헌주의와는 부합하지 않는다는 명제를 내세웠다. 게티즈버그 연설에서 주장했듯, 헌정 질서가 기반으로 삼고 있는 원리는 "국민의, 국민에 의한, 국민을 위한 정부가 지구상에서 사라지지 않도록 하는 것"이었다. 이 원리는 기필코 지켜져야만 했다. 탈퇴한 주들을 다시 북부 연방으로 들어오도록 강제하기 위해 대규모 내전

---

30 앞의 책, 4:433.

31 Lincoln, "First Inaugural Address"(March 4, 1861), in *Collected Works of Abraham Lincoln*, 4:265. 원래 링컨은 "혁명적"이라는 단어 대신 "대역大逆적"이라고 썼었다.

32 Pavković, *Creating New States*, pp.221-240.

을 치르더라도 지켜져야 했다.[33]

섬터 요새 포격이 있은 후 몇 주 내로, 북부인이든 남부인
이든, 미국인이든 외국인이든 관계없이 모든 이는 미국 국
경 내에서 전쟁이 벌어지고 있다고 인지하게 되었다.[34] 하
지만 이것이 정확히 어떤 종류의 분쟁인지, 이에 맞춰 어떤
규칙이 전쟁 수행 과정에 적용되어야 하는지는 여전히 논
쟁적이었다. 남부 연합을 지지하는 이들이 보기에 링컨 대
통령은 이 쟁점을 속단했다. 1861년 4월 링컨은 체서피크만
에서부터 리오그란데강 어귀에 이르기까지 항구 봉쇄령을
내렸다. 남부 연합에 속한 주들이 "미합중국 정부에 반란
을 일으켰다"는 이유에서였다. 이와 같은 조치는 다른 무엇
보다 남부 연합 주들에 물자를 공급하려는 중립국의 선박
을 북부 연방군이 포획할 수 있음을 뜻했다. 이 선박이 전
시 상태에 있는 적군에 불법적으로 물자를 공급하고 있다
는 사유로 인해 그렇게 될 수 있었다.[35]

　1863년 2월 연방대법원은 네 가지 사건을 심리했다. 통
칭 포획 소송건the Prize Cases이라고 불리는, 보스턴, 뉴욕, 키
웨스트 법원으로부터 상소된 건이었다. 원고 측 주장을 살

---

33 Lincoln, "Address Delivered at the Dedication of the Cemetery at Gettysburg", in
　　Collected Works of Abraham Lincoln, 7:23.

34 Wright, "American Civil War(1861-1865)", p.43.

35 Neff, *Justice in Blue and Gray*, pp.32-34.

펴보면, 항구 봉쇄는 물론 포획한 배 네 척에서 취한 수입을 나눌 때 뒤이어 적용된 포획법prize law은 전쟁이 선포되지 않은 상황에서 전쟁법이 적용된 경우이기에, 해당 법률모두 취해질 수 없다는 입장이었다. 따라서 연방대법원 앞에 놓여 있던 주된 문제는 대통령의 전쟁법 발동이 정당화될 수 있는 전쟁 상태에 있었는지를 판별하는 것이었다. 1863년 3월 대법원 다수 의견을 쓰던 로버트 그리어Robert Grier 판사는 전쟁이 실제로 진행 중이었다고 변론하는 정부 측 변호사들에게 설득되었다. 〔변론 내용처럼〕 남부 연합의 행동을 '반란'이라고 부른다고 해서 전쟁을 하지 못하게하는 것도 아니었고, 전쟁 선포가 없다고 해서 정부가 적을 교전 집단으로 취급하지 못하는 것도 아니었다. "내전은 언제나 정부가 지닌 합법적 권위에 맞서 소요가 일어나면서 시작된다. 내전은 결코 엄숙히 선포되지 않는다. 오히려 예기치 못했던 내전 상황으로 인해 그렇게 된다. 내전을 고안하고 수행해나간 이들의 규모와 세력, 그리고 조직으로 인해 말이다." 대통령은 이 분쟁을 두고 "의회가 어떤이름을 부여할지 기다릴 새 없이, 분쟁 자체가 현시하는 모습 그대로" 직면할 수밖에 없었고, 그리어 판사 자신도 이분쟁을 "가장 엄청났던 내전"이라 칭하는 데 주저함이 없었다.[36]

---

[36] The Prize Cases, 67 U.S. p.635(1863): McGinty, *Lincoln and the Court*, pp.118-143; Lee and Ramesy, "Story of the *Prize Cases*"; Neff, *Justice in Blue and Gray*, pp.20-29.

바텔이 제시했으며 역사에서 중대한 변화를 가져온 내전 개념이 바로 그리어의 판단 이면에 자리하고 있었다. 비록 그러한 서술이 불러올 결과를 두고 바텔이 분석했던 바를 그리어가 이해하지는 못했지만 말이다. 바텔은 사실에 기반을 둔 서술을 내놓으며 언제 내전이 발발했고, 무엇이 모두로 하여금 같은 영토 내에서 전쟁을 벌이는 두 국가nations를 인지토록 했는지를 보여줬다. 전쟁이 벌어졌다는 점은 모두에게 명백했을 것이다. 내전을 추진했던 이들의 "규모와 세력, 그리고 조직"을 보면 그렇다. 내전은 전쟁 선포를 요하지는 않았지만, 두 국가nations 간 전쟁이 일어난 상황이 명백해지고 나면, 국내법은 더 이상 적용될 수 없었다. 대신 전쟁법을 포함한 만민법이 시행되었다.[37]

미 육군 장교였던 헨리 할렉은 적대 행위가 벌어지던 초기에 발행한 저서 『국제법International Law』(1861)에서 내전을 두고 바텔이 설명했던 내용을 상당 부분에 걸쳐 맹비난했다. 할렉이 제시했던 주장은 추상적 차원과는 거리가 멀었다. 오히려 당시 상황에 직접 적용되는 내용일 뿐만 아니라 어떻게 보면 그러한 상황으로부터 직접 도출되었다고도 말할 수 있었다. 할렉은 내전을 치르고 있는 양 당사자는 전쟁법에 따라 서로를 대할 권리가 있다는 바텔의 주장에 동의하긴 했지만, 외부 세력이 양측 모두를 독립 국가로 간주

---

37 The Prize Cases, 67 U.S. p.635(1863)에서 다음을 인용. Vattel, *Law of Nations* 3.18.293, ed. Kapossy and Whatmore, p.645.

하여, 이들이 판단하기에 정당한 명분이 있는 쪽을 지원할
수 있다는 주장은 거부했다. "그러한 행동은 자주권과 독
립을 명백히 위반"하기 때문이다. 다음 문구를 이어 적으며
할렉은 틀림없이 미국혁명을 염두에 두었을 것이다. 대외
국가는 "반란이 일어난 지방이 지닌 주권과 독립성을……
그 독립이 사실상 확고히 이뤄졌을 때" 승인할 수 있으며,
심지어 해당 지방의 이전 주권자가 그 독립성을 인정하기
이전에라도 그렇게 할 수 있었다고 적으면서 말이다(이런
이유를 들며 프랑스를 비롯한 열강들은 영제국이 1783년 파리조약
Treaty of Paris을 통해 공식적으로 미국 독립을 인정하기 훨씬 이전에
미국과 외교적·군사적 관계를 맺었다). 하지만 할렉은 "대외 국
가는 인접국에서 벌어지는 내전에 가담할 수 있다"는 바텔
의 견해를 강력히 규탄했다. 그 견해는 국제적 혼란을 비호
하는 듯한 인가認可, charter였는데, 그렇게 되면 "타국 국내 문
제에 간섭할 권리에 어떠한 제한도 부가할 수 없기" 때문이
었다.[38]

　대개 그러하듯 이 논쟁에서 많은 부분은 내전이 도대체
무엇을 의미하냐에 달려 있었다. 할렉은 사실과 역사에 기
반을 두고 스스로 고안한 정의를 저작 후반부에 제시했
다. 거기서 할렉은 내전을 그가 (조미니를 따라) 칭했던 "사
상 전쟁"과 구분했다. 사상 전쟁에는 프랑스 혁명전쟁 같

38　Halleck, *International Law*, pp.73-75.

은 "정치 전쟁"이나 십자군 전쟁이나 "이슬람주의 전쟁" 같은 종교적 분쟁이 속했다. 또한 내전을 민족 해방 전쟁이나 억압에 저항한 봉기와도 구분했다.[39] 할렉이 첫 번째로 내놓은 내전 정의에는 좁게 왕위 계승전만이 속했다. 즉, 군주국이든 공화국이든 관계없이 "같은 국가를 이루는 서로 다른 부분들에 의해 지속된 적대적 활동이 원인이 되어 벌어지는, 영국 장미전쟁, 프랑스 (가톨릭과) 위그노 전쟁, 이탈리아 구엘프파Geulphs와 기벨린파Ghibellines 간 전쟁, 멕시코와 남아메리카 내 분파 전쟁" 등에 한정되었다. 계속해서 할렉은 내전에 "소요와 혁명 전쟁"도 포함시켰다. 단 서로 다른 파벌이 집권하려 하거나 정부 변혁을 꾀하려 다투는 경우에 한정했다. 4장에서 언급했던 정권 교체 내전이 여기에 해당된다. 그러나 "단순한 반란은…… 이러한 원칙에서 예외로 간주된다. 모든 정부가 자신의 권위에 맞서 저항하는 이들을 국내법에 따라 처리하기 때문이다." 반란을 일으킨 모든 무리에게 합법적 군주들에게 적용되던 국제법이 보장하는 완전한 보호망을 부여한다는 건 "반란이나 혁명 시도에 맞서는 국가 내 정부를 모욕하는 일이며 동시에 부당하게 대하는 일일 것이다."[40] 할렉에 따르면, 반란과 내전은 전혀 다른 야수野獸였다. 1861년에 제기된 문제는,

---

39 할렉은 '이슬람주의 전쟁' 범주 또한 조미니로부터 구했다. 이후에 할렉은 조미니가 쓴 『나폴레옹 생애Life of Napoleon』를 번역했다.

40 Halleck, *International Law*, pp.332-333.

1863년과 그 이후에 있었던 문제와 마찬가지로, 반란 혹은 내전이 미국 영토 내에서 벌어지고 있는지를 판별해내는 일이었다.

이렇게 관점이 서로 충돌하는 사안은 비단 정치가만이 아닌 군 사령관들, 특히나 북부 연방 측 사령관들이 좀더 절실히 느꼈던 문제였다. 북부 연방군은 어떤 교전 원칙에 따라 반군을 대해야 하는가? 전쟁법이 적용되는가? 전쟁법이 적용된다면, 이는 해당 분쟁이 실제로 개별 국가 간 군사 충돌임을 의미하는 것인가? 그와 같은 비정규적 분쟁 유형을 과연 어떤 교전 규칙에 의해 제한할 수 있는가? 만약 한 측이 상대측을 반란군이나 저항군으로 여길 경우, 이렇게 법을 위반한 사람들에게 취할 행동에 제한은 없는가? 그리고 만약 이 분쟁이 국제전이 아니라 내전이라면, 왜 문제가 되는가? 링컨의 또 다른 조언자로 메릴랜드주 출신의 분리 독립 반대자이자, 소논문 집필자였던 애나 엘라 캐럴Anna Ella Carroll(1815~1894)은 바텔의 논의를 참고하여 1861년 대담하고 도전적으로 이 문제들에 답했다. "이 분쟁은 내전이다. 따라서 정부는 전장에 있는 저항군을 진압하기 위한 명령을 내릴 때 취할 수 있는 헌법상의 모든 권력을 사용할 수 있다. 하지만 그렇게 정부가 모든 권력을 취할 수 있음에도 불구하고, 이와 동시에 확립된 모든 전쟁 관례를 따를 의무가 있다. 왜냐하면 신중함과 인간애라는 계몽에 입각한 격언은 다른 전쟁과 마찬가지로 동일하게 내전에 명백히 적용될 수 있기 때문이

다."⁴¹

포획 소송건은 5표 대 4표라는 첨예하게 나뉜 투표 결과가 나오며 대법원 판결이 내려졌다. 이 판결은 내전이 이와 동류 개념인 반란이나 소요와 어떤 차이를 지니는지 법적으로 정의할 수 있는 길을 열어주었으며, 또한 당시 상황에 '전쟁 관례'를 적용시킬 수 있는 통로를 마련해주었다. 실제로 이후에 수 세기 동안 이어져온 논쟁과 혼란에 대응하기 위한 내전을 정의하려는 사상 첫 시도가 이뤄졌다. 법률가가 내릴 정의를 찾는 일에 착수한 인물이 육군 장군이자 국제변호사였던 할렉이었던 것은 우연의 일치라 보기 어렵다. 이렇게 까다로운 업무를 맡기기 위해 할렉이 채용한 사람은 프랜시스 리버였다. 법률가였던 리버는 당시 아마 그 어떤 누구보다 오랫동안 그리고 치열하게 내전이 갖는 법적 의의에 대해 고민해왔을 것이다. 하지만 유감스럽게도 리버는 그 책무가 지나치게 과중한 것임을 알게 되었고, 결과적으로 더 많은 혼란을 야기하는 데에 그쳤다.

리버는 워털루 전투에 참전했고 (그 전장에서 죽게 내버려졌었지만 [살아 돌아와]), 미국으로 이민을 간 뒤, 이후 첫 번째로 미국 정치학과 교수가 되었다. 사우스캐롤라이나대학에서 교수직을 시작했던 리버는 점차 노예 제도, 특히 자신이 소속되어 있던 대학에서 벌어지던 노예제 옹호에 경악

---

41 Carroll, *War Powers of the Genereal Government*, pp.7-8에서 다음을 인용. Vattel, *Law of Nations* 3.18.293.

했다. 이후 1857년 리버는 뉴욕으로 거처를 옮겨 (지금의 컬럼비아대학인) 컬럼비아칼리지에서 법학과 정치학을 가르쳤다.[42] 리버가 명성을 얻게 된 주된 이유는 그가 1863년 북부 연방군 일반 명령 100호_General Order No. 100_를 작성했기 때문이다. 리버 규정_Lieber Code_으로 더 잘 알려진 이 명령은 전쟁법을 성문화하려 했던 첫 번째 시도로, 이후 제네바협약과 헤이그조약_Hague Conventions_의 전신이자 근대 전쟁법의 기초를 형성한 것으로 알려져 있다.[43] 학문적 능력을 차치하더라도 리버는 규정을 세울 자격이 충분했다. 북부와 남부 지역으로 나뉜 양측 모두에서 살아보기도 했지만, 당시 리버는 분열을 훨씬 더 사적인 차원에서 직접 체감하고 있었다. 그의 아들 중 셋은 군인이었는데, 이중 둘은 북부 연방을 위해 싸웠던 반면 다른 하나는 남부 연합 측에 서 있었다. "내 안에서 내전의 상징을 보라"며 리버는 1861년 5월 애통해했다.[44]

리버는 리버 규정 초안을 작성하기 전 수년 동안 반란, 혁명 그리고 결정적으로 내전에 대해 고민해왔다. 하지만 직책에 따른 중압감 때문에 이전에 각각을 정의할 때 거친

---

42 Dyer, "Francis Lieber and the American Civil War"; Mack and Lesesne, _Francis Lieber and the Culture of the Mind_.

43 Baxter, "First Modern Codification of the Law of War"; Hartigan, _Military Rules, Regulations, and the Code of War_; Witt, _Lincoln's Code_; Finkelman, "Francis Lieber and the Modern Law of War".

44 Lieber to George Stillman Hillard, May 11, 1861, Lieber MSS, Henry E. Huntington Library, San Marino, Calif. (이후부터는 HEH), LI 2308.

사고의 흐름에서 벗어날 수밖에 없었다. 1850년경부터 적어둔 몇몇 초기 기록을 보면, 리버는 서로 다른 종류이면서 또한 다른 강도로 일어나는 혁명을 묘사할 때 쓸 수 있는 다양한 용어를 훑어봤다. 그중에는 "봉기" "반기" "폭동" "소요" "선동" "반란" 등이 있었다. 그리고 그 목록에는 "분리 독립"과 "내전" 모두가 포함되어 있었다.[45] 비슷한 시기에 리버는 분리 독립 문제, 특히 자신이 당시 거주하고 가르치던 사우스캐롤라이나주 분리 독립과 관련해 상세히 고찰했다. 리버는 분리 독립이 성공할 전망을 어둡게 보았다. "평화적 분리 독립은 어떤 형태로든 가능하지 않다…… 이론상으로나 현실적으로나, 법적 굴레 안에서든 법 테두리 밖에서든 관계없이, 북부 연방은 다음과 같이 말할 것이다. 우리 연방은 당신 남부 연합이 계속 있게 할 것이다. 우리 연방은 남부 연합 중 하나가 무너지게 둘 수 없다. 연맹은 유지될 것이다."[46] 그리고 나서는 말할 필요도 없이, 10년 뒤 그 일이 벌어졌다. 리버에게는 성공 혹은 성공 가능성 여부가 집단적인 반反국가 행위에서 나타나는 다양한 종류를 구별하는 주요 기준이었다. "어떤 주州, State든 저항하거나 반란을 일으킬 수 있다. 그리고 만약 그러한 반란이 성공적이라면, 혁명이라 불릴 것이다. 하지만…… 올바른 명칭으로

---

45 Lieber, "[Notes on the] English and Ferench [원문 그대로] Revolutions"(약 1850), Lieber MSS, HEH LI 365.

46 Lieber, "Some Questions Answered-Secession-the Strength of Armies and Navys, &ca."(약 1851), Lieber MSS, HEH LI 369.

상황을 칭하도록 하자. 분리 독립권과 반란을 일으킬 권리는 서로 다르다." 여기서 리버가 제시한 성공적인 "반란" 사례는 미국혁명이었는데, 미국혁명에서 내세운 "독립선언서는" 1776년 7월 4일까지 영국령 식민지였던 지역에서 "국가가 세워지도록 했다."[47]

북군과 남군이 전쟁을 행하던 초기에 리버는 다시 한번 내전을 정의해보고자 노력했다. 적대 행위가 벌어진 지 불과 몇 달이 지나지 않은 1861년 10월부터 1862년 2월 사이, 리버는 컬럼비아칼리지 학생들을 대상으로 하여 '전쟁법과 전쟁 관례'라는 제목으로 일련의 강연을 열었다. 강연을 시작하면서 리버는 자신과 청중이 "인류 역사에서 가장 호전적인 기간"에 살고 있음을 언급했다. 그리고 좀더 구체적으로 미국인들은 "자국 내에서 벌어지는 격렬한 내전 한가운데에 있으며, 동시에 모든 유럽 국가는 대규모 전쟁을 치를 준비를 하고 있다…… 우리는 중대한 시대에 살고 있다"고 말했다. 리버는 크림전쟁이나 태평천국의 난과 같은 다른 분쟁을 넌지시 언급하며, 19세기 중반에 세계 전체가 기이한 불안정 시기에 놓이게 된 상황을 잘 인지하고 있음을 보여줬다. "중국과 미국에서 벌어진 반란"으로 인해 내전에 전쟁법 적용이 적절한지 여부가 특히 더 시급한 문제가 되었지만, 여전히 그 타당성은 분명하지 않았다. 리버는 루소

---

47 Lieber, "[Remarks Regarding the *Right of Secession*]"(약 1851), Lieber MSS, HEH LI 368.

와 같은 사상가들을 따라 전쟁을 '정치 사회' 간 다툼이며, 사적 개인들 사이에서 이뤄지는 논쟁이 아니라고 정의했다. 따라서 오로지 공적 전투원만이 적으로 간주될 수 있었다. 리버는 이러한 정의에 따라 '전쟁'과 내전을 구분했고, 이는 리버 규정을 마련하는 데 애쓰기 전 자신의 직감에 따라 제시했던 내전 정의와 가장 유사했다. 그에 따르면, "국제법에서 의당 전쟁은 국가nations 혹은 독립 정부 간 다툼으로, 국제 사회family of nations로부터 그렇게 인정받은 경우를 의미한다. 내전은 정치 사회 내 일부가 다른 부분에 맞서 벌이는 격렬한 적대 행위가 오래 지속되는 상태를 의미한다."[48]

리버는 전쟁법이 "진정한 전쟁true war이나 정당한 분쟁 contentio justa"(이는 중요한 구분)의 경우처럼 내전에 적용된다고 주장했다. 그러나 이 경우는 오직 합법적 정부에 반대하는 이들이 국내법에 지속적으로 저촉되는 선에서만 가능하다고 덧붙였다.

하지만 모든 내전을 둘러싼 난제가 있는데, 한편으로는 반란군 내지는 저항군이 전투원, 교전 집단 아니면 범죄자와 더불어 합법적인 정부로부터 처벌받거나 적어도 형을 선고받을 수 있지만, 다른 한편으로는 (만일 이 정도로 동원되지 않았더라면 내전에 접어들지 않았을 정도로)

---

48 Lieber, "Twenty-Seven Definitions and Elementary Positions Concerning the Laws and Usages of War"(1861) and "Laws and Usages of War"(Oct. 1861-Feb. 1862), Lieber MSS, Eisenhower Library, Johns Hopkins University, box 2, items 15, pp.16-18.

저항군 수가 많아 이들에게 적법한 처벌이 내려지지 못하며, 반란군이 저지른 범죄가 실제로 더 심각했을지라도 사면되도록 한다는 점이다.

이 점에서 리버는 할렉이 『국제법』에서 기술했던 것만큼 분명하게 반란과 내전을 구별하지 않았다. 내전에서는 "진정한 전쟁이나 정당한 분쟁"에서 나타나는 특성과 함께 소요를 제압하는 국내 치안 활동이란 특징이 모두 나타날 수 있다. 하지만 모든 저항군이 일반 범죄자들처럼 처벌받을 수 있는 것은 아니었다. "그 처리는 하나의 방편일 뿐, 법적 혹은 도덕적 차원의 문제가 아니었다."[49] 내전에 담긴 이러한 이중성, 즉 진정한 의미에서 전쟁 수행이지만 한낱 범죄 행동이기도 한 내전은 리버 자신이 해결할 수 없는 난제를 안겨주었다. 리버의 강연록에는 전쟁법을 뒷받침하는 다양한 원리를 두고 고민했던 흔적이 남아 있는데, 이는 향후 내전에 전쟁법을 어떻게 적용할지 설명할 때 전거典據가 되었다. 강연록은 결론에 이르지 못하고 "이제 내전과 기타 등등"으로 끝맺었다. 비슷하게 이후 1862년 리버가 『비정규군 집단: 전쟁법과 관례에 관한 고찰Guerrilla Parties: Considered with Reference to the Laws and Usages of War』이라는 제목을 붙인 선구

---

49 Lieber, "Laws and Usages of War", Lieber MSS, John Hopkins University, box 2, item 17. 정당한 분쟁, 라틴어로 "contention justa"라는 언급은 알베리코 젠틸리Alberico Gentili(1552~1608)로부터 나왔다. 이는 다음에서 인용됨. Kennedy, *Influence of Christianity on International Law*, p.91.

적인 소고小考를 내놓았을 때, 리버는 의도적으로 "미국인들이 겪고 있는 내전에 어떻게 전쟁법을 적용할지에 대해 고려하려 하지" 않았다.[50]

1862년 8월 헨리 할렉이 리버를 초청하여 대중에게 '전쟁 관례와 관습'에 대한 그의 견해를 요청하기 전까지, 그 작업은 이뤄지지 않았다. 할렉의 요청은 리버기 가슴 아픈 일을 겪었던 시기에 도착했다. 장군의 요청에 대한 답장에서 리버는 자신의 아들 오스카Oscar가 남부 연합군에 가담해 윌리엄스버그 전투Battle of Williamsburg를 치른 뒤 버지니아주 리치먼드에서 사망했다는 소식을 방금 전해 들었다고 털어놓았다. "내전은"이라며 운을 뗀 리버는 슬픔에 잠긴채 "이처럼 세차게 우리 집 문을 두드렸다"고 적었다.[51] 리버는 곧 전쟁법을 다루는 짧은 글을 쓰기 시작했다. 이 주제는 그가 한동안 숙고해왔던 문제였다. 아마도 컬럼비아 칼리지에서 한 강의가 이 글의 준비 과정이었을 수 있지만, 할렉의 초청과 리버의 가족에게 드리웠던 비극은 이제 그가 글쓰기에 좀더 몰두하도록 하는 계기가 되었다. 리버가 미 법무장관이었던 에드워드 베이츠Edward Bates에게 은밀히 알렸던 문제점은 법 문헌 중에서 권위 있는 전례前例가 부재하다는 것이었다. "내전은 전쟁법 저술가들에 의해 거의 다

---

50 Lieber, *"Civil War"*, Lieber MSS, John Hopkins University, box 2, item 18; Lieber, *Guerrilla Parties*, p.21; Witt, *Lincoln's Code*, pp.193-196.

51 Halleck to Lieber, Aug. 6, 1862; Lieber to Halleck, Aug. 9, 1862, Lieber MSS, HEH, LI 1646, 1758.

뤄지지 않아왔습니다. 또한 우리 내전을 특징짓는 고유한 특성을 드러내는 그 어떠한 내전도 그동안 없었습니다." 베이츠에게 전했듯, 리버는 대신 "상식이라는 권위"에 의존해야만 했다.[52]

할렉과 리버가 나눈 서신은 이처럼 우려스러웠던 시기에 상식에 의거해 제시될 수 있는 지침이 극히 적었다는 점만 보여주었다. 리버는 초안에서 내전, 소요, 침략을 의도적으로 구별하지 않았는데, 할렉은 [최종본인] 규정Code에서 각 용어가 설명되기를 요구했다. 전쟁이 2년 차에 채 접어들지 않았을 당시 리버는 1863년 2월에 규정 최종본이 완성되었다고 생각했고 이를 회람했다. 엄선된 독자 집단이 리버 저술에 주석을 달거나 논평할 수 있도록 적은 부수로 사본이 인쇄되었다. 남은 사본 하나에 헨리 할렉은 전쟁법 목록 중 유독 결여된 부분이 있다고 지적했다. "현시점에 이 규정이 좀더 유용하게 쓰이기 위해서는, 국가 또는 뚜렷이 구별되는 주권체 간 전쟁뿐만 아니라 내전까지 포함되어야 한다."[53] 리버는 의도적으로 내전 항목을 누락해서, 내전이 포함되면 제기될 익히 예상 가능한 어려운 문제들을 피하고자 노력했을 수 있다. 하지만 할렉의 이 짧은 언급 뒤, 이 명민했던 법률가는 워싱턴 D.C.에 있는 정치 거장들에게 내전

---

52 Lieber to Bates, Nov. 9, 1862, Lieber MSS, HEH LI 852.

53 할렉이 다음에 주석을 달아둠. Lieber, *Code for the Government of Armies in the Field*, 25-[26], HEH, 243077.

을 설명하는 정확한 정의를 실제로 제시하고자 했다. 그러나 이는 말하기는 쉽지만 실제로 이뤄지기는 어려웠다. "나는 내전과 '침략'에 관해 4절㆝을 할애하며 쓰는 중"이라고 1863년 3월 할렉에게 편지를 전하며 리버는 "이건 상당히 다루기 어려운 일이다!"라고 썼다.[54]

리버가 [컬럼비아칼리지가 위치한] 뉴욕 학생들에게 제시했던 내전에 대한 설명은 "정치 사회 내 일부가 다른 부분에 맞서 벌이는 격렬한 적대 행위가 오래 지속되는 상태"였는데, 이는 조문화㆒文化하려는 공식 목적을 고려했을 때 상당히 부정확했고, 특히나 이 경우에는 더욱 그랬다. 결국 그가 내전과 유사 전쟁을 다루는 단락은 규정Code에서 정점에 해당될 것이었고, 여기서 최종적으로 내려질 구분법은 북부 연방군에서 규정을 읽은 사람들이 사용할 것이었다. 그렇다면 리버는 어떻게 내전을 정의했는가? 리버는 내전을 '소요'와 '반란' 모두로부터 구별했는데, 이러한 방식은 리버가 문서를 작성하던 1863년 봄 당시 처해 있던 구체적인 정치적 상황을 반영했던 것이다.

149. 소요는 무장한 인민이 자국 정부나 그중 일부에 맞서 봉기하거나, 정부가 세운 법 하나 이상을 따르지 않거나, 정부 관료 한 명 이상에 맞서 저항하는 경우를 뜻한다. 소요는 단순 무력 저항에 한정되

---

54 Lieber to Halleck, March 4, 1863, Lieber MSS, HEH 1778. 다음과 비교해보라. Lieber, [*U.S. Field Order 100.*] *Section X*.

기도 하지만 좀더 원대한 목적을 달성하기 위해 일어난 경우도 있다.

150. 내전은 나라나 국가를 이루는 두 부분 이상 사이에서 벌어지는 전쟁이며, 각 부분은 국가 전체를 지배하고자 하며 자신이 합법적인 정부임을 주장한다. 이 용어는 때로는 반란 전쟁에 적용되기도 하는데, 이때는 그 국가 내 반란이 일어난 지방 혹은 부분이 정부 수도를 둘러싼 부분과 인접한 경우다.

151. 내란이란 용어는 광범위한 규모로 벌어지는 반란에 적용된다. 그리고 대개 한 나라의 합법적 정부와 동일한 나라를 이루는 일부 부분 혹은 지방이 벌이는 전쟁을 가리키는데, 이때 후자는 충성을 저버리고 자신이 구성하는 정부를 세우고자 한다.[55]

1861년 이후 전후 사정은 리버가 제시했던 구분이 명확해지도록 했다. '소요'과 '반란'은 정도의 차이였으며, 반란이 만약 충성을 저버리고 독립 정부를 세우려고 하는 "좀더 원대한 목적"에 의해 수행된다면, 국가 간 분쟁, 즉 전쟁 조건에 다다르게 되었다. 즉 반란은 남부 연합이 벌였던 것처럼 자칭 분리 독립 운동이었다.[56]

리버는 내전을 지칭하는 서로 다른 두 정의를 제시했는데, 하나는 그동안 써왔던 전통적 차원의 정의였고 다른 하나는 생소한 정의였다. 우선 전통적으로 내전은 "나라나 국가를 이루는 두 부분 이상 사이에서 벌어지는 전쟁이며, 각

55 Lieber, *Instructions for the Government of Armies of the United States in the Field*, p.34.

56 Neff, *War and the Law of Nations*, pp.256-257.

부분은 국가 전체를 지배하고자" 하는 상황을 지시했다. 이 전통적 정의는 로마 전통에서 그 기원을 찾을 수 있고, 이 책에서 '교체' 모델로 칭해온 현상과 부합한다. 두 번째 이 해는 "때로는 반란 전쟁에 적용되기도 하는데, 이때는 그 국가 내 반란이 일어난 지방 혹은 부분이 정부 수도를 둘러 싼 부분과 인접한 경우"로 법적 차원에서니 역사적 차원에 서 전례가 없던 정의였다. 리버는 어떠한 실제도 없이, 당시 시기적 요구에 맞게끔 날조했다. 미국 내전U.S. Civil War에서 는 나라를 이루는 두 부분이 맞서 싸웠지만, 오직 북부 연 방만이 전반적인 지배력을 되찾을 목적을 내세우거나 미국 전 영토에 걸쳐 자신만이 합법적인 정부임을 주장했다. 남 부 연합 주들은 자신들이 미국혁명 당시 본래 저항했던 식 민지들과 어떤 도의적인 연속성을 확보하고 있다고 자처했 지만, 이러한 주장을 확대해 북부 연방에 존속하는 주 영토 까지 요구하지는 않았다. 그럼에도 불구하고 리버가 구성했 던 논의 틀 속에서 반란과 내전 간 경계는 무너졌다. 한 개 념은("반란 전쟁")은 상황이 들어맞는 경우 다른 개념("때로 는 반란 전쟁에 적용되기도……")으로 재서술될 수 있었다. 이 는 "반란이 일어난 지방"이 "정부 수도"와 인접하는 경우에 해당되며, 1863년 북아메리카의 경우가 그러했다. 미국의 수도 워싱턴 D.C.는 버지니아주에 위치했기 때문이다.

리버가 제시한 두 번째 내전 정의에 따르면, 결국 남북 전쟁은 내전이 아니었다. 오히려 사실상 반란이었다. 이러 한 관점은 북부 연방의 대응을 승인하는 것이었는데, 미국 헌법에서 '소요를 진압'할 수 있는 수단을 허용했기 때문이다. 여기에는 1861년 링컨 대통령이 (리버의 조언과 지지에 힘입어) 행했던 "반란이 벌어진 경우"의 인신 보호 영장 연기도 포함되었다. 전쟁 이후, 수정 헌법 제14조(1868)는 이에 맞춰 "소요 혹은 반란에 연루[됨]"은 공직 자격 박탈에 해당되는 사안임을 언급했다.[57] 그리고 살펴본 것처럼, 해당 분쟁을 다룬 공적 역사는 『반란 전쟁』이라는 제목으로, 해당 전쟁을 합법적인 정부에 대항하여 일어난 봉기로 취급한 북부 연방 측의 해석을 못 박아 두었다.[58] 하지만 공석에서든 사석에서든, 리버와 링컨 두 사람 모두 이 전쟁을 대개 '반란'이라 칭했으나, 때때로 '내전'이라고 하는 등 다양하게 언급하며, 양자를 명확히 구별하고자 격무에 시달렸던 법률가의 노력을 우습게 했다.

그렇기는 하지만 리버가 제시했던 정의는 이후에도 계속 영향을 미쳤다. 리버 규정을 연구한 주요 역사학자가 말하길, 리버가 유럽에 사본을 전한 뒤 "해당 문서는 곧 영향력을 발휘해", 1866년부터 1896년 사이 네덜란드에서부터 러시아에 이르기까지 유럽 대륙에 걸쳐 번역본과 모방작이 나타났다.[59] 이탈리아에서 상응하는 규칙을 채택한 지 2년

---

57 U.S. Constitution, article 1, secs. pp.8-9 Fourteenth Amendment(1868), sec. p.3.

58 또한 다음 자료를 참고. Naval War Records Office, *Official Records of the Union and Confederate Navies in the War of the Rebellion*.

59 Witt, *Lincoln's Code*, pp.340-345.

뒤, 일반 명령 100호는 1898년 미국에 의해 문자 그대로 재교부되었는데, 이때는 내전이 아니라 필리핀에서의 '소요'가 그 배경이 되었다.[60] 리버 규정은 2001년 9월 테러리스트 공격 여파로 미군에서 여전히 연구되고 있다. 또한 1901년부터 1902년까지 필리핀 군도에서 있었던 "대對유격전을 다룬 걸작" 연구의 일환으로 2007년 재판再版이 나왔다.[61] 리버 규정이 처음 모습을 보인 이후 미군 야전 교범에서는 리버가 제시한 내전에 관한 정의가 한 번도 수정되지 않았고, 단지 1949년 제네바협약 이후 어느 시점에 이르러 "국제전 성격을 띠지 않는 무력 분쟁"을 포함시키기 위해 규정rubric이 갱신되었을 뿐이었다.[62]

그사이 미국사에서 가장 심한 분열을 초래했던 전쟁을 어떻게 명명할지는 계속해서 논쟁적이었다. 분쟁이 이뤄지는 동안에는 이를 어떻게 칭할지 합의가 이뤄질 수 없었다. 비록 분쟁 초기 단계에서는 남부 사람들도 당시 분쟁을 내전이라 언급하긴 했지만, 보통 다른 용어를 더 선호했다. '전쟁' '독립 전쟁' 나아가 '혁명'이라는 용어는 자결권을 위해 싸웠던 이전 투쟁과의 연속성을 시사했다. 조지 워싱턴

---

60 U.S. Department of War, *Instructions for the Government of Armies of the United States in the Field*.

61 Ramsey, *Masterpiece of Counterguerrilla Warfare*, pp.119-141.

62 예를 들어 다음을 참고해볼 수 있다. *Military Laws of the United States*, p.798; U.S. Department of War, *Rules of Land Warfare*; U.S. Department of War, *Basic Field Manual*; U.S. Department of the Army, *Law of Land Warfare*, p.9. 좀더 개괄적인 자료로는 다음을 보라. Kretchik, *U.S. Army Doctrine*.

George Washington과 토머스 제퍼슨 같은 백인이자 남부 출신 노예 소유자들이 주도했던 투쟁이 이에 해당되었다.[63] 한편 북부 사람들은 동일한 시기 이 분쟁을 '반란' '분리 독립 전쟁' '내전'이라 불렀다. 공식적 적대 행위가 끝난 뒤에야 다른 명칭들이 기하급수적으로 등장했는데, 그중에는 '최근의 전쟁'이나 '최근의 불화' 등이 있었다(한 성실한 수집가는 다른 용어 120개를 찾아냈다). '주州들 사이의 전쟁The War Between the States'은 주로 전후에 붙여진 명칭으로, 1899년에 더욱더 많이 사용되었다. 당시는 남부 연합의 딸들United Daughters of the Confederacy이 주州들 사이의 전쟁이라는 용어로 내전, 분리 독립 전쟁, 반란 전쟁을 가리키는 모든 언급을 대체한다는 결의안을 승인했던 때였다. 고집스러웠던 한 남부 여성이 주장하길, "주州들 사이의 전쟁이 내전으로 불리는 일이 없도록 하라. 만약 우리가 이를 용인한다면, 그들이 주장하는 바처럼 우리 나라가 많은 주의 연합체가 아니라 하나의 주로 대표되는 국가임을 인정하는 것이 된다."[64]

미국-멕시코 전쟁Mexican War과 남북 전쟁 참전 용사들에게 연금을 지급하는 법안을 두고 논쟁이 벌어졌던 1907년이 되어서야, 미 의회는 분쟁을 지칭할 공식 명칭을 '내전'

---

63 다음과 비교해볼 수 있다. Fleche, *Revolution of 1861*.

64 Coulter, "Name for the American War of 1861-1865", p.123에서 밀드러드 러더퍼드 Mildred Rutherford를 인용. Hoar, *South's Last Boys in Gray*, pp.524-525에서는 전쟁을 가리키는 120개 명칭이 있다고 추정. Musick, "War by Any Other Name"; Coski, "War Between the Names"; Manning and Rothman, "Name of War".

으로 하는 데에 동의했다. 한 민주당 상원의원은 그간 '분리 독립 전쟁'이 공식 명칭이었다고 항변했다. "이 전쟁은 분리 독립권을 확립하고자 했던 전쟁이었다…… 이 전쟁은 반란 성격을 띠었고, 어느 정도까지는 내전이었다. 하지만 좀더 넓고 총체적인 의미에서 보자면, 이는 분리 독립 전쟁이었다." 미시시피주 상원의원도 비슷한 논조로 "이 전쟁은 내전이 아니었고 또한 반란 전쟁도 아니었다. 이 전쟁은 주권을 지니는 주州들 사이의 전쟁이었다"고 이의를 제기했다.[65] 하지만 이러한 이의 제기는 상실한 대의the Lost Cause에 동조했던 이들의 항변처럼 헛된 일이었다. "'반란 전쟁'이나 '주州들 사이의 전쟁'이란 용어는 더 이상 들을 수 없다"고 워싱턴 D.C.의 한 신문사는 해당 논쟁이 벌어졌던 이튿날 아침에 보도했다. "버틀러Butler 장군이 언젠가 조롱조로 칭한 '최근의 불화'는 이제부터 '내전'으로 알려지게 되었다. 상원에서는 어제 그렇게 결정됐다."[66] 남부 연합의 딸들은 단념하지 않고 계속해서 교과서를 개정하라는 운동을 벌였고, '주州들 사이의 전쟁'이란 용어 사용이 수용될 수 있도록 의회에 압력을 넣었다. 그 사유로 다음을 내세웠다. "'내전'은 최고의 권위자들로부터 '공동의 나라'의 시민들, 아니면

---

65 Thomas M. Patterson, *Congressional Record*(Jan. 11, 1907), p.944, in Record Group 94(Office of the Adjutant General), Administrative Precedent File("Frech File"), box 16, bundle 58, Civil War", National Archives, Washington, D.C.

66 *Congressional Record*(Jan. 11, 1907), pp.944-949. 워싱턴에서 발간되는 무명 신문에서 발췌. Jan. 12, 1907, "French File", National Archives, Washington, D.C.

'같은 국가nation의 시민들' 등과 같은 단어로 시민들 사이에서 벌어지는 전쟁이라 정의된다. 이제 우리는 지난 4년 동안 미합중국 정부와는 완전히 구별되는 정부를 유지해왔고, 전 세계에 걸쳐 남부 연합이라고 알려진 하나의 독립체가 되었다."[67] 이들의 노력은 남북 전쟁을 어떻게 기억할지를 두고 오래도록 지속되어온 투쟁에서 상대적으로 중요하지 않은 부분이었고, 미합중국 내 아프리카계 미국인 주민들과는 관련성이 현저히 없는 일이었다. 그들에게 전쟁은 해방이 찾아오도록 하는 동력이었다. 프레더릭 더글러스Frederick Douglass의 구절을 빌리자면, 노예제 "폐지 전쟁Abolition War"이었던 이 전쟁은 심대한 희망과 동시에 그에 못지않게 깊은 실망을 안겨준 근원이었지만, 여전히 대단히 좋은 일이었고 심지어는 하늘로부터 내려온 선물과도 같은 일이었다.[68]

미국 내전(이라고 이제는 미국 내에서 벌어졌던 그 분쟁을 칭하는 절충적 합의에 도달한 전쟁) 기간에, 내전이라는 범주는 처음으로 확고히 법률가들이 지닌 권위 아래 놓이게 되었다. 프랜시스 리버를 필두로 법률가들은 정의 내리기 버거운 개념인 내전에 대해 정의 내리고, 이를 엄밀하게 규정해주는 요소가 무엇인지 밝히며, 내전이 무엇인지 판가름해줄 경험

---

67 Coulter, "Name for the American War of 1861-1865", pp.128-129; United Daughters of the Confederacy, *Minutes of the Twenty-First Annual Convention of the United Daughters of the Confederacy*, p.298.

68 Blight, *Race and Reunion*, p.15, pp.300-337.

적 기준을 제시할 수 있는 권한을 요구한 최초의 전문가 집단이었다. 바텔과 할렉은 만민법 (혹은 할렉이 살던 당시까지는 국제법이라고 알려져 있던 법) 맥락 내에서 내전을 서술하는 방식을 선도해왔었다. 하지만 리버는 처음으로 내전을 이웃 개념인 '소요'나 '반란'과 차별을 두려고 시도했고, 이는 그가 불평했듯 아주 고된 일이었으나 살펴본 것처럼 별다른 성과를 거두지 못했다. 내전이 내포하는 의미는 점차 늘어나, 결국 그 확산을 저지하고자 하는 욕구가 냉전 후반기에 절정에 다다랐다. 하지만 그 욕구는 이전 세기에서부터 기원했었는데, 워털루 전투에서 목숨을 잃기 직전까지 갔던 한 남자에게서 그 동인動因을 찾을 수 있다. 유럽 전장으로부터 나온 그 이력은 리버가 1861년부터 1865년까지 벌어졌던 전쟁을 통해 겪은 개인적인 아픔과 국가적 비극이 계속해서 그를 괴롭혔던 것만큼 그의 뇌리에서 떠나지 않았다.

또 다른 역사가 미국 내전 기억에 단기적으로든 장기적으로든 계속해서 투영되었는데, 이는 바로 로마사였다. 내전이 자연적으로 되풀이된다는 로마 서사로부터 벗어나 있었음에도, 북부 연방이나 남부 연합을 지지했던 사람들은 자신들이 벌였던 투쟁과 그 여파를 설명하기 위해, 고대로 돌아가 그 유사성을 찾았다. 적어도 소설가이자 시인이었던 허먼 멜빌(1819~1891)은 로마의 과거가 남긴 중요성을 단언했다. 심지어 1865년 4월 9일 종려 주일Palm Sunday에 애퍼매톡스에서 [남부 연합이 북부 연방에게] 항복했던 순간을 기리

기 위해 작성했던 시에서 로마 과거를 거부하는 와중에도
그러했다.

전쟁 중인 독수리는 날개를 접었네,

허나 카이사르의 지배에서는 그렇지 않은.

우리가 노래하는 건 로마의 무기로 압도된 로마가 아니네,

파르살리아의 날에서처럼.

하지만 반역죄에 빠져, 비록 거인이 자라났을지라도,

그리고 자유가 꾸민 큰 극.

모든 인간 종족이 기쁘게 마주한

그랜트와 리가 벌였던 전쟁이 막을 내릴 때.[69]

카이사르, 폼페이우스, 루카누스를 암시하는 멜빌의 시구
는 산업화된 대량 학살이 이뤄지는 시대에서 내전을 다루
는 로마식 이해에 전하는 비문碑文에 가깝다.

하지만 꼭 그랬던 것만은 아니다. 바로 1914년 6월, 남부
연합의 딸들은 워싱턴 D.C. 외곽 알링턴 국립묘지에서 추
모비 제막식을 거행했는데, 그 추모비에는 로마 전통이 살
아 숨쉬고 있었다. 대좌臺座에는 미국 남부 연합 표식이 다
음 구호와 함께 적혀 있었다. "잠든 영웅들에게, 남부 연합
의 딸들이Victrix Causa Diis Placuit Sed Victa Catoni"("정복을 가져온 대

69 Milville, "The Surrender at Appomattox(April, 1865)", in *Published Poem*, p.100; Thomas, "'My Brother Got Killed in the War'", pp.301-303.

의명분은 신을 기쁘게 했겠지만, 정복된 이들은 카토[를 기쁘게 했다]")[70] 이 행은 루카누스가 쓴 『내전』의 첫째 권에서 가져왔고, 이에 담긴 양가성은 루카누스 자신의 것이었다. 여기에는 내전은 양측 모두에게 정당한 전쟁일 수 없지만 도덕적 위안은 그것이 아무리 가공적架空的일지라도 패배한 이들에게도 또한 부여될 수 있다는 점이 암시되어 있다. 프리드리히 엥겔스는 이와 동등한 내용을 카를 마르크스에게 1862년 5월 편지에서 전했다. 그가 생각하기에 남부 연합은 "거대했던 전투 결과를 감내하며 정복을 가져왔던 대의명분과 함께 스스로를 달랜다."[71] 링컨이 펜실베이니아주 한 묘지에서 '중대한 내전'이라 칭했던 전쟁은 로마식 암시를 거쳐 다른 미국 안장지安葬地에서 상실한 대의를 나타내는 상징으로 변모했다. 흔히 그렇듯 영원한 평화로 향하는 진보는 내전으로 인해 채워진 무덤을 통과하는 행군을 수반했다.

---

70 Lucan, *Bellum civile* 1.128, in Lucan, *Civil War*, trans. Braund, p.6; Jacob, *Testament to Union*, p.169; Malamud, "*Auctoritas* of Antiquity", pp.310-311.

71 Engels to Marx, May 23, 1862, in Marx and Engels, *Collected Works*, trans. Dixon et al., 41:367.

6장

내전으로 점철된 세계들: 20세기

"유럽에서 일어나는 모든 전쟁은, 볼테르Voltaire에 의하면, 내전이다. 20세기에 들어와 그가 내세웠던 공식은 전 지구에 적용된다. 의사소통이 빨라짐에 따라, 점차 가까워진 우리 세계에서 벌어지는 모든 전쟁은 내전이다. 모든 전투는 동료 시민 간 전투, 아니 그보다도 형제들 사이에서 벌어지는 것이다."[1] 이는 하이메 토레스 보데트Jamie Torres Bodet(1902~1974)가 했던 말인데, 그는 멕시코의 학자이자 시인이었고, 외교관으로서 제2차 세계대전 이후 유엔 교육·과학·문화기구United Nations Educational, Scientific, and Cultural Organization에서 제2국장을 역임했다. 그가 연설했던 1949년은 유

---

[1] Torres Bodet, "Why We Fight". 이 문헌을 알려준 글렌다 슬루가Glenda Sluga에게 감사를 표한다.

엔과 자매 기구들이 설립된 지 얼마 지나지 않았던 때이자, 1947년과 1948년 동안 벌어진 중대한 사건들의 여파가 남았던 때였다. 그 사건들로는 인도 독립과 분할, 이스라엘 국가 수립과 첫 번째 아랍-이스라엘 분쟁, 그리고 세계 인권 선언 선포가 있었다. 당시는 중대했던 시기로, 보데트와 동시대인이자 독일에서 미국으로 망명했던 정치학자 지그문트 노이만Sigmund Neumann(1904~1962)은 (중국 내전과 중동과 동남아시아에서 급증하던 반식민 민족주의를 덧붙여) 이 시기를 "혁명의 시대"이자 "국제 내전" 시기라고 칭했다.[2]

토레스 보데트가 1949년 10월 24일, 파리에서 있었던 유엔의 날을 기념하는 자리에서 전했던 연설 제목과 성명은 '왜 우리는 싸우는가'였다. 이는 4년 전에 종결된 전 지구적 무력 충돌이 아니라 다른 투쟁을 의미하는 것으로, 곧 평화를 위한 싸움을 뜻했다. 그 행사에서 토레스 보데트가 내전에 대해 내비친 심정은 그의 학식보다 더 울림이 있었다. 유럽은 "여러 국가로 분리된 일종의 거대한 공화국"이며 모두가 "세계의 여타 지역에는 없는 동일한 공법 및 정치 원리"를 공유한다는 저명한 주장을 볼테르가 한 것은 사실이지만, 그렇다고 그가 유럽 공동체를 바라보는 관점을 더욱 확장해서 유럽에서 벌어지던 전쟁을 내전이라고까지 여

---

2 Neumann, "International Civil War", p.333, 350; Kunze, "Zweiter Dreißigjähriger Krieg".

긴 것은 아니었다.[3] 그러한 관점의 도약은 볼테르보다 궁정 풍의 우아함을 지닌 선학이며 프랑스의 로마 가톨릭 대주교이자 정치 저술가였던 프랑수아 드 살리냐크 드라 모트 페늘롱François de Salignac de La Mothe-Fénelon(1615~1715)을 통해 먼저 이뤄졌다. 젊은 군주를 위한 지침서로 대단한 인기를 누렸던 저서 『사자死者들의 대화Dialogues of the Dead』(1712)에서 페늘롱은 소크라테스를 등장시켜, 공동 인류를 보증하는 세계시민주의 원리에 기초해서 평화주의를 유려하게 주장했다.

모든 전쟁은 실은 내전Toutes les guerres sont civiles이며, 계속해서 인류는 서로를 피로 물들이고 서로의 내장을 끄집어낸다. 전쟁이 점차 확전될수록, 그 여파는 더욱더 치명적이다. 따라서 한 국민이 다른 국민과 벌이는 전투는 사적 가문家門들이 공화국에 맞서 벌이는 전투보다 더 참혹하다. 따라서 결코 전쟁에 참전하면 안 된다. 최후의 극단까지 몰려 전쟁이 적을 물리칠 수 있는 유일한 수단이 아닌 한 말이다.[4]

언급한 모든 전쟁은 그저 단순히 내전이 아니었다. 루카누스라면 내전보다 참혹했다고 말했을 텐데, 그 전쟁들은 분명 그 어느 때보다 폭넓은 인류 공동체를 끌어들였기 때

---

3 Voltaire, *Le siècle de Louis XIV*(1756). 다음에서 인용. Pagden, "Europe: Conceptualizing a Continent", in *The Idea of Europe: From Antiquity to the European Union*, ed. Pagden, p.37.

4 Fénelon, *Fables and Dialogues of the Dead*, p.183; Bell, *First Total War*, p.59.

문이다.[5] 이러한 모습은 내전을 기술하는 지성사intellectual history에서 나타나는 많은 역설 중 하나였는데, 바로 세계가 점차 세계시민주의에서 내세우는 이상향인 보편 인류에 가까워질수록, 국제전, 나아가 지구전은 점차 밀접한 관계 속에서 이뤄지게 된다는 점이었다. 평화를 더 확실히 보장받는 것이 아니라 더욱 극심한 고통을 겪게 된 것은, 세계시민주의적 공감과 세계시민 간의 교류가 늘어나 세계가 점진적으로 좁아지면서 발생한 의도되지 않은 결과였다.[6] 유럽이 문화적으로 통일되어 있다고 믿고 있었던 페늘롱을 비롯한 계몽 사상가들은 유럽인들끼리 벌이는 모든 전쟁이 내전이 되지 않을까 두려워했다. 왜냐하면 이들은 서로를 동료로 인식하던 시민들로 구성된 공동체 범위 내에서 싸움을 벌이고 있었기 때문이었다. 이마누엘 칸트가 이후 「영원한 평화를 위하여Toward Perpetual Peace」에서 제시한 세계시민적 권리 관념 아래 서로가 서로를 인식하는 영역 자체는 지구적 차원으로 확대되었다. "(더 좁든 넓든) 지구상에 존재하는 국가들nations의 공동체가 형성되어 이제 지구의 한 편에서 벌어지는 권리 침해를 모든 곳에서 감지할 정도까지 이르렀기" 때문이다.[7]

---

5   Lucan, *Bellum civile* 1.1-2: "에마티아 평원에서 벌어진, *내전보다 더 참혹했던 전쟁*에 대해./ … 노래하노라"(강조는 아미티지).

6   Armitage, "Cosmopolitanism and Civil War".

7   Kant, "Toward Perpetual Peace", in *Practical Philosophy*, trans. Gregor, p.330.

한 세기에 걸쳐 거의 끊이지 않고 전투가 벌어졌던 유럽의 '제2차 백년전쟁Second Hundred Year's War'(1688~1815) 기간에 유럽 내전은 다소 모순적이게도, 유럽 대륙과 제국주의 전초 기지 모두에서 서로 어느 정도 문화적으로 통합되어 있음을 보여주는 한편 세계 다른 지역과는 문명 수준에서 차이가 남을 나타냈다. 자신이 쓴 『영구평화안Project for Perpetual Peace』(1761)에서 장 자크 루소는 유럽 열강들끼리 벌이는 전쟁은 "훨씬 더 개탄스러운데, 이는 그들 간 연합이 서로 친밀하고 밀접하기 때문이다…… 이들이 자주 벌이는 싸움은 대부분 내전에서 나타나는 잔혹함을 띠고 있다"고 판단했다.[8] 40년이 지난 1802년에, 전하는 바에 따르면 나폴레옹은 영국과 프랑스 간 아미앵 조약Anglo-French Treaty of Amiens 협상 과정 중이었는데, 영국 외무장관이었던 찰스 제임스 폭스Charles James Fox에게 "튀르키예를 제외하고 유럽은 세계에서 하나의 지방에 불과하다. 따라서 우리가 전투를 벌이면 내전에 참여하는 것과 다름없다"고 말했다.[9] 이어 1866년 프랑스 역사가 앙리 마르탱Henri Martin은 이러한 유럽 내전에 끝이 없다고 보며 근자에 일어났던 크림전쟁(1853~1856)을 포함시켜두었는데, 러시아 역시 동일한 문명을 이루는

---

8 Rousseau, *Project for Perpetual Peace*, p.9("presque la cruauté des guerres civiles").

9 Bourrienne, *Mémoires de M. de Bourrienne, ministre d'état*, 5:207: "La Turquie exceptée, l'Europe n'est qu'une province du monde; quand nous battons, nous ne faisons que de la guerre civile".

일부라고 여겼기 때문이었다.[10] 모든 유럽 전쟁은 내전이었
다는 경구는 이후 다시금 여러 이들의 입에 오르내렸는데,
당시는 바로 20세기에 벌어진 두 차례의 세계대전 사이 기
간이었다. 이 경구는 대개 나폴레옹이 한 말로 간주되었고,
아마도 사람들은 그가 1802년에 했던 재담才談, bon mot을 떠
올렸을 것이다.[11]

20세기 중반부터는 실제로 전 세계에서 내전이 벌어지는
현상을 목도하게 될 테지만, 이는 토레스 보데트나 계몽주
의 시기를 보냈던 이전 세대가 예상한 형태로 벌어진 것은
아니었다. 내전으로 점철된 이 새로운 세계에서는 일정 부
분 서로 겹치는 세 가지 특징이 나타났다. 첫째, 내전(오늘
날에는 기술관료적인 차원에서 새로운 명칭이 부여된 '국제적 성격
을 띠지 않는 국제 분쟁')은 제2차 세계대전이 발발하며 점차
국제 제도, 특히나 국제인도법 관할하에 놓이게 되었는데,
이 제도는 이후 탈식민 시대와 이후 내부 분쟁이 벌어졌던
1990년대를 보내면서 상황에 맞춰 수정되었다. 첫 번째 특
징과 밀접하게 연관된 두 번째 특징으로 내전은 이제 세계
대부분 지역에서 일어나며(특히 아프리카와 아시아에서 일어났
지만, 1990년대에 들어서는 이전에는 평온했을 유럽에서까지 발생
해) 어디에서나 흔히 볼 수 있는 전쟁이 되었다. 그리고 국

---

10 Martin, *La Russie et l'Europe*, p.106: "유럽인들끼리 벌이는 모든 전쟁은 내전이다".

11 예를 들어 다음을 보라. G. K. Chesterton, in Hymans, Fort, and Rastoul, *Pax mun-di*; Coudenhove-Kalergi, *Europe Must Unite*, 속표지.

가 간 전쟁을 대체하면서 세계에서 가장 흔하고 대규모로 이뤄지는 조직적 폭력 유형으로 점차 자리 잡았다. 세 번째 특징으로는 내전이 벌어진다고 여겨지던 공동체가 (예를 들어 정치체polities, 키비타테스civitates, 혹은 인간이 공동으로 향유하는 영역이) 점차 확장되고 더 많은 지역을 포괄하게 되어, '유럽 내전'이라는 개념은 현 세기에 들어서 '지구적 내전'을 지칭하는 다양한 개념으로 대체되었다.

동시에 제1차 세계대전에서부터 냉전, 그리고 21세기 초 '범지구적 테러와의 전쟁'에 이르기까지, 이 시대에 초국가적으로 벌어진 대규모 분쟁은 종종 정치적, 법적 논쟁의 영역에서 내전으로 간주되었다. 곧 살펴보겠지만, 1960년대와 1970년대에 이르러 사회과학자들과 철학자들은 내전에 집중적인 관심을 보여, 내전은 이들이 분석하고, 추정하며, 정의를 내리고자 하는 주제가 되었다. 이 과정에서 나온 모든 논쟁의 흔적은 오늘날 내전 개념에 남아 있으며 미래에도 오랜 기간 그러할 것이다.

1949년 10월 토레스 보데트가 연설하기 직전 제네바에서는 계속 확대되던 전쟁 폐해 개선을 주목적으로 하여 인도주의 회의가 열렸고, 회의를 통해 1949년 8월 심의를 마무리 지었다. 알려져 있다시피, 이 외교회담에 참가했던 전 세계에서 온 각국 대표들은 1907년 제4차 헤이그조약과 1929년 제네바협약 개정을 논의했고, 특히 전시 상황에서 민간인 지위 문제를 다뤘다. 회의에 모인 많은 대표가 염두에 두었던 가장 시급한 안건은 전형적인 국제전에서 전투원으로 인정된 이들에게 보장한 보호를 '국제전 성격을 띠지 않은 분쟁에 따른 피해자들'까지 그 범위를 확대 적용할 수 있는 방안이었다. 물론 대표 모두가 이러한 조치가 필요하다거나 바람직하다는 데 동의할 수는 없었다. 영국 대표단을 포함한 일부 사절은 국제법을 국내 분쟁에 갑자기 적용하면 국가 주권이 침해된다고 여겼다(이 주장은 실제로 정확히 동일한 이유로 1864년에 합의된 초기 제네바협약이 내전까지 확대 적용되지 않았었음을 상기시켜준다). 하지만 다른 사절들은 "국가가 지닌 권리는 모든 인도주의적 고려 사항보다 우선시되어서는 안 된다"는 주장을 설득력 있게 제시했는데, 그 근거로 "내전이 국제전보다 훨씬 더 잔혹하게 벌어진다는 점"을 내세웠다. 이러한 논의 결과 제네바협약 일반조항 제3조(1949)가 도출되었고, 이 조항은 당시 정확한 용어로 "국제전 성격을 띠지 않는 무력 분쟁"(이후 줄여 "비非국제적 무력 분쟁", 아니면 약어로 "NIAC")에 최종적으로 적용되었다.[12]

일반조항 제3조 제정으로 이어지게 된 1949년 논의는 [1년 전인] 1948년 스톡홀름에서의 제안에 기반을 두었는데, 당시 제안은 국제적십자위원회International Committee of the Red Cross가 "국제전 성격을 띠지 않는 무력 분쟁 사례, 특히

---

12 Diplomatic Conference for the Establishment of International Conventions for the Protection of Victims of War, *Final Record of the Diplomatic Conference of Geneva of 1949*, 2B:325, 11; Sivakumaran, *Law of Non-international Armed Conflict*, pp.30-31, p.40.

내전, 식민지 분쟁, 종교 전쟁 사례"에 기존 제네바협약을
"각 적대국에 의무로서" 부가하기 위해 제시된 바 있다. 많
은 논의 끝에 1949년 제네바에서 마련된 개정 초안에서는
마지막 자격 조항은 빠지고 "국제전 성격을 띠지 않는 무력
분쟁"만이 명시되었다. 이는 국가의 국경 내에서 벌어지는
폭력 행위를 너무 광범위하게 포괄한다는 초기 반대에도
불구하고 이후 국제 법률가와 국제기구에서 선호하는 준칙
으로 자리 잡았다. 초기 반대자들이 지적한 지나치게 광범
위한 폭력 행위와 반대 근거는, '내전'뿐만 아니라 정당성
있는 반정부 자유 투쟁가들, 노상강도, 심지어 일반 범죄자
등 국가가 상대하는 모든 적을 포함할 수 있으며, 사실상
전쟁으로 간주되는 행위가 아닌 폭동이나 쿠데타에 가담한
모든 사람까지 포함할 수 있다는 것이었다. 이러한 행위 모
두는 국내법상 불법에 해당되는데, 이런 경우에도 제네바협
약에 따른 보호를 받을 자격이 되는지 물음을 제기했던 것
이다.[13] 대부분의 내전은 "국제적 성격을 띠지 않는" 전쟁이
었다. 역으로 "국제적 성격을 띠지 않는" 몇몇 전쟁만을 내
전으로 보는 편이 나았다. 이렇게 일정 부분 서로 겹치는
두 전쟁 범주를 엄밀하게 구분하려는 시도는 지금까지 계

---

13 International Committee of the Red Cross, *Seventeenth International Red Cross Confer-ence, Stockholm, August 1948: Report*, p.71; Pictet, *Geneva Convention for the Amelioration of the Condition of the Wounded and Sick in Armed Forces in the Field*, pp.39-48. 일반조항 제3조 초안 작성과 관련해서는 다음을 보라. Moir, *Law of International Armed Conflict*, pp.23-29.

속 논쟁을 불러일으키고 혼란을 야기하는 근원으로 남게 되었다.[14]

결국 최종적으로 채택된 제네바협약 일반조항 제3조는 기존에 내세웠던 바가 최소한만 반영되었다. 해당 조항은 민간인과 (예를 들어 부상을 당했거나 병에 걸려) 더 이상 전투원이 아닌 군대 구성원은 "모든 상황에서 인도적으로 대우" 된다고 규정했다. 또한 "부상자와 환자는 수용하여 간호해야 하며", 국제적십자는 분쟁에 연루되었던 이는 누구든 보살필 수 있으며, 분쟁 당사자들은 제네바협약 내 다른 규정들을 가능한 한 많이 지키려 노력해야 한다고 정의했다.[15] 하지만 해당 조항은 폭넓게 해석될 수 있는 여지를 남겨두었는데, 특히 "너무 협소하거나 너무 과도하게 적용될 위험"을 피하기 위해 "국제적 성격을 띠지 않는 무력 분쟁"에 좀더 정확히 어떤 일들이 해당되는지 규정하려고 하지 않았기 때문이었다. 결과적으로 해당 조항은, 예를 들어 다양한 국내 치안 활동(혹은 이를 유발하는 국가 주권에 대한 위협)을 포함할 정도로 광범위하지 않았고, 동시에 너무 많은 분쟁이 어떠한 규제나 개선조치로부터 배제될 만큼 제한적

---

14 20세기 법률적 배경을 이해하려면 다음을 보라. Rougier, *Les guerres civiles et le droit des gens*; Siotis, *Le droit de la guerre et les conflits armés d'un caractère non-international*; Castrén, *Civil War*; La Haye, *War Crimes in Internal Armed Conflicts*; Solis, *Law of Armed Conflict*; Dinstein, *Non-international Armed Conflict in International Law*; Moir, "Concept of Non-international Armed Conflict".

15 Geneva Convention, Common Article 3, in Pictet, *Geneva Convention for the Amelioration of the Condition of the Wounded and Sick in Armed Forces in the Field*, pp.37-38.

이지도 않았다. 다른 한편 이 조항은 국가가 충분한 재량권을 갖도록 하여 어떤 분쟁이 반란을 넘어 내전에 해당하는지 결정하고, 이에 따라 저항 세력에 맞서 취하는 국가 자체 조치가 일반조항 제3조는 물론 제네바협약의 다른 조항에 구속되는지 여부를 스스로 결정할 수 있도록 했다. 그와 같은 재량권은 자결권을 요구할 수도 있는 해외 식민지를 가진 국가들에게 특히 중요해 보였다. 그렇게 하여 포르투갈은 1949년 "제3조 규정을 적용하지 않을 수 있는 권리를 보유했는데, 이는 세계 어느 지역이든 자국 주권 내에 속한 모든 영토에서 해당 규정이 포르투갈 법 규정에 반하는 한" 그러했다.[16]

일반조항 제3조는 1949년에 초안이 마련되었고 동일한 해에 승인되었는데, 이는 상당 부분 에스파냐 내전(1936~1939) 처럼 그즈음 벌어진 일련의 분쟁을 기존 제네바협약이 충분히 다루지 못했다는 우려에 따른 결과였다. 제2차 세계대전이 발발한 뒤 수십 년간 '비非국제적' 분쟁의 빈도가 높아지자, 협약 적용 방식이 좀더 명확해져야 한다는 요구가 있었다. 냉전 체제 아래 대리전이 벌어지는 가운데 제국이 붕괴하며 남긴 잔해 속에서, 내부 분쟁에 개입하는 일은 점

---

16 Sivakumaran, *Law of Non-international Armed Conflict*, p.163; Diplomatic Conference for the Establishment of International Conventions for the Protection of Victims of War, *Final Record of the Diplomatic Conference of Geneva of 1949*, 1:351, 다음에서 인용. 같은 책, p.163. 개정된 제네바협약을 둘러싼 논쟁에서의 식민지 결정요인과 관련해서는 다음을 보라. Klose, "Colonial Testing Ground", pp.108-111; Klose, *Human Rights in the Shadow of Colonial Violence*, trans. Geyer, pp.122-124.

점 흔해져, 당시 유럽에서 모습을 드러내던 긴 평화라는 영광은 퇴색되어갔다. 이러한 상황적 압박으로 인해 1974년부터 1977년까지 제네바협약을 갱신하고 개정하는 일정이 세워졌다. 이러한 전후 사정 속에서 국제법 학회Institut de Droit International(국제변호사들이 범세계 공동체를 이뤄 형성된 주요 전문 기구)가 1975년, 독일의 한 도시인 비스바덴에서 열렸고, 여기서 '내전 비개입 원칙The Principle of Non-intervention in Civil Wars'이라는 제목의 문서 초안이 작성되었다. 이 비스바덴 의정서에는 "내전이라는 현상이 엄중하며, 이 내전이 야기하는 고통이 심각함"이라고 적혀 있었다. 그리고 그러한 분쟁에서 만약 어느 한 측이 외세의 참전을 요청해 다른 한 측도 똑같이 참전을 요청한다면, 분쟁 상황은 쉽사리 국제 분쟁으로 확전될 수 있다는 우려를 표했다. 외부 당사자들은 개입하지 않도록 권고받았다. 단 인도주의적, 기술적, 경제적 지원 제공처럼 "내전 결과에 어떤 실질적인 영향을 끼치지 않을" 영역은 제외되었다. 비개입이 이뤄져야 하는 조건들을 설정하는 과정에서, 국제법학회는 "내전"을 "한 국가 영토 내에서 발생하여 국제적 성격을 띠지 않는 모든 무력 분쟁"이라고 간략히 정의 내리고자 했다. 여기에는 정권을 장악하거나 분리 독립을 목표로 하는 반란군이 기존 정부에 맞서는 경우가 속했다. 또한 어떤 정권도 존재하지 않을 때 둘 이상의 집단이 국가를 지배하고자 다투는 경우도 들어갔다. 게다가 결정적으로 비스바덴 의정서는 무엇이 내전이 아닌지 명시하는 범위를 정했다. "국지적 소동 혹은 폭동" "국제 분계선에 따라 분리된 정치적 독립체들 간 무력 분쟁" 그리고 "탈식민지화로 인해 발생한 분쟁" 모두는 내전 영역 바깥에 놓이게 되었다.[17]

이러한 논의 결과 일련의 추가의정서가 도출되었고, 이 중에는 비국제적 성격을 띠는 분쟁에 적용될 두 번째 의정서인, 제2차 추가의정서(1977)도 있었다. 비스바덴에서 결정된 경계가 계속해서 적용되었는데, 〔비스바덴 의정서에서처럼〕제2차 추가의정서에서도 폭동은 물론 탈식민지화 전쟁 역시 제외되었기 때문이다. 폭동과 탈식민지화 전쟁은 제1차 추가의정서에는 포함되어, 이를 통해 처음으로 국제인도주의법이 반제국주의 투쟁에 직접 적용되었다. 두 번째 추가 의정서에서는 내전과 관련된 보호조치와 금지사항이 더 상세하게 기술되어, 관련해 오늘날 내전과 관련된 인도주의법을 이루는 주요 요소로 남아 있다.[18] 이러한 보호조치 적용 여부는 "국제적 성격을 띠지 않는" 분쟁이 진행 중이라는 판단에 달려 있다. 만약 분쟁이 "국제적", 즉 두 독립된 주권 공동체 사이에 벌어지는 분쟁이라고 여겨진다면, 제네바협약이 온전히 적용된다. 분쟁이 "비국제적"이라면, 해당 분쟁은 일반조항 제3조와 제2차 추가의정서에 따라

---

17 Institut de Droit International, "Principle of Non-intervention in Civil Wars".

18 Moir, *Law of Internal Armed Conflict*, pp.89-132; Sivakumaran, *Law of Non-international Armed Conflict*, pp.49-92, 182-192.

다뤄질 것이다.[19] 그런데 만약 폭력 사태가 (아마도 폭동 혹은 내란에 해당되어) 이 두 종류 모두에 해당되지 않는 분쟁이라고 여겨진다면, 해당 사태는 국내 사법 관할 영역하에 놓여 치안 활동 대상이 된다. 이러한 경우 분쟁이 '국제적 성격을 띠는지 그렇지 않은지' 혹은 쉽게 말한다면 '내전'인지 아닌지를 결정하는 것에 많은 것이 걸려 있다.

내전인지 아닌지를 가르는 법적 경계는 계속해서 유동적이고 역동적으로 변해왔다.[20] 국제법학회에서 도출된, 비국제적 분쟁을 다룬 다음 주요 결의안(1999)에는 발칸 전쟁에서의 경험이 반영되었다. 학회는 "비국가 단체가 당사자로 있는 무력 충돌이 점점 더 많아지고 있고, 특히 민족, 종교, 인종적 원인에 의해 추동되는 충돌이 점증한다는 점을 고려하며", 특히 충돌이 민간인들에게 미치는 참혹한 결과를 염두에 두었다. 학회는 국제인도법이 "정부 무장군과 단수든 복수든 비국가 단체 간 벌어지는 무력 충돌, 혹은 복수의 비국가 단체끼리 다투는 무력 충돌"에 적용되어야 한다고 권고했다.[21] 이러한 의견 전환은 1990년대 전반에 걸

---

19 Cullen, *Concept of Non-international ARmed Conflict in International Humanitarian Law*; Vité, "Typology of Armed Conflicts in International Humanitarian Law", pp.75-83; David, "Internal(Non-international) Armed Conflict".

20 분쟁 분류와 관련하여 일반적으로 제기되는 문제와 관련해서는 다음을 보라. Wilmshurst, *International Law and the Classification of Conflicts*.

21 Institut de Droit International, "Application of International Humanitarian Law and Fundamental Human Rights, in Armed Conflicts in Which Non-state Entities Are Parties".

쳐 국제인도법을 내부 분쟁에 적용시키고자 노력했던 구 유고슬라비아 국제형사재판소International Criminal Tribunal for the Former Yugoslavia, 이하 ICTY의 법리가 반영된 결과였다.

1996년에 ICTY는 보스니아 전쟁Bosnian war이 1992년 어느 시점에 이르러 국제전에서 내전으로 변전했다고 결정을 내렸다. 바로 구 유고슬라비아 연방공화국이 세르비아인 지원을 철회했던 때였다. 이러한 전환은 특별한 의의를 지녔는데, 바로 재판을 앞둔 피고인이었던 보스니아 내전 당시 [세르비아계] 전범 두스코 타디치Duško Tadić가 ICTY는 자신의 행동을 판단할 사법권을 지니고 있지 않다고 주장했기 때문이다. 이 주장을 뒷받침했던 근거는 재판소 설립 법령은 오직 국제적 무력 분쟁에만 적용된다는 점이었다. 재판소가 1996년에 내린 판결은 이후 항소심에서 번복되었지만, 이를 통해 분쟁을 내전으로 정의하는 일에 얼마나 많은 일이 관련될 수 있는지를 보여줬다. 이 경우를 보면 타디치에게 제네바협약을 위반한 책임을 물을 수 있는지 없는지가 걸려 있었다.[22] ICTY 항소부는 타디치 사건 판결문에서 그러한 쟁점을 아주 명확히 했다.

왜 공세적 폭력으로부터 민간인을 보호하는가? 왜 강간과 고문을 금

---

22 Kolb, "Le droit international public et le concept de guerre civile depuis 1945"; Mattler, "Distinction Between Civil Wars and International Wars and Its Legal Implications".

하거나 병원, 교회, 박물관, 나아가 사유재산을 정당한 사유 없이 악의적으로 파괴하는 행위를 금지하는가? 이와 더불어 왜 두 주권 국가가 전쟁을 벌일 때 필요 이상의 고통을 야기할 무기 사용을 금지하는가? 그런데 '단지' 하나의 주권 국가 영토 내에서 무장 폭력이 발발했다는 이유만으로 동일한 금지 규정을 시행하거나 동일한 보호조치를 제공하길 꺼리는가?[23]

〔2010년대 중반을 기준으로〕 지난 10년 남짓한 기간 형성된 국제 제도들은 위 판결문에서 제기된 질문들에 납득할 만한 답변을 내놓고자 노력해왔다. 적십자 활동처럼 그 이전 여타 성과에 더해 점차 재래전에서 표준이 되던 제약 사항을 내전에 적용하고자 했던 것이다.[24] 2004년에 영국 국방부에서 내놓은 군 인력을 위한 전쟁법 지침서 개정안을 예로 살펴보면, 이 개정안은 내전을 전쟁 이론이 미치는 범위 안에 위치시키는 데 기여해왔다.[25] 미 육군은 2007년에 획기적인 대對내란 야전교범Counterinsurgency Field Manual을 내놓았는데, 이는 이라크와 아프가니스탄에서 일어났던 사건을 상당 부분 염두에 두고 작성되었다. 이 교범 또한 제네바협약 관련 조항이 적용되어야 할 필요성을 상기시켰고, "두 국가na-

---

23 International Criminal Tribunal for the Former Yugoslavia, *Prosecutor v. Tadić*, §97.

24 이러한 노력들을 요약하고 비평한 내용과 관련해서는 다음을 보라. Kreß and Mégret, "The Regulation of Non-international Armed Conflicts".

25 U.K. Ministry of Defence, *Manual of the Law of Armed Conflict*, pp.381-408.

tions가 법률상 전쟁 상태일 때 동시에 내란이 일어날 수 있다 하더라도, 내란은 관행에 따라 한 국가nation 내부에서 발생한 분쟁"임을 인정했다.[26]

하지만 내전을 문명성civility이 깃든 범위 안에 위치시키려 행해진 근래의 노력은 절망적이고 치명적일 정도로 불완전했다. ICTY가 밝혔듯, 전쟁법이 내전에 "온전하게 또 기계적으로 이식"된 적이 없고, 이러한 분쟁의 당사자들이 국제 인도주의법 적용에 동의하지 않는 한 그럴 수도 없었다. 그럼에도 불구하고 ICTY는 이렇게 바라는 "이식"을 가져올 수 있는 필수 원칙을 다음과 같이 규정했다. "국제전에서 비인도적이고 따라서 금지된 행동은 내분에서도 비인도적일 수밖에 없었고, 따라서 용인될 수 없다."[27] 이 원칙이 법 운용에 포함될 때, 세계는 내전을 '문명화'하는 것에 좀더 가까워질 것이다.

하지만 사태는 결코 그렇게 간단하지 않다. 2011년과 2012년에 시리아에서 벌어진 사건을 보자. 시리아의 일반인들은 2011년과 2012년 전반기 내내 바샤르 알아사드 정권과 벌이는 다툼을 내전이라고 이해했다. 그러나 시리아 밖에 있는 이해 당사국들은 그 사태에 좀더 논쟁의 여지가 있다고 여겼다. 2011년 12월 미 국무부 부대변인 마크 토너

---

26 Sewall, introduction to *U.S. Army/Marine Corps Counterinsurgency Field Manual*, p.352.
27 International Criminal Tribunal for the Former Yugoslavia, *Prosecutor v. Tadić*, §126, 119.

Mark Toner는 시리아가 내전을 겪고 있다고 선언한 유엔 공식 발표에 동의하는지를 묻는 질문을 받았을 때 이의를 제기했다. "우리는 시리아에서 폭력 사태가 종결되어야 한다고 생각한다. 그리고 여기에는 반대파 간 폭력도 포함된다"고 말했다. "그러나 양측을 동등하게 여긴다는 건 결코 아니다. 그런 관점은 내가 보기에는 '내전'이란 용어 사용에 함축되어 있다."[28] 아사드 정권으로서는 당연히 반란으로만 여겼다. 반대파는 자신들이 저항을 벌였다고 말했다. 그러는 사이 러시아나 미국과 같은 열강은 개입이냐 비개입이냐를 두고 언쟁을 벌이면서 서로 머릿속에 내전 선포에 따른 위협을 각인시켰다.[29]

2012년 7월, 분쟁에 돌입한 지 일 년이 넘었고, 이미 약 1만 7000명의 사망자가 발생한 뒤에서야 국제적십자위원회는 시리아에서 벌어지던 사태가 실제 "국제적 성격을 띠지 않는 무력 분쟁"이라 확인했다.[30] 이러한 결정이 이뤄지고 난 후에야 분쟁 당사자들은 제네바협약 내 관련 규정에 따라

28 U.S. Department of State, Office of Electronic Information, Bureau of Public Affairs, "Daily Press Briefing—December 2, 2011"; Pressman, "Why Deny Syria Is in a Civil War?"

29 Chenoweth, "Syrian Conflict Is Already a Civil War"; Murphy, "Why It's Time to Call Syria a Civil War".

30 "Syria Crisis: Death Toll Tops 17,000, Says Opposition Group", *Huffington Post*, July 9, 2012; "Syria in Civil War, Red Cross Says", *BBC News, Middle East*, July 15, 2012.

보호받을 수 있었다.[31] 이 분쟁을 내전이라 칭하기 주저했던 모습은 국제기구가 21세기에 들어 취하곤 하는 전형적인 태도가 되었다. 왜냐하면 이제는 정치적, 군사적, 법적, 윤리적 요소까지 너무나 많은 요소가 그 용어의 사용이나 사용 보류에 얽혀 있기 때문이다. 내전 중에 벌어지는 행위가 인도적 차원에서 이뤄지도록 하기 위해 고안된 일련의 규약은 내전 수행 시 인도적 제한을 가하거나 몇몇 끔찍한 인명 피해를 최소화하는 내용을 담고 있었다. 하지만 그러한 노력으로부터 얻은 결과는 단지 국제 무대에서 활동하는 행위자들만을 제약할 뿐이었다. 어떻게 이러한 역설적 상황이 벌어졌는지를 알기 위해서는 1960년대부터 사회과학에서 내전을 어떻게 다뤄왔는지 간략한 계보를 검토할 필요가 있다.

"오늘날 사회과학을 지성사적으로 바라보면, 다음 한 가지 질문이 거의 확실히 제기될 것이다. 사회과학에서는 아주 많은 연구 주제를 두고 수많은 연구 성과를 내왔음에도, 왜 끔찍한 정치적 무질서 상태인, 내전internal war 연구는 거의 이뤄지지 않았는가?"[32] 이는 역사학자가 과거의 누군가가 제기하는 질문을 듣게 되는 흔치 않은 순간 중 하나

---

31 International Committee of the Red Cross, "Internal Conflicts or Other Situations of Violence".

32 Eckstein, "Introduction: Toward the Theoretical Study of Internal War", in *Internal War*, 1. 에크스타인이란 인물과 관련해서는 다음을 보라. Almond, "Harry Eckstein as Political Theorist".

다. 그는 자료로부터 직접 도출한 질문을 전하고 있었다. 여기서 등장하는 이가 발언했던 때가 1963년이었고, 당시 그는 자신의 연구 분야를 구체적으로 세울 지성사 학자를 이미 기다리고 있었다고 떠올려보는 건 우리 머리를 다소 산란하게 만든다. 하지만 프린스턴대학 해리 에크스타인Harry Eckstein(1924~1999) 교수가 제기했던 이 질문은 통찰력 있는 발언이었고, 여전히 그러하다.

에크스타인 교수가 인지하고 있었듯, 오랜 기간 학계에서는 내전은 전혀 다룰만한 가치가 없다고 의견을 모아왔다. 그런 이유로 내전은 (도외시되고 사랑받지 못하는) 신데렐라와 같은 처지에 놓인 주제로, 일견 모든 학문 분과를 막론하고 동등하게 무관한 주제로 여겨졌다. 그러나 1960년대에 들어와 처음에는 냉전, 이후에는 식민지 해방 전쟁으로부터 영향을 받은 미국 사회과학자들이 종종 랜드 연구소RAND Corporation 등 비슷한 일을 하는 군학 복합체military-academic complex 기관으로부터 연구비 지원을 받아, 우리가 넓은 의미로 '대내전internal warfare'이라고 부르는 범주를 면밀히 검토하는 데 점차 많은 시간을 기울였다. 여기에는 게릴라 전투와 분란에서부터 내전, 쿠데타, 혁명까지 (공동체 내부에서 일어나는) 모든 전투가 속했다.[33] 하지만 에크스타인 교수의

---

33 Eckstein, "On the Etiology of Internal Wars". 냉전과 사회과학을 개관하는 최근 연구로는 다음을 보라. Engerman, "Social Science in the Cold War"; Gilman, "Cold War as Intellectual Force Field".

요청은 자신의 기대만큼 빠르게 수용되지도, 전적으로 받아들여지지도 않았다. 그가 프린스턴대학에서 운영하던, 정치학자나 사회학자들은 물론 이따금 역사학자까지도 함께 참여했던 대내 전쟁 연구 집단이 노력을 기울였음에도 불구하고 이뤄지지 못했다. 진행 과정은 느렸다. "대내 전쟁에서 나타나는 결정적인 관념적 논점조차 여전히 〔명확한 틀이 없는〕 전前 이론적 단계에 머물러 있다"며 1970년 대내 전쟁을 처음으로 체계적으로 분석하던 학자 중 한 명은 아쉬움을 토로했다. "대내 전쟁을 설명할 만족할 만한 이론은 아직 취합되지도 평가받지도 않았다."[34]

내전의 의미를 둘러싼 계속된 혼란은 공적으로도 드러났는데, 바로 1968년 봄, 미 상원 외교위원회가 베트남전 Vietnam War 당시 혁명의 본질The Nature of Revolution이라는 제목으로 주목할 만한 일련의 청문회를 열었을 때였다. 미 상원의원 윌리엄 풀브라이트J. William Fulbright가 청문회 의장을 맡았고, 쟁쟁한 학자 증인을 불러 모았다. 이중에는 혁명 연구로 저명한 하버드대학 역사학자 크레인 브린턴Crane Brinton(1898~1968)과 그의 젊은 동료 교수로, 정치학자이자 자유주의 연구자인 루이스 하츠Louis Hartz(1919~1986)가 있었다. 청문회 마지막 날, 프린스턴대학 젊은 정치학자였던 존 맥앨리스터John T. McAlister는 당시 벌어진 분쟁이 왜 다루기

---

34 Orlansky, *State of Research on Internal War*, p.3. 이를 다음과 비교해보라. "중요한 문제는…… 전前 이론적 문제다." Eckstein, *Internal War*, p.32.

어려운지를 설명하려고 하며, 미국은 "전적으로 국내 문제인 내전을 치르던" 것이 아니라, "모든 베트남 사람들이 연관된 혁명전쟁"에 휘말리게 된 것이라고 지적했다. 풀브라이트 상원의원은 즉각 혁명전쟁과 내전이 다른지 알고 싶어했다. 맥앨리스터는 그렇다고 주장하며, "우리가 겪은 내전과 마찬가지로 내전에서는 싸우고 있는 쪽에 분리 독립이란 목표가 있습니다. 반면 혁명전쟁에서는······ 주된 목표가 통일(이며)······ 이와 연관되는 정치 질서 기반을 전체적으로 재구성할 때 매우 뚜렷이 구별되는 정치적 목표가 있습니다"라고 밝혔다. 그러자 두 남부 사람 간 기이한 대화가 이어졌다. 대화를 나눈 이들은 아칸소주 출신의 풀브라이트와 사우스캐롤라이나주 출신의 맥앨리스터였다.

의장: 음, 그럼 그 정의에 따른다면 주들 간에 벌어졌던 우리 전쟁은 내전입니까, 아니면 혁명전쟁입니까?

맥앨리스터 박사: 저는 내전이라고 봅니다.

의장: 그들이 분리 독립을 추구했기에 그런가요?

맥앨리스터 박사: 네, 우리는 분리 독립을 추구했습니다. 그렇죠.

의장: 우리는 분리 독립을 추구했다. [웃음] 그러나 우리는 실패했다.

맥앨리스터 박사: 바로 그렇습니다.

의장: 그리고 그 이후로 전쟁은 누가 통제할지를 다투는 혁명전쟁이 되었다는 거죠?

맥앨리스터 박사: 바로 그렇습니다.

의장: 그렇나요?

맥일리스터 박사: 바로 그렇습니다.

의장: 알겠습니다.[35]

이러한 남부식 유머는 민권운동이 활발하던 시대에는 불편한 농담이었을 테지만, 정치학자들마저도 내전과 혁명을 어떻게 정의할지를 두고 계속해서 혼란스러워했음을 극명하게 보여준다.

하버드대학의 세계적인 정치철학자조차도 혼란스러워했다. 1969년 봄, 베트남 전쟁 기간 중 존 롤스John Rawls (1921~2002)는 '도덕적 문제들: 국가와 전쟁Moral Problems: Nations and War'이라는 제목의 학부 강의를 열었다.[36] 2년 뒤 롤스는 『정의론A Theory of Justice』을 출판했는데, 일반적으로 이 저작은 20세기 후반 영미 정치철학을 부흥시켰다고 인정받았다. 해당 저작에서 롤스는 국제 정의와 관련된 문제들에 대해서는 과도하게 말을 아꼈다는 평가를 받았지만, 이와 달리 강의에서는 당시 하버드대학을 포함하여 미국 대학가에서 끊임없이 제기되던 전쟁 윤리, 징집 제도, 시민 불복종 등과 관련된 문제들을 솔직하고 정확히 다뤘다. 정당한 전쟁이 무엇인지, 즉 정당한 개전 사유jus ad bellum와 전쟁에서 이뤄지는 행위 정당성

---

35 U.S. Congress, Senate, Committee on Foreign Relations, *Nature of Revolution*, pp.155-156; Brinton, *Anatomy of Revolution*; McAlister, *Viet Nam*.

36 롤스가 강연했던 당시 좀더 전반적인 지적·정치적 맥락과 관련해서는 다음을 보라. Forrester, "Citizenship, War, and the Origins of International Ethics in American Political Philosophy, 1960-1975".

jus in bello을 둘러싼 논의가 강의의 주된 내용을 이뤘다. 롤스는 서로 다른 전쟁 유형을 구분해 사례별로 어떠한 원칙이 가장 잘 부합하는지 규정하고자 했다. 강의 노트를 보면 그가 초기에 제시했던 아홉 가지 전쟁 종류가 나온다.

1. 국가로서 존재하는 단위들 간 전쟁(제1, 2차 세계대전)
2. 국가나 사회 내부에서 벌어지는 (사회 정의를 위한) 내전(프랑스혁명)
3. 지역 내 소수 집단의 분리 독립 전쟁: 미국 남북전쟁
4. (제국으로부터) 분리 독립하려는 식민지 전쟁: 알제리 전쟁, 미국 혁명전쟁?
5. 개입 전쟁(인도주의적 개입)
6. 민족 통일 전쟁(장미전쟁, 튜더 왕조〔의 성립〕)
7. 제국의 정복 전쟁(로마 〔제국의〕 전쟁)
8. 종교적 차원에서든 세속적 차원에서든 십자군 전쟁Wars of Crusade
9. (현재적 의미로) 민족 해방 전쟁: 유격전guerilla wars[37]

롤스가 제시한 범주는 그 적용만큼이나 흥미로운 사실을 드러내준다. 내전은 국가 간 전쟁은 물론 분리 독립 전쟁과도 구별되었고, 분리 독립 전쟁은 나아가 한 국가 내부에서 벌어지는 전쟁과 제국에 반대해 독립을 추구하는 전쟁으로 나뉘었다. 이 분류에 함축된 내용은 바로 내전이 정당한 전

---

37 Rawls, "Moral Problems".

쟁으로 여겨질 수 있는 유일한 경우는 그 전쟁에서 내세우는 목표가 롤스가 칭하는 "사회 정의"를 이루고자 할 때일 뿐이라는 것이다. 즉 포괄적인 대내 개혁을 통해 독자적 단위체로 지속 가능한 국가 혹은 사회 내 모든 거주민이 복지를 누릴 수 있도록 하는, 1789년 혁명 이후의 프랑스를 그 예로 들 수 있다. 분리 독립 전쟁이 정당하다고 여겨질 수 있었던 이유는 바로 억압받던 주민들, 예를 들어 수립된 국가 내 소수 민족이나 제국 내에서 식민 지배를 받던 민족을 구제하는 데 전쟁 목표를 두었기 때문이었다. 당대 국제변호사들이나 정치학자들과 마찬가지로 롤스는 내전을 "민족해방 전쟁"이나 유격전과 구별했다.[38]

전쟁을 나눈 롤스식 구분법은 명료했으나, 그가 제시한 예들은 다소 모호했다. 애초에 롤스는 과거 미국 혁명전쟁American Revolutionary War이 분리 독립 전쟁 중 어떤 종류에 속하는지 확신하지 못했다. 강의록 본문에서 롤스는 미국 남북전쟁American Civil War과 미국혁명 모두를 "소수 민족이 일으킨 분리 독립 전쟁"에 포함시켰다. 이는 남북전쟁을 사회 정의를 실현시키고자 했던 전쟁에 분명 포함시키지 않았던 롤스가 이 두 대규모 무력 분쟁을 동일시했다고 보여주는 증거는 아니었다. 오히려 이는 어쩌면 롤스가 독립 전쟁을 벌였던 미국 애국자들을 알제리 식민지 콜롱colons(알제리

---

38 예를 들어 다음과 비교해보라. Speier, *Revolutionary War*.

내 프랑스계 이민자)과 견주지 않으려 했음을 보여주는 암시였다. 예컨대 미국혁명을 보면 제국으로부터 벗어나고자 했던 이들은 유럽 정착민이었지 원주민이나 노예가 아니었다. 또한 롤스는 사회 정의를 추구했던 내전의 예시로 프랑스혁명이 아니라 스페인 내전을 들었다.

강의 후반부에 정당한 개전 사유를 좀더 자세하게 다루면서 롤스는 내전 개입이 정당화될 수 있는지를 간략히 검토했다. 이때 존 스튜어트 밀의 「불개입에 관한 단상」과 베트남 전쟁 사례를 참고사항으로 삼았다. 롤스는 밀의 논거에서 발견한 "성가신" 결점을 일축하며, "그의 주장을 통해서는 베트남에 개입한 우리 행동을 정당화하지 못한다"고 지적했다. 밀이 19세기 영제국이 행한 개입정책을 옹호하기 위해 반복적으로 표명했던 어떠한 주장도 미국의 대對 베트남 정책에 적용될 수 없었기 때문이었다. 왜냐면 "미국은 장기간 지속된 내전에 중립적인 입장을 취하며 개입하지 않아왔다. 또한 베트남 국민이 외부 세력의 폭정으로부터 벗어나도록 돕기 위해 개입하지도 않았다". 롤스가 결론짓길, 사실 이러한 경우에 개입은 오직 "국제적 찬조하에, 개입이 공정하게 이뤄지며⋯⋯ 인류애라는 명백한 대의를 위해서만 수행될 수 있었다".[39]

---

39 John Rawls, "Topic Ⅲ:*Just War: Jus ad bellum*"(1969), Harvard Univresity Archives, Acs. 14990, box 12, file 4; Mill, "A Few Words on Non-Intervention"(1859), in *Collected Works of John Stuart Mill*, 21:111-123.

이 강의에서 롤스는 내전이, 인도주의적 개입이 지닌 한계를 분명히 보여주고 다양한 사례를 통해 민족해방운동과 혁명의 차이를 밝히는 데 임시로나마 도움이 된다고 보았다. 몇 년 뒤 프랑스 철학자이자 역사학자였던 미셸 푸코(1926~1984)는 자신이 권력의 '물리학'이라 막 칭하기 시작했던 바가 무엇인지 정의하려 했는데, 이때 내전 개념은 훨씬 더 유용하게 쓰였다. 매해 푸코는 자신이 수행해왔던 연구가 무엇인지 설명하는 공개 강의를 개설해야 했는데, 이 강연은 파리 명문대학인 콜레주 드 프랑스에서 교수직을 역임하는 동안 지속되었다. 1973년 푸코가 열었던 강의 제목은 '징벌적 사회 La Société Punitive'였는데, 이 주제는 근대적 권력 체계에 대한 푸코의 개념에서 중심이 되었다. 1960년대와 1970년대 대서양 양측에서 활동하던 수많은 주석가가 그랬듯, 푸코는 내전을 "철학적으로, 정치학적으로, 역사학적으로 별로 발전이 없는 개념"이라 여겼다. 특히 이 개념을 분석한 대다수 학자가 내전을, 푸코의 말을 빌리자면, "돌발적인 사건, 비정상적인 일…… 이론적·현실적 기형물"로 간주했기 때문이라는 것이다.[40] 자신만의 방식대로 능숙하게 이론을 다루며 과감하게 역사를 제시했던 푸코는 분석 대상에서 소외되어 있던 내전을 연구 중심에 둘 것을 제안했으며, 내전을 분석하는 일이 권력이 무엇인지 이해하

---

40 Foucault, "La société punitive", Lecture 1(Jan. 3, 1973), pp.16-17; Foucault, *La société punitive*, pp.14-15; Foucault, *Punitive Society*, trans. Burchell, p.13.

는 데에 주변적인 위치를 차지하거나 권력을 이해하는 것과 결코 무관하지 않다고 주장했다. 푸코가 주장하길 내전은 사실 모든 권력 투쟁이 자라나온 모체母體, matrix였다.[41]

푸코가 1973년 강의에서 내전에 대해 제시했던 매혹적인 설명은 표준적인 역사 해석과 관련하여 특히 세 측면에서 통찰력을 안겨주는 생각의 전환을 가져왔다. 첫째, 내전은 홉스가 『리바이어던』에서 명시한 만인에 대한 만인의 투쟁으로 여길 수 없음을 보여줬다. 사실 푸코는 내전은 홉스식 자연상태와는 정반대의 상황이라고 주장했다. 둘째, 내전은 권력의 해체와 와해를 표상하기에 권력과 대조된다는 가정에 맞서, 내전은 실제로는 권력의 극치를 이룬다고 주장했다. 따라서 정치란 다른 수단으로 행하는 내전이었다. 그리고 세 번째로 종교전쟁과 왕위계승 전쟁이 벌어지던 근대 초기를 지나 근대성에 기반을 둔 좀더 안정적인 세계로 접어들던 때조차 유럽 내에서 내전은 사실상 조금이라도 감소하지 않았었다고 주장했다. 내전이 벌어지던 시대부터 혁명의 시대까지 어떤 진전된 움직임이 있던 적도 없었다. 오히려 내전은 푸코가 붙인 유명한 말인 '규율 사회disciplinary society'에서 권력 구조가 끊임없이 인간을 형성하는 공간에서 나타나는 근본적인 특징으로 지속되었다.

홉스와 그의 추종자들이 내전을 만인에 대한 만인의 투쟁

---

41 Hoffman, "Foucault's Politics and Bellicosity as a Matrix for Power Relations".

과 혼동하는 오류를 범했다고 비판하며, 푸코는 역으로 양자는 더 이상 멀어질 수 없을 정도로 서로 동떨어진 개념이라고 주장했다. (한쪽은 집단적 차원에서, 다른 한쪽은 개별적으로 이뤄지기에) 그 성격이 서로 달랐고, 각자 발생하게 된 동기도 달랐으며, 결정적으로 주권과 어떠한 관계에 놓여 있는지도 굉장히 달랐다. 구체적으로 만인에 대한 만인의 투쟁은 홉스가 제시한 정치 이론에서 보면 군주를 옹립하기 이전 상황이자, 실제로 이를 필요로 했던 상황이었던 반면, 내전은 통치권 붕괴, 즉 군주 자체가 소멸되는 상황을 나타냈다.[42] 내전은 권력 장악이나 교체를 목적으로 삼았고, 따라서 "권력이라는 극장 안에서 펼쳐졌다." 이처럼 내전은 이 권력 극장에 빈번히 나타나, 심지어 일상적으로 벌어지는 권력 행사도 내전이라 여겨질 수 있다. 이런 관점에서 푸코는 전쟁술의 대가인 클라우제비츠 자신은 결코 받아들이지 않았겠지만, 그의 유명한 격언에 변형을 가해 "정치란 내전의 연속이다"라고 결론지었다.[43]

롤스와 푸코가 어떻게 내전을 이론적으로 설명할 수 있을지 근심하던 당시, 사회과학자들 특히나 미국의 학자들은 어느새 향후 수십 년을 두고 공을 들일 내전의 조작적 정의

---

42 Foisneau, "Farewell to Leviathan".

43 Foucault, "La société punitive", Lecture 2(Jan. 10, 1973), pp.22-23, 28-29; Foucault, *La société punitive*, pp.26-31("la guerre civile se déroule sur le théâtre du pouvoir"), p.34("la politique est la continuation de la guerre civile"); Foucault, *Punitive Society*, trans. Burchell, pp.24-32.

를 내리는 데 매진하기 시작했다. 혁신을 야기할 고도로 집중된 힘이 모일 수 있는 주요 환경은 전쟁 상관관계 프로젝트Correlates of War Project에서 조성되었고, 이 프로젝트는 당시 미시간대학에 기반을 두고 있었다. 이 프로젝트는 경험적 사회과학에서 이뤄진 가장 체계적인 시도로 1816년 이래 벌어졌던 전쟁 자료를 수집하고 분석하여 전 세계에 걸쳐 일어났던 분쟁 발생 정도를 측정했다. 프로젝트 초창기에는 분쟁을 다뤘던 이전 연구 프로그램에서 진행했던 대로 작업 대부분이 국가 간 전투에 집중되었다. 미국 정치학자 퀸시 라이트Quincy Wright의 『전쟁 연구A Study of War』(1942)나 (다양한 분야에 관심을 보이며) 유별났던 영국 기상학자인 루이스 프라이 리처드슨Lewis Fry Richardson의 『사투의 통계Statistics of Deadly Quarrels』(1960)를 예로 들 수 있다.[44] 하지만 국제 전쟁에서 국내 전쟁을 논외로 하는 방식은 무한정 지속될 수는 없었다. 전쟁 상관관계 프로젝트를 이끌던 학자들도 수용하고 있었듯, "내전, 내란, 외세 개입 문제는 우리 세대에서 주목받는 주요 뉴스들을 장식하게 되었고, 이제 전통적인 방식의 국가 간 전쟁만큼 국제 사회에서 중요한 역할을 하"기 때문이다.[45]

전쟁 상관관계 프로젝트에서 다루는 범위가 확장되어 국

---

44 Wright, *Study of War*; Richardson, *Statistics of Deadly Quarrels*; Singer and Small, *Wages of War, 1816-1965*.

45 Small and Singer, *Resort to Arms*, pp.203-204.

내 전쟁을 포괄하게 되자, 연구팀은 (다른 분쟁 형태와는 대조되는) 내전을 판단할 기준을 마련해야 할 필요성을 느꼈다. 그 기준이 수립된다면 1815년 빈 체제Vienna Settlement 수립 시기까지 거슬러 올라가 축적해온 방대한 분쟁 자료를 분류할 수 있었다. 연구자들은 정성적 차원보다는 정량적 차원의 정의를 추구했는데, 이는 "주관적 편향을 최소화"하고 좀더 분명하게는 "정보 집합 구축을 더욱 원활하게" 해서 경쟁 관계에 놓여 있고 서로 부합하지 않는 정의들로 인해 벌어진 개념적 난국이라 간주되는 상황에서 벗어날 수단을 찾기 위해서였다. 그렇게 해서 전쟁 상관관계 프로젝트에서 사용되기 위해 고안된 [아래의] 내전 정의에는 수치상으로 판별하는 기준값, 내전 범위를 한정하는 일련의 조건, 그리고 실증적 차원에서 수립된 몇몇 기준이 제시되어 있었지만, 동시에 수많은 문제점을 낳았다.

지속된 군사 전투로, 주로 대내적 차원에서 벌어지고, 적어도 연간 1000명 이상의 전사자가 발생하며, 중앙 정부군과 싸우는 반란군이…… 정부군에 입힌 피해 규모가 그들 사망자 수의 적어도 5퍼센트가 넘는 세력인 경우.[46]

이렇게 "실제와 달리 언뜻 보기에 단순한" 정의를 사용

---

46 앞의 책, pp.210-220; Henderson and Singer, "Civil War in the Post-colonial World, 1946-1992", pp.284-285.

해 정치학자와 다른 분과의 학자들은 방대한 자료 모집단母集團을 구축할 수 있었고, 이렇게 모인 자료로 내전이 지난 시기 동안 전 세계에서 얼마나 발생했는지 분석할 수 있었다.[47] 이러한 분석 결과를 흐릴 수 있는 많은 분쟁은 제외되었는데, 해당 분쟁들이 이렇게 과도하게 획일화된 정의에 부합하지 않았기 때문이었다.

위 정의를 이룬 골자는 실증적empirical 수치였지, 어떤 경험적experiential 요소는 아니었다. 실제 전투원이나 전쟁 희생자들은 자신들이 내전에 휘말려 있다고 여길 수 있었지만, 사망자 수가 천 명에 이르렀다거나 반정부군이 최소 오십 명의 목숨을 앗아갔다는 수치가 제시되기 전까지 사회과학자들은 당사자들에게 그들이 내린 판단이 틀렸다고 말했을 것이다. 적어도 비교 분석을 하는 목적을 위해서는 그렇게 했어야 했다. 내전이라는 분쟁은 무장을 갖춘 형태로 행해져 폭동이나 쿠데타와 같은 다른 형태의 내부적 폭력과는 구별되어야 했다. 또한 내전이 "주로 대내적" 차원에서 벌어진다는 얘기는 외부 세력이나 타국 군대가 개입하게 되어 국제전 양상을 띠게 된 전쟁도 포함되어야 함을 뜻했다. 그리고 매년 전장에서 1000명 정도가 사망하는 경우에는 "주요" 내전이라 정의되었다. 두 진영 중 (단 두 진영만 있었을 경우도 있었지만) 한 측은 현現 정부였다. 마지막으로 양측

---

47 Sambanis, "What Is Civil War?", p.816.

모두 무장을 갖춰 이를테면 대학살이나 집단 학살과는 구분되어야 했다.

이러한 정의에서 감지될 수 있는 많은 난점이 있었다.[48] 그중 분명 가장 문제시 되었던 부분은 이 정의에 포함되지 않았던 분쟁 횟수였다. 예를 들어 "주로 대내적" 차원에서 벌어진다는 조건, 즉 국제사회로부터 인정받은 주권 국가 내부에서 벌어진다는 조건을 따져볼 수 있다. 이 조건을 보면 구체적으로 본국metropole "내부"에서 일어난 분쟁이라 명시되어 있는데, 이는 당시 국제규약에서도 그랬듯, 다분히 의도적으로 민족 해방을 위한 탈식민 전쟁을 배제하기 위함이었다. 규약에서처럼, 이 조항은 알제리 전쟁과 그보다 훨씬 이전에 발발했던 미국혁명과 같은 분쟁을 내전 목록에서 제외한다는 의미였다.[49] 두 번째 문제는 본국에 주안점을 둔다는 것 또한 단순히 그냥 국가가 아닌, 영토로 구획되는 주권을 보장하는 '베스트팔렌 체제Westphalian'에서 규정된 민족 국가nation-state가 존재해야 함을 시사하는 데에 있었다. 이러한 조건을 따르자면, 대략 19세기 초반 이전에는 엄밀한 의미에서 내전이 실재하지 않았다고 할 수 있었는데, (고대 그리스와 고대 로마는 더 말할 것도 없고) 그 이전까지

---

48 참고할 만한 다른 논의로 예를 들자면 다음과 같다. Duvall, "Appraisal of the Methodological and Statistical Procedures of the Correlates of War Project"; Cramer, *Civil War Is Not a Stupid Thing*, pp.57-86; Vasquez, *War Puzzle Revisited*, pp.27-29.

49 본국과 주변국으로 구분하는 방식은 이후 전쟁 상관관계 프로젝트에서는 빠졌다. Sarkees and Wayman, *Resort to War*, p.43, 47.

는 국제정치학자들이 인정할 만한 유형의 국가가 거의 존재하지 않았기 때문이다.[50] 단일한 주권을 지니지 않거나 외부에서 이 주권을 인정하지 않는 한 국가civitas란 존재할 수 없고, 이에 '시민' 전쟁(내전)도 있을 수 없는 셈이다.

마지막 문제는 해당 정의에서 적어도 해당 분쟁을 직접 겪었던 몇몇 이들이나 외부 목격자들에게는 내전으로 여겨졌던 분쟁 다수가 제외될 수 있는 점에 있었다. 1847년에 일어난 스위스 통일전쟁이었던 존더분트 전쟁Swiss Sonderbund War이 목록에서 제외된 것이 예가 될 수 있다. 이 전쟁은 단 25일간 진행되고 최대치로 계산했을 때 93명의 목숨을 앗아가, 기록상 기간이 가장 짧고 유혈 사태가 가장 적은 내전 중 하나였지만, 그 당시에는 물론 지금까지도 내전으로 여겨지고 있다.[51] 동일한 방식으로 1922년부터 1923년까지 벌어졌던 아일랜드 내전도 배제될 수 있다(해당 전쟁에서는 [영국-아일랜드] 조약을 지지하는 측에서는 어림잡아 540명의 병력이 전사했으며, [조약에 반대했던 아일랜드] 공화국군 약 800명과 정확한 수를 알기 어려운 공화주의자들이 사망했다).[52] 북아일랜드 분쟁Troubles in Northern Ireland 역시 포함되지 않는데,

---

50 이런 어려움은 예일대 정치학자 스타티스 칼리바스Stathis Kalyvas가 제시한 내전에 대한 좀더 실용적 정의에서조차 나타난다. 칼리바스의 정의는 다음과 같다. "주권을 지녔다고 인정받고 있는 독립체 경계 내에서 교전이 시작될 당시에는 공동 권위에 예속되어 있던 당사자들끼리 벌이는 무장 전투." Kalyvas, *Logic of Violence in Civil War*, p.17.

51 Remak, *Very Civil War*, p.157.

52 Hopkinson, *Green Against Green*, pp.272-273.

1969년부터 2001년 사이 분쟁을 치르면서 발생했던 사망자 수는 어림잡아 3500명이었고, 그 수가 가장 많았던 1972년에는 479명이었다. 실제로 본 정의에서 내전으로 여겨질 수 있는 요건인 총 사망자 수 1000명은 분쟁 5년차에 접어들었던 1974년 4월까지도 미치지 못했다.[53]

전쟁 상관관계 프로젝트에서 사용한 정의에 내포되었던 근본적으로 논쟁적인 요소는 제2차 걸프 전쟁을 치르며 극명히 드러났는데, 2007년과 2008년도에 이 정의에 따라 이라크 국경 내에서 내전이 벌어졌음을 입증하는 한편 동일한 정의를 기반으로 하여 그렇지 않았음을 보이기도 했기 때문이었다. 결국 그렇게 정의된 내전 범주가 전장에서 벌어지는 실상에 부합하는지를 두고 격론이 벌어졌다. 부시 행정부 의원들을 비롯한 다른 인사들, 주로 신보수주의 성향을 띠는 군사 전략가와 정치 전문가들은 이라크에서 일어난 격변에 내전이라는 이름을 붙이길 거부했다. 테러리즘이라면? 반란이라면? 가능할 수도 있었다. 하지만 내전이라면? 확실히 아니었다. 그러자 2006년 7월에 예일대학의 정치학자 니콜라스 삼바니스Nicholas Sambanis는 『뉴욕타임스』 기고문에서 일반적으로 사회과학 내에서 사용하는 기준에 따르면 이라크는 실제로 내전을 겪고 있다고 단언했다.[54]

---

53 Sutton, *Index of Deaths from the Conflict in Ireland, 1969-1993*; Conflict Archive on the Internet, "Violence: Deaths During the Conflict".

54 Sambanis, "It's Official"; see also Toft, "Is It a Civil War, or Isn't It?"

2006년 말에 이르러서는 이라크에서 무슨 일이 일어나고 있는지 이라크 내부는 물론 외부에 있는 다수의 사람 중에서 반문하는 이가 없었다. 예를 들어 당시 유엔 사무총장이었던 코피 아난Kofi Annan은 BBC와의 인터뷰에서 "레바논과 다른 지역이 분쟁을 겪었을 때, 당시 벌어지던 일을 내전이라 불렀다. 그런데 이번 일은 훨씬 더 심각하다"라고 말했다.[55]

같은 시기 NBC 방송국은 물론 신문사인 『뉴욕타임스』와 『로스앤젤레스타임스』 등 다양한 미국 언론 매체는 이라크에서 벌어진 분쟁을 내전이라고 보도했다.[56] 시아파 내 청년 지도자Shi'ite sheikh였던 아델 이브라힘Adel Ibrahim은 『타임스』와의 인터뷰에서 "당신들은 여기 이라크에서 내전이 벌어지고 있음을 세계에 알려야 합니다. 참담한 내전이 진행 중에 있습니다⋯⋯ 우리는 도대체 누가 우리의 적이고 누가 우리의 동지인지 알 수 없습니다"라고 힘주어 말했다.[57] 당시 터키 총리였던 레제프 타이이프 에르도안Recep Tayyip Erdoğan이 이라크에서 내전이 벌어졌다고 생각하는지 질문을 받았을 때, "이슬람교도들은 서로를 정당하게 살해하고 있는데, 이는 이들이 서로 다른 종파에 속해 있기 때문입니

55 Annan. 다음에서 인용. Cordesmann, *Iraq's Insurgency and the Road to Civil Conflict*, 2:393.

56 Lando, "By the Numbers, It's Civil War".

57 Wong, "Matter of Definition".

다. 이러한 모습은 내전이라고 생각되는데, 제가 이에 대해 다른 어떤 정의도 내릴 수 없기 때문입니다"라고 답했다.[58] 2006년 말이 되자 미국인 절반이 이에 동의하고 있음이 당해 12월 퓨 리서치 센터Pew Research Center에서 행한 여론조사에서 드러났다. 해당 여론조사는 "점차 많은 미국인이 이라크에서 현재 벌어지고 있는 폭력 사태는 알려진 것처럼 미국과 동맹국을 대상으로 벌이는 분란이기보다는 거의 내전에 가깝다고 응답"했음을 보여줬다.[59] 몇 개월 뒤 채텀 하우스Chatham House, 즉 영국 왕립 국제문제연구소에 속한 한 분석가는 이라크에서 하나의 내전만 일어난 것이 아니라고 주장하며, 실제로는 "서로 다른 공동체와 조직 간 수차례 내전과 분란이 있었다. 시아파 대 수니파, 수니파 대 미국, 시아파 분파 간 혹은 수니파 분파 간, 쿠르드족Kurds 대 비非쿠르드족 등 여러 형태로 나타났다"고 밝혔다.[60]

2006년 9월 미 의회에서 행한 진술에서 스탠퍼드대학 정치학자 제임스 피런James Fearon은 "이라크 내 사망률은 3년 간 족히 3만 명이 넘는데, 이러한 수치만으로도 최근에 있었던, 거의 모든 사람이 '내전'이라 칭하는 데 주저하지 않을 (예를 들어 스리랑카, 알제리, 과테말라, 페루, 콜롬비아에서 있

---

58 Erdoğan, 다음에서 인용. Cordesmann, *Iraq's Insurgency and the Road to Civil Conflict*, 2:393.

59 Keeter, "Civil War".

60 Stansfield, "Accepting Realities in Iraq".

었던) 다수 분쟁과 같은 부류에 속한다는 데" 의심의 여지가 없었다고 말한다. 피런이 정의했던 내전은 "격렬한 분쟁으로, 조직화된 집단이 중앙권력이나 지역 내 권력을 취하고자 하거나 정부 정책을 바꾸려는 목적하에 벌이는 전투"다. 이라크에서 벌어진 폭력은 이 유형에 속한다고 피런은 주장했다. 또한 사상자 수 측면에서 유의미한 기준치를 넘어서, 1945년 이후 전 세계에서 발발한 다른 내전들, 예를 들어 레바논, 터키, 보스니아 내전과 직접 비교될 수 있었다.[61] 그와 같은 비교를 통해서 이라크는 물론 거기에 주둔해 있는 연합군 앞에 어떤 미래가 전개될지 가늠해볼 수 있었다. 그 결과는 고무적이지 않았다. 내전은 다른 전쟁보다 평균적으로 10년 정도 더 오래 지속된다. 그리고 보통 맞선 양측 중 한쪽이 결정적인 군사적 승리를 거둬야만 끝이 난다. 또한 [외부 세력이 내전에] 개입한 이후 너무 성급하게 철수하는 경우 사태만 더욱 심각하게 만든다. 마지막으로 권력 분담 협정은 해당 협정을 보증하는 외부 세력이 떠난 뒤에는 파기되어 대개 폭력 사태로 전개되었다.

피런은 나중에 사상자 수치를 6만 명으로 상향 조정했는데, 이로 인해 "이라크 내전은 연간 사상자 측면에서 1945년 이후에 있었던 내전 중 아홉 번째로 참혹했던 내전"이 되었다. 이어 피런은 이전에 벌어졌던 내전으로부터 알

---

61 Fearon, "Testimony to U.S. House of Representatives… on 'Iraq: Democracy or Civil War?'"

수 있는 모든 일을 참고해보면 부시 행정부가 내세웠던 이라크 침공 안건은 대단히 잘못 판단된, 처참하게 실패할 가능성이 농후했던 일이었다고 적어두었다.[62] 이는 암울한 전망이었다. 그리고 여기에는 내전 범주를 적용함에 따라 나타나는 영향이 만만치 않게 컸다. 충분히 예상 가능하듯 당시 이라크 실상에 정확히 부합하는, 마찬가지로 확고한 다른 견해가 있었다. 2006년 12월 이라크 수상 누리 알말리키Nouri al-Maliki는 당시 분쟁을 내전으로 규정하는 견해를 서둘러 부정했고, [당시 유엔 사무총장이었던] 코피 아난이 사담 후세인을 존속 가능한 교전 대상이라는 "이미지로 윤색"하려 한다고 비난했다. 피런을 비롯한 이들이 사실이라고 명확히 인지하던 일을, 반대 의견을 내세웠던 논평가들은 맹렬히 부정했다.[63]

　장기 지속의 역사는 이라크에서 내전이 일어났음을 밝히고자 했던 이들을 논박하는 데 유용했다. 2006년 3월 이란 출신 보수주의 언론인인 아미르 타헤리Amir Taheri는 짧지만 폭넓고 역사적 반례로 가득 찬 글을 내놓았다. 여기서 투키디데스는 내전에 관한 글을 쓴 적이 없다고 주장하며, 키케로가 내전이라는 용어 자체를 처음 대중에게 알렸다고 보았다. 그리고 [내전에 관한] 로마식 정의의 핵심을 다음과 같이 요약했다. "내전이란 로마 시민 한 집단이 다른 로마 시

62　Fearon, "Iraq's Civil War".

63　Zavis, "Maliki Challenges 'Civil War' Label".

민 집단에 대항하는 것으로, 이때에는 외부 세력으로부터 어떠한 무력 간섭도 없었다." 이러한 특징은 술라와 마리우스 간 전쟁과 카이사르와 폼페이우스 간 전쟁에는 들어맞지만 스파르타쿠스 반란처럼 로마 역사에서 벌어진 많은 반란에는 어느 하나도 부합하지 않았다. 타헤리는 이렇게 로마의 사례를 들어 분명 내전이란 "정치적 이유로 싸운 전쟁이지 종교적이거나 인종적 이유로 벌인 다툼이 아니"며, 또 "해당 분쟁은 분쟁이 발생한 국가 전체를 지배하기 위함이었지, 해당 국가를 나눠 더 작은 구성단위로 나누려는 목적을 띠지 않았다"고 추정했다. 이처럼 엄격한 기준으로 인해 그동안 내전으로 불린 거의 모든 분쟁에 내전이라는 이름을 붙일 수 없었다. 미국 내전과 알제리 내전Algerian Civil War(1992~2002)이 배제되는 항목에 속했다. 러시아, 스페인, 레바논 전쟁을 논외로 하더라도 말이다. 그렇다면 그의 결론은? "이라크는 내전 상태에 있지 않다"고 결론지으며, 이는 이라크 국가 내에서 서로 중첩하여 존재하는 다수 갈등 상황이 한데 뭉친 뒤 양측으로 나뉘어, 외부의 어떤 지원이나 개입 없이 이라크 정부를 장악하고자 세속적 투쟁을 벌이기 전까지 변함없다고 말했다.[64]

그해[2006년] 후반 저명한 군사사가이자 언론인이었던 영국인 존 키건 경Sir John Keegan과 미국인 논평가 바틀 불Bartle

---

64 Taheri, "There Is No Civil War in Iraq".

Bull은 유사하지만 조금 더 포괄적인 논의를 제시하며, 이라크 내 폭력 사태를 묘사할 때 '내전'이라는 용어 사용 금지를 주장했다. 두 사람은 어떤 분쟁에 '내전'이라는 명칭을 붙이려면 "그 폭력 사태가 '시민들 간' 벌어지는 '전쟁'이어야 하며, 이를 통해 국가 권력을 획득하거나 행사하고자 하는 목적을 띠어야 한다"고 주장했다. 다시 말해 내전은 한 국가 내에서, 단일한 국민으로부터 차출된 전투원들이 조직화된 단체를 이뤄 치러지는 싸움이어야 하며, 이들이 폭력을 사용하는 이유는 영토 내에서 행사되는 전반적인 정치적 권위를 유지하거나 쟁취하기 위함에 있다. 타헤리처럼 키건과 불은 역사를 살펴보았을 때 내전에 부합하는 사례가 "극히 드물"었다고 밝히며 단지 다섯 사례만을 포함시켰다. 거기에는 잉글랜드 내전(1642~1649), 미국 내전(1861~1865), 러시아 내전(1918~1921), 스페인 내전(1936~1939), 레바논 내전(1975~1990)이 속했다. 이라크 내에서 격돌했던 당사자들은 내부적으로 분열되어 있었는데, 여기에는 이라크 출신이 아닌 반란군도 일부 포함되어 있었고, 국가 권력 장악이라는 목적보다는 서로 상충하는 목적을 삼고 있거나 혹은 목적 자체가 불분명한 상태로 싸웠다. 이러한 이유로, 키건과 불은 이라크에서 일어난 소요사태는 근대 세계에서 벌어진 여섯 번째 내전에 부합하지 않는다고 결론지었다. 대신 "이라크 내 분란은…… 권력을 차지하기 위한 정치-군사 투쟁에 더 가깝다"는 견해를 제시했다. 또한 당시 터키 총리였던 에르도안이 수니파와 시아파 간 분파 분열이라 분석했던 내용을 되풀이하며, "이슬람 세계는 영구적으로 내전 상태에 있다고 말할 수 있다"고 적어두었다.[65]

이라크 정부와 부시 행정부 대표들은 이라크가 내전에 시달리고 있다는 주장을 공식적으로 부인했다. 이라크 정부로서는 내전이 벌어지고 있다고 인정한다면 정부가 권위를 상실했음을 시사하는 모양이 되었다. 미국 주도 연합군 쪽에서는 이라크를 내전 상태라고 정의하는 건 많은 전략적 함축을 수반하는 일이었다. 이는 연합군이 수니파나 시아파 중 어느 쪽을 지원해야 할지 결정하는 것을 의미할 수 있는데, 이러한 결정은 연합군이 주도권을 차지하기 위한 내부 투쟁에서 누가 우세할지 예측하는 것이었다. 또한 이는 침략자인 연합군이 이전까지는 분출할 수단을 찾지 못했던 분파 간 적대감을 부추겼고, 사태는 이제 이들의 통제 밖에 놓이게 되었음을 뜻하는 것이기도 했다. 이와 같은 불안정성이 지속된다면, 훨씬 더 높은 수준의 병력을 동원해 사태가 이라크 국경 너머로 번져나가는 상황을 방지할 필요가 있었다. 그렇지 않다면 대안으로는 신속하지만 품위 없이 철군할 필요가 있었는데, 이는 해당 지역에서 본래 자리하고 있던 곤란한 문제적 상황에 더욱 깊게 연루되는 일을 피하기 위해서였다. 그 상황은 외부로부터 온 어떤 주둔군도

---

65 Keegan and Bull, "What Is a Civil War?"

악화만 시킬 뿐 해결할 수 없는 일이었다.

데이비트 패튼David Patten은 바그다드 내 미 육군 제3보병 사단 소속 병장으로 근무하던 철학 박사 학위자였다. 그는 2007년 여름 "조기 철수는 아직 벌어지지 않은 내전이 일어나도록 하는 조건을 마련해주는, 자기실현적 예언으로 이어질 수 있다"고 경고했다. 그리고 내전을 두고 아무 이야기나 마음대로 발언하는 것은 가식이나 허위와 다를 바 없다고 비난했는데, 민주당 의원이었던 존 무르타John Murtha가 2006년 1월 "우리는 이라크에서 벌어진 내전을 치르는 중이다"라고 선언했을 때나 전 이라크 임시 정부 총리였던 아야드 알라위Ayad Allawi가 같은 해 3월 "현 사태가 내전이 아니라 한다면, 오직 신만이 내전이 무엇인지 알고 있다"라고 애통해했을 때가 그랬다. 거기에 덧붙여 패튼은 "토론에는 정치적 입장이 결부되어서는 안 된다. 정확한 사실이 중요하다"고 경고했다.[66]

패튼은 1990년에 미 육군에서 정한 야전교범에서 낮은 강도의 분쟁을 다룬 부분을 인용했다.

내전: 동일 국가 내 파벌 간 벌어진 전쟁. 현 상황이 국제적으로 인정받기 위해서는 다음 다섯 가지 기준에 부합해야 함. 첫째, 교전 당사자들은 영토를 점유해야 한다. 둘째, 제 기능을 하는 정부를 갖추고 있어야 한다. 셋째, 일부 대외적 인정을 받아야 한다. 넷째, 식별

---

66 Patten, "Is Iraq in a Civil War?", p.32, 37.

가능한 정규군을 보유해야 한다. 다섯째, 주요 군사 작전에 동원되어야 한다.[67]

이 정의는 본래 여타 분쟁으로부터 내전을 구별하기 위해 제시되었는데, 내전이 다른 비정규전 형태보다 형식상 조직적으로 잘 정비되어 있고 전투가 더욱 큰 규모로 이뤄진다는 근거를 내세웠다. 그러나 최근 벌어진 내전 중 내전 양측이 영토를 지배하고 있다든가 "제 기능을 하는 정부"를 갖추고 있는 경우는 드물었다. 국제적으로 인정받고 있는지 여부는 차치하더라도 말이다. 더구나 이 분류법은 특수하고, 아주 드문 경우의 내전에만 들어맞았는데, 바로 산업화 시기 국가 간 전쟁에서 더 전형적이던 군대가 개입된 내전이었다. 이에 해당하는 대표적인 예로 미국 남북전쟁을 들 수 있었지만, 이 전쟁을 20세기와 21세기에 일어났던 다수 내전의 표본으로 보기는 어려웠다. 따라서 이런 정의가 가진 유용성은 미군이 아닌 논평자들에게는 다소 제한적이었고, 미군 입장에서도 비대칭전을 벌이는 현 상황에서 이 정의가 어떤 쓸모가 있을지 분명하지 않다. 심지어 미군에서도 비대칭 전투가 이뤄지는 현재 형세를 염두에 두었을 때 어떠한 소용이 있는지 명확하지 않다.

패튼 병장은 이 정의에서 제시된 다섯 가지 기준 중 오직

---

67 *U.S. Army Field Manual 100-20: Military Operations in Low Internsity Conflict.* 다음에서 인용. Patten, "Is Iraq in a Civil War?", p.28.

하나만, 즉 교전 당사자들은 영토 통제권을 소유해야 한다는 기준만 이라크 상황에 부합한다고 판단했다. 그런데 정작 멜빈 스몰Melvin Small과 데이비드 싱어David Singer가 제시한 사회과학적 차원에서의 내전 정의를 가져와 활용했을 때에는, 유일하게 "이라크만 지난 45년간 일곱 차례의 각기 다른 내전을 겪어왔음"을 발견했다. 이 전체 숫자는 키건 경과 불이 17세기 중반 이후 근대사 전체를 통틀어 찾아냈던 다섯 차례의 내전과 타헤리가 로마 공화정이 무너진 이후 찾아낸 세 차례의 내전과는 현저히 상충하는 수치였다.[68]

이처럼 내전을 엄밀히 정의하려는 모든 시도는 허상을 좇고 있었기에 실패로 이어질 수밖에 없었다. 내전은 근본적으로 논쟁적인 개념이라는 아주 단순한 이유 때문이다. 사실 '시민의civil'와 '전쟁war'이라는 두 단어 자체에 부여된 개별 속성만도 논쟁적일 수 있으며, 따라서 대부분 사회과학적 분석에서는 위치, 강도, 지속 시간과 같은 특정 요인에 따라 그 의미를 달리 사용한다. 또한 이렇게 다양한 정의들 가운데 내전에서 드러나는 정확히 어떤 특징에 우선순위를 부여할지 합의된 바가 없으며, 더구나 이 정의를 특정 분쟁들에 맞춰 어떻게 일률적으로 적용할 수 있을지에 대한 합의점도 존재하지 않는다. 명확한 정의를 사용한다는 차원에서 엄밀성을 높이려는 시도는 결국 불가피하게 정치적일

---

68 Patten, "Is Iraq in a Civil War?", p.29(강조는 아미티지).

수밖에 없는 일로 드러났다. 이렇게 정의定義 자체에 담긴 요소는 이 정의를 현실에 적용하는 일만큼이나 언제나 원칙에 입각한 논쟁principled dispute이 펼쳐질 사안이다. 이는 특히 내전의 경우 더욱 그렇게 보인다. 내전은 쟁론에서 드러나는 본질적인 요소들에 관한 근본적으로 논쟁적인 개념이기 때문이다.

20세기에 이르러 초국가적 공동체를 두고 다양한 이해가 제기되면서, 지역과 대륙을 넘어 마침내 전 지구적 규모로 벌어지던 내전으로 인해 알 수 없는 공포가 밀려왔고 내전은 좀더 엄밀히 분석되기 시작했다. 내전이 어디까지 확대될 수 있을지 머릿속으로 떠올려 볼 수 있는 범위가 넓어질수록, 그렇게 확장된 상상 속 범위는 내전 자체가 점차 형식상 국경을 초월해서 벌어지고 그 영향 측면에서 보면 전 지구적이게 되었다고 파악하던 지식의 폭과 일치하게 되었다. 페늘롱이 제시한 유감스러운 세계시민주의rueful cosmo-politanism는 제1차 세계대전 발발과 종결 시기에 뒤늦게나마 이탈리아 작가이자 반反파시스트였던 가에타노 살베미니 Gaetano Salvemini, 독일 화가 프란츠 마르크Franz Marc, 경제학자 존 메이너드 케인스John Maynard Keynes에 의해 되풀이되었다. 1914년 9월 살베미니가 독자들에게 인지하고 있도록 조언하길, 당시 이들이 목격하고 있는 것은 국가nations 간 전쟁이 아니라 국민, 계층, 정당이 모두 연루된 "지구적 내전"으로, 여기서는 그 어느 누구도 중립적인 입장으로 남아 있을 수 없다는 점이었다. 두 달 뒤인, 1914년 11월에는 마르크가 처음으로 제1차 세계대전을 "유럽 내전"이라고 명명했다.[69] 전쟁이 끝난 뒤인 1919년, 케인스는 [유럽 국가들이 속해 있던] 공동 문명사회를 애석해하며 회고했는데, 프랑스, 독일, 이탈리아, 오스트리아, 네덜란드, 러시아, 루마니아, 폴란드는 "함께 번영을 누리다가…… 전쟁에서 다 같이 흔들렸고" "유럽 내전" 중 "함께 몰락의 길로 들어섰을 수 있다"고 언급했다.[70] 이 유럽 내전이라는 용어는 20세기 내내 자유주의자는 물론 마르크스주의자들의 뇌리에서도 지워지지 않았고, 양차 "세계" 대전, 적어도 유럽 내에서 이뤄졌던 전쟁들이 서로 연속성을 띠고 있음을 서술할 때 쓰였다.[71]

제2차 세계대전이 일어나기 직전에 넌지시 드러난 적대감은, 유럽 국가들을 가로지르며 나뉜 "공산주의reds와 파시즘blacks" 간 "국제적 내전"이 벌어지는 것은 아니냐는 두려움을 증폭시켰다.[72] 그리고 막상 이 분쟁이 도래하자, 이

---

69 "국가 간 전쟁을 넘어, 우리는 지구적 내전을 목도하고 있다." Salvemini, "Non abbiamo niente da dire"(Sept. 4, 1914), in *Come siamo andati in Libia e altri scritti dal 1900 al 1915*, p.366; "제1차 세계대전은 유럽 내전으로, 유럽 정신을 품고 있는 보이지 않는 내부 적에 맞선 전쟁이다." Marc, "Das geheime Europa"(Nov. 1914), in Marc, *Schriften*, p.165; Losurdo, *War and Revolution*, trans. Elliott, p.82; Traverso, *A ferro e fuoco*, p.29.

70 Keynes, *Economic Consequences of the Peace*, p.5.

71 Rusconi, *Se cessiamo di essere una nazione*, pp.101-121; Traverso, *A ferro e fuoco*; Traverso, "New Anti-Communism"; Cattani, "Europe as a Nation", pp.8-9.

72 Friedrich, "International Civil War", in *Foreign Policy in the Making*, pp.223-253; Losurdo, "Une catégorie centrale du révisionnisme".

렇게 "국제적인 규모로 이뤄지는 대규모 내전"은 민족 해
방이 도모될 수 있는 기회를 제공했다고 마르크스주의자였
던 인도인 로이M. N. Roy는 1941년부터 1942년 사이 썼던 자
신의 저서에 기술해두었다.[73] 비슷한 견해가 20세기 후반에
수정주의적 역사관을 내세웠던 독일 우파 역사학자 에른스
트 놀테Ernst Nolte에게서도 나타났는데, 놀테는 1917년부터
1945년 사이 전 기간에 걸쳐 "유럽 내전"이 벌어졌다고 주
장하며, 각기 볼셰비즘과 파시즘을 내세우는 대치 세력에
의해 분열된 단일 공동체 내에서 양자 간 투쟁이 이어졌다
고 서술했다.[74] 양차 세계대전이 일어났던 전체 기간을 단일
한 내부 분쟁이 일어난 것으로 묘사하는 것은 예상 밖의 중
요한 장소에도 부여돼 이해되던 방식이었다. 예를 들어 전
미 국무부 장관 딘 애치슨Dean Acheson은 1914년부터 1945년
사이 "유럽 내전"(이라 했지만 사실상 문명 전쟁civilizational war)과
동아시아에서 벌어졌던 "아시아 내전"이 교차했다고 서술
했다.[75]

이처럼 내전이란 관념이 확장되어 적용되는 현상은 냉전
을 거치며 더욱 확대되었다. 냉전이라는 분쟁 자체도 "지구

---

73 Roy, *War and Revolution*, pp.46-54, 83-91, 96, 108-109; Manjapra, *M. N. Roy*, pp.128-129.

74 Nolte, *Der europäischer Bürgerkrieg, 1917-1945*; Nipperdey, Doering-Manteuffel, and Thamer, *Weltbürgerkrieg der Ideologien*; Bonnet, "Réflexions et jeux d'échelles autour de la notion de 'guerre civile européenne'". 다른 접근법과 관련해서는 다음을 보라. Payne, *Civil War in Europe, 1904-1949*.

75 Acheson, *Present at the Creation*, pp.4-5.

적 내전"이라 불렸는데, "[이로 인해] 인류는 갈라서게 되었고 고통받게 되었다"고 미 대통령 존 F. 케네디는 1962년 1월에 있었던 자신의 두 번째 국정연설에서 언명했다.[76] 두 달 뒤인 1962년 3월에 카를 슈미트는 스페인에서 열린 강연에서 레닌식 사회주의로 인해 촉발된 "혁명 계급이 지녔던 적대감이 분출된 지구적 내전"을 논했다.[77] 이때 슈미트는 확장된 내전 관념이 냉전 당시로부터 형성되지 않았다고 보았다. 이미 1939년부터 슈미트나 그를 따르던 이들은 이를 하나의 기술 용어처럼 사용했는데, 이 용어를 제시하며 모든 혁명적 보편주의 속에 자리한 허위를 비판했다. 그 보편주의가 예컨대 프랑스혁명이나, 1848년 혁명, 또는 (슈미트가 이미 1950년에 칭했던) "현재 지구적 차원에서 벌어지는 세계 내전"에 반영되었는지는 관계가 없었다.[78] 혁명이 남긴 유산에 좀더 동조적이었던 집단은 민주사회학생회 American Students for a Democratic Society였는데, 이들은 1962년 6월 포트 휴런 선언Port Huron Statement에서 "임박한 듯한 전쟁은 미국과 러시아가 다투는, 즉 두 국가 독립체national entities가 대

---

76 John F. Kennedy, "State of the Union Address"(Jan. 11, 1962), in U.S. President(1961-1963: Kennedy), *Public Papers of the Presidents of the United States: John F. Kennedy*, 2:9; Miller, *Modernism and the Crisis of Sovereignty*, pp.15-16.

77 Schmitt, *Theory of the Partisan*, trans. Ulmen, p.95.

78 Schmitt, *Donoso Cortés in gesamteuropäischer Interpretation*, p.7("1848년 유럽 내전······ 현재 지구적 차원에서 벌어지는 세계 내전"), pp.18-19, p.21, 85-86, 113-114; Schmitt, *La guerre civile mondiale*; Kesting, *Geschichtsphilosophie und Weltbürgerkrieg*; Schnur, *Revolution und Weltbürgerkrieg*; Portinaro, "L'epoca della guerra civile mondiale?"; Müller, *Dangerous Mind*, pp.104-115; Jouin, *Le retour de la guerre juste*, pp.269-290.

외적으로 벌이는 전쟁이 아니라, 국제전으로서 전 세계에 걸쳐, 중요하게 여겨지지도 않으며 무방비 상태로 있는 도시civitas 도처에서 벌어질 것"이라고 예견했다.[79] 한나 아렌트 또한 그 유산에 동조적이었다. 그녀는 이듬해인 〔1963년 출판한〕『혁명론』에서 20세기에 들어서서 전쟁과 혁명이 상호 연관됨에 따라 새로운 현상을 목격하게 되었다고 주장했다. "세계 전쟁은 마치 혁명에 따른 결과이자 전 지구에 걸쳐서 폭위를 떨치는 일종의 내전처럼 보이는데, 심지어 제2차 세계대전조차 상당수 여론에서는 꽤 타당한 이유를 제시하며 내전으로 간주했다."[80]

근래 들어서서 '지구적 내전'이라는 용어는 알카에다al-Qaeda 신봉자들처럼 국경을 초월해서 활동하는 테러리스트들과 미국이나 영국처럼 확립된 국가 행위자가 벌이는 투쟁을 지칭하게 되었다. 이 용례의 사용에 찬동했던 몇몇 이에 의해 9·11 테러 이후 형성된 이러한 용법은 대내적 투쟁이 전 지구로 확산되는, 특히 수니파와 시아파로 나뉜 분열된 이슬람 세계에서 벌어지던 투쟁이 세계적인 규모로 확전되어온 현상을 가리킨다. 테러리즘을 칭하는 좀더 넓은 의미의 비유로서 '지구적 내전'은 또한 다음 상황을 지시하는 데 쓰였다. 전통적인 방식으로 벌어지는 전투에 부가되던 어떠한 제한 요소도 없이 대치하는 당사자들이 벌이던

---

79 Students for a Democratic Society, *Port Huron Statement*, p.27.

80 Arendt, *On Revolution*, p.17; Bates, "On Revolutions in the Nuclear Age".

통제되지 않는 투쟁, 어떠한 교전 규칙도 없이 만인에 대한 만인의 투쟁이 벌어지던 자연상태로의 회귀, '내부' 분쟁과 '대외' 분쟁, 달리 말해 국가 내부에서 벌어지는 분쟁과 국가 간 벌어지는 분쟁을 구분 짓는 경계가 완전히 흐릿해진 특수한 분쟁 형태를 함축했다.[81] 같은 맥락에서 비판 이론가인 마이클 하트Michael Hardt와 안토니오 네그리Antonio Negri가 2004년에 쓴 저작에서 쓰길, "우리가 살고 있는 현대 세계는 일반화되고 영속적으로 일어나는 지구적 내전과 사실상 민주주의가 중단되도록 만드는 상존하는 폭력의 위협으로 특징지어진다."[82] 바로 이 내전 상황을 슈미트는 "예외상태state of exception"라 칭했던 것이다. 모든 권력을 지닌 주권자에 의해 결정된 이 비상사태 때는 법에 의한 지배가 주권자 재량에 따른 통치나 계엄령 선포에 따른 통제로 대체될 수 있었다. "이른바 '지구적 내전'이라는 현상이 멈출 수 없이 진행되는 현실을 직면하고 있다 말하는 조르조 아감벤은 2005년 "예외 상태는 이제 점차 현대 정치에서 나타나는 지배적인 통치의 전형典型처럼 보인다"고 직시했다.[83]

이처럼 내전의 영역이 비유적으로 확장되면서 과거 내전

---

81 Galli, *Political Spaces and Global War*(2001-2002), trans. Fay, pp.171-172; Härting, *Global Civil War and Post-colonial Studies*; Odysseos, "Violence *After* the State?"; Odysseos, "Liberalism's War, Liberalism's Order".

82 Hardt and Negri, *Multitude*, p.341.

83 Agamben, *State of Exception*, trans. Attell, pp.2-3; see also Agamben, *Stasis*, trans. Heron, p.24("오늘날 세계사에서 얻게 된 내전 형태는 '테러리즘'이다. 테러리즘은 '지구적 내전'으로 되풀이되며 지구라는 행성 내 이 구역, 저 구역을 뒤덮는다").

관념으로부터 눈에 띄는 특징이 함께 따라왔다. 예를 들면, 경계가 명확한 공동체라든지, 그 공동체 내 지배권을 차지하기 위해 투쟁을 벌였다든지, 정상적인 정치나 '문명' 과정에서 벗어나 있다든지 하는 것들이다. '지구적' 내전 관념은 추가적으로 보편적 인류 개념을 동반했는데, 이는 서로 적대하는 동료 시민들이 살고 있는 세계 도시 혹은 [국제도시를 뜻하는] 코스모폴리스cosmopolis와 같은 광범위한 단일 공동체 내에서 벌어지는 분쟁이 포착됨에 따라 그러한 동행이 허용되었다. 이런 점에 있어 지구적 내전이라는 근래 생긴 언어는 오래 지속되어온, 본래 로마인이 지녔던 내전 관념에 강도가 더해진 것처럼 보인다. 세계시민주의에서 내세웠던 공감이 확대되고 지평이 확장됨에 따라 본래 로마식 내전 관념이 포괄하는 대상이 좀더 넓어지고 첨예화되었다. 이와 같은 '지구적' 내전을 분석적 측정법에 따라 판단하기는 쉽지 않을 수 있다. 사회과학자들이 여타 다른 분쟁 유형이 그렇게 다뤄지리라 믿었던 방식처럼 말이다. 또한 법적 규제나 인도주의적인 개선이 이뤄질 대상이 되지도 않았다. 마치 국제변호사들이 국제전 성격을 띠지 않는 여타 전쟁이 그러리라 믿는 것처럼 말이다. 그렇지만 지구적 내전이라는 용어가 포괄하는 내부적 복합성, 20세기 초부터 해당 용어가 지녀온 이념적 부담감, 그리고 이 용어를 쓰는 몇몇 이에 의해 암시되는 반이슬람적 함축으로 인해 이 용어는 '내전'이라는 용어 자체가 그렇듯 본질적으로 논쟁적인 개념이라 여겨진다. 이런 점으로 보아 최근에 '지구적 내전'을 두고 벌어진 논의는 애초에 이를 야기했던 내전의 경합적 개념이 심화되거나 도리어 한정限定되었다고도 볼 수 있다.

지구적 내전이라는 관념은 초국가적 테러리즘이 발흥하면서 점차 더 많이 쓰이게 되었다.[84] 이렇게 공포를 불러일으키는 현상으로 인해 준準전쟁 수준의 폭력이 국내 영역으로 유입되었는데, 특히나 세계적으로 알려진 도시의 길거리에서 가장 격렬하게 휘몰아쳤다. 〔시간 순서로 보자면〕 2001년 뉴욕, 2004년 마드리드, 2005년 런던, 2008년 뭄바이, 2014년 시드니, 2015년 파리와 샌버너디노, 2016년 브뤼셀을 예로 들 수 있다. 테러범들은 (비록 해당 국가에서 출생했거나 귀화한 시민이었음에도 불구하고) 이들이 공격한 사회와는 어울리지 않는 이들이라며 흔히 악마로 그려졌고, 따라서 '내전' 즉 동료 시민 간에 벌어졌던 전쟁에서 통상적으로 교전하던 집단에 속했던 이들과 동일한 방식으로 다뤄지지 않았다. 이와 동시에 다양한 형태로 벌어지는 비정규전이 급증했고 이를 이해하는 동시에 막아내고자 좀더 유연한 전쟁 개념이 고안되었다. 이러한 상황적 변화로 인해 비유적으로 표현될 수 있는 내전 범위의 한계가 풀려 그 범위가 계속해서 늘어나게 되었다. 마지막으로 국가 간 전쟁이 장기적으로 보았을 때 감소했지만 국가 내부에서 벌어지는 전쟁이 늘어나는 현상이 동반됨에 따라 (이를 적어도

---

84 '내전'과 '테러리즘'이 경험적 차원에서나 각자 정의됨에 있어 일치한다는 관점과 관련해서는 다음을 보라. Findley and Young, "Terrorism and Civil War".

조직화된 폭력이 이뤄지는 전체 규모와 비례해 보았을 때) 미래에
는 더 이상 전쟁은 없으며 오직 내전만이 벌어질 것이라는
믿음이 조장되었다.[85] 21세기에 일어날 모든 전쟁은 실제로
내전일 수 있다. 하지만 1949년 토레스 보데트가 떠올렸던
것과는 매우 다른 이유들로 인해 벌어지며 그 의미는 더욱
종잡을 수 없는, 그래서 더욱 섬뜩한 전쟁이 될 것이다.

---

85 Jung, "Introduction: Towards Global Civil War?"

말들의 내전

'내전'이라는 이름표를 붙이거나 붙이지 않는 일에 걸려 있는 요소들이 지금은 너무나도 커져버렸기 때문에, 정치가 앞으로의 고려 사항에서 영원히 배제될 것이라 보기는 어렵다. 왜 그러한지 알기 위해 필요한 것들을 이제는 더 잘 갖췄을 것이다. 내전이 남긴 다루기 힘든 역사에 대해 더 잘 알게 될수록, 내전의 모태母胎, birthmark를 좀더 명확히 바라볼 수 있다. 또한 내전이 축적한 상흔傷痕을 알아차릴 수 있다. 그리고 내전의 상처를 여전히 얼마나 민감하게 느끼는지 알아볼 수도 있다. 우리의 내전 관념은 지난 2000년간 인류가 겪은 고통을 그대로 전해준다. 그리고 그러한 고통은 지금까지도 계속해서 우리 정치를 동요시킨다.

'대량 학살genocide'이라는 용어처럼 '내전'이란 용어에는 오늘날 정치적 함축뿐만 아니라 국제사회로부터의 조치를 촉발할 수 있는 법적 함의가 내포되어 있다. 게다가 실제로 대량 학살과 내전을 구분하는 경계는 (양자 모두 본질적으로 논쟁적인 개념이면서 동시에 법적 효력을 초래할 수 있기에) 훨씬 더 논쟁적일 수 있다.[1] 내전은 공포 및 파괴와 연관된 수많은 심상과 연상을 자아내기 때문에, 내전이란 용어를 사용함에 따라 나타날 어떠한 좋음도 떠올리기 어렵다. 이런 의미야말로 그 용어의 핵심을 관통하는데, '내전'이라는 말이 역설, 심지어 모순어법oxymoron에 해당되기 때문이다. 전쟁에 있어 어떤 점이 '시민적civil'일 수 있을까? '시민적'이라는 형용사는 반대로 무해하고 온건한 인간 활동 유형을 수식한다. 예를 들어 시민 사회, 시민 불복종, 나아가 대(시)민 업무를 들 수 있다. 이 단어와 어원적으로 그리고 언어학적으로 가장 가까운 동류 단어로는 '예의 바름civility'과 '문명civilization'이 있다. 전쟁은 사람들로 하여금 평화롭게 어울리거나 이들이 지닌 기운을 비폭력적인 방향으로 인도하지 않는다. 게다가 전쟁에 유혈이 낭자하고 죽음이 수반될 때 공손함이나 고상함이라는 의미를 함축하기 어렵다. 분명 전쟁이 몰고 오는 어두움은 시민적이라고 불리는 대상이 발산하는 그 어떠한 밝음도 완전히 덮어버린다.

어떤 이는 이러한 논의가 '단지' 의미론적이거나 수사학적 차원의 논의로, 단순히 단어와 씨름하는 일이지 실제

---

1 Moses, "Civil War or Genocide?"; Rabinbach, "The Challenge of the Unprecedented".

삶, 아니면 죽음과 관련된 사안을 다루는 일은 아니라고 말할 수 있다. 이와 다른 방식이 내가 이 책 전반에 걸쳐 취한 접근법이다. 바로 상기한 논의들을 통해 어떻게 우리가 우리 공동체를 정의하고, 적을 감별하며, 동맹을 촉구하는지가 상당 부분 드러난다는 것이다. 말은 우리가 세계를 구성하는 방식이다. 이것이 유일한 방식은 물론 아니지만, 동료 인간과 나누는 대화 속에서 세계를 구축해나가는 수단이 된다. 우리 관점을 상대에게 설득하고 우리 행동을 정당화하며 외부인에게나 심지어 후세 사람에게 영향을 미치려고 대화를 하는 것이다. 하지만 전쟁을 논할 때, 말 그 자체가 무기로 휘둘러진다. 전투의 유혈이 뜨겁든, 전장이 차갑게 식었든 관계없이 행해진다. 따라서 "전쟁과 관련된 말은, 심지어는 전쟁의 명칭들조차 실로 논쟁적일 수 있다".[2] 그리고 다른 어떤 전쟁 형태도 그 이름만으로 내전보다 더 많은 논쟁을 불러일으키지는 않는다.

'내전'이라는 용어를 적용할지는 당사자가 통치자인지 반란군인지, 승자인지 패자인지, 기존에 확립된 정부인지 이해관계가 있는 제3자인지에 따라 달라질 수 있다. 현대 내전을 연구하는 대표적인 한 학자가 말했듯, "어떤 분쟁을 내전으로 묘사하는 방식은 이 분쟁에 상징적인 중요성을 부여하는 동시에 정치적 무게를 더하는 일인데, 내전이라

---

2 Lepore, *Name of War*, xv.

는 용어 자체가 정당성을 부여하거나 그것을 부인할 수 있기 때문이다. 실제로 내전이라는 용어의 사용 여부 자체가 분쟁의 일부를 이룬다."[3] 이 상황은 달리 표현하자면, 토머스 드퀸시가 좀더 간결하지만 열정적으로 표명했듯, "내전의 결의법casuistries, 이 얼마나 방대한가!"라고도 할 수 있다.[4] 명칭을 두고 벌이는 싸움은 해당 분쟁이 중단된 뒤에도 오래도록 이어질 수 있다. 예를 들어 제2차 세계대전 당시 이탈리아 저항운동 레지스탕스Italian Resistance와 파시즘 정부 사이 벌어졌던 투쟁을 묘사할 때 '내전'이라는 용어를 사용하는 문제는 여전히 논쟁거리로 남아 있는데, 내전이라 칭한다면 양 당사자가 동등한 위치에 있었음을 암시하는 것처럼 보이기 때문이다.[5]

분쟁들이 계속 진행되는 동안에 더더욱 당면하게 되는 상황은 지구상의 다른 열강들이 이러한 전쟁에 대해 판단을 유보하거나 전적으로 '시민적', 즉 국내적 사안이기 때문에 자신들의 통제 밖이라 판단하게 되는 일이다. 이러한 판

---

3 Kalyvas, "Civil Wars," p.416, 여기서 칼리바스Kalyvas는 내전을 "의미상 우려할 만한 혼란, 심지어 쟁론으로까지 이어지기 쉬운 현상"이라고 적어두었다. 관련해서 다음 논의를 참고할 수 있다. Waldmann, "Guerra civil"; Angstrom, "Towards a Typology of Internal Armed Confclit"; Sambanis, "What is Civil War?"; Mundy, "Deconstructing Civil Wars"; González Calleja, Arbusti, and Pinto, "Geurre civili", pp.34-42; González Calleja, Las guerras civiles, pp.34-78; Jackson, "Critical Perspectives", pp.81-83.

4 De Quincey, "[Fragments Relating to 'Casuisty']"(약 1839-1843), in Works of Thomas De Quincey, 11:602.

5 Pavone, Civil War, pp.269-270.

단과 결정은 수 세기 동안 전 세계에 걸쳐 벌어진 주요 분쟁에 중대한 영향을 미쳤다. 예를 들어 미국혁명은 북아메리카에 거주하던 식민지 개척자들만을 위한 혁명이었는가, 아니면 영제국 내에서 벌어진 내전이었는가? 미국 내전은 동등한 위치에서 서로 대립했던 당사자들이 벌였던 전쟁이었는가, 아니면 단일 주권 국가 경계 안에서 벌어진 반란이었는가? 1990년대 르완다와 보스니아에서 벌어진 분쟁을 '내전'이라 명명한 것이 세계 나머지 국가들로 하여금 폐쇄적인 국경 너머에서 벌어지는 일들에 대한 책임을 부인하게 만들었는가? 그리고 2003년 이후로 (수단) 다르푸르Darfur 지역에서 발생했던 일을 내전이 아니라 '대량 학살'로 칭하는 것이 근본적으로 정치적인 분쟁을 도리어 다루기 어려운 민족 분쟁으로 만들어서 합리적 결의안이 제시될 희망을 막았는가?[6]

범주를 선택하는 행위는 정치적 결과뿐 아니라 도덕적 결과를 초래한다. 대체로 자기 운명의 향방을 스스로 결정할 수 없는 수만 명의 사람에게는 이것이 죽고 사는 문제일 수 있다. 목격하고 있는 상황이 확실히 내전인지 아닌지를 결정한다는 건 전쟁에 짓밟힌 나라의 국민뿐만 아니라 국경 밖에 있는 이들에게도 정치적, 군사적, 법적, 경제적 차원에서 영향을 미칠 수 있다. 익히 들어왔듯 국제사회가 그

---

6 Mamdini, "Politics of Nameing"; Mamdani, *Saviors and Survivors*, pp.3-6.

와 같은 분쟁이 벌어졌다고 인정하게 되는 동기는 분쟁에 연루되지 않으려고 하기 때문일 수 있다. 내전은 종종 나와는 관계없는 남의 나라 일로 치부되며, 따라서 외부인들은 물러서 있어야 하는 일이 된다. 이와 반대로 내전이라는 이름표는 국가가 붕괴되고 인도주의적 차원에서 위기가 찾아오자, 개입을 승인하기 위해 붙여질 수 있다.[7] 이렇게 동기와 대응 모두에서 나타나는 극단성 또한 내전 개념이 지닌 역설적인 본질 중 일부를 이룬다.

내전이 현재 진행중이라는 판단이 내려지면 전쟁법과 국제인도주의법에서 어떤 조항이 적용될지 또한 결정되는데, 이는 교전이 벌어지는 동안은 물론 이후에 침략자들이 재판을 받고 전범을 잠정적으로 식별하는 경우에도 적용되는 내용이다. 재정적 차원에서 나타나는 영향 역시 마찬가지로 중대하다. 국제연합과 산하 전문기구에서 집행하는 미화 수백만 불의 인도적 지원 역시 유엔 회원국 내에서 일어난 분쟁에 내전이라는 표지를 부착할지의 여부에 따라 결정될 수 있다. 이런 모든 상황에서 어떤 상황을 목격하자마자 바로 이를 내전이라 확신하는 건 부정확하고 위험할 뿐만 아니라 값비싼 대가를 치르도록 하는 결정일 수 있다. 이런 이유로 내전이 무엇인지 정의하고, 이를 특정 개별 사례에 가능한 엄격히 적용하는 일은 분초를 다투는 문제가 된다.

---

7 Freedman, "What Makes a Civil War?"

내전을 정의해야 한다는 압박은 종종 역으로 그러한 정의를 제시할 때 따르는 정치적 이해관계와 결부된다. 따라서 정확한 정의를 제시해야 한다는 압박이 심해질수록, 그러한 엄정함 자체로 인해 정치적 논쟁이 일어날 가능성이 높아질 수 있다.

'내전'이라는 바로 그 명칭 자체로 인해 그 명칭이 붙여지지 않았다면 진압되거나 맹렬히 비난받았을 폭력의 유형에 정당성이 부여될 수 있다. 적어도 19세기 이래로, 예를 들어 한 국가 내에서 벌어지는 폭력 사태가 반란 혹은 소요가 아닌 '전쟁'이라 불린다면, 이를 수행하는 이들은 전투원을 보호할 의무(와 함께 전쟁법을 위반한 자들을 처벌할 법적 책임)를 지닌다. 어떤 분쟁이 '전쟁'이라 불린다면 (혹은 '내전'이라고 할지라도), 국제사회로부터 인정받는 대상에 속하게 되며, 그 결과 다양한 외부 지원을 받을 가능성이 열리게 된다. 경제적, 법적 지원은 물론 군사적 지원까지 포함된다. 전례로 리비아 내전 기간 중 2011~2012년에 국제사회가 리비아 과도국가위원회National Transitional Council를 공식 인정했던 일을 떠올려볼 수 있다.[8] '내전'이라는 용어를 통해 연상되는 역사적 기억은 극도로 부정적일 수 있지만, 일정 시기 특정 장소에서 이 용어가 가져왔던 법적, 정치적 영향력은 그동안 긍정적이었다.

---

8 Talmon, "Recognition of the Libyan National Transitional Council".

오늘날 형성된 내전 이해를 켜켜이 구성하는 내용은 과거에 내전이 지녔던 많은 의미로부터 왔지만 동시에 내전을 둘러싼 주변 담론들, 예를 들어 역사학, 정치학, 법학, 사회과학에서의 담론에서 형성된 나름의 의미 지층이 쌓인 결과이기도 하다. 역사학으로부터, 특히 로마 역사로부터 내전은 되풀이되고 연속적으로 발생한다는 이해를 구했다. 정치학으로부터는 내전이 문명과 주권, 그리고 반란과 혁명과 관련되어 있음을 알았다. 법학에서는 내전을 엄밀한 정의 틀 내에 한정하려는 노력과 함께 내전을 법적 절차에 따라 규제하려는 시도가 이뤄졌다. 그리고 현대 사회과학에서는 내전을 누적되는 전 지구적 현상으로 연구하기 시작했다. 내전을 종합할 때가 충분히 되었고 그 원인과 결과를 분석하는 것이 가능해졌기 때문이다. 내전이라는 개념의 흐름이 만든 광범위한 파도로 인해 이 개념은 수세기에 걸쳐 이어져 내려왔지만, 이 파도가 일렁였던 흔적 또한 남았다. 내전은 상당히 논쟁적인 개념이 되었는데, 한편으로는 이 개념이 경쟁적으로 사용될 수 있었기 때문이며 다른 한편으로는 내전 개념이 하나의 주제로서 점차 위상을 확립했기 때문이다. 특히 바텔과 리버 같은 법학자들이 내전을 교전의 표식, 개입을 알리는 신호, 혹은 인도주의적 규제를 추동하는 자극이라고 공식적으로 명명한 뒤에 그 위상은 높아졌다. 이 모든 특징은 축적되어온 다양한 과거 내전 사례와 이를 둘러싼 논쟁을 보여주는 증거로 의도치 않게 내전과 결부되어 현재까지 남아 있게 되었다. 그리고 이제는 너무나 귀중해져서 좀처럼 논의 선상 아래로 가라앉기 어려워진 것 같다.

내전은 인류가 모면하기 어려운 유산遺産이 되었다. 나는 이 말로써 인간이 본래 경쟁심이 강하고, 탐욕적이며, 공격적이거나 인간의 운명은 언젠가 사회적 자살에 이르게 되어 있다는, 즉 루카누스의 표현 방식을 따르자면 자신의 창자에 스스로 검을 꽂는 것이라 말하려고 하는 것은 아니다. 그보다는 내전이란 개념은 한 번 창안되고 나면 놀라울 만큼 번역 가능하다고 판명된 필수적인 개념 중 하나임을 말하고자 한다. 내전이라는 개념은 로마에서부터 시작해서 별다른 어려움 없이 다른 세계 주요 언어로 많이 옮겨졌고, 그 과정에서 〔개념 안에〕 축적되어온 처리하기 곤란했던 짐들이 단 하나도 유실되지 않았다. 그리스인을 비껴갔던 그 창안물은 로마인이 고안한 간결한 모순어법과 설득력 있는 역사 서술 아래 19세기까지 이어져온 견고한 관념이 되었다. 혁명적인 변화를 이뤄내겠다는 이상적인 약속조차 내전을 정치사상이 다뤄야 할 전체 목록에서 몰아낼 수 없었다. 정치 자체가 언제나 덜 치명적인 수단으로 치르는 내전의 형태였다는 이유 하나 때문에라도 내전을 목록에서 지울 수 없었다. 이렇게 해서 내전 관념은 창안물이 아니라 발견물이 지닌 마법적 힘을 획득하게 되었다.

역사학자는 그러한 힘에 직면해 무엇을 할 수 있나? 아마도 두 가지 차원에서 대응할 수 있을 것이다. 하나는 내전이라는 용어의 본질이라고 여겨지는 몇몇 요소를 되찾으려 시도하며, 그 용어가 제시하는 무수한 의미들을 어떻게든 줄이고 가다듬어 좀더 다루기 용이한 수준으로 만들고자 하는 것이다. 다른 하나는 이 용어에 내재한 모든 복잡한 특징들 속에서 이 용어를 재구성해, 정확히 어떻게 내전이라는 용어가 그토록 많은 의의를 품게 되었는지를 밝히고자 하는 것이다. 이라크와 시리아에서 벌어진 분쟁을 두고 최근에 형성된 논쟁에서 보았듯, 내전을 단 하나의 정의로 국한시키려는 시도는 오히려 일을 더욱 복잡하게 만들고 논란만 가중시켰다. 그렇다면 다른 방향으로부터 시작해 수세기 동안 정립된, 내전이 지닌 다양한 의미를 파헤치는 방식이 더 나아 보인다. 하지만 첫 번째 접근법에서 내세웠던, 단순한 정의를 추구한다는 공허한 약속을 포기한다면, 무언가 명확히 이해할 수 없을 때 느끼는 혼란을 겪는 건 불가피하다.

철학자와 법률가는 물론 정치학자들까지도 혼란만을 느낀 '내전'이란 용어를 둘러싼 논쟁에서 역사학자는 호기好機를 감지한다. 내전을 규정하는 모든 정의는 필연적으로 상황적 맥락을 반영하는 한편 서로 대립적이기도 하다. 역사학자가 짊어진 과제는 모든 쪽이 동의할 수 있는 좀더 나은 정의를 제시하는 것이 아니다. 다만 그가 행할 과업은 어디에서부터 이렇게 대립되는 이해가 생겨났는지, 각각의 이해는 무엇을 뜻해왔는지, 그리고 그 명칭으로 불렸던 일을 겪었던 이들이나 과거에 그 일을 이해하려 했던 사람들이 체험한 경험으로부터 어떻게 그러한 이해가 생겨나게 되었는지를 묻는 것이다.

내전은 다른 무엇보다 경험 범주에 속한다. 내전에 참여했던 이들은 대개 국제기구에서 내전이 진행되고 있다고 공표하기 훨씬 이전에 자신들이 내전 한복판에 있음을 깨닫는다. 하지만 이는 언어와 기억으로 인해 굴절되고 왜곡된 경험이다. 이 굴절은 과거 내전의 기록과, 선조들이 내전에 대해 생각하고 논했던 방식을 통해서 이루어진다. 그들이 회고했던 내전은 종종 아득히 먼 시기와 저 멀리 떨어진 장소에서 벌어졌던 일이었다. 또한 이러한 왜곡은 자국 역사에서 벌어졌던 내전이 또다시 일어나지는 않을까 하는 두려움에 기인해 일어난다. 결국 이는 내전이 남긴 개념적 유산으로 인해 틀이 잡힌 (혹자는 비틀어졌다고 말할) 경험이다. 일단 그 개념이 생기고 나면, 그 개념은 비가역적으로 분쟁을 바라보는 관점을 형성하는 하나의 렌즈이자 분쟁의 의의를 다투는 수사적 전투에서 사용되는 무기가 된다. 내전은 여전히 논쟁적이면서도 오래 전해져 내려온 관념의 영역에서 이해될 수밖에 없다. 내전이 어떤 의미를 지니는지를 두고 벌어지는 투쟁은, 다양하게 전개될 내전 개념의 미래가 그 개념이 거쳐온 논쟁적 과거 시기만큼이나 논란을 일으키고, 변화무쌍하리라는 것을 의심치 않게 한다.

후기

쑬쑬한 러시아 격언이 있다. '과거는 예측 불가능하다.' 모든 역사가들은 이 격언이 얼마나 진실에 가까운지 익히 알고 있다. 역사적으로 중요하게 생각하는 사건, 학술적으로 연구할 가치가 있는 문제, 가장 시급해 보이는 주제 모두 현재 관심사에 비춰 바뀐다. 때로는 우연히 과거와 현재가 환한 불빛 아래 서로 교차하는 순간이 되어서야 역사가는 올바른 질문으로 인도된다. 이 책은 바로 이러한 우연의 일치로부터 시작되었다. 마침 내전의 의미를 둘러싼 두 전투가 시간이 지나며 동시에 겹칠 때였다.

내전은 내가 시간을 할애하리라 예상했던, 하물며 원했던 주제도 아니었다. 그런데 2006년 말 나는 캘리포니아주 도시 샌머리노에 위치한 헌팅턴이라는 웅장한 도서관에서 연구를 하고 있었다. 이 도서관은 바로 1992년 L.A. 폭동 사태가 벌어졌던 남부 로스앤젤레스에서 약 30킬로미터 떨어진 아주 가까운 곳에 위치한다. 하지만 층이 낮은 신고전주의식 건물, 세계적 수준의 정원, 그리고 유명한 영국 미술 소장품을 바라보고 있노라면, 이러한 과거 사실을 결코 떠올리지 못할 것이다. 내 주제가 이곳에 다다랐을 때는 제2차 걸프 전쟁 중 가장 피해가 컸던 기간으로 추후 기록될 시기였다. 2006년 10월부터 2007년 1월까지 유혈 사태가 최고조에 올랐을 때, (군인과 민간인, 이라크 군인과 침범군을 포함) 한 달 평균 3000명에 달하는 사람들이 이라크 내에서 벌어지는 교전에서 죽어가고 있었다.[1]

바로 그 시기에 헌팅턴 도서관에서 보관하고 있는 풍부한 소장자료 중에서 프랜시스 리버 문서를 발견했다. 가장 먼저 체계적인 접근을 시도했던 이들 중 한 명이었던 리버가, 적어도 미국 군사법 맥락에서 다뤘던 사안들은 적국 전투원의 지위, 전장에서 포로로 잡힌 이들의 처우, 그리고 군사적 정의 규칙 등이었다. 이 사안들은 조지 W. 부시 행정부가 추진하던 '범지구적 테러와의 전쟁'에 비춰 주요 뉴스를 장식하고 있었다. 리버가 쓴 편지와 초안을 하나하나 읽어가면서 내전이 제기하는 도전을 두고 계속해서 염려스럽게 하는 방식으로 과거와 현재가 운韻을 맞추고 있음을 발견했다. 논쟁은 미국 내에서 불붙기 시작해 이라크는 물론

---

1   http://www.iraqbodycount.org/database/; United Nations Assistance Mission for Iraq, "Human Rights Report, 1 September-31 October 2006", p.4.

그 밖으로 번져나가며, 메소포타미아 지역에서 동시다발적으로 벌어지던 분쟁의 성격이 무엇인지를 두고도 논의가 펼쳐졌다. 리버가 19세기 중반에 내전을 정의하면서 느꼈던 당혹감과 이와 유사하게 21세기 초 이라크에서 벌어졌던 사건에 내전 용어를 적용할 때 겪었던 복잡함은 내게 충격으로 다가와, 고대 로마부터 근대 초기를 거쳐 현재까지 이어져 오는 훨씬 더 긴 역사적 여정 중에서 두 번 멈추도록 했다.

헌팅턴 도서관에서 불현듯 깨달음을 구한 뒤 몇 주 지나, 또 다른 우연적 만남으로 인해 내전 연구를 수행할 영감을 받게 되었다. 나는 2007년 2월에 『독립선언문: 지구사The Declaration of Independence: A Global History』를 로드아일랜드주 프로비던스에 있는 존 카터 브라운 도서관에서 선보였다. 역사학자이자 전임 대통령 연설문 작성자였던, 당시 도서관장 테드 위드머는 자유를 전 세계로 확산시키는 미국이 지닌 임무에 관한 저작을 이제 막 완성해가고 있다고 말했다.[2] 당시 내 마음속에는 프랜시스 리버와 이라크 논쟁이 상당 부분 자리하고 있었다. 그래서 예의에 벗어났지만, 미국이 자유를 수출해온 이야기 대신 우리에게 필요한 건 훨씬 더 어두운 역사로, 긴 시간 이어져온 내전과 그 의미에 관한 역사라고 테드에게 말했다. 그날 저녁, 재빨리 도서관 도서 목

---

2 Ted Widmer, *Art of the Liberties: America and the World*(New York: Hill and Wang, 2008).

록을 샅샅이 뒤진 뒤에야 아직까지 아무도 그 이야기를 재구성하지 않았다고 확신했다. 이에 독립선언문을 다룬 책의 속편을 써야겠다고 결심했고 국가 건설 연구와 국가 해체 역사를 함께 살펴보기로 마음먹었다. 그 결과가, 수년이 흐르고 수많은 내전이 발발한 뒤에 나온 이 책이다.

모든 책은 공동 작업의 산물이다. 각각의 방식으로 협조받은 결과물이다. 이 책은 지난 수년 동안 수많은 장소에서 나눈 폭넓은 대화와 무수한 행운, 크나큰 선물 같은 우정으로부터 나온 성과다.

도움을 받은 주요 기관들은 헌팅턴 도서관, 퀸스대학 벨파스트, 하버드대학이다. 2006년부터 2007년 헌팅턴에 있을 때 받았던 멜론 연구비 지원이 없었더라면, 이 연구 계획은 시작조차 없었을 것이다. 그래서 첫 번째로 감사 인사를 전할 사람은 로이 리치인데, 당시 도서관 연구소장이었던 그가, 그 일 년간 내 연구 방향이 바뀌는 동안 많은 질문을 하지 않았던 것에 감사한다.

벨파스트와 매사추세츠주 케임브리지에서 감흥 받았던 두 행사로 인해 이 책을 저술할 때 큰 틀을 잡을 수 있었다. 2010년 5월 퀸스대학 와일즈 강연Wiles Lectures에서 내 주장을 이루는 아주 초기 형태의 원고를 발표했다. 와일즈 강연에 선다는 것은 두려운 일이기도 하지만 그만큼 자극을 받은 일이다. 여기서 나는 "강연자의 연구를 일반적인 문명사와 결부시키기"라든지 "좀더 상세한 역사적 연구를 통해 구할 수 있는 폭넓은 함축에 대해 고찰한 결과를 분명히 드러 내기"등과 같은 지적을 받았다. 당시 와일즈 위원으로 있 던 숀 코널리, 로버트 에번스, 데이비드 헤이턴을 비롯해 무 엇보다 고인이 된 크리스 베일리에게 깊은 감사의 인사를 전한다. 그들이 마련해준 초청 강연 자리는 무한한 영광이 었으며, 이로 인해 내전 개념을 "문명이라는 보편적 역사" 내에 위치시킬 수 있는 유일무이한 기회를 얻었다. 또한 리 즈 코언에게 진심으로 감사 인사를 표한다. 당시 학과장이 었던 코언은 직무를 덜어줘 특히 바빴던 시간에 집필하고 강연할 수 있도록 해주었다.

와일즈 강연자로서 누릴 수 있는 많은 즐거움과 특권 중 아마도 가장 으뜸인 것은 학자 일군을 초청해서 열정이 가 득하지만 최상의 아일랜드 위스키로 완화된 분위기 속에서 진행되는 연이은 저녁 세미나를 통해 자신의 주장을 꼼꼼 히 검토할 수 있는 기회를 갖는 것이다. 여기서 함께한 이 들에게 특별히 감사 인사를 전한다. 덩컨 벨, 리처드 버크, 마이크 브래딕, 마이클 홉킨슨, 콜린 키드, 제인 올마이어, 조사이아 오스굿, 제니퍼 피츠, 애덤 스미스는 벨파스트에 와서 조언을 해주었다. 또한 퀸스대학 소속으로 리처드 잉 글리시, 피터 그레이, 작고한 키스 제프리, 데이비드 리빙스 턴, 크리스 마시도 많은 도움을 주었다. 데이비드 헤이턴은 당시 역사학 및 인류학 학부 학장으로서 기억에 남을 일주 일을 마련해준 흠 잡을 데 없는 주최자였다.

5년 뒤 2015년 4월, 하버드대학 미국정치연구센터 Center

for American Political Studies 후원하에 원고 초안을 워크숍에서 발표했다. 다음 이들에게 진심 어린 감사 인사를 전한다. 가브리엘라 블럼, 대린 맥마흔, 새뮤얼[샘] 모인, 에릭 넬슨, 존 스타우퍼, 리저느 노버스, 또한 피터 고든, 제임스 헹킨스, 제임스[짐] 클로펜버는 가차 없는 비평과 함께 다정한 조언을 해줬다. 조슈아 에를리히는 우리 논의 기록을 맡아줬다. 대니얼[댄] 카펜터의 넉넉한 지원과 로라 도널드슨의 조율 능력은 워크숍이 이처럼 성공적으로 이뤄지도록 하는 데에 결정적인 역할을 했다. 그리고 하버드대학 워크숍 몇 주 뒤에 시카고대학 내 문화와 사회를 위한 노이바우어 교육기관Neubauer Collegium for Culture and Society에서 있었던, 마찬가지로 열기를 띠었던 세미나 기간에 응대해준 미셸 라우리와 존 매코믹에게 따뜻한 감사 인사를 전한다. 또한 2016년 6월 빌레펠트대학에서 최종 원고를 두고 논의해준 지정 토론자들에게도 감사를 표한다. 안식 기간 하버드대학 국제문제웨더헤드센터Weatherhad Center for International Affairs로부터 받은 지원은 이 책을 마치는 데 중요한 부분을 차지했다.

또한 운 좋게 내 주장의 일부를 세계 곳곳에 있는 영민하고 열정적인 청중에게 발표할 기회를 가질 수 있었다. 내 전에 대해 이야기할 수 있도록 기꺼이 초청 자리를 마련해준 다음 이들에게 깊은 감사를 전한다. 크리스토퍼 베일리(케임브리지대학), 알라스테어 벨라니(럿거스대학), 켄지 보크(케임브리지대학), 에바 보텔라 오르디나스(레알 콜레히오 콤플루텐세 센터), 리처드 버크(니콜라이 루빈스타인 강연, 퀸메리대학), 나이절 볼스(존 엘리엇 경 강연, 옥스퍼드대학), 찰스 크라우치(서배너), 돈 도일(찰스턴), 댄 에덜스타인(스탠퍼드대학), 엔도 야스오(도쿄대학), 로라 프레이더(노스이스턴대학), 앨리슨 게임스(조지타운대학), 레베카 괴츠(어빈 프레더릭 캘브 강연, 라이스대학), 에바 마를레네 하우슈타이너(훔볼트대학)와 슈테판 슐레라인(훔볼트대학), 윌 헤이(미시시피주립대학), 러스 헬러(보이시), 야코프 후버와 님로드 코브너(런던정경대학), 이와이 준(세이가쿠인대학), 폴 케네디(예일대학), 크리스티나 쿨루리(판디온대학), 앨리슨 라크루아(모리스와 뮈리엘 강연, 시카고법학전문대학원), 조너선 리어(시카고대학), 샌퍼드 레빈슨(톰 실리 강연, 텍사스법학전문대학원), 마테이스 록(암스테르담대학), 더크 모지스(유럽 대학 기관), 파나요티스 로일로스(하버드대학), 헬레나 로센블라트(존 패트릭 디긴스 기념 강연, 뉴욕시립대 대학원), 존-포 루비에스(헌팅턴 도서관), 닐 새피어(헌팅턴 도서관), 캐서린 소여(루이지애나주립대학), 브라이언 쇼언(코스타 강연, 오하이오대학), 하비에르 페르난데스 세바스티안(부에노스아이레스), 알렉산드르 세묘노프(상트페테르부르크), 에릭 슬로터(시카고대학), 글렌다 슬루가(시드니대학), 코트니 와이스 스미스(웨슬리언대학), 피터 스테이시(UCLA), 사이먼 스턴(캐서린 베이커 강연, 토론토대학 법학부), 애너 수(캐서린 베이커 강연, 토론토대학 법학부), 마일스 테일러(요크대학), 스프리돈 테고스(레팀노), 브루노 트리바우트(런던), 루시아나 빌라스 보아스(리우데자네이루), 크리스토퍼 워터스(로드아일랜드주 프로비던스와 캘리포니아주 윌리엄스),

토머스 웰스코프(빌레펠트대학), 리처드 왓모어(서식스대학), 캐럴라인 윈터러(스탠퍼드대학), 앤절라 사비에(리스본대학).

수년간에 걸쳐 많은 유익한 교류를 해왔던 이들에게도 감사 인사를 보낸다. 글리씨드 안도, 찰스 마틀릿, 게리 배스, 데이비드 벨, 피터 볼, 해나 캘러웨이, 엘리자베스 크로스, 에마 덴치, 이안 도널드슨, 댄 에덜스타인, 존 엘리엇, 필립 필레리, 후안 프란시스코 푸엔테스, 미하엘 게이어, 니농 그랑주, 조 굴디, 버나드 하코트, 조 이네스, 마야 재서노프, 주앙 페레스 2세, 대니얼 주트, 슈루티 카필라, 빌 카리, 로빈 키에라, 크리샨 쿠마르, 카르스텐 요르트 랑에, 니컬러스 맥다월, 애덤 메스티언, 산카르 무투, 루이자 오디세오스, 앤서니 파그던, 에리카 파니, 존 포콕, 잉그리드 퍼넬, 소피아 로즌펠드, 조안 파우 루비에스, 닉 사코, 일레인 스캐리, 로버트 슈나이더, 미라 시겔버그, 졸탄 사이먼, 에밀 심프슨, 줄리아 시사, 라우리 타티넨, 게오르기오스 바루사키즈, 테드 위드머, 존 위트, 수잔 우드워드, 필립 윈, 존 자미토, 그리고 앤드루 지머먼까지. 또한 중요 시점에서 용기를 북돋워준 조너선 베이트와 원고 초기 완성본을 주의 깊게 읽어준 조슈아 이턴에게도 감사하다. 그리고 무엇보다 누구와 비할 데 없는 하버드대학 역사학과 직원들에게, 특히나 재닛 해치, 앤 코프먼, 엘리나 팰러디노, 킴벌리 오혜이건에게 감사 인사를 전한다. 이들로 인해 학과장을 맡는 동안 저술을 계속할 수 있었다.

대리인인 앤드루 와일리는 변함없는 지원을 해주었고, 와

일리 에이전시에서 근무하는 모든 이들, 특히나 제임스 풀런과 사라 챌펀트는 상당히 노력해왔고 그만큼 많이 감사히 여기고 있다. 또한 출판을 맡았던 편집자인 조지 안드레우, 헤더 매캘럼, 릴리아 모리츠 슈바르크스가 보여준 인내에도 감사하는 바다.

마지막으로 길게 끌고온 기간 변함없이 응원해준 이들에게 따뜻한 감사 인사를 전한다. 앨리슨 배시퍼드, 조이스 채플린, D로 시작하는 세 사람, 그레이엄 얼스, 앤드루 피츠모리스, 스텔라 거버스, 아일린 길룰리, 피터 고든, 제임스 클로펜버그, 에릭 넬슨, 퀜틴 스키너.

이 책은 내가 이 원고를 마치는 동안 세상을 떠난, 변함없는 친구이자 영감을 안겨주는 역사가인 두 사람에게 바친다. 그들의 유산은 오래도록 지속될 것이다.

참고문헌

Patricia Springborg, 135-197. Cambridge, U.K.: Cambridge University Press, 1996.

Augustine. *The City of God Against the Pagans*. Edited by R. W. Dyson. Cambridge, U.K.: Cambridge University Press, 1998.

Biondi, Giovanni Francesco. "Civill Warrs of England: In the Life of Henry the Sixth." Translated by Henry, Earl of Monmouth. f MS Eng 1055, Houghton Library, Harvard University.

———. *An History of the Civill Warres of England, Betweene the Two Houses of Lancaster and Yorke*. Translated by Henry, Earl of Monmouth. London: John Benson, 1641.

Bonaparte, Napoleon. *Précis des guerres de Jules César. Écrit à Sainte-Hélène par Marchand, sous la dictée de l'Empereur*. Bécherel: Perséides, 2009.

Bourrienne, Louis Antoine Fauvelet de. *Mémoires de M. de Bourrienne, ministre d'état; sur Napoléon, le directoire, le consulat, l'empire et la restauration*. 10 vols. Paris: L'Advocat, 1829-1830.

Burke, Edmund. *Further Reflections on the Revolution in France*. Edited by Daniel E. Ritchie. Indianapolis: Liberty Fund, 1992.

———. *A Letter from the Right Hon. Edmund Burke...... to Sir Hercules Langrishe...... on the Subject of Roman Catholics of Ireland*. 2nd ed. London: J. Debrett, 1792.

———. *Reflections on the Revolution in France*. Edited by J. G. A. Pocock. Indianapolis: Hackett, 1987.

———. *The Revolutionary War, 1794-1797: Ireland*. Vol. 9 of *The Writings and Speeches of Edmund Burke*. Edited by R. B. McDowell. Oxford: Clarendon Press, 1991.

Caesar, Julius. *Civil War*. Edited and translated by Cynthia Damon. Cambridge, Mass.: Harvard University Press, 2016.

Carroll, Anna Ella. *The War Powers of the General Government*. Washington, D.C.: Henry Polkinhorn, 1861.

Chateaubriand, François-René. *Mémoires d'outre-tombe*. Edited by Pierre Clarac. Paris: Le Livre de Poche, 1973.

Cicero. *On Duties*. Translated by Walter Miller. Cambridge, Mass.: Harvard University Press, 1913.

———. *Political Speeches*. Translated by D. H. Berry. Oxford: Oxford University Press, 2006.

Civil War; a Poem. Written in the Year 1775. N.p.: n.d.[1776?].

Clarendon, Henry Hyde, Earl of. *The History of the Rebellion and Civil Wars in England, Begun in the Year 1641*. 2 vols. Oxford: At the Theatre, 1702-1704.

Clausewitz, Carl von. *Clausewitz on Small War*. Edited and translated by Christopher Daase and James W. Davis. Oxford: Oxford University Press, 2015.

———. *On War*. Edited and translated by Michael Howard and Peter Paret. Princeton, N.J.: Princeton University Press, 1984.

Cooper, James Fenimore. *The Spy: A Tale of the Neutral Ground*. Edited by James P. Elliott, Lance Schachterle, and Jeffrey Walker. New York: AMS Press, 2002.

Corbet, John. *An Historicall Relation of the Military Government of Gloucester*. London: Robert Bostock, 1645.

Coudenhove-Kalergi, Richard Nicolaus. *Europe Must Unite*. Glarus: Paneuropa, 1939.

Davila, Arrigo Caterino. *The Historie of the Civill Warres of France*. Translated by Charles Cotterell and William Aylesbury. London: W. Lee, D. Pakeman, and G. Bedell, 1647-1648.

———. *The History of the Civil Wars of France*. Translated by Charles Cotterell and William Aylesbury. London: Henry Herringman, 1678.

Davis, George B., ed. *The Military Laws of the United States*. Washington, D.C.: Government Printing Office, 1897.

De Quincey, Thomas. *The Works of Thomas De Quincey*. Edited by Grevel Lindop. 21 vols. London: Pickering & Chatto, 2000-2003.

Diplomatic Conference for the Establishment of International Conventions for the Protection of Victims of War. *Final Record of the Diplomatic Conference of Geneva of 1949*. 3 vols. Bern: Federal Political Department, [1949].

Doughty, Robert. *The Notebook of Robert Doughty, 1662-1665*. Edited by James M. Rosenheim. Norwich, U.K.: Norfolk Record Society, 1989.

Drayton, William Henry. *A Charge, on the Rise of the American Empire*. Charleston, S.C.: David Bruce, 1776.

Dubos, Nicolas, ed. *Le mal extrême: La guerre civile vue par les philosophes*. Paris: CNRS, 2010.

Dugdale, William. *A Short View of the Late Troubles in England; Briefly Setting Forth Their Rise, Growth, and Tragical Conclusion. As Also, Some Parallel Thereof with the Barons Wars...... but Chiefly with That in France, Called the Holy League.* Oxford: Moses Pitt, 1681.

Eutropius. *Eutropii historiæ romanæ breviarum.* 6th ed. Edinburgh: J. Paton, 1725.

Fénelon, François de Salignac de la Mothe. *Fables and Dialogues of the Dead. Written in French by the Late Archbishop of Cambray.* Translated by John Ozell. London: W. Chetwood and S. Chapman, 1722.

Filmer, Sir Robert. *Patriarcha; or, The Natural Power of Kings.* London: Walter Davis, 1680.

Florus. *Epitome of Roman History.* Translated by Edward Seymour Foster. Cambridge, Mass.: Harvard University Press, 1929.

Foucault, Michel. *Dits et écrits, 1954-1988.* Edited by Daniel Defert and François Ewald. 4 vols. Paris: Gallimard, 1994.

———. *The Punitive Society: Lectures at the Collège de France, 1972-1973.* Translated by Graham Burchell. Houndmills: Palgrave Macmillan, 2015.

———. *La société punitive: Cours au Collège de France, 1972-1973.* Edited by François Ewald, Alessandro Fontana, and Bernard Harcourt. Paris: EHESS, Gallimard, Seuil, 2013.

———. "La société punitive"(Jan. 3-March 28, 1973). Archives du Bibliothèque générale du Collège de France.

Franklin, Benjamin. *The Papers of Benjamin Franklin.* Edited by Leonard W. Labaree et al. 41 vols. New Haven, Conn.: Yale University Press, 1959-2011.

Friedrich, Carl Joachim. *Foreign Policy in the Making: The Search for a New Balance of Power.* New York: W. W. Norton, 1938.

Garcilaso de la Vega. *Historia general del Peru trata el descubrimiento del; y como lo ganaron los Españoles: Las guerras civiles que huvo entre Piçarros, y Almagros.* Córdoba: Andreas Barrera, 1617.

Gardiner, Samuel Rawson, ed. *The Constitutional Documents of the Puritan Revolution, 1625-1660.* 3rd ed. Oxford: Clarendon Press, 1903.

Gastineau, Benjamin. *Histoire de la souscription populaire à la médaille Lincoln.* Paris: A. Lacroix, Verbœckoven, [1865].

Gibbon, Edward. *The History of the Decline and Fall of the Roman Empire.* London: Andrew Strahan and Thomas Cadell, 1782-1788.

Grotius, Hugo. *Commentary on the Law of Prize and Booty.* Edited by Martine Julia van Ittersum. Indianapolis: Liberty Fund, 2006.

———. *De Rebus Belgicis; or, The Annals and History of the Low-CountreyWarrs.* London: Henry Twyford and Robert Paulet, 1665.

———. *The Rights of War and Peace.* Edited by Richard Tuck. 3 vols. Indianapolis: Liberty Fund, 2005.

Guarini, Baptista. *Il Pastor Fido: The Faithfull Shepheard with an Addition of Divers Other Poems Concluding with a Short Discourse of the Long Civill Warres of Rome.* Translated by Richard Fanshawe. London: Humphrey Moseley, 1648.

Guedea, Virginia, ed. *Textos insurgentes(1808-1821).* Mexico, D.F.: Universidad Nacional Autónoma de México, 2007.

Guizot, François. *Histoire de la révolution d'Angleterre, depuis l'avènement de Charles Ier jusqu'a la restauration.* 2 vols. Paris: A. Leroux and C. Chantpie, 1826.

Halleck, H. W. *International Law; or, Rules Regulating the Intercourse of States in Peace and War.* San Francisco: H. H. Bancroft, 1861.

Harington, Sir John. *The Epigrams of Sir John Harington.* Edited by Gerard Kilroy. Farnham: Ashgate, 2009.

Hartley, David. *Substance of a Speech in Parliament, upon the State of the Nation and the Present Civil War with America.* London: John Almon, 1776.

Heath, James. *A Chronicle of the Late Intestine War in the Three Kingdomes of England, Scotland, and Ireland.* London: Thomas Basset, 1676.

Hobbes, Thomas. *Behemoth: The History of the Causes of the Civil-Wars of England.* London: William Crooke, 1682.

———. *Behemoth; or, The Long Parliament.* Edited by Paul Seaward. Oxford: Clarendon Press, 2010.

———. *The Correspondence.* Edited by Noel Malcolm. 2 vols. Oxford: Clarendon Press, 1994.

———. *The Elements of Law, Natural and Politic: Part I, Human Nature, Part II, De Corpore Politico; with Three Lives.* Edited by J. C. A. Gaskin. Oxford: Oxford University Press, 1994.

———. *Leviathan.* Edited by Noel Malcolm. 3 vols. Oxford: Clarendon Press, 2012.

———. *Writings on Common Law and Hereditary Right.* Edited by Alan Cromartie and Quentin Skinner. Oxford: Clarendon Press, 2005.

Horace. *The Complete Odes and Epodes.* Translated by David West. Oxford: Oxford University Press, 1997.

Howell, James. *Twelve Several Treatises, of the Late Revolutions in These Three Kingdomes.* London: J. Grismond, 1661.

Hugo, Victor. *Les Misérables: A Novel.* Translated by Charles Edward Wilbour. 5 vols. New York: Carleton, 1862.

———. *Les Misérables(The Wretched): A Novel.* Rev. trans. Richmond, Va.: West & Johnston, 1863-1864.

Hutson, James H., ed. *A Decent Respect to the Opinions of Mankind: Congressional State Papers, 1774-1776.* Washington, D.C.: Library of Congress, 1976.

Hymans, Paul, Paul Fort, and Amand Rastoul, eds. *Pax mundi: Livre d'or de la paix.* Geneva: Société Paxunis, 1932.

Institut de Droit International. "The Application of International Humanitarian Law and Fundamental Human Rights, in Armed Conflicts in Which Non-state Entities Are Parties." *Annuaire de l'Institut de Droit International* 68(1999): 386-399.

———. "The Principle of Non-intervention in Civil Wars." *Annuaire de l'Institut de Droit International* 56(1975): 544-549.

International Committee of the Red Cross. "The Foundation of the Red Cross: Some Important Documents." Edited by Jean S. Pictet. *International Review of the Red Cross* 3(1963): 60-75.

────. *Seventeenth International Red Cross Conference, Stockholm, August 1948: Report.* Stockholm: International Committee of the Red Cross, 1948.

International Criminal Tribunal for the Former Yugoslavia. *Prosecutor v. Tadić*, IT-94-1-AR72, Decision on Defence Motion for Interlocutory Appeal on Jurisdiction(Appeals Chamber), Oct. 2, 1995.

[Jackson, Samuel]. *Emma Corbett; or, The Miseries of Civil War. Founded on Some Recent Circumstances Which Happened in America.* 3 vols. Bath: Pratt and Clinch, 1780.

Jomini, Antoine Henri. *The Life of Napoleon.* Translated by Henry Wager Halleck. 4 vols. New York: D. Van Norstrand, 1864.

────. *Précis de l'art de la guerre; ou, Nouveau tableau analytique des principales combinaisons de la stratégie, de la grande tactique et de la politique militaire.* 2 vols. Paris: Anselin, 1838.

Jouffroy, Théodore Simon. *Mélanges philosophiques par Théodore Jouffroy.* Paris: Paulin, 1833.

Journal of the Convention of the People of South Carolina, Held in 1860, 1861, and 1862. Columbia, S.C.: R. W. Gibbes, 1862.

Kant, Immanuel. *Practical Philosophy.* Edited and translated by Mary J. Gregor. Cambridge, U.K.: Cambridge University Press, 1996.

Kennedy, C. M. *The Influence of Christianity on International Law.* Cambridge, U.K.: Macmillan, 1856.

Keynes, John Maynard. *The Economic Consequences of the Peace.* Harmondsworth: Penguin Books, 1988.

[Le Blond, Guillaume]. "Guerre." In *Encyclopédie; ou, Dictionnaire raisonné des sciences, des arts et des métiers,* edited by Denis Diderot and Jean le Rond d'Alembert, 7:985-98. 17 vols. Paris: Briasson, 1751-1765.

Lenin, Vladimir Il'ich. *Clausewitz' Werk "Vom Kriege": Auszüge und Randglossen.* Berlin: Ministerium für nationale Verteidigung, 1957.

────. *Collected Works.* 45 vols. Moscow: Progress, 1960-1972.

Lieber, Francis. *A Code for the Government of Armies in the Field, as Authorized by the Laws and Usages of War on Land.* "Printed as Manuscript for the Board Appointed by the Secretary of War"(Washington, D.C., 1863), Henry E. Huntington Library, San Marino, Calif., HEH 243077.

────. *Guerrilla Parties: Considered with Reference to the Laws and Usages of War.* New York: D. Van Norstrand, 1862.

────. *Instructions for the Government of Armies of the United States in the Field.* New York: D. Van Nostrand, 1863.

────. "Twenty-Seven Definitions and Elementary Positions Concerning the Laws and Usages of War." 1861. Lieber MSS, Eisenhower Library, Johns Hopkins University, box 2, item 15.

────. *[U.S. Field Order 100.] Section X. Insurrection—Rebellion—Civil War—Foreign Invasion of the United States*[1863]. Henry E. Huntington Library, San Marino, HEH 240460.

Lincoln, Abraham. *The Collected Works of Abraham Lincoln*. Edited by Roy P. Basler. 11 vols. New Brunswick, N.J.: Rutgers University Press, 1953-1955.

Livy. *The Rise of Rome: Books 1-5*. Translated by T. J. Luce. Oxford: Oxford University Press, 1998.

Locke, John. *Political Essays*. Edited by Mark Goldie. Cambridge, U.K.: Cambridge University Press, 1997.

———. *Two Treatises of Government*. Edited by Peter Laslett. Rev. ed. Cambridge, U.K.: Cambridge University Press, 1988.

Lucan. *Civil War*. Translated by Susan H. Braund. Oxford: Oxford University Press, 1992.

———. *In Cath Catharda: The Civil War of the Romans: An Irish Version of Lucan's Pharsalia*. Edited and translated by Whitley Stokes. Leipzig: Salomon Hirzel, 1909.

———. *M. Annaei Lvcani Pharsalia; sive, De bello civili Caesaris et Pompeii lib. X*. Edited by Hugo Grotius. Leiden: Frans Raphelengius, 1614.

———. *Pharsale de M. A. Lucain*. Translated by Philippe Chasles and M. Greslou. 2 vols. Paris: C. F. L. Panckoucke, 1835-1836.

Mably, Gabriel Bonnot de. *Des droits et des devoirs du citoyen*. Edited by Jean-Louis Lecercle. Paris: Marcel Didier, 1972.

Mao Zedong and Che Guevara. *Guerrilla Warfare*. London: Cassell, 1962.

Marc, Franz. *Schriften*. Edited by Klaus Lankheit. Cologne: DuMont, 1978.

Marx, Karl. *Selected Writings*. Edited by David McLellan. Oxford: Oxford University Press, 1977.

Marx, Karl, and Friedrich Engels. *The Collected Works of Karl Marx and Frederick Engels*. Translated by Richard Dixon et al. 50 vols. London: Lawrence and Wishart, 1975-2004.

———. *Karl Marx, Friedrich Engels Gesamtausgabe(MEGA)*. Edited by Institut für Marxismus-Leninismus beim Zentralkomitee der Kommunistischen Partei der Sowjetunion und vom Institut für Marxismus-Leninismus beim Zentralkomitee der Sozialistischen Einheitspartei Deutschlands. Berlin: Dietz, 1975-.

May, Thomas. *The History of the Parliament of England Which Began November the Third, MDCXL*. London: George Thomason, 1647.

Melville, Herman. *Published Poems*. Vol. 11 of *The Writings of Herman Melville*. Edited by Robert C. Ryan, Harrison Hayford, Alma MacDougall Reising, and G. Thomas Tanselle. Evanston, Ill.: Northwestern University Press, 2009.

Mill, John Stuart. *The Collected Works of John Stuart Mill*. Edited by John M. Robson. 33 vols. Toronto: University of Toronto Press, 1963-1991.

Milton, John. *Paradise Lost: A Poem Written in Ten Books*. Edited by John T. Shawcross and Michael Lieb. 2 vols. Pittsburgh: Duquesne University Press, 2007.

Montaigne, Michel de. *Essays Written in French by Michael Lord of Montaigne*. Translated by John Florio. London: Edward Blount and William Barret, 1613.

Montesquieu, Charles de Secondat, baron de. *Reflections on the Causes of the Rise and Fall of the Roman Empire*. Edinburgh: Alexander Donaldson, 1775.

Moynier, Gustave. *Étude sur la Convention de Genève pour l'amélioration du sort des militaires blessés dans les armées en campagne(1864 et 1868).* Paris: Libraire de Joël Cherbuliez, 1870.

[Nalson, John.] *A True Copy of the Journal of the High Court of Justice, for the Tryal of K. Charles I.* London: Thomas Dring, 1684.

Nietzsche, Friedrich. *On the Genealogy of Morality.* Edited by Keith Ansell-Pearson. Rev. ed. Cambridge, U.K.: Cambridge University Press, 2007.

"An Ordinance of the Commons in England in Parliament assembled with a List of the Commissioners & officers of the said Court by them elected"(January 3, 1649). British Library, London, shelfmark E.536(35).

Orléans, Pierre Joseph d'. *The History of the Revolutions in England Under the Family of the Stuarts, from the Year 1603, to 1690.* London: Edmund Curll, 1711.

Orosius. *Seven Books of History Against the Pagans.* Translated by A. T. Fear. Liverpool: Liverpool University Press, 2010.

Paine, Thomas. *Collected Writings.* Edited by Eric Foner. New York: Library of America, 1995.

The Parliamentary History of England from the Earliest Period to 1803. 36 vols. London: T. C. Hansard, 1806-1820.

Petronius. *The Satyricon.* Translated by J. P. Sullivan. Rev. ed. London: Penguin, 2011.

Plato. *The Collected Dialogues of Plato Including the Letters.* Edited by Edith Hamilton and Huntington Cairns. Princeton, N.J.: Princeton University Press, 1961.

Plutarch. *Roman Lives.* Translated by Robin Waterfield. Oxford: Oxford University Press, 1999.

Price, Richard. *Observations on the Nature of Civil Liberty.* London: Thomas Cadell, 1776.

Rawls, John. "Moral Problems: Nations and War"(1969). Harvard University Archives, Acs. 14990, box 12, file 4.

Roebuck, John. *An Enquiry, Whether the Guilt of the Present Civil War in America, Ought to Be Imputed to Great Britain or America.* N.p., n.d.[1776?].

Romans, Bernard. *Annals of the Troubles in the Netherlands: ...... A Proper and Seasonable Mirror for the Present Americans.* 2 vols. Hartford, Conn.: Bernard Romans, 1778-1782.

———. *Philadelphia, July 12. 1775. It Is Proposed to Print, a Complete and Elegant Map, from Boston to Worcester, Providence, and Salem. Shewing the Seat of the Present Unhappy Civil War in North-America.* Philadelphia: Robert Aitken, 1775.

———. *To the Hon^e. Jno. Hancock Esqre. President of the Continental Congress; This Map of the Seat of Civil War in America Is Respectfully Inscribed.* [Philadelphia: Nicholas Brooks?, 1775].

Rómverja saga. Edited by Þorbjörg Helgadóttir. 2 vols. Reykjavík: Stofnun Árna Magnússonar, 2010.

Rousseau, Jean-Jacques. *The Discourses and Other Early Political Writings.* Edited by Victor Gourevitch. Cambridge, U.K.: Cambridge University Press, 1997.

——. *A Project for Perpetual Peace.* London: M. Cooper, 1761.

——. *The Social Contract and Other Later Political Writings.* Edited by Victor Gourevitch. Cambridge, U.K.: Cambridge University Press, 1997.

Roy, M. N. *War and Revolution: International Civil War.* Madras: Radical Democratic Party, 1942.

Sallust. *Fragments of the Histories; Letters to Caesar.* Edited by John T. Ramsey. Cambridge, Mass.: Harvard University Press, 2015.

——. *Sallust.* Translated by J. C. Rolfe. Cambridge, Mass.: Harvard University Press, 1921.

Salvemini, Gaetano. *Come siamo andati in Libia e altri scritti dal 1900 al 1915.* Edited by Augusto Torre. Milan: Feltrinelli, 1963.

Sandoval, Prudencio de. *The Civil Wars of Spain in the Beginning of the Reign of Charls the 5t, Emperor of Germanie and King.* Translated by James Wadsworth. London: John Holden, 1652.

Schmitt, Carl. *Donoso Cortés in gesamteuropäischer Interpretation: Vier Aufsätze.* Cologne: Greven, 1950.

——. *Ex Captivitate Salus: Erfahrungen der Zeit 1945/47.* Cologne, Germany: Greven, 1950.

——. *Glossarium: Aufzeichnungen aus den Jahren 1947 bis 1958.* Edited by Gerd Giesler and Martin Tielke. Berlin: Duncker & Humblot, 2015.

——. *La guerre civile mondiale: Essais(1943-1978).* Translated by Céline Jouin. Maisons-Alfort: Ère, 2007.

——. *Theory of the Partisan: Intermediate Commentary on the Concept of the Political.* Translated by G. L. Ulmen. New York: Telos Press, 2007.

Sidney, Algernon. *Court Maxims.* Edited by Hans W. Blom, Eco Haitsma Mulier, and Ronald Janse. Cambridge, U.K.: Cambridge University Press, 1996.

——. *Discourses Concerning Government.* London: For the Booksellers of London and Westminster, 1698.

Smith, Adam. *An Inquiry into the Nature and Causes of the Wealth of Nations.* Edited by R. H. Campbell and A. S. Skinner. 2 vols. Oxford: Oxford University Press, 1976.

Statutes of the University of Oxford Codified in the Year 1636 Under the Authority of Archbishop Laud. Edited by John Griffiths. Oxford: Clarendon Press, 1888.

Students for a Democratic Society. *The Port Huron Statement.* New York: Students for a Democratic Society, 1964.

Suetonius. *Suetonius.* Translated by J. C. Rolfe. Rev. ed. 2 vols. Cambridge, Mass.: Harvard University Press, 1998.

Tacitus. Histories, *Books I-III.* Translated by Clifford H. Moore. Cambridge, Mass.: Harvard University Press, 1925.

Thucydides. *Eight Bookes of the Peloponnesian Warre.* Translated by Thomas Hobbes. London: Richard Mynne, 1629.

————. *The Hystory Writtone by Thucidides the Athenyan of the Warre, Whiche Was Betwene the Peloponesians and the Athenyans*. Translated by Thomas Nicolls. London: William Tylle, 1550.

————. *The War of the Peloponnesians and the Athenians*. Edited and translated by Jeremy Mynott. Cambridge, U.K.: Cambridge University Press, 2013.

Torres Bodet, Jaime. "Why We Fight." *UNESCO Courier*, Nov. 1, 1949, 12.

United Daughters of the Confederacy. *Minutes of the Twenty-First Annual Convention of the United Daughters of the Confederacy. Held in Savannah, Georgia, November 11-14, 1914*. Raleigh, N.C.: Edwards and Broughton, 1915.

U.S. Congress, Senate, Committee on Foreign Relations. *The Nature of Revolution: Hearings Before the Committee on Foreign Relations, United States Senate, Ninetieth Congress, Second Session(February 19, 21, 16, and March 7, 1968)*. Washington, D.C.: U.S. Government Printing Office, 1968.

U.S. Continental Congress. *Observations on the American Revolution*. Philadelphia: s.n., 1779.

U.S. Department of the Army. *The Law of Land Warfare/Department of the Army, July 1956*. Washington, D.C.: Government Printing Office, 1976.

U.S. Department of War. *Basic Field Manual: Rules of Land Warfare*. Washington, D.C.: Government Printing Office, 1940.

————. *Instructions for the Government of Armies of the United States in the Field. Prepared by Francis Lieber, LL.D*. Washington, D.C.: U.S. Government Printing Office, 1898.

————. *Rules of Land Warfare*. Washington, D.C.: Government Printing Office, 1914.

————. *The War of the Rebellion: A Compilation of the Official Records of the Union and Confederate Armies*. 70 vols. Washington, D.C.: U.S. Government Printing Office, 1880-1891.

U.S. Naval War Records Office. *Official Records of the Union and Confederate Navies in the War of the Rebellion*. 30 vols. Washington, D.C.: Government Printing Office, 1894-1922.

U.S. Office of the Adjutant General, Administrative Precedent File("Frech File"). Record Group 94, box 16, bundle 58, "Civil War," National Archives, Washington, D.C.

U.S. President(1961-1963: Kennedy). *Public Papers of the Presidents of the United States: John F. Kennedy. Containing the Public Messages, Speeches, and Statements of the President, 1961-1963*. 3 vols. Washington, D.C.: U.S. Government Printing Office, 1962-1963.

Vattel, Emer de. *The Law of Nations*. Edited by Béla Kapossy and Richard Whatmore. Indianapolis: Liberty Fund, 2008.

Vázquez de Menchaca, Fernando. *Controversiarum illustrium...... libri tres*. Frankfurt: S. Feyerabend and G. Corvinus, 1572.

Vertot, René-Aubert de. *Histoire de la conjuration de Portugal*. Paris: La Veuve d'Edme Martin, 1689.

————. *Histoire des révolutions arrivées dans le gouvernement de la république romaine.* 3 vols. Paris: François Barois, 1719.

————. *Histoire des révolutions de Portugal.* Amsterdam: Aux Dépens d'Etienne Roger, 1712.

————. *Histoire des révolutions de Suède où l'on voit les changemens qui sont arrivez.* Paris: s.n., 1695.

Wheare, Degory. *The Method and Order of Reading Both Civil and Ecclesiastical Histories.* Translated by Edmund Bohun. London: Charles Brome, 1685.

Whitney, Geffrey. *A Choice of Emblemes and Other Devises.* Leiden: Christopher Plantin, 1586.

2차 자료

Abdul-Ahad, Ghaith. "'Syria Is Not a Revolution Any More—This Is Civil War.'" *Guardian*, Nov. 18, 2013.

Adamson, John. "The Baronial Context of the English Civil War." *Transactions of the Royal Historical Society*, 5th ser., 40(1990): 93-120.

————. *The Noble Revolt: The Overthrow of Charles I.* London: Weidenfeld & Nicolson, 2007.

Adelman, Jeremy. "An Age of Imperial Revolutions." *American Historical Review* 113, no. 2(April 2008): 319-340.

Agamben, Giorgio. *Stasis: Civil War as a Political Paradigm.* Translated by Nicholas Heron. Stanford, Calif.: Stanford University Press, 2015.

————. *State of Exception.* Translated by Kevin Attell. Chicago: University of Chicago Press, 2005.

Almond, Gabriel A. "Harry Eckstein as Political Theorist." *Comparative Political Studies* 31, no. 4(Aug. 1998): 498-504.

Ando, Clifford. *Law, Language, and Empire in the Roman Tradition.* Philadelphia: University of Pennsylvania Press, 2011.

————. *Roman Social Imaginaries: Language and Thought in the Contexts of Empire.* Toronto: University of Toronto Press, 2015.

Andress, David. *The Terror: Civil War in the French Revolution.* London: Little, Brown, 2005.

Angstrom, Jan. "Towards a Typology of Internal Armed Conflict: Synthesising a Decade of Conceptual Turmoil." *Civil Wars* 4, no. 3(Autumn 2001): 93-116.

Arena, Valentina. *Libertas and the Practice of Politics in the Late Roman Republic.* Cambridge, U.K.: Cambridge University Press, 2012.

Armitage, David. "Cosmopolitanism and Civil War." In *Cosmopolitanism and the Enlightenment*, edited by Joan-Pau Rubiés and Neil Safier. Cambridge, U.K.: Cambridge University Press, forthcoming.

————. *The Declaration of Independence: A Global History.* Cambridge, Mass.: Harvard University Press, 2007.

————. "Every Great Revolution Is a Civil War." In *Scripting Revolution: A Historical Approach to the Comparative Study of Revolutions*, edited by Keith Michael Baker and Dan Edelstein, 57-68. Stanford, Calif.: Stanford University Press, 2015.

————. "The First Atlantic Crisis: The American Revolution." In *Early North America in Global Perspective*, edited by Philip D. Morgan and Molly A. Warsh, 309-36. London: Routledge, 2014.

————. *Foundations of Modern International Thought*. Cambridge, U.K.: Cambridge University Press, 2013.

————. "Secession and Civil War." In *Secession as an International Phenomenon: From America's Civil War to Contemporary Separatist Movements*, edited by Don H. Doyle, 37-55. Athens: University of Georgia Press, 2010.

————. "What's the Big Idea? Intellectual History and the *Longue Durée.*" *History of European Ideas* 38, no. 4(Dec. 2012): 493-507.

Armitage, David, et al. "AHR Roundtable: Ending Civil Wars." *American Historical Review* 120, no. 5(Dec. 2015): 1682-1837.

————. "Interchange: Nationalism and Internationalism in the Era of the Civil War." *Journal of American History* 98, no. 2(Sept. 2011): 455-489.

————. "La longue durée en débat." *Annales: Histoire, Sciences Sociales* 70, no. 2(April-June 2015): 319-378.

Armitage, David, Conal Condren, and Andrew Fitzmaurice, eds. *Shakespeare and Early Modern Political Thought*. Cambridge, U.K.: Cambridge University Press, 2009.

Armitage, David, and Sanjay Subrahmanyam, eds. *The Age of Revolutions in Global Context, c. 1760-1840*. Basingstoke: Palgrave Macmillan, 2010.

As-Sirri, Ahmed. *Religiös-politische Argumentation im frühen Islam(610-685): Der Begriff Fitna: Bedeutung und Funktion*. Frankfurt: Peter Lang, 1990.

Asso, Paolo, ed. *Brill's Companion to Lucan*. Leiden: Brill, 2011.

Ayalon, Ami. "From Fitna to Thawra." *Studia Islamica* 66(1987): 145-174.

Baker, Keith Michael. "Inventing the French Revolution." In *Inventing the French Revolution*, edited by Keith Michael Baker, 203-223. Cambridge, U.K.: Cambridge University Press, 1990.

————. "Revolution 1.0." *Journal of Modern European History* 11, no. 2(May 2013): 187-219.

Balibar, Étienne. "On the Aporias of Marxian Politics: From Civil War to Class Struggle." *Diacritics* 39, no. 2(Summer 2009): 59-73.

Bates, David. "On Revolutions in the Nuclear Age: The Eighteenth Century and the Postwar Global Imagination." *Qui Parle* 15, no. 2(2005): 171-195.

————. *States of War: Enlightenment Origins of the Political*. New York: Columbia University Press, 2012.

Batstone, William W., and Cynthia Damon. *Caesar's "Civil War."* Oxford: Oxford University Press, 2006.

Bauman, Richard A. *The Crimen Maiestatis in the Roman Republic and Augustan*

Principate. Johannesburg: Witwatersrand University Press, 1967.

Baxter, R. R. "The First Modern Codification of the Law of War: Francis Lieber and General Orders No. 100." *International Review of the Red Cross* 3, nos. 25-26(April-June 1963): 170-189, 234-250.

Bayly, C. A. *The Birth of the Modern World, 1780-1914*. Oxford: Blackwell, 2004.

BBC News, Middle East. "Syria in Civil War, Red Cross Says." July 15, 2012. http://www.bbc.com/news/world-middle-east-18849362.

Beard, Mary. *The Roman Triumph*. Cambridge, Mass.: Belknap Press of Harvard University Press, 2007.

————. *SPQR: A History of Ancient Rome*. London: Profile Books, 2015.

Beaulac, Stéphane. "Emer de Vattel and the Externalization of Sovereignty." *Journal of the History of International Law* 5, no. 2(2003): 237-292.

Beckert, Sven. *Empire of Cotton: A Global History*. New York: Alfred A. Knopf, 2014.

Belcher, Henry. *The First American Civil War: First Period, 1775-1778*. 2 vols. London: Macmillan, 1911.

Bell, David A. *The First Total War: Napoleon's Europe and the Birth of Warfare as We Know It*. Boston: Houghton Mifflin, 2007.

Bentley, Gerald Eades. *Shakespeare and Jonson: Their Reputations in the Seventeenth Century Compared*. 2 vols. Chicago: University of Chicago Press, 1945.

Berent, Moshe. "Stasis, or the Greek Invention of Politics." *History of Political Thought* 19, no. 3(Autumn 1998): 331-362.

Bevir, Mark. "What Is Genealogy?" *Journal of the Philosophy of History* 2, no. 3(Fall 2008): 263-275.

Blattman, Christopher, and Edward Miguel. "Civil War." *Journal of Economic Literature* 48, no. 1(March 2010): 3-57.

Blight, David W. *Race and Reunion: The Civil War in American Memory*. Cambridge, Mass.: Belknap Press of Harvard University Press, 2001.

Boissier, Pierre. *Histoire du Comité international de la Croix-Rouge. De Solférino à Tsoushima*. Paris: Plon, 1963.

Bonnell, Andrew G. "'A Very Valuable Book': Karl Marx and Appian." In *Appian's Roman History: Empire and Civil War*, edited by Kathryn Welch, 15-22. Swansea: The Classical Press of Wales, 2015.

Bonnet, Romain. "Réflexions et jeux d'échelles autour de la notion de 'guerre civile européenne.'" *Amnis* 14(2015): http://amnis.revues.org/2282.

Boritt, Gabor. *The Gettysburg Gospel: The Lincoln Speech That Nobody Knows*. New York: Simon & Schuster, 2006.

Boritt, Gabor, Mark E. Neely Jr., and Harold Holzer. "The European Image of Abraham Lincoln." *Winterthur Portfolio* 21, no. 2/3(Summer-Autumn 1986): 153-183.

Botteri, Paula. "*Stásis*: Le mot grec, la chose romaine." *Métis* 4, no. 1(1989): 87-100.

Bowersock, G. W. "Gibbon on Civil War and Rebellion in the Decline of the Roman Empire." *Daedalus* 105, no. 3(Summer 1976): 63-71.

Braddick, Michael. *God's Fury, England's Fire: A New History of the English Civil*

Wars. London: Allen Lane, 2008.

Brass, Paul. *The Theft of an Idol: Text and Context in the Representation of Collective Violence*. Princeton, N.J.: Princeton University Press, 1997.

Braumoeller, Bear F. "Is War Disappearing?" Paper presented at the 109th American Political Science Association annual convention, Chicago, Aug. 28-Sept. 1, 2013. http://papers.ssrn.com/s013/papers.cfm?abstract_id=2317269.

Braund, Kathryn E. Holland. "Bernard Romans: His Life and Works." In *A Concise Natural History of East and West Florida*, by Bernard Romans, 1-41. Edited by Kathryn E. Holland Braund. Tuscaloosa: University of Alabama Press, 1999.

Braund, Susan. "A Tale of Two Cities: Statius, Thebes, and Rome." *Phoenix* 60, no. 3/4(Fall-Winter 2006): 259-273.

Breed, Brian, Cynthia Damon, and Andreola Rossi, eds. *Citizens of Discord: Rome and Its Civil Wars*. Oxford: Oxford University Press, 2010.

Breen, T. H. *American Insurgents, American Patriots: The Revolution of the People*. New York: Hill and Wang, 2010.

Brett, Annabel S. *Changes of State: Nature and the Limits of the City in Early Modern Natural Law*. Princeton, N.J.: Princeton University Press, 2011.

Brinton, Crane. *The Anatomy of Revolution*. Rev. ed. New York: Vintage Books, 1965.

Brown, Peter. *Augustine of Hippo: A Biography*. New ed. Berkeley: University of California Press, 2000.

Brown, Robert. "The Terms *Bellum Sociale* and *Bellum Civile* in the Late Republic." In *Studies in Latin Literature and Roman History* 11, edited by Carl Deroux, 94-120. Brussels: Latomus, 2003.

Brunt, P. A. *Italian Manpower, 225 b.c.-a.d. 14*. Oxford: Oxford University Press, 1971.

———. *Social Conflicts in the Roman Republic*. London: Chatto and Windus, 1971.

Bulst, Neithard, Jörg Fisch, Reinhart Koselleck, and Christian Meier. "Revolution, Rebellion, Aufruhr, Bürgerkrieg." In *Geschichtliche Grundbegriffe: Historisches Lexikon zur politisch-sozialen Sprache in Deutschland*, edited by Otto Brunner, Werner Conze, and Reinhart Koselleck, 653-788. 8 vols. Stuttgart: Ernst Klett, 1972-1997.

Burke, Peter. "A Survey of the Popularity of Ancient Historians, 1450-1700." *History and Theory* 5, no. 2(1966): 135-152.

Canal, Jordi. "Guerra civil y contrarrevolución en la Europa del sur en el siglo XIX: Reflexiones a partir del caso español." *Ayer* 55, no. 3(2004): 37-60.

Caron, Jean-Claude. *Frères de sang: La guerre civile en France au XIXe siècle*. Seyssel: Champ Vallon, 2009.

Castrén, Erik. *Civil War*. Helsinki: Suomalainen Tiedeakatemia, 1966.

Cattani, Paola. "Europe as a Nation: Intellectuals and Debate on Europe in the Inter-war Period." *History of European Ideas*(30 June 2016): http://dx.doi.org/1 0.1080/01916599.2016.1202126.

Centre for the Study of Civil War, Peace Research Institute Oslo. http://www.prio. no/CSCW.

Checkel, Jeffrey T., ed. *Transnational Dynamics of Civil War*. Cambridge, U.K.: Cambridge University Press, 2013.

Chenoweth, Erica. "The Syrian Conflict Is Already a Civil War." *American Prospect*, Jan.15, 2012.: http://prospect.org/article/syrian-conflict-already-civil-war.

Cimbala, Paul A., and Randall M. Miller, eds. *The Great Task Remaining Before Us: Reconstruction as America's Continuing Civil War*. New York: Fordham University Press, 2010.

Clavadetscher-Thürlemann, Silvia. πόλεμος δίχαιος *und bellum iustum: Versuch einer Ideengeschichte*. Zurich: Juris, 1985.

Coate, Mary. *Cornwall in the Great Civil War and Interregnum, 1642-1660: A Social and Political Study*. Oxford: Clarendon Press, 1933.

Collier, David, Fernando Daniel Hidalgo, and Andra Olivia Maciuceanu. "Essentially Contested Concepts: Debates and Applications." *Journal of Political Ideologies* 11, no. 3(Oct. 2006): 211-246.

Collier, Paul. *The Bottom Billion: Why the Poorest Countries Are Failing and What Can Be Done About It*. Oxford: Oxford University Press, 2007.

——. *Wars, Guns, and Votes: Democracy in Dangerous Places*. New York: Harper, 2009.

Collier, Paul, Anke Hoeffler, and Måns Söderbom. "On the Duration of Civil War." *Journal of Peace Research* 41, no. 3(May 2004): 253-273.

Collier, Paul, and Nicholas Sambanis, eds. *Understanding Civil War: Evidence and Analysis*. 2 vols. Washington, D.C.: World Bank, 2005.

Conflict Archive on the Internet. "Violence: Deaths During the Conflict"(2001-). http://cain.ulst.ac.uk/issues/violence/deaths.htm.

Conte, Gian Biagio. *Latin Literature: A History*. Translated by Joseph B. Solodow. Baltimore: Johns Hopkins University Press, 1994.

Cordesmann, Anthony H. *Iraq's Insurgency and the Road to Civil Conflict*. With Emma R. Davies. 2 vols. Westport, Conn.: Praeger Security International, 2008.

Coski, John M. "The War Between the Names." *North and South* 8, no. 7(Jan. 2006): 62-71.

Coulter, E. Merton. "A Name for the American War of 1861-1865." *Georgia Historical Quarterly* 36, no. 2(June 1952): 109-131.

Cramer, Christopher. *Civil War Is Not a Stupid Thing: Accounting for Violence in Developing Countries*. London: Hurst, 2006.

Crenshaw, Martha. "Why Is America the Primary Target? Terrorism as Globalized Civil War." In *The New Global Terrorism: Characteristics, Causes, Controls*, edited by Charles W. Kegley Jr., 160-172. Upper Saddle River, N.J.: Prentice Hall, 2002.

Cullen, Anthony. *The Concept of Non-international Armed Conflict in International Humanitarian Law*. Cambridge, U.K.: Cambridge University Press, 2010.

David, Eric. "Internal (Non-international) Armed Conflict." In *The Oxford Handbook of International Law in Armed Conflict*, edited by Andrew Clapham and

Paola Gaeta, 353-362. Oxford: Oxford University Press, 2014.

DeRouen, Karl, Jr., and Uk Heo, eds. *Civil Wars of the World: Major Conflicts Since World War II*. 2 vols. Santa Barbara, Calif.: ABCCLIO, 2007.

Dinstein, Yoram. *Non-international Armed Conflicts in International Law*. Cambridge, U.K.: Cambridge University Press, 2014.

Dixon, Jeffrey. "What Causes Civil Wars? Integrating Quantitative Research Findings." *International Studies Review* 11, no. 4(Dec. 2009): 707-735.

Donagan, Barbara. *War in England, 1642-1649*. Oxford: Oxford University Press, 2010.

Donaldson, Ian. "Talking with Ghosts: Ben Jonson and the English Civil War." *Ben Jonson Journal* 17, no. 1(May 2010): 1-18.

Downs, Gregory P. *After Appomattox: Military Occupation and the Ends of War*. Cambridge, Mass.: Harvard University Press, 2015.

Doyle, Don. H. *The Cause of All Nations: An International History of the American Civil War*. New York: Basic Books, 2015.

Draper, Hal. *Karl Marx's Theory of Revolution. Vol. 3, The Dictatorship of the Proletariat*. New York: Monthly Review Press, 1977.

Dunne, J. Paul. "Armed Conflicts." In *Global Problems, Smart Solutions: Costs and Benefits*, edited by Bjørn Lomborg, 21-53. Cambridge, U.K.: Cambridge University Press, 2013.

Duvall, Raymond. "An Appraisal of the Methodological and Statistical Procedures of the Correlates of War Project." In *Quantitative International Politics: An Appraisal*, edited by Francis W. Hoole and Dina A. Zinnes, 67-98. New York: Praeger, 1976.

Dyer, Brainerd. "Francis Lieber and the American Civil War." *Huntington Library Quarterly* 2, no. 4(July 1939): 449-465.

Eckstein, Harry. "On the Etiology of Internal Wars." *History and Theory* 4, no. 2(1965): 133-163.

———, ed., *Internal War: Problems and Approaches*. New York: Free Press of Glencoe, 1963.

Edelstein, Dan. "Do We Want a Revolution Without Revolution? Reflections on Political Authority." *French Historical Studies* 35, no. 2(Spring 2012): 269-289.

Eliot, T. S. *Milton: Annual Lecture on a Master Mind, Henriette Hertz Trust of the British Academy 1947*. London: Geoffrey Cumberlege, 1947.

Elliott, J. H. *Empires of the Atlantic World: Britain and Spain in America, 1492-1830*. New Haven, Conn.: Yale University Press, 2006.

Engerman, David C. "Social Science in the Cold War." *Isis* 101, no. 2(June 2010): 393-400.

Enzensberger, Hans Magnus. *Civil War*. Translated by Piers Spence and Martin Chalmers. London: Granta Books, 1994.

Esposito, Roberto. *Terms of the Political: Community, Immunity, Biopolitics*. Translated by Rhiannon Noel Welch. New York: Fordham University Press, 2012.

Fabre, Cécile. *Cosmopolitan War*. Oxford: Oxford University Press, 2012.

Faust, Drew Gilpin. "'Numbers on Top of Numbers': Counting the Civil War Dead." *Journal of Military History* 70, no. 4(Oct. 2006): 995-1009.

———. *This Republic of Suffering: Death and the American Civil War*. New York: Alfred A. Knopf, 2008.

Fearon, James D. "Iraq's Civil War." *Foreign Affairs* 86, no. 2(March/April 2007): 2-16.

———. "Testimony to U.S. House of Representatives...... on 'Iraq: Democracy or Civil War?'" Sept. 15, 2006. https://web.stanford.edu/group/fearon-research/cgi-bin/wordpress/wp-content/uploads/2013/10/Testimony-before-the-U.S.-House-Subcommittee-on-National-Security-Emerging-Threats-and-International-Relations-September-15-2006.pdf.

———. "Why Do Some Civil Wars Last So Much Longer Than Others?" *Journal of Peace Research* 41, no. 3(May 2004): 275-301.

Fearon, James D., and David Laitin. "Ethnicity, Insurgency, and Civil War." *American Political Science Review* 97, no. 1(Feb. 2003): 91-106.

Findley, Michael G., and Joseph K. Young. "Terrorism and Civil War: A Spatial and Temporal Approach to a Conceptual Problem." *Perspectives on Politics* 10, no. 2(June 2012): 285-305.

Finkelman, Paul. "Francis Lieber and the Modern Law of War." *University of Chicago Law Review* 80, no. 4(Fall 2013): 2071-2132.

Fitzmaurice, Andrew. *Sovereignty, Property, and Empire, 1500-2000*. Cambridge, U.K.: Cambridge University Press, 2014.

Fleche, Andre M. *The Revolution of 1861: The American Civil War in an Age of Nationalist Conflict*. Chapel Hill: University of North Carolina Press, 2012.

Flower, Harriet I. *The Art of Forgetting: Disgrace and Oblivion in Roman Political Culture*. Chapel Hill: University of North Carolina Press, 2006.

———. "Rome's First Civil War and the Fragility of Republican Culture." In *Citizens of Discord: Rome and Its Civil Wars*, edited by Brian W. Breed, Cynthia Damon, and Andreola Rossi, 73-86. New York: Oxford University Press, 2010.

Foisneau, Luc. "A Farewell to Leviathan: Foucault and Hobbes on Power, Sovereignty, and War." In *Insiders and Outsiders in Seventeenth-Century Philosophy*, edited by G. A. J. Rogers, Tom Sorell, and Jill Kraye, 207-222. London: Routledge, 2010.

Forrester, Katrina. "Citizenship, War, and the Origins of International Ethics in American Political Philosophy, 1960-1975." *Historical Journal* 57, no. 3(Sept. 2014): 773-801.

Forst, Rainer. *Toleration in Conflict: Past and Present*. Translated by Ciaran Cronin. Cambridge, U.K.: Cambridge University Press, 2013.

Franco Restrepo, Vilma Liliana. *Guerras civiles. Introducción al problema de su justificación*. Medellín: Editorial Universidad de Antioquia, 2008.

Freedman, Lawrence. "What Makes a Civil War?" *BBC News, Middle East*, April 20, 2006. http://news.bbc.co.uk./2/hi/middle_east/4902708.stm.

Fry, Douglas P. *Beyond War: The Human Potential for Peace*. Oxford: Oxford University Press, 2007.

Fuentes, Juan Francisco. "*Belle époque*: Mito y concepto de guerra civile en España(1898-1939)." *Revista de Occidente* 389(Oct. 2013): 79-110.

———. "Guerra civil." In *Diccionario político y social del siglo XX español*, edited by Javier Fernández Sebastián and Juan Francisco Fuentes, 608-617. Madrid: Alianza, 2008.

Fuks, Alexander. "Thucydides and the Stasis in Corcyra: Thuc. III 82-83 versus[Thuc.] III 84." *American Journal of Philology* 92, no. 1(Jan. 1971): 48-55.

Furet, François. *Interpreting the French Revolution*. Translated by Elborg Forster. Cambridge, U.K.: Cambridge University Press, 1981.

Gaddis, John Lewis. *The Long Peace: Inquiries into the History of the Cold War*. New York: Oxford University Press, 1987.

Galli, Carlo. *Political Spaces and Global War*. Translated by Elizabeth Fay. Minneapolis: University of Minnesota Press, 2010.

Gallie, W. B. "Essentially Contested Concepts." *Proceedings of the Aristotelian Society* 56(1955-1956): 167-198.

———. *Philosophy and the Historical Understanding*. 2nd ed. New York: Schocken Books, 1968.

Gardet, Louis. "Fitna." In *The Encyclopaedia of Islam*, edited by H. A. R. Gibb et al., 2:930. 2nd ed. 13 vols., Leiden: Brill, 1960-2009.

Gehrke, Hans-Joachim. *Stasis: Untersuchungen zu den inneren Kriegen in den griechischen Staaten des 5. und 4. Jahrhunderts v. Chr.* Munich: Beck, 1985.

Geuss, Raymond. "Nietzsche and Genealogy." In *Morality, Culture, and History*, 1-28. Cambridge, U.K.: Cambridge University Press, 1999.

Geyer, Michael, and Charles Bright. "Global Violence and Nationalizing Wars in Eurasia and America: The Geopolitics of War in the Mid-nineteenth Century." *Comparative Studies in Society and History* 38, no. 4(Oct. 1996): 619-657.

Ghervas, Stella. "La paix par le droit, ciment de la civilisation en Europe? La perspective du Siècle des Lumières." In *Penser l'Europe au XVIIIe siècle: Commerce, civilisation, empire*, edited by Antoine Lilti and Céline Spector, 47-70. Oxford: Voltaire Foundation, 2014.

Gibson, Jonathan. "Civil War in 1614: Lucan, Gorges, and Prince Henry." In *The Crisis of 1614 and the Addled Parliament: Literary and Historical Perspectives*, edited by Stephen Clucas and Rosalind Davies, 161-176. Aldershot: Ashgate, 2002.

Gilman, Nils. "The Cold War as Intellectual Force Field." *Modern Intellectual History* 13, no. 2(Aug. 2016): 507-523.

Giraldo Ramírez, Jorge. *El rastro de Caín: Una aproximación filosófica a los conceptos de guerra, paz y guerra civil*. Bogotá: Escuela Nacional Sindical, 2001.

Girard, René. *Violence and the Sacred*. Translated by Patrick Gregory. Baltimore: Johns Hopkins University Press, 1984.

Gleditsch, Kristian Skrede. "A Revised List of Wars Between and Within Independent States, 1816-2002." *International Interactions* 30, no. 3(July-Sept. 2004):

231-262.

―――. "Transnational Dimensions of Civil War." *Journal of Peace Research* 44, no. 3(May 2007): 293-309.

Goldstein, Joshua S. *Winning the War on War: The Decline of Armed Conflict Worldwide.* New York: Dutton, 2011.

González Calleja, Eduardo. *Las guerras civiles: Perspectiva de análisis desde las ciencias sociales.* Madrid: Catarata, 2013.

González Calleja, Eduardo, Irene Arbusti, and Carmine Pinto. "Guerre civili: Un percorso teorico." *Meridiana* 76(2013): 31-56.

Goulemot, Jean Marie. *Le règne de l'histoire: Discours historiques et révolutions XVIIe-XVIIIe siècles.* Paris: Albin Michel, 1996.

Gowing, Alain M. "'Caesar Grabs My Pen': Writing Civil War Under Tiberius." In *Citizens of Discord: Rome and Its Civil Wars*, edited by Brian W. Breed, Cynthia Damon, and Andreola Rossi, 249-260. New York: Oxford University Press, 2010.

―――. *Empire and Memory: The Representation of the Roman Republic in Imperial Culture.* Cambridge, U.K.: Cambridge University Press, 2005.

Grafton, Anthony. *What Was History? The Art of History in Early Modern Europe.* Cambridge, U.K.: Cambridge University Press, 2007.

Grangé, Ninon. *De la guerre civile.* Paris: Armand Colin, 2009.

―――. *Oublier la guerre civile? Stasis, chronique d'une disparition.* Paris: VRIN/EHESS, 2015.

―――. *"Tumultus et tumulto*: Deux conceptions de la cité en guerre contre elle-même, Machiavel et Ciceron." *Historia Philosophica* 4(2006): 11-31.

Guldi, Jo, and David Armitage. *The History Manifesto.* Cambridge, U.K.: Cambridge University Press, 2014.

Hacker, J. David. "A Census-Based Count of the Civil War Dead." *Civil War History* 57, no. 4(Dec. 2011): 307-348.

Hadfield, Andrew. *Shakespeare and Republicanism.* Cambridge, U.K.: Cambridge University Press, 2005.

Hahlweg, Werner. "Lenin und Clausewitz: Ein Beitrag zur politischen Ideen-geschichte des 20. Jahrhunderts." *Archiv für Kulturgeschichte* 36(1954): 20-59, 357-387.

Hale, John K. *"Paradise Lost*: A Poem in Twelve Books, or Ten?" *Philological Quarterly* 74, no. 2(Spring 1995): 131-149.

Hardt, Michael, and Antonio Negri. *Multitude: War and Democracy in the Age of Empire.* New York: Penguin Press, 2004.

Harloe, Katherine, and Neville Morley, eds. *Thucydides and the Modern World.* Cambridge, U.K.: Cambridge University Press, 2012.

Harris, Tim. "Did the English Have a Script for Revolution in the Seventeenth Century?" In *Scripting Revolution: A Historical Approach to the Comparative Study of Revolutions*, edited by Dan Edelstein and Keith Michael Baker, 25-40. Stanford, Calif.: Stanford University Press, 2015.

Harrison, John, and Peter Laslett. *The Library of John Locke*. Oxford: Oxford University Press for the Oxford Bibliographical Society, 1965.

Hartigan, Richard Shelly. *Military Rules, Regulations, and the Code of War: Francis Lieber and the Certification of Conflict*. New Brunswick, N.J.: Transaction, 2011.

Härting, Heike. *Global Civil War and Post-colonial Studies*. Globalization Working Papers 06/3. Institute on Globalization and the Human Condition, McMaster University, May 2006.

Harvey, David. *Rebel Cities: From the Right to the City to the Urban Revolution*. London: Verso, 2012.

Hazan, Éric. *A History of the Barricade*. Translated by David Fernbach. London: Verso, 2015.

Henderson, Errol A., and J. David Singer. "Civil War in the Postcolonial World, 1946-1992." *Journal of Peace Research* 37, no. 3(May 2000): 275-299.

Henderson, John. *Fighting for Rome: Poets and Caesars, History and Civil War*. Cambridge, U.K.: Cambridge University Press, 1998.

Heuzé, Philippe. "Comment peindre le passage du Rubicon?" In *Présence de César: Actes du Colloque de 9-11 Décembre 1983: Hommage au doyen Michel Rambaud*, edited by Raymond Chevallier, 57-65. Paris: Belles Lettres, 1985.

Hironaka, Ann. *Neverending Wars: The International Community, Weak States, and the Perpetuation of Civil War*. Cambridge, Mass.: Harvard University Press, 2005.

Hoar, Jay S. *The South's Last Boys in Gray: An Epic Prose Elegy*. Bowling Green, Ohio: Bowling Green State University Popular Press, 1986.

Hoeffler, Anke. "Alternative Perspective." In *Global Problems, Smart Solutions: Costs and Benefits*, edited by Bjørn Lomborg, 54-61. Cambridge, U.K.: Cambridge University Press, 2013.

Hoekstra, Kinch. "Hobbes's Thucydides." In *The Oxford Handbook of Hobbes*, edited by A. P. Martinich and Kinch Hoekstra, 547-574. Oxford: Oxford University Press, 2016.

Hoffman, Marcelo. "Foucault's Politics and Bellicosity as a Matrix for Power Relations." *Philosophy and Social Criticism* 33, no. 6(Sept. 2007): 756-778.

Holmes, Clive. "The Trial and Execution of Charles I." *Historical Journal* 53, no. 2(June 2010): 289-316.

Hopkinson, Michael. *Green Against Green: The Irish Civil War*. Dublin: Gill and Macmillan, 1988.

Howard, Michael. *The Invention of Peace and the Reinvention of War*. Rev. ed. London: Profile, 2002.

Huffington Post. "Syria Crisis: Death Toll Tops 17,000, Says Opposition Group." July 9, 2012. http://www.huffingtonpost.com/2012/07/09/syria-crisis-death-toll-17000_n_1658708.html.

Hurrell, Andrew. "Revisiting Kant and Intervention." In *Just and Unjust Military Intervention: European Thinkers from Vitoria to Mill*, edited by Stefano Recchia and Jennifer M. Welsh, 196-218. Cambridge, U.K.: Cambridge University Press, 2013.

International Committee of the Red Cross. "Internal Conflicts or Other Situations of Violence—What Is the Difference for Victims?" ICRC Resource Centre, Dec. 12, 2012. http://www.icrc.org/eng/resources/documents/interview/2012/12-10-niac-non-international-armed-conflict.htm

Jackson, Richard. "Critical Perspectives." In *Routledge Handbook of Civil Wars*, edited by Edward Norman and Karl Derouen, 79-90. London: Routledge, 2014.

Jacob, Kathryn Allamong. *Testament to Union: Civil War Monuments in Washington, D.C.* Baltimore: Johns Hopkins University Press, 1998.

Jacoby, Russell. *Bloodlust: On the Roots of Violence from Cain and Abel to the Present.* New York: Free Press, 2011.

Jal, Paul. *La guerre civile à Rome: Étude littéraire et morale.* Paris: Presses Universitaires de France, 1963.

———. "'Hostis(Publicus)' dans la littérature latine de la fin de la République." *Revue des Études Anciennes* 65(1963): 53-79.

———. "'Tumultus' et 'bellum ciuile' dans les Philippiques de Cicéron." In *Hommages à Jean Bayet*, edited by Marcel Renard and Robert Schilling, 281-289. Brussels: Latomus, 1964.

Jasanoff, Maya. *Liberty's Exiles: American Loyalists in the Revolutionary World.* New York: Alfred A. Knopf, 2011.

Jensen, Freyja Cox. "Reading Florus in Early Modern England." *Renaissance Studies* 23, no. 5(Nov. 2009): 659-677.

———. *Reading the Roman Republic in Early Modern England.* Leiden: Brill, 2012.

Joas, Hans, and Wolfgang Köbl. *War in Social Thought: Hobbes to the Present.* Translated by Alex Skinner. Princeton, N.J.: Princeton University Press, 2013.

Johnson, Martin P. *Writing the Gettysburg Address.* Lawrence: University Press of Kansas, 2013.

Jouin, Céline. *Le retour de la guerre juste: Droit international, épistémologie et idéologie chez Carl Schmitt.* Paris: J. Vrin, 2013.

Jung, Dietrich. "Introduction: Towards Global Civil War?" In *Shadow Globalization, Ethnic Conflicts and New Wars: A Political Economy of Intra-state War*, edited by Dietrich Jung, 1-6. London: Routledge, 2003.

Kaldor, Mary. *New and Old Wars.* 3rd ed. Cambridge, U.K.: Polity Press, 2012.

Kalyvas, Stathis N. "Civil Wars." In *The Oxford Handbook of Comparative Politics*, edited by Carles Boix and Susan C. Stokes, 416-434. Oxford: Oxford University Press, 2007.

———. *The Logic of Violence in Civil War.* Cambridge, U.K.: Cambridge University Press, 2006.

———. "'New' and 'Old' Civil Wars: A Valid Distinction?" *World Politics* 54, no. 1(Oct. 2001): 99-118.

———. "The Ontology of 'Political Violence': Action and Identity in Civil Wars." *Perspectives on Politics* 1, no. 3(Sept. 2003): 475-494.

————. "Promises and Pitfalls of an Emerging Research Program: The Microdynamics of Civil War." In *Order, Conflict, and Violence*, edited by Stathis N. Kalyvas, Ian Shapiro, and Tarek Masoud, 397-421. Cambridge, U.K.: Cambridge University Press, 2008.

Keegan, John, and Bartle Bull. "What Is a Civil War? Are We Witnessing One in Iraq?" *Prospect* 129(Dec. 2006): 18-19.

Keenan, Danny. *Wars Without End: The Land Wars in NineteenthCentury New Zealand*. Rev. ed. Auckland: Penguin Books, 2009.

Keeter, Scott. "Civil War: What's in a Name?" Pew Research Center Publications, Dec. 6, 2006. http://pewresearch.org/pubs/104/civil-war-whats-in-a-name.

Keitel, Elizabeth. "Principate and Civil War in the Annals of Tacitus." *American Journal of Philology* 105, no. 3(Autumn 1984): 306-325.

Kelsey, Francis W. "The Title of Caesar's Work on the Gallic and Civil Wars." *Transactions and Proceedings of the American Philological Association* 36(1905): 211-238.

Kelsey, Sean. "The Ordinance for the Trial of Charles I." *Historical Research* 76, no. 193(Aug. 2003): 310-331.

————. "The Trial of Charles I." *English Historical Review* 118, no. 477(June 2003): 583-617.

Kesting, Hanno. *Geschichtsphilosophie und Weltbürgerkrieg: Deutungen der Geschichte von der französischen Revolution bis zum ost-westkonflikt*. Heidelberg: Carl Winter, 1959.

Kissane, Bill. *Nations Torn Asunder: The Challenge of Civil War*. Oxford: Oxford University Press, 2016.

Kissane, Bill, and Nick Sitter. "Ideas in Conflict: The Nationalism Literature and the Comparative Study of Civil War." *Nationalism and Ethnic Politics* 19, no. 1(2013): 38-57.

Klooster, Wim. *Revolutions in the Atlantic World: A Comparative History*. New York: New York University Press, 2009.

Kloppenberg, James T. *Toward Democracy: The Struggle for Self-Rule in European and American Thought*. New York: Oxford University Press, 2016.

Klose, Fabian. "The Colonial Testing Ground: The International Committee of the Red Cross and the Violent End of Empire." *Humanity* 2, no. 1(Spring 2011): 107-126.

————. *Human Rights in the Shadow of Colonial Violence: The Wars of Independence in Kenya and Algeria*. Translated by Dona Geyer. Philadelphia: University of Pennsylvania Press, 2013.

Kolb, Robert. "Le droit international public et le concept de guerre civile depuis 1945." *Relations Internationales* 105(Spring 2001): 9-29.

Koselleck, Reinhart. *Critique and Crisis: Enlightenment and the Pathogenesis of Modern Society*. Oxford: Berg, 1988.

————. "Historical Criteria of the Modern Concept of Revolution." In Koselleck, *Futures Past: On the Semantics of Historical Time*, translated by Keith Tribe,

43-57. New York: Columbia University Press, 2004.

Kreß, Claus, and Frédéric Mégret. "The Regulation of Noninternational Armed Conflicts: Can a Privilege of Belligerency Be Envisioned in the Law of Non-international Armed Conflict?" *International Review of the Red Cross* 96, no. 893(March 2014): 29-66.

Kretchik, Walter E. U.S. *Army Doctrine: From the American Revolution to the War on Terror*. Lawrence: University Press of Kansas, 2011.

Kunze, Michael. "Zweiter Dreißigjähriger Krieg—internationaler Bürgerkrieg/ Weltbürgerkrieg: Sigmund Neumanns Beitrag zu einer begriffsgeschichtlichen Kontroverse." In *Intellektuelle Emigration: Zur Aktualität eines historischen Phänoms*, edited by Frank Schale, Ellen Thümler, and Michael Vollmer, 127-153. Wiesbaden: Springer, 2012.

Kyriadis, Savvas. "The Idea of Civil War in Thirteenth—and Fourteenth—Century Byzantium." *Recueil des Travaux de l'Institut d'Études Byzantines* 49(2012): 243-256.

La Haye, Eva. *War Crimes in Internal Armed Conflicts*. Cambridge, U.K.: Cambridge University Press, 2008.

Lando, Barry. "By the Numbers, It's Civil War." *Los Angeles Times*, Nov. 29, 2006. November 29, 2006: http://articles.latimes.com/2006/nov/29/opinion/ oe-lando29.

Lange, Carsten Hjort. "Triumph and Civil War in the Late Republic." *Papers of the British School at Rome* 81(2013): 67-90.

———. *Triumphs in the Age of Civil War: The Late Republic and the Adaptability of Triumphal Tradition*. London: Bloomsbury Publishing, 2016.

Larkin, Edward. "What Is a Loyalist? The American Revolution as Civil War." *Common-Place* 8, no. 1(Oct. 2007). http://www.common-place.org/vol-08/no-01/larkin/.

Larrère, Catherine. "Grotius et la distinction entre guerre privé et guerre publique." In *Penser la guerre au XVIIe siècle*, edited by Ninon Grangé, 73-93. Saint-Denis: Presses Universitaires de Vincennes, 2012.

Laurent, Franck. "'La guerre civile? qu'est-ce à dire? Est-ce qu'il y a une guerre étrangère?'" In *Hugo et la guerre*, edited by Claude Millet, 133-156. Paris: Maisonneuve & Larose, 2002.

Lawson, Philip. "Anatomy of a Civil War: New Perspectives on England in the Age of the American Revolution, 1767-1782." *Parliamentary History* 8, no. 1(May 1989): 142-152.

Lebreton-Savigny, Monique. *Victor Hugo et les Américains(1825-1885)*. Paris: Klincksieck, 1971.

Lee, Thomas H., and Michael D. Ramsey. "The Story of the *Prize Cases*: Executive Action and Judicial Review in Wartime." In *Presidential Power Stories*, edited by Christopher H. Schroeder and Curtis A. Bradley, 53-92. New York: Foundation Press, 2009.

Lekas, Padelis. *Marx on Classical Antiquity: Problems in Historical Methodology*.

Brighton, U.K.: Wheatsheaf Books, 1988.

Lempérière, Annick. "Revolución, guerra civil, guerra de independencia en el mundo hispánico, 1808-1825." *Ayer* 55, no. 3(2004): 15-36.

Lepore, Jill. *The Name of War: King Philip's War and the Origins of American Identity.* New York: Alfred A. Knopf, 1998.

Lind, L. R. "The Idea of the Republic and the Foundations of Roman Political Liberty." In *Studies in Latin Literature and Roman History* 4, edited by Carl Deroux, 44-108. Brussels: Latomus, 1986.

Lintott, Andrew. *Violence in Republican Rome.* 2nd ed. Oxford: Oxford University Press, 1999.

Logan, George M. "Daniel's *Civil Wars* and Lucan's *Pharsalia*." *Studies in English Literature* 11(1971): 53-68.

———. "Lucan—Daniel—Shakespeare: New Light on the Relation between *The Civil Wars* and *Richard II*." *Shakespeare Studies* 9(1976): 121-140.

Loraux, Nicole. *The Divided City: On Memory and Forgetting in Ancient Athens.* Translated by Corinne Pache and Jeff Fort. New York: Zone Books, 2002.

———. "*Oikeios polemos*: La guerra nella famiglia." *Studi Storici* 28, no. 1(Jan.-March 1987): 5-35.

———. "Thucydide et la sédition dans les mots." *Quaderni di Storia* 23(Jan.-June 1986): 95-134.

Losurdo, Domenico. "Une catégorie centrale du révisionnisme: le concept de guerre civile internationale." *Cités* 29(2007): 13-23.

———. *War and Revolution: Rethinking the Twentieth Century.* Translated by Gregory Elliott. London: Verso, 2015.

Lounsberry, Marie Olson, and Frederic Pearson. *Civil Wars: Internal Struggles, Global Consequences.* Toronto: University of Toronto Press, 2009.

Lucena Giraldo, Manuel. *Naciones de rebeldes: Las revoluciones de independencia latinoamericanas.* Madrid: Taurus, 2010.

Lynch, Colum. "The U.N. War over Calling Syria a 'Civil War.'" *Foreign Policy*, June 13, 2012. http://turtlebay.foreignpolicy.com/posts/2012/06/13/the_un_war_over_calling_syria_a_civil_war.

Lynch, John. *San Martín: Soldado argentino, héroe americano.* Translated by Alejandra Chaparro. Barcelona: Critica, 2009.

MacCormack, Sabine. *On the Wings of Time: Rome, the Incas, Spain, and Peru.* Princeton, N.J.: Princeton University Press, 2007.

MacCormick, Neil. "Sovereignty and After." In *Sovereignty in Fragments: The Past, Present, and Future of a Contested Concept*, edited by Hent Kalmo and Quentin Skinner, 151-168. Cambridge, U.K.: Cambridge University Press, 2010.

Mack, Charles R., and Henry H. Lesesne, eds. *Francis Lieber and the Culture of the Mind.* Columbia: University of South Carolina Press, 2005.

Malamud, Margaret. "The *Auctoritas* of Antiquity: Debating Slavery Through Classical Exempla in the Antebellum USA." In *Ancient Slavery and Abolition: From Hobbes to Hollywood*, edited by Edith Hall, Richard Alston, and Justine

McConnell, 279-317. Oxford: Oxford University Press, 2011.

Mamdani, Mahmood. "The Politics of Naming: Genocide, Civil War, Insurgency." *London Review of Books*, March 8, 2007, 1-9.

———. *Saviors and Survivors: Darfur, Politics, and the War on Terror*. New York: Pantheon Books, 2009.

Mandelbaum, Michael. *The Dawn of Peace in Europe*. New York. Twentieth Century Fund Press, 1996.

Manicas, Peter T. "War, Stasis, and Greek Political Thought." *Comparative Studies in Society and History* 24, no. 4(Oct. 1982): 673-688.

Manjapra, Kris. *M. N. Roy: Marxism and Colonial Cosmopolitanism*. New Delhi: Routledge, 2010.

Manning, Chandra, and Adam Rothman. "The Name of War." *Opinionator*(blog), *New York Times*, Aug. 17, 2013.: http://opinionator.blogs.nytimes.com//2013/08/17/the-name-of-war/.

Marañon Moya, Gregorio. "El general De Gaulle, en Toledo." *El País*, Aug. 8, 1981, 8.

Marshall, P. J. *The Making and Unmaking of Empires: Britain, India, and America, c. 1750-1783*. Oxford: Oxford University Press, 2005.

Martin, Jean-Clément. "La guerre civile: Une notion explicative en histoire?" *Espaces-Temps* 71-73(1999): 84-99.

———. "Rivoluzione francese e guerra civile." In *Guerre fratricide: Le guerre civili in età contemporanea*, edited by Gabriele Ranzato, 28-55. Turin: Bollati Boringhieri, 1994.

———. *La Vendée et la Révolution: Accepter la mémoire pour écrire l'histoire*. Paris: Perrin, 2007.

Martinez-Gross, Gabriel, and Emmanuelle Tixier du Mesnil, eds. "La *fitna*: Le désordre politique dans l'Islam médiéval." *Médiévales* 60(Spring 2011): 5-127.

Mason, Haydn T., ed. *The Darnton Debate: Books and Revolution in the Eighteenth Century*. Oxford: Voltaire Foundation, 1998.

Mason, T. David. "The Evolution of Theory on Civil War and Revolution." In *Handbook of War Studies III: The Intrastate Dimension*, edited by Manus I. Midlarsky, 63-99. Ann Arbor: University of Michigan Press, 2009.

Masters, Jamie. *Poetry and Civil War in Lucan's "Bellum Civile."* Cambridge, U.K.: Cambridge University Press, 1992.

Mattler, Michael J. "The Distinction Between Civil Wars and International Wars and Its Legal Implications." *Journal of International Law and Politics* 26, no. 4(Summer 1994): 655-700.

Mayer, Arno J. *The Furies: Violence and Terror in the French and Russian Revolutions*. Princeton, N.J.: Princeton University Press, 2000.

McAlister, John T. *Viet Nam: The Origins of Revolution*. Princeton, N.J.: Princeton University Press, 1969.

McDowell, Nicholas. "Towards a Poetics of Civil War." *Essays in Criticism* 65, no. 4(Oct. 2015): 341-367.

McGinty, Brian. *Lincoln and the Court*. Cambridge, Mass.: Harvard University Press,

2008.

McMahon, Darrin M. *Divine Fury: A History of Genius*. New York: Basic Books, 2013.

———. *Happiness: A History*. New York: Atlantic Monthly Press, 2006.

———. "The Return of the History of Ideas?" In *Rethinking Modern European Intellectual History*, edited by Darrin McMahon and Samuel Moyn, 13-31. New York: Oxford University Press, 2014.

McNelis, Charles. *Statius' Thebaid and the Poetics of Civil War*. Cambridge, U.K.: Cambridge University Press, 2007.

Melander, Erik, Therése Pettersson, and Lotta Themnér. "Organized Violence, 1989-2015." *Journal of Peace Research* 53, no. 5(Sept. 2016): 727-742.

Mendell, Charles W. "The Epic of Asinius Pollio." *Yale Classical Studies* 1(1928): 195-207.

Meyer, Robert T. "The Middle-Irish Version of the Pharsalia of Lucan." *Papers of the Michigan Academy of Science, Arts, and Letters* 44, no. 3(1959): 355-363.

Miller, Andrew John. *Modernism and the Crisis of Sovereignty*. New York: Routledge, 2008.

Moir, Lindsay. "The Concept of Non-international Armed Conflict." In *The 1949 Geneva Conventions: A Commentary*, edited by Andrew Clapham, Paola Gaeta, and Marco Sassòli, 392-414. Oxford: Oxford University Press, 2015.

———. *The Law of Internal Armed Conflict*. Cambridge, U.K.: Cambridge University Press, 2002.

Momigliano, Arnaldo. "Ancient History and the Antiquarian." *Journal of the Warburg and Courtauld Institutes* 13, no. 3/4(1950): 285-315.

Le Monde. "Pour Valls, le FN peut conduire à la 'guerre civile.'" Dec. 11, 2015. http://www.lemonde.fr/elections-regionales-2015/video/2015/12/11/pour-valls-le-fn-peut-conduire-a-la-guerre-civile_4829710_4640869.html.

Moses, Dirk. "Civil War or Genocide? Britain and the Secession of East Pakistan in 1971." In *Civil Wars in South Asia: State, Sovereignty, Development*, edited by Aparna Sundar and Nandini Sundar, 142-164. New Delhi: Sage India, 2014.

Mueller, John. *Retreat from Doomsday: The Obsolescence of Major War*. New York, Basic Books, 1989.

Müller, Jan-Werner. *A Dangerous Mind: Carl Schmitt in Post-war European Thought*. New Haven, Conn.: Yale University Press, 2003.

Mundy, Jacob. "Deconstructing Civil Wars: Beyond the New Wars Debate." *Security Dialogue* 42, 3(June 2011): 279-295.

Münkler, Herfried. *The New Wars*. Translated by Patrick Camiller. Cambridge, U.K.: Polity, 2005.

Murphy, Dan. "Why It's Time to Call Syria a Civil War." *Christian Science Monitor*, June 5, 2012.: http://www.csmonitor.com/World/Backchannels/2012/0605/Why-it-s-time-to-call-Syria-a-civil-war.

Musick, Michael P. "A War by Any Other Name." *Prologue: The Journal of the National Archives* 27, no. 2(Summer 1995): 149.

Nation, R. Craig. *War on War: Lenin, the Zimmerwald Left, and the Origins of Communist Internationalism*. Durham, N.C.: Duke University Press, 1989.

Neely, Mark A., Jr. *The Civil War and the Limits of Destruction*. Cambridge, Mass.: Harvard University Press, 2007.

Neff, Stephen C. *Justice in Blue and Gray: A Legal History of the Civil War*. Cambridge, Mass.: Harvard University Press, 2010.

———. *War and the Law of Nations: A General History*. Cambridge, U.K.: Cambridge University Press, 2005.

Nelson, Eric. *The Royalist Revolution: Monarchy and the American Founding*. Cambridge, Mass.: Harvard University Press, 2014.

Neumann, Sigmund. "The International Civil War." *World Politics* 1, no. 3(April 1949): 333-350.

Newman, Edward. "Conflict Research and the 'Decline' of Civil War." *Civil Wars* 11, no. 3(Sept. 2009): 255-278.

———. *Understanding Civil Wars: Continuity and Change in Intrastate Conflict*. London: Routledge, 2014.

Nicolet, Claude, ed. *Demokratia et aristokratia: À propos de Caius Gracchus: Mots grecs et réalités romaines*. Paris: Université de Paris I, 1983.

Nipperdey, Thomas, Anselm Doering-Manteuffel, and Hans-Ulrich Thamer, eds. *Weltbürgerkrieg der Ideologien: Antworten an Ernst Nolte: Festschrift zum 70. Geburtstag*. Berlin: Propyläen, 1993.

Nolte, Ernst. *Der europäische Bürgerkrieg, 1917-1945: Nationalsozialismus und Bolschewismus*. Berlin: Propyläen, 1987.

Norbrook, David. "Lucan, Thomas May, and the Creation of a Republican Literary Culture." In *Culture and Politics in Early Stuart England*, edited by Kevin Sharpe and Peter Lake, 45-66. Basingstoke: Palgrave, 1994.

———. *Writing the English Republic: Poetry, Rhetoric, and Politics, 1627-1660*. Cambridge, U.K.: Cambridge University Press, 1999.

Núñez González, Juan Maria. "On the Meaning of *Bella Plus Quam Ciuilia*(Lucan 1, 1): A Relevant Hyperbole." In *Studies in Latin Literature and Roman History* 13, edited by Carl Deroux, 380-389. Brussels: Latomus, 2006.

Odysseos, Louiza. "Liberalism's War, Liberalism's Order: Rethinking the Global Liberal Order as a 'Global Civil War.'" Paper presented at Liberal Internationalism, San Francisco, March 25, 2008.

———. "Violence *After* the State? A Preliminary Examination of the Concept of 'Global Civil War.'" Paper presented at Violence Beyond the State, Turin, Sept. 12-15, 2007.

Orlansky, Jesse. *The State of Research on Internal War*. Science and Technology Division, Research Paper P-565. Arlington, Va.: Institute for Defense Analyses, 1970.

Orr, D. Alan. "The Juristic Foundation of Regicide." In *The Regicides and the Execution of Charles* I, edited by Jason Peacey, 117-137. Basingstoke: Palgrave, 2001.

———. *Treason and the State: Law, Politics, and Ideology in the English Civil War*.

Cambridge, U.K.: Cambridge University Press, 2002.

Orwin, Clifford. "Stasis and Plague: Thucydides on the Dissolution of Society." *Journal of Politics* 50, no. 4(Nov. 1988): 831-847.

Osgood, Josiah. *Caesar's Legacy: Civil War and the Emergence of the Roman Empire.* Cambridge, U.K.: Cambridge University Press, 2006.

———. "Ending Civil War at Rome: Rhetoric and Reality, 88 b.c.e.-197 c.e." *American Historical Review* 120, no. 5(Dec. 2015): 1683-1695.

O'Shaughnessy, Andrew. *An Empire Divided: The American Revolution and the British Caribbean.* Philadelphia: University of Pennsylvania Press, 2000.

Östenberg, Ida. "*Veni Vidi Vici* and Caesar's Triumph." *Classical Quarterly* 63, no. 2(Dec. 2013): 813-827.

Pani, Erika. "Ties Unbound: Membership and Community During the Wars of Independence: The Thirteen North American Colonies(1776-1783) and New Spain(1808-1820)." In *Les empires atlantiques des Lumières au libéralisme, 1763-1865,* edited by Federica Morelli, Clément Thibaud, and Geneviève Verdo, 39-65. Rennes: Presses Universitaires de Rennes, 2009.

Panourgía, Neni. *Dangerous Citizens: The Greek Left and the Terror of the State.* New York: Fordham University Press, 2009.

Patten, David A. "Is Iraq in a Civil War?" *Middle East Quarterly* 14, no. 3(Summer 2007): 27-32.

Pavkoviü, Aleksandar. *Creating New States: Theory and Practice of Secession.* With Peter Radan. Aldershot: Ashgate, 2007.

Pavone, Claudio. A Civil War: *A History of the Italian Resistance.* Translated by Peter Levy and David Broder. London: Verso, 2013.

Payne, Stanley G. *Civil War in Europe, 1905-1949.* Cambridge, U.K.: Cambridge University Press, 2011.

Pelling, Christopher. "'Learning from That Violent Schoolmaster': Thucydidean Intertextuality and Some Greek Views of Roman Civil War." In *Citizens of Discord: Rome and Its Civil Wars,* edited by Brian W. Breed, Cynthia Damon, and Andreola Rossi, 105-118. New York: Oxford University Press, 2010.

Pérez Vejo, Tomás. *Elegía criolla: Una reinterpretación de las guerras de independencia hispanoamericanas.* Mexico, D.F.: Tusquets, 2010.

Pettersson, Thérése, and Peter Wallensteen. "Armed Conflicts, 1946-2014." *Journal of Peace Research* 52, no. 4(July 2015): 536-550.

Phillipson, Nicholas. *Adam Smith: An Enlightened Life.* London: Allen Lane, 2010.

Pictet, Jean S. *Geneva Convention for the Amelioration of the Condition of the Wounded and Sick in Armed Forces in the Field: Commentary.* Geneva: International Committee of the Red Cross, 1952.

Pinker, Steven. *The Better Angels of Our Nature: Why Violence Has Declined.* New York: Viking, 2011.

Pitts, Jennifer. "Intervention and Sovereign Equality: Legacies of Vattel." In *Just and Unjust Military Intervention: European Thinkers from Vitoria to Mill,* edited by Stefano Recchia and Jennifer M. Welsh, 132-153. Cambridge, U.K.: Cambridge University Press, 2013.

Platt, Stephen R. *Autumn in the Heavenly Kingdom: China, the West, and the Epic Story of the Taiping Civil War*. New York: Alfred A. Knopf, 2012.

Pocock, J. G. A. "The Fourth English Civil War: Dissolution, Desertion, and Alternative Histories in the Glorious Revolution." *Government and Opposition* 23, no. 2(April 1988): 151 166.

———. "Political Thought in the English-Speaking Atlantic, 1760-1790: I, The Imperial Crisis." In *The Varieties of British Political Thought, 1500-1800*, edited by J. G. A. Pocock, Gordon J. Schochet, and Lois G. Schwoerer, 246-282. Cambridge, U.K.: Cambridge University Press, 1993.

———. "Thomas May and the Narrative of Civil War." In *Writing and Political Engagement in Seventeenth-Century England*, edited by Derek Hirst and Richard Strier, 112-44. Cambridge, U.K.: Cambridge University Press, 1999.

———, ed. *Three British Revolutions, 1641, 1688, 1776*. Princeton, N.J.: Princeton University Press, 1980.

Poignault, Rémy. "Napoleon Ier et Napoleon III lecteurs de Jules César." In *Présence de César: Actes du Colloque de 9-11 Décembre 1983: Hommage au doyen Michel Rambaud*, edited by Raymond Chevallier, 329-345. Paris: Belles Lettres, 1985.

Portinaro, Pier Paolo. "L'epoca della guerra civile mondiale?" *Teoria Politica* 8, no. 1-2(1992): 65-77.

Pressman, Jeremy. "Why Deny Syria Is in a Civil War?" *Mideast Matrix*, Jan. 16, 2012. http://mideastmatrix.wordpress.com/2012/01/16/syria-civil-war.

Price, Jonathan J. *Thucydides and Internal War*. Cambridge, U.K.: Cambridge University Press, 2001.

———. "Thucydidean Stasis and the Roman Empire in Appian's Interpretation of History." In *Appian's Roman History: Empire and Civil War*, edited by Kathryn Welch, 45-63. Swansea: The Classical Press of Wales, 2015.

Raaflaub, Kurt A. "Caesar the Liberator? Factional Politics, Civil War, and Ideology." In *Caesar Against Liberty? Perspectives on His Autocracy*, edited by Francis Cairns and Elaine Fantham, 35-67. Cambridge, U.K.: Francis Cairns, 2003.

———. *Dignitatis contentio: Studien z. Motivation u. polit. Taktik im Bürgerkrieg zwischen Caesar u. Pompeius*. Munich: Beck, 1974.

———, ed. *Social Struggles in Archaic Rome: New Perspectives on the Conflict of the Orders*. 2nd ed. Oxford: Blackwell, 2005.

Rabinbach, Anson. "The Challenge of the Unprecedented: Raphael Lemkin and the Concept of Genocide." *Simon Dubnow Institute Yearbook* 4(2005): 397-420.

Rachum, Ilan. "The Meaning of 'Revolution' in the English Revolution(London, 1648-1660)." *Journal of the History of Ideas* 56, no. 2(April 1995): 195-215.

Radan, Peter. "Lincoln, the Constitution, and Secession." In *Secession as an International Phenomenon: From America's Civil War to Contemporary Separatist Movements*, edited by Don H. Doyle, 56-75. Athens: University of Georgia Press, 2010.

Ramsey, Robert D., III. *A Masterpiece of Counterguerrilla Warfare: BG J. Franklin Bell in the Philippines, 1901-1902*. Fort Leavenworth, Kans.: Combat Studies Institute Press, 2007.

Ranzato, Gabriele. "Evidence et invisibilité des guerres civiles." In *La guerre civile entre histoire et mémoire*, edited by Jean-Clément Martin, 17-25. Nantes: Ouest, 1994.

Rech, Walter. *Enemies of Mankind: Vattel's Theory of Collective Security*. Leiden: Martinus Nijhoff, 2013.

Reiter, Dan, Allan C. Stam, and Michael C. Horowitz. "A Revised Look at Interstate Wars, 1816–2007." *Journal of Conflict Resolution* 60, no. 5(Aug. 2016): 956-976.

Remak, Joachim. *A Very Civil War: The Swiss Sonderbund War of 1847*. Boulder, Colo.: Westview Press, 1993.

Rey, Alain. *"Révolution": Histoire d'un mot*. Paris: Gallimard, 1989.

Rice, Susan E., Corinne Graff, and Janet Lewis. *Poverty and Civil War: What Policymakers Need to Know*. Brookings Institution, Global Economy and Development Working Papers 02(Dec. 2006).

Richardson, Lewis Fry. *Statistics of Deadly Quarrels*. Edited by Quincy Wright and C. C. Lienau. Pittsburgh: Boxwood Press, 1960.

Rieber, Alfred J. "Civil Wars in the Soviet Union." *Kritika: Explorations in Russian and Eurasian History* 4, no. 1(Winter 2003): 129-162.

Rohrbacher, David. *The Historians of Late Antiquity*. London: Routledge, 2002.

Rosenberger, Veit. *Bella et expeditiones: Die antike Terminologie der Kriege Roms*. Stuttgart: Franz Steiner, 1992.

Rosenfeld, Sophia. *Common Sense: A Political History*. Cambridge, Mass.: Harvard University Press, 2011.

Rougier, Antoine. *Les guerres civiles et le droit des gens*. Paris: L. Larose, 1903.

Rusconi, Gian Enrico. *Se cessiamo di essere una nazione: Tra etnodemocrazie regionali e cittadinanza europea*. Bologna: Il Mulino, 1993.

Sambanis, Nicholas. "A Review of Recent Advances and Future Directions in the Literature on Civil War." *Defense and Peace Economics* 13, no. 2(June 2002): 215-243.

———. "It's Official: There Is Now a Civil War in Iraq." *The New York Times*, July 23, 2006: http://www.nytimes.com/2006/07/23/opinion/23sambanis.html.

———. "What Is Civil War? Conceptual and Empirical Complexities of an Operational Definition." *Journal of Conflict Resolution* 48, no. 6(Dec. 2004): 814-858.

Sarkees, Meredith. "Patterns of Civil Wars in the Twentieth Century: The Decline of Civil War?" In *Routledge Handbook of Civil Wars*, edited by Edward Newman and Karl Derouen, 236-256. London: Routledge, 2014.

Sarkees, Meredith Reid, and Frank Whelon Wayman. *Resort to War: A Data Guide to Inter-state, Extra-state, Intra-state, and Non-state Wars, 1816-2007*. Washington, D.C.: CQ Press, 2010.

Scanlon, Thomas Francis. *The Influence of Thucydides on Sallust.* Heidelberg: Winter, 1980.

Schiavone, Aldo. *Spartacus.* Translated by Jeremy Carden. Cambridge, Mass.: Harvard University Press, 2013.

Schnur, Roman. *Revolution und Weltbürgerkrieg: Studien zur Ouverture nach 1789.* Berlin: Duncker & Humblot, 1983.

———. *Rivoluzione e guerra civile.* Edited by Pier Paolo Portinaro. Milan: Giuffrè, 1986.

Schuhmann, Karl. "Hobbes's Concept of History." In *Hobbes and History,* edited by G. A. J. Rogers and Tom Sorell, 3-24. London: Routledge, 2000.

Seager, Robin. *Pompey the Great: A Political Biography.* 2nd ed. Oxford: Blackwell, 2002.

———. "Sulla." In *The Cambridge Ancient History.* 2nd ed. Vol. 11, *The Last Age of the Roman Republic, 146-43 b.c.,* edited by J. A. Crook, Andrew Lintott, and Elizabeth Rawson, 165-207. Cambridge, U.K.: Cambridge University Press, 1994.

Seaward, Paul. "Clarendon, Tacitism, and the Civil Wars of Europe." In *The Uses of History in Early Modern England,* edited by Paulina Kewes, 285-306. San Marino, Calif.: Huntington Library, 2006.

Serna, Pierre. "Toute révolution est guerre d'indépendance." In *Pour quoi faire la Révolution,* edited by Jean-Luc Chappey, Bernard Gainot, Guillaume Mazeau, Frédéric Régent, and Pierre Serna, 19-49. Marseille: Agone, 2012.

Sewall, Sarah. Introduction to *The U.S. Army/Marine Corps Counterinsurgency Field Manual: U.S. Army Field Manual No. 3-24: Marine Corps Warfighting Publication No. 3-33.5.* Chicago: University of Chicago Press, 2007.

Sewell, William H., Jr. *Logics of History: Social Theory and Social Transformation.* Chicago: University of Chicago Press, 2005.

Shapiro, James. "'Metre Meete to Furnish Lucans Style': Reconsidering Marlowe's Lucan." In *"A Poet and a Filthy Playmaker": New Essays on Christopher Marlowe,* edited by Kenneth Friedenreich, Roma Gill, and Constance B. Kuriyama, 315-326. New York: AMS Press, 1988.

Sheehan, James J. *Where Have All the Soldiers Gone? The Transformation of Modern Europe.* Boston: Houghton Mifflin, 2008.

Sherwin-White, A. N. *The Roman Citizenship.* 2nd ed. Oxford: Clarendon Press, 1973.

Shy, John. *A People Numerous and Armed: Reflections on the Military Struggle for American Independence.* Rev. ed. Ann Arbor: University of Michigan Press, 1990.

Simms, Brendan. *Three Victories and a Defeat: The Rise and Fall of the First British Empire, 1714-1783.* London: Allen Lane, 2007.

Singer, J. David, and Melvin Small. *The Wages of War, 1816-1965: A Statistical Handbook.* New York: John Wiley & Sons, 1972.

Siordet, Frédéric. "The Geneva Conventions and Civil War." *Revue internationale de la Croix-Rouge. Supplement* 3, nos. 11-12(Nov.-Dec. 1950): 132-144, 201-218.

Siotis, Jean. *Le droit de la guerre et les conflits armés d'un caractère noninternational.* Paris: Librairie Générale de Droit et de Jurisprudence, 1958.

Sivakumaran, Sandesh. *The Law of Non-international Armed Conflict.* Oxford: Oxford University Press, 2012.

Skaperdas, Stergios, et al. *The Costs of Violence.* Washington, D.C.: World Bank, 2009.

Skinner, Quentin. *Forensic Shakespeare.* Oxford: Oxford University Press, 2014.

———. "A Genealogy of the Modern State." *Proceedings of the British Academy* 162(2009): 325-370.

Small, Melvin, and J. David Singer. *Resort to Arms: International and Civil Wars, 1816-1980.* Beverly Hills, Calif.: Sage, 1982.

Snow, Vernon F. "The Concept of Revolution in Seventeenth-Century England." *Historical Journal* 5, no. 2(1962): 167-174.

Solis, Gary D. *The Law of Armed Conflict: International Humanitarian Law in War.* Cambridge, U.K.: Cambridge University Press, 2010.

Speier, Hans. *Revolutionary War.* Santa Monica, Calif.: Rand, 1966.

Stansfield, Gareth. "Accepting Realities in Iraq." Chatham House Middle East Programme Briefing Paper 07/02(May 2007). http://www.chathamhouse.org.uk/publications/papers/view/-/id/501/.

Stauffer, John. "Civility, Civil Society, and Civil Wars." In Center for Civil Discourse, *Civility and American Democracy: Nine Scholars Explore the History, Challenges, and Role of Civility in Public Discourse,* 88-99. Boston: University of Massachusetts, 2012.

Stouraitis, Ioannis. "Byzantine War Against Christians—an *Emphylios Polemos*?" *Byzantina Symmeikta* 20(2010): 85-110.

Straumann, Benjamin. *Roman Law in the State of Nature: The Classical Foundations of Hugo Grotius's Natural Law.* Cambridge, U.K.: Cambridge University Press, 2015.

Suri, Jeremi. *Power and Protest: Global Revolution and the Rise of Détente.* Cambridge, Mass.: Harvard University Press, 2003.

Sutton, Malcolm. *An Index of Deaths from the Conflict in Ireland, 1969-1993.* Belfast: Beyond the Pale, 1994.

Taheri, Amir. "There Is No Civil War in Iraq: Here Is Why." *Asharq AlAswat,* March 31, 2006: http://www.aawsat.net/2006/03/article55267289.

Talmon, Stefan. "Recognition of the Libyan National Transitional Council." *ASIL Insights,* June 16, 2011. http://www.asil.org/insights/volume/15/issue/16/recognition-libyan-national-transitional-council.

Thomas, Richard. "'My Brother Got Killed in the War': Internecine Intertextuality." In *Citizens of Discord: Rome and Its Civil Wars,* edited by Brian W. Breed, Cynthia Damon, and Andreola Rossi, 293-308. New York: Oxford University Press, 2010.

Toft, Monica Duffy. "Is It a Civil War, or Isn't It?" *Nieman Watchdog*, July 28, 2006. www.niemanwatchdog.org/index.cfm?fuseaction=ask_this.view&ask-thisid=220.

Tønnesson, Stein. "A 'Global Civil War'?" In *The Consequences of September 11: A Symposium on the Implications for the Study of International Relations*, edited by Bengt Sundelius, 103-11. Stockholm. Utrikespolitiska Institutet, 2002.

Trakulhun, Sven. "Das Ende der Ming-Dynastie in China(1644): Europäische Perspektiven auf eine 'große Revolution.'" In *Revolutionsmedien—Medienrevolutionen*, edited by Sven Grampp, Kay Kirchmann, Marcus Sandl, Rudolf Schlögl, and Eva Wiebe, 475-508. Constance: UVK, 2008.

Traverso, Enzo. *A ferro e fuoco: La guerra civile europea, 1914-1945*. Bologna: Il Mulino, 2007.

———. "The New Anti-Communism: Reading the Twentieth Century." In *History and Revolution: Refuting Revisionism*, edited by Mike Haynes and Jim Wolfreys, 138-155. London: Verso, 2007.

U.K. Ministry of Defence. *The Manual of the Law of Armed Conflict*. Oxford: Oxford University Press, 2004.

United Nations Assistance Mission for Iraq. "Human Rights Report, 1 September-31 October 2006." http://www.uniraq.org/documents/HR Report Sep Oct 2006 EN.pdf.

Uppsala Conflict Data Program. http://www.pcr.uu.se/research/UCDP/.

Urbainczyk, Theresa. *Slave Revolts in Antiquity*. Berkeley: University of California Press, 2008.

U.S. Army Field Manual 100-20: Military Operations in Low Intensity Conflict(Dec. 5, 1990). www.globalsecurity.org/military/library/policy/army/fm/100-20/10020gl.htm.

U.S. Department of State, Office of Electronic Information, Bureau of Public Affairs. "Daily Press Briefing—December 2, 2011." http://www.state.gov/r/pa/prs/dpb/2011/12/178090.htm.

Varon, Elizabeth R. *Appomattox: Victory, Defeat, and Freedom at the End of the Civil War*. New York: Oxford University Press, 2014.

Varouxakis, Georgios. *Liberty Abroad: J. S. Mill on International Relations*. Cambridge, U.K.: Cambridge University Press, 2013.

———. "'Negrophilist' Crusader: John Stuart Mill on the American Civil War and Reconstruction." *History of European Ideas* 39, no. 5(Sept. 2013): 729-754.

Vasquez, John A. *The War Puzzle Revisited*. Cambridge, U.K.: Cambridge University Press, 2009.

Viola, Paolo. "Rivoluzione e guerra civile." In *Guerre fratricide: Le guerre civili in età contemporanea*, edited by Gabriele Ranzato, 5-26. Turin: Bollati Boringhieri, 1994.

Vité, Sylvain. "Typology of Armed Conflicts in International Humanitarian Law: Legal Concepts and Actual Situations." *International Review of the Red Cross* 91, 873(March 2009): 69-94.

Vlassopoulos, Kostas. "Acquiring (a) Historicity: Greek History, Temporalities, and Eurocentrism in the *Sattelzeit*(1750-1850)." In *The Western Time of Ancient History: Historiographical Encounters with the Greek and Roman Pasts*, edited by Alexandra Lianeri, 156-178. Cambridge, U.K.: Cambridge University Press, 2011.

Wahrman, Dror. *The Making of the Modern Self: Identity and Culture in Eighteenth-Century England*. New Haven, Conn.: Yale University Press, 2004.

Waldmann, Peter. "Guerra civil: Aproximación a un concepto difícil de formular." In *Sociedades en guerra civil: Conflictos violentos de Europa y América Latina*, edited by Peter Waldmann and Fernando Reinardes, 27-44. Barcelona: Paidós, 1999.

Walter, Barbara F. "Does Conflict Beget Conflict? Explaining Recurring Civil War." *Journal of Peace Research* 41, no. 3(May 2004): 371-388.

Wellman, Christopher Heath. *A Theory of Secession: The Case for Political Self-Determination*. Cambridge, U.K.: Cambridge University Press, 2005.

Wiedemann, Thomas. "Reflections of Roman Political Thought in Latin Historical Writing." In *The Cambridge History of Greek and Roman Political Thought*, edited by Christopher Rowe and Malcolm Schofield, 517-531. Cambridge, U.K.: Cambridge University Press, 2000.

Wills, Garry. *Lincoln at Gettysburg: The Words That Remade America*. New York: Simon & Schuster, 1992.

Wilmshurst, Elizabeth, ed. *International Law and the Classification of Conflicts*. Oxford: Oxford University Press, 2012.

Wimmer, Andreas. *Waves of War: Nationalism, State Formation, and Ethnic Exclusion in the Modern World*. Cambridge, U.K.: Cambridge University Press, 2013.

Wimmer, Andreas, Lars-Erik Cederman, and Brian Min. "Ethnic Politics and Armed Conflict: A Configurational Analysis of a New Global Data Set." *American Sociological Review* 74, no. 2(April 2009): 316-337.

Wimmer, Andreas, and Brian Min. "From Empire to Nation-State: Explaining Wars in the Modern World, 1816-2001." *American Sociological Review* 71, no. 6(Dec. 2006): 867-897.

Wiseman, T. P. *Remus: A Roman Myth*. Cambridge, U.K.: Cambridge University Press, 1995.

———. "The Two-Headed State: How the Romans Explained Civil War." In *Citizens of Discord: Rome and Its Civil Wars*, edited by Brian W. Breed, Cynthia Damon, and Andreola Rossi, 25-44. New York: Oxford University Press, 2010.

Witt, John Fabian. *Lincoln's Code: The Laws of War in American History*. New York: Free Press, 2012.

Wong, Edward. "A Matter of Definition: What Makes a Civil War, and Who Declares It So?" *New York Times*, Nov. 26, 2006. http://www.nytimes.com/2006/11/26/world/middleeast/26war.html.

Woodman, A. J. "Poems to Historians: Catullus 1 and Horace, *Odes* 2.1." In *Myth,*

History, and Culture in Republican Rome: Studies in Honour of T. P. Wiseman, edited by David Braund and Christopher Gill, 199-213. Exeter, U.K.: University of Exeter Press, 2003.

Woolhouse, Roger. *Locke: A Biography.* Cambridge, U.K.: Cambridge University Press, 2007.

World Bank. *World Development Report 2011: Conflict, Security, and Development.* Washington, D.C.: World Bank, 2011.

Wrangham, Richard, and Dale Peterson. *Demonic Males: Apes and the Origins of Human Violence.* Boston: Houghton Mifflin, 1996.

Wright, Quincy. "The American Civil War(1861-1865)." In *The International Law of Civil War,* edited by Richard A. Falk, 30-108. Baltimore: Johns Hopkins Press, 1971.

———. *A Study of War.* 2 vols. Chicago: University of Chicago Press, 1942.

Wyke, Maria. *Caesar: A Life in Western Culture.* London: Granta Books, 2007.

Wynn, Philip. *Augustine on War and Military Service.* Minneapolis: Fortress Press, 2013.

York, Neil L. "Defining and Defending Colonial American Rights: William Bollan, Agent." *American Political Thought* 3, no. 2(Fall 2014): 197-227.

Zavis, Alexandra. "Maliki Challenges 'Civil War' Label." *Los Angeles Times,* Dec. 5, 2006: http://articles.latimes.com/2006/dec/05/world/fg-iraq5.

Zurbuchen, Simone. "Vattel's 'Law of Nations' and the Principle of Non-intervention." *Grotiana* 31(2012): 69-84.

옮긴이의 말

드디어, 그리고 이제야 긴 시간 출간 예정으로만 적혀 있던 꼬리표를 출간으로 바꾸게 되었다. 하지만 어떤 만족감이나 후련함보다는 한없는 아쉬움과 죄송함이 남는다. 역자는 박사학위 논문을 작성하던 당시의 초벌 번역을 졸업 이후 시흥에 있는 서울대 통일평화연구원에서 근무하며 다시 번역했고, 부산대 정치외교학과로 자리를 옮긴 이후에 또다시 전면적으로 수정했다.

이처럼 2017년 『내전』이 출간된 이후 얼마간의 시간이 흘렀다. 관점에 따라 짧게도 길게도 느껴질 시간이다. 『내전』에서 다루는 2000년이라는 연대기에 비해서는 아주 짧은 시간이지만, 2017년 대학에 입학했던 학부생에게 24학번들은 낯선 존재로 다가올 것이다. 아미티지 교수가 바라보던 현 세계도 보는 시각에 따라 달리 평가될 수 있다. 지금 세계는 '긴 평화'의 시기를 지나고 있으며 "국가 간 전쟁이 부재"한다고 말하는 서론의 첫 몇 줄을 읽자마자 몇몇 독자는 이를 지나간 역사서라 치부하고 책장을 덮을 수도 있다(『내전』, 9~10쪽).[1]

그들의 판단이 완전히 틀렸다고 보기는 어렵다. 단적인 예로, 아미티지 교수가 참고한 자료의 가장 최근 통계치인 2022년 발표 내용을 보면 우선 제목부터 '국가 간 분쟁의 도래'라 적혀 있다.[2] 해당 글에서는 2022년을 1994년 르완다 집단학살 이후 "가장 폭력적인 한해"라고 규정해두었다. 2021년 12만 명에서 2022년 24만 명에 가까운 숫자로 급증한 분쟁 사망자 수는 "특히 정권을 둘러싼 에티오피아 국가 내부 분쟁과 러시아-우크라이나 국가 간 분쟁"으로 인해 나타났다. 2022년 러시아의 우크라이나 침공은 2003년 미국의 이라크 침공 이후 첫 번째 대규모 국가 간 전쟁으로 기록되어 '긴 평화'를 끝맺게 했다. 통계에 따르면 2020~2022년 벌써 여덟 차례의 국가 간 분쟁이 발생했는데, 이는 2000~2010년 일어났던 국가 간 분쟁 횟수와 같다.

그렇다면 아미티지 교수의 진단은 완전히 어긋난 것인가? 그렇지는 않다. 약간의 인내심을 발휘해 서론을 조금 더 읽어보면 "세계는 여전히 매우 폭력적인 장소"라는 말

---

1 이후 『내전』으로부터의 인용은 간단히 쪽수만 적어두고자 한다.

2 Davies, Pettersson, Öberg, "Organized violence 1989-2022, and the return of conflict between states". 참고로 아미티지 교수가 참고했을 당시 해당 글의 제목은 간단히 "Organized violence, 1989-2016"이었다.

이 나온다. 그리고 내전이 더 이상 국가 내부의 전쟁이 아닌 "인접 국가로부터 병력을 끌어오거나 외부 열강의 개입을 이끌어냈던, 소위 국제화된 내전" 형태가 되었음이 강조된다(10, 17). 2022년에도 22차례의 국제화된 내전이 벌어졌다. "이 세계는 내전 세계다"라는 규정은 여전히 적실하다. 또한 '지구적 내전'이라는 모호하면서도 두려운 언어를 받아들인다면 '국가 간 분쟁의 도래'로 내세워진 러시아-우크라이나 전쟁도 "실제로 내전일 수 있다"(17, 344).

하지만 이런 실상과는 달리 내전은 여전히 우리의 관심사 밖인 듯하다. 저자도 크게 다르지 않았다. 2014년에 공저한 책이자 2018년에 번역 출간된 『역사학 선언』 한국어판 서문에서 아미티지 교수는 "우선적으로 언급해야 할 점은 이 책이 내가 집필하려고 의도하지도 또 집필할 것이라고 생각하지도 않은 책이라는 사실"이라 밝혔다.[3] 이번 책을 완독한 독자라면, 아니 비상한 관심으로 저자 후기를 먼저 읽어본 독자라면 아마도 이 말이 낯설게 느껴지지 않을 것이다. 후기에서 아미티지 교수는 "내전은 내가 시간을 할애하리라 예상했던, 하물며 원했던 주제도 아니었다"고 말하고 있다(357). 그렇다면 이 책은 어떻게 나오게 되었을까? 아미티지 교수의 학문적 여정을 살펴본다면 하나의 답을 구할 수 있을 듯하다.

---

3 조 굴디·데이비드 아미티지, 『역사학 선언』, 안두환 옮김, 한울, 2018, 11쪽.

『역사학 선언』이전 아미티지 교수는 2000년 『영제국의 이데올로기적 기원』을 처음 출판했는데, 19세기 영제국의 등장을 16세기부터 18세기의 다양한 역사를 살펴보며 설명하고 있다. 이어 2007년 펴낸 『독립선언서: 지구사』에서는 1776년 미국 독립 선언 이후부터 "200여 년이 넘는 시간 속에서 거의 모든 대륙을 살펴"보았다. 그리고 2013년의 『근대 국제정치사상의 토대』에서는 "17세기 초반에서 19세기 중반에 이르는 200여 년의 시간"을 다루었다. 그리고 나온 책이 바로 『역사학 선언』이었는데, 이는 이렇게 장기간의 역사를 살펴보려는 자신의 연구 방향에 대한 방법론적 소개이자 하나의 정당화로 볼 수 있다. 그는 "『역사학 선언』의 핵심 주장은 단기적인 사고가 지배하는 시대에 역사학자는 자신의 동료 시민에게 어떻게 (그리고 왜) 더 긴 시간의 범위에 대해 고민해야 하는지 알려주는 특별한 역할을 맡는다는 것이다"라고 정리했다. 그리고 이어서 『역사학 선언』과 『내전』이 어떻게 연결되고 있는지를 설명하고 있다. "『역사학 선언』은 이제 막 『내전: 관념 속 역사』(2017)란 제목으로 출판된 바로 그 새로운 연구 프로젝트에서 배태된 것"이며, "『역사학 선언』이 이론이라고 한다면, 『내전: 관념 속 역사』는 실천이라 할 수 있다." 이렇게 출간된 『내전』은 이전 저작들보다도 좀더 야심차게 "내전이란 개념을 그것이 기원한 고대 로마에서부터 이라크와 시리아와 같은 나라의 내전에 대한 작금의 논쟁에 이르는 긴 역사 속에서 새롭게 구성해보고자 했다. 따라서 이 책은 지난 2000년에 걸

친 논쟁을 다루고 있다." 이렇듯 아미티지 교수의 연구 과
정은 온전히 의도하지는 않았을 수 있지만, 꾸준히 자신의
관심사와 연구 방식에서 확장 및 발전을 거듭해온 것이다.
"과거에 대한 해석은 언제나 전쟁터를 방불케" 한다는 그의
고뇌는 역사학은 무엇이고, 역사학자는 무엇을 해야 하는가
라는 근본적인 문제로 되돌아가게 한다.[4]

   실제로 『내전』에서 아미티지 교수는 내전이 "도대체 무
엇을 의미하는가"를 두고 나타난 혼란과 복잡함을 드러내
는 한편(269), 최근 사회과학에서 행해지는 내전에 대한 조
작적, 정량적, 실증적 차원의 연구가 "경쟁 관계에 놓여 있
고 서로 부합하지 않는 정의들로 인해 벌어진 개념적 난국
에서 벗어날 수단"이 되고자 하는 의도와는 달리 '실제'와
다르고 언뜻 보기에 '단순한' 정의를 내놓으면서 "수많은
문제점을 낳았다"고 지적하고 있다. 내전은 "근본적으로 논
쟁적인 개념"이기에 "이처럼 내전을 엄밀히 정의하려는 모
든 시도는 허상을 좇고 있었기에 실패로 이어질 수밖에 없
었다"는 것이다(320~324, 336). 그렇다면 역사학자는 무엇
을 해야 하는가? 이 책의 '결론'에서는 다음과 같이 정리되
고 있다. "역사학자가 짊어진 과제는 모두가 동의할 수 있
는 더 나은 정의를 제시하는 것이 아니다. 다만 그가 할 일
은 어디에서부터 이렇게 대립되는 이해가 생겨났는지, 각각

---

4 같은 책, 13~15, 244쪽(저작의 제목은 역자가 맞춰 수정함).

의 이해는 무엇을 뜻해왔는지, 그리고 그 명칭으로 불렸던 일을 겪었던 이들이나 과거에 그 일을 이해하려 했던 사람들이 체험한 경험으로부터 어떻게 그러한 이해가 생겨나게 되었는지를 묻는 것이다"(354).

이러한 과제를 풀어나가는 아미티지 교수의 연구는 지성 사가의 전통적인 고고학적 방식을 따르면서도 한편으로 계보학적이기도 하다. 그렇기에 그는 책에 '관념 속 역사history in ideas'라는 부제를 붙인 이유를 '관념의 역사history of ideas'라고 알려진 "지성사의 오랜 흐름과 구별하기 위해서"라고 밝히고 있다(36).[5] 고고학적 방식은 "저자·텍스트와 명확하게 연결된 '특수한particular 맥락'이 무엇인지 철저하게 질문"하고 "그 맥락 속에서 저자와 텍스트가 구체적으로 무엇을 하고자 했는지 읽어내는 것이다."[6] 이에 더해 아미티지 교수는 '장기지속longue durée' 동안의 내전 역사를 그려내는 계보학적 방식을 취하는데, 이는 현대에 이뤄지는 역사학 연구에 대한 문제의식을 드러냈던 『역사학 선언』에서 이미 표명한 부분이다. "『역사학 선언』의 핵심 주장은 단기적인 사고가 지배

---

[5] 관련하여 『내전』에 대해 "통시적이자 계보학적으로 훑는 장기 지성사 연구의 범례"라는 평가도 있다. "미국의 지성사가 아서 러브조이가 제창했던 '관념의 역사'라는 의미에서 사상사 연구 전통에 대해 일찍부터 가졌던 반감을 노골적으로 표명하면서 서구 역사 속에서 내전이 이해되고 개념화되어온 양상을 검토하는 저서를 '관념 안의 역사'라는 의미에서 사상사로 명명하게 되는데 이것은 『역사학 선언』이후 그가 선보인 새로운 지성사 연구 방법론의 한 범례다." 윤석민, 「『역사학 선언』(2014)과 글로벌히스토리의 도전」, 『현상과인식』 47, 2:168.

[6] 리처드 왓모어, 『지성사란 무엇인가?』, 이우창 옮김, 오월의봄, 2020, 264, 266쪽 (강조는 원저자).

하는 시대에 역사학자는 자신의 동료 시민에게 어떻게 (그리고 왜) 더 긴 시간의 범위에 대해 고민해야 하는지 알려주는 특별한 역할을 맡는다는 것이다."[7]

아미티지 교수는 현대 학문 영역에서 점차 구체적이고 '실증적'인 기준을 요구함에 따라 나타난 "미시사의 유행과 흥성"에 비판적이다. "왜 고작 5년이라는 선거 주기, 경제 지표나 회계 연도의 순환 주기에 역사 연구의 시야가 속박되어야 하는지" 묻고 있다. 물론 이런 장기적 관점을 두고 "인류사는 반드시 그러한 유형의 부분과 전체의 변증법에 의해서만 온전히 설명될 수 있는가"라는 지적이 있을 수 있다.[8] 아미티지 교수 역시 이에 동의하는 바이며 다만 그는 "최근 연구가 짧은 연대기에 집중하기를 요구하는 학문 분과에 의해 점유되어 온"(33) 사실을 지적하면서 그 치우침을 경계한 것일 뿐이다.

아래에서는 이러한 큰 연구 방향성을 염두에 두고 『내전』의 내용을 짧게 소개한 뒤, 출간 이후 동료 연구자들이 제기한 질문 및 비판을 정리해 아미티지 교수가 『지구적 지성사Global Intellectual History』 학술지에서 답한 글을 토대로 하여 몇몇 논의점을 소개해보고자 한다. 아미티지 교수는 1부에서 "내전의 기원 시점은 상당히 구체적이게도 고대 로

---

7 조 굴디 · 데이비드 아미티지, 앞의 책, 13쪽.

8 윤석민, 「『역사학 선언』(2014)과 글로벌히스토리의 도전」, 『현상과인식』 47, 2:171, 179.

마다. 그리스처럼 로마보다 앞선 시점은 설정되지 않는다"(37)고 밝히며, 그리스의 스타시스stasis와 로마의 벨룸 키빌레bellum civile를 엄밀히 구분한다. 스타시스와 벨룸 키빌레가 "유사하다고 해서 실제로 동일한 상황을 지칭하지는 않"으며, 정규적인 병력 배치도 없고 정당성 문제도 제기되지 않았던 스타시스를 겪었던 "그리스인은 정치적 전쟁political war, 즉 폴리티코스 폴레모스politikos polemos란 용어를 한 번도 사용하지 않았는데, 이는 그리스어에서는 떠올리기조차 어려운 표현"이었다(61, 69, 72). 따라서 리비우스와 루카누스 등 역사가와 시인이 남겨둔 글을 두고 이뤄진 일반적인 견해에 따라, 로마의 집정관이었던 술라가 "기원전 88년 군대의 지휘관으로서 로마에 진격했던 때"가 내전의 시작점으로 지목된다. 그리고 이어진 내전을 구성하는 두 요소는 다음과 같이 정리된다. 하나는 "단일 정치 공동체 경계 내에서 벌어진다"는 것이고, 다른 하나는 "내전에서는 서로 대립하는 당사자가 적어도 둘은 있어야 하며, 이중 한쪽은 공동체를 관리할 정당한 권리를 지니고 있다"는 것이다(81, 89).

이어지는 2부와 3부에서는 혁명과 독립이라는 새롭게 목격되는 현상을 한편에 두고 내전을 좀더 명확하게 정의하고자 했던 이후 세대가 겪은 혼란과 어려움을 보여준다. 2부에서는 17세기와 18세기 유럽에서 확대되어 나간 혁명 현상을 두고 버크와 바텔 등 정치철학자와 법학자가 내전과 혁명을 어떻게 따로 정의하고 구분하려 했는지를 설명한다. 일반적으로 "정치체가 항상 앓고 있는 질병"으로 끊임없이 반복되어온 것으로 여겨진 내전과는 달리, 혁명은 "하나의 과정"으로서 "새로운 세계를 재정립"할 수 있는 긍정적인 현상으로 여겨졌다(134, 221). 하지만 1부에서 정리된 내전 요소로 비춰보았을 때 영국의 명예혁명과 프랑스 혁명도 하나의 내전에 불과할 뿐이라는 주장 역시 존재했고, 내전이 혁명 개념과 완전히 분리되어 머무르기는 어려웠다는 논의가 펼쳐진다. 달리 말해 "혁명의 시대는 다시금 내전의 시대였다"는 것이다(182).

3부에서는 미국 독립과 남북 전쟁을 두고 한편으로는 영국으로부터의 독립을 정당화하는 한편, 남부 분리 독립을 저지하고자 하는 법적·정치적 논의가 어떻게 이뤄졌는지를 리버의 논의를 중심으로 살펴본다. 그리고 비슷한 현상이 세계 전역으로 확산되고 여러 분야에서 나타난 지구화 현상에 의해 전지구적으로 발생하던 폭력 중 무엇을 내전이라 정의할지를 두고 오늘날까지도 겪게 되는 어려움을 소개한다. 이러한 규정은 내전을 어떻게 "문명화civilize 시킬 수" 있을지, 즉 국내법과 국제법 중 어떠한 법적 통제하에 두어 각각의 폭력 사태를 다룰 수 있을지와 관련되어 있기에 중요한 만큼 복잡한 문제가 되었다(256).

내전을 두고 이렇게 긴 역사적 관점을 취하는 아미티지 교수의 목적은 무엇일까? 한편으로 보면 그의 입장은 겸손하다. "이 책에서는 내전을 논하는 지배적인 이론을 제시하고자 하는 목적은 없다. 또한 빠져 있는 학설을 제공할 수도 없을 것이다. 다만 역사학자로서 내가 할 수 있는 일은 우리가 현재 느끼는 불만이 무엇에서 기인하는지 밝히고, 왜 우리는 여전히 내전과 마주하며 혼란스러워 하는지, 왜 이를 직시하기를 거부하는지 설명하는 일일 것이다"(15~16). 하지만 아미티지 교수는 여타 지성사가처럼, 아니 정확히는 지성사가에게 제기되는 비판처럼 어떤 논의의 맥락을 되살리고 구체화하는 데에만 머무르고 있지 않다. "이 책에서는 역사적 도구를 통해 내전이 제기하는 도전에 맞서려고 한다." 바로 "역사적 논의를 통해 이 현상이 우발적으로 발생함을 드러내, 이 현상이 지속적이고 영속적이라 주장하는 견해를 반박할 것"이라 말하고 있기 때문이다(22). 출간 이후 비평가들의 의문 및 질문에 대한 답을 하면서 아미티지 교수는 『내전』은 다음과 같은 주요 '역사주의적 전제historicist premise'를 염두에 두었다고 밝혔다. 내전은 '공화국 로마'라는 발견할 수 있는 '시작점'을 지닌 만큼 언젠가는 우리가 찾게 될 '끝'이 있는 현상이라는 점이다.[9] 고대 지중해 시대부터 현재 지구화 시대까지 2000년의 내전 개념을 추적한 이유, 즉 이러한 재구성을 통해 이루고자 했던 주요 목적은 해체에 있다고 주장한다. 내전이 "발견되기를 기다리는 자연(계)의 실재"가 아닌 "창안되어야 했던 인류 문화의 산물"이라는 그의 정의에 따라, 인류가 "창안했

---

9 Armitage, "Fighting words? A reply to my critics".

기에 없앨 가능성도 있음을 보여주는 것"이 목적이라는 것이다 (22, 51).

따라서 그는 여전히 우리가 희망을 갖기를 독려한다. "내전이 부재한 세계를 그려볼 수 있다. 실제로 그 반대는 절망감을 야기하기 때문이다."[10] 물론 이상주의자처럼 주장하지는 않는다. 오히려 말과는 달리 현실 변화는 녹록하지 않음을 또 한 명의 현실주의자로서 받아들이고 있다. '미국 내전이 정말로 끝난 적이 있는가'라는 질문에 대해 부정적으로 답하며, 고대 로마 공화국에서 내전을 보여주는 표식이 '검을 뽑는 일'이었다는 것과는 다르게 현재 미국 정치에서 반복적으로 나타나는 내전은 우익과 좌익으로 나뉜 정당정치임을 밝힌다. "전 세계에서 민주 정치는 이제 다른 수단으로 벌이는 내전과 더없이 닮아 있다"(28). 이념적 양극화와 함께 찾아온 '차가운 내전cold civil war'은 민주주의 국가를 위태롭게 한다. 이러한 현상이 이어진다면 내전 이후의 세계에서 권위주의가 다수결주의majoritarianism를 대체하고 도둑정치kleptocracy가 민주정치 대신 군림할 수도 있다는 우려의 목소리를 전한다.[11]

---

10 Armitage, 같은 글, p.335.

11 21세기에 들어와 '민주주의 위기'라는 용어는 전례 없이 많이 사용되고 있는 듯하다. 관련하여 스티븐 레비츠키·대니얼 지블랫의 『어떻게 민주주의는 무너지는가: 우리가 놓치는 민주주의 위기 신호』(박세연 옮김, 어크로스, 2018)와 데이비드 런시먼의 『쿠데타, 대재앙, 정보권력: 민주주의를 위협하는 새로운 신호들』(최이현 옮김, 아날로그, 2020)이 좋은 안내서가 될 수 있다.

아미티지 교수가 인용한 「미국은 새로운 종류의 내전으로 향하고 있는가」라는 『뉴요커』의 기사와 재선에 성공한 프랑스 마크롱 대통령이 반자유주의의 성행을 지목해 "유럽 내전의 한 형태가 재차 나타나고 있다"고 발언한 내용을 굳이 들지 않더라도, 2024년 총선을 앞둔 한국 정치 상황이나 빌빌한 지 2년이 넘어가고 있는 러시아-우크라이나 전쟁은 이 세계가—전통적인 차원에서든 '차가워진' 차원에서든—내전 세계임을 확인시켜준다. 이 과정을 새로운 세계로 향하는 또 다른 차원의 혁명으로 볼 수 있을지는 명확하지 않다. 사실 우리는 '비정치적' 영역의 4차 산업혁명 현상 역시 정확히 무엇인지, 또 이러한 현상이 인류에게 위협을 가져올지 더 나은 미래를 안겨다줄지 여전히 모르는 상황에서 무수한 논쟁을 벌이고 있기도 하다.

마찬가지로 아미티지 교수의 뛰어난 분석과 이를 통해 우리에게 전해준 놀라운 통찰에도 불구하고 『역사학 선언』에서 제기된 인문학, 더 좁게는 역사학의 위기—누군가에게는 실체가 없는 위기—가 장기적 관점을 통해 극복될 수 있을지, 『내전』에서 다뤄진 논의를 통해 미래에 대한 희망을 품을 수 있을지는 여전히 우리에게 숙제처럼 남아 있다. 아미티지 교수는 "미래가 반드시 과거의 도랑을 따라 나아갈 필요는 없다. 과거로 되돌아가지 않는 길을 살펴보는 것이 가능하듯이, 도랑에서 벗어나 새로운 방향으로 나아가는 것도 가능하다"며 역사학을 통해 과거의 오류를 답습하지 않도록 하여 새로운 세계가 훼손되지 않을 수 있는, 역사적 교훈이라는 방비책을 세울 수 있음을 내세운다. 그런데 이어서 논하듯 "우리가 상상력을 발휘해 미래에 대해 우리 나름대로 의미 있는 예견을 하고자 한다면, 우리는 과거를 깊이 파고들어야 한다"는 제안은 이제는 시대가 변했으며 개혁을 위해서는 전통과의 단절이 필요하다 믿는 우리 마음을 얼마나 흔들어 놓을 수 있을까.[12]

역자가 보기에 아미티지 교수는 우리에게 '불확실성uncertainty'이라는 주제를 던져준다고 생각된다. 주지하듯 인간이 지식을 탐구하고자 하는 주요 목적 중 하나는 예측불가능하고 불확실한 세계를 이해하고 미래를 준비하도록 하는데 있다. 이렇게 어두운 동굴에서 벗어나 밝은 대지로 나아가려는 '계몽주의적' 태도는 학문의 '과학화'를 이끌었다. 내전이란 현상이 시간적 흐름에 따라 역사와 시, 정치철학과 법학, 사회과학의 탐구 주제로 이동해온 과정은 불확실한 것을 명확한 형태로 잡아내려고 하는 확실성 추구의 과정이었다. 내전이 무엇이고 어떻게 정의할 수 있고 어떻게 우리의 통제 범위로 위치시켜 '문명화시킬 수 있을지'를 탐구해온 것이다. 하지만 『역사학 선언』을 보자면 이러한 흐름이 좁게는 역사학의 위기, 넓게는 인문학의 위기를 가져왔다. 아미티지 교수는 『내전』에서 이러한 경향이 희망으로 이어질 수 있는 길을 우리 스스로 차단할 수 있다는 우려의

---

12 조 굴디·데이비드 아미티지, 앞의 책, 16~17쪽.

목소리를 전한다.

　역자의 이런 '추측'을 두고 학문적 엄밀성에서 벗어났다고 여기는 독자도 있을 것이다. 저자의 명성에 기대 역자가 전하는 우려가 바로 그 부분에 있다. 우리가 추구하는 지식의 목적은 옳고 그름이 아니라 맞고 틀림에 머무는가. 말장난처럼 들릴 수 있는 이 실문과 관련해서 케임브리지 대학 역사학과의 존 H. 아널드John H. Arnold 교수가 역사학 입문서로 내놓은 『역사』의 내용을 좀 길게 인용해두고자 한다.

"역사가들은 당연히 틀린다. 다른 모든 사람과 마찬가지로 그들은 잘못 읽거나 잘못 기억하거나 잘못 해석거나 잘못 이해할 수 있다. 그러나 더 넓게 보면 역사가들은 언제나 '틀린다'. 우리가 틀리는 이유는 우선 결코 완전히 맞을 수 없기 때문이다. 우리는 각자의 방식으로 '틀릴' 필요가 있다. (…) 그렇지만 역사가들은 틀리면서도 언제나 '맞으려' 시도한다. 우리는 증거가 실제로 말한다는 생각을 고수하고, 입수 가능한 자료를 몽땅 찾아내고, 무슨 일이 일어나고 있는지 이해하려 애쓰며, 결코 '사실'을 지어내지 않는다. (…) 역사에 관해 생각하는 것은 기회이자 위험이다. 역사에 관해 생각함으로써 우리는 과거와 우리의 관계를 숙고할 수 있고, 과거에 관해 말하기 위해 우리가 선택한 이야기의 종류, 그런 이야기에 도달한 방식, 그런 이야기를 말하는 것의 효과를 살펴볼 수 있다."[13]

13　존 H. 아널드, 『역사』, 이재만 옮김, 교유서가, 2015, 29~31쪽.

우리 사회는 이러한 태도를 갖추고 있는가. 주장을 고수하고자 '사실'을 지어내지는 않는지, 틀리는 게 두려워 너도나도 옳다는 식이거나 '무관심'하게 지내지는 않는지 스스로에게 묻고 싶다. 이 물음은 아미티지 교수의 『역사학 선언』을 번역한 안두환 선생님이 해당 저서 '옮긴이의 말'에서 전한 바람과 연관된다. "성숙한 사람과 마찬가지로 성숙한 사회는 이견, 특히 자신의 지난 치부를 드러내는 이견을 통해 폭을 넓히고 깊이를 더하는 사회다. 자신이 원하는 아름답고 자랑스러운 모습만 골라 보여주는 마법의 거울이 가져올 결말이 어떨지는 세살배기 어린 아이도 알고 있다"[14]는 역사학자의 말이 지금 우리에게도 계속해서 필요해 보인다. 이처럼 역사학은 독단에 머무르지 말고 자신과 비판적 거리를 유지할 것을 요구한다. 한편 삶은 우리를 어느 방향으로든 행위하도록 만든다. 더 나은 방향으로 나아가고자 하는 욕구, 이로부터 올바름에 관한 정치철학은 역사학과 만나게 된다.

미약하게나마 역자는 걸음마를 떼고 있다고 믿고 싶다. 수학 공식으로 이뤄진 세상이 전부인 것처럼 여겼던 전형적인 이과생이었던 역자에게 민족사관고등학교 재학 시절 알렉산더 간제Alexander Ganse 선생님의 세계사 수업은 새로운 학문과 공간으로 넘어가도록 했다. 새로운 공간이었던 영국

---

14 조 굴디·데이비드 아미티지, 앞의 책, 244쪽.

옥스퍼드대학에서의 지도 교수였던 브라이언 로저스Brian Rogers 선생님께는 매주 이어지던 튜토리얼을 통해 논리적으로 사고하는 즐거움을 배울 수 있었다. 그리고 특정 장소와 시기에 관한 연구가 어떻게 보편적인 시각에서 접근 가능한지는 석사와 박사 학위 지도를 맡아주신 서울대 최정운 선생님과 박성우 선생님으로부터 배웠다. 선생님들께 더 많은 가르침을 구할 기회와 시간이 많기를 바란다. 그리고 직접 학적 대화를 나누지는 못했으나 글이라는 수단으로도 충분히 학위 논문의 안내자를 해주신 아미티지 교수님과 그 사이에서 직접적으로 풍부한 대화를 통해 많은 조언과 응원을 해주신 안두환 선생님께 깊은 감사의 인사를 드리고 싶다. 내전을 정의하기 위해 할렉에게 채용되었던 리버가 해당 문제에 대해 치열하게 고민해왔었지만 업무를 맡은 이후가 되어서야 그 책무가 너무나도 과중한 것이었음을 깨달았던 것처럼, 역자는 안두환 선생님을 통해 만났던 지성사가의 저서를 번역한다는 임무가 얼마나 막중한 것이었는지를 너무나 뒤늦게 알았다. 이렇게 뒤늦은 깨달은 역자를 묵묵히 기다려주신 두 분께 보답하는 길은 조금이라도 더 좋은 연구자가 되는 길이라 생각한다.

후기에서 아미티지 교수가 "모든 책은 공동 작업의 결과물이다"(360)라고 말한 것처럼, 이 책도 많은 분의 도움 없이는 나오지 못했다. 우선 역자의 모자람으로 여러 번 전한 수정 요청사항을 세심히 살펴봐준 글항아리 출판사의 편집부와 강성민 대표님께 특별히 감사의 인사를 드리고 싶다.

이러한 배려 속에서 한국정치사상학회의 여러 선후배로부터 진지한 학문적 태도를 배우며 마지막 수정에 더욱 몰두할 수 있었다. 부산대 정치외교학과 교수님들께서는 학과의 신임교수가 연구에 매진할 수 있도록 여러모로 배려해주셨다. 또한 후배의 일을 언제나 본인 일처럼 챙겨주시는 김병용, 김인욱, 손민석 선배의 세심한 조언 없이는 번역을 마무리하기 어려웠을 것이다. 그리고 다른 여러 업무로 바쁘신 와중에도 선뜻 그리고 열정적으로 감수팀 역할을 해준 부산대학 사학과 배혜정 교수님과 대학원에 재학중인 김건우, 김은혜, 민상우 학생의 세심하고 철저한 검토가 없었다면 오역투성이의 책이 나왔을 것이다. 또한 마지막 교열 작업을 도와준 노제훈, 이정재, 천혜원 학생의 열띤 토론으로 그나마 가독성 있는 번역문이 나올 수 있었다. 하지만 여전히 이상한 문장과 오역은 모두 부족한 역자의 탓이다. 이렇게 부족한 역자를 언제나 잘 지켜봐주시는 부모님과 형제와도 같은 하태재에게 감사의 인사를 전하고 싶다. 그리고 마지막으로 윤우람과 이준희, 두 친구에게 고마움을 전하고자 한다. 이 두 친구가 없었다면 역자는 전혀 다른 인생을 살고 있을 것이다.

데이비드 런시먼, 『쿠데타, 대재앙, 정보권력: 민주주의를 위협하는 새로운 신호들』, 최이현 옮김, 아날로그, 2020.

리처드 왓모어, 『지성사란 무엇인가?』, 이우창 옮김, 오월의봄, 2020.

스티븐 레비츠키·대니얼 지블랫, 『어떻게 민주주의는 무너지는가: 우리가 놓치는 민주주의 위기 신호』, 박세연 옮김, 어크로스, 2018.

윤석민, 「『역사학 선언』(2014)과 글로벌히스토리의 도전」, 『현상과 인식』 47, 2: 163-188.

조 굴디·데이비드 아미티지, 『역사학 선언』, 안두환 옮김, 한울, 2018.

존 H. 아널드, 『역사』, 이재만 옮김, 교유서가, 2015.

Armitage, David, "Fighting words? A reply to my critics", *Global Intellectual History* 4, no. 3(2019): 334-346.

Davies, Shawn, Therése Pettersson, Magnus Öberg, "Organized violence 1989-2022, and the return of conflict between states", *Journal of Peace Research* 60, no. 4(2023): 691-708.

찾아보기

옮긴이 김지훈

부산대학교 정치외교학과 서양정치사상 담당 교수이자 철학과 겸직 교수로 재직 중
이다. 영국 옥스퍼드대학에서 철학·심리학·생리학(PPP) 학부 과정을 마쳤고, 서울
대학교 정치외교학부에서 근대 서양정치사상 연구로 정치학 박사학위를 취득했다.
논문으로는 「리바이어던을 기다리는 프로메테우스: '이성적 원칙'에 따라 설립되는
(정치적) 주권자의 가능성과 한계」 「'투키디데스의 함정'에서 벗어나기: 투키디데스
의 가르침 재조명」 등이 있고, 편저로는 『동굴 속의 철학자들: 20세기 정치철학자와
플라톤』(2021)이 있다.

내전

초판인쇄 2024년 4월 22일
초판발행 2024년 5월 10일

지은이 데이비드 아미티지
옮긴이 김지훈
펴낸이 강성민
편집장 이은혜
마케팅 정민호 박치우 한민아 이민경 박진희 정유선 황승현
브랜딩 함유지 함근아 고보미 박민재 김희숙 박다솔 조다현 정승민 배진성
제작   강신은 김동욱 이순호

펴낸곳 (주)글항아리 | 출판등록 2009년 1월 19일 제406-2009-000002호

주소   경기도 파주시 심학산로10 3층
전자우편 bookpot@hanmail.net
전화번호 031-955-2689(마케팅) 031-941-5161(편집부)
팩스   031-941-5163

ISBN 979-11-6909-236-4 93900

잘못된 책은 구입하신 서점에서 교환해드립니다.
기타 교환 문의 031-955-2661, 3580

www.geulhangari.com